境界

湖南人的

王开林 著

岳麓書社
·长沙·

目 录

第二编　湖南人的功利境界

第四编

湖南人的天地境界

引　言

一

芸芸众生共同拥有一个婆娑世界，诚为客观事实，但各自的觉解不尽相同，对于宇宙人生体悟或狭或广、或浅或深、或痛或痒、或晦或明，不同的意义作用于各人就会形成不同的境界。忽其小异，取其大同，人生境界可分为四种：自然境界、功利境界、道德境界、天地境界。这是哲学家冯友兰的观点[1]，理性赅备，缜密而无所挂漏。相比较而言，国学家王国维强调"古今之成大事业、大学问者，罔不经过三种之境界"[2]，感性充足，专为成功者量身定制，对于普通人则未置一词。

自然境界里的人，其行为特征是"率性"，正如孟子所言，"行之而不著焉，习矣而不察焉，终身由之而不知其道者，众也"，为人行事喜欢凭直觉、顺本性、从习俗，有讲究而无深究，有常识而无精识，因此之故，往往"行乎其所不得不行，止乎其所不得不止"。自然境界犹如金字塔的塔基，长期置身于这个层面的人多如恒河沙数。

功利境界里的人受到多种欲望的狠劲鞭策和加速驱动，其行为特征

1　冯友兰：《三松堂全集》第 4 册，河南人民出版社 2001 年第 2 版，第 496—581 页，《新原人》。本书注释重复引用同一本书的，只在首次引用时标注完整信息，后引此书一般只注责任者、书名、页码等项。

2　王国维：《人间词话》，中国友谊出版公司 2014 年版，第 25、26 页。原文："古今之成大事业、大学问者，罔不经过三种之境界：'昨夜西风凋碧树。独上高楼，望尽天涯路。'此第一境也。'衣带渐宽终不悔，为伊消得人憔悴。'此第二境也。'众里寻他千百度，回头蓦见，那人正在，灯火阑珊处。'此第三境也。"

是"为利"，此"利"特指私利。"他的行为，或是求增加自己的财产，或是求发展自己的事业，或是求增进自己的荣誉。"此境界里的人视社会与个人为对立的双方，若要更好地生存，自己就必须又快又多地获取私利，故而占有欲强烈。冯友兰认为，某些盖世英雄，就算功在当代、泽及千秋，但细究其深衷本意，只不过追求一己之地位功名，始终难以脱出功利境界的窠臼。

道德境界里的人，或"老吾老以及人之老，幼吾幼以及人之幼"，或"己欲立而立人，己欲达而达人"，其行为特征是"行义"，此境界里的人看清楚社会与个人的关系，并非彼此对立的双方，而是互相成全的两面，故而广谋公利，普惠众生，贡献的愿望和牺牲的精神始终在线，以此为自身最大的快慰和满足。"在功利境界中，人即于'与'时，其目的亦是在'取'；在道德境界中，人即于'取'时，其目的亦是在'与'。"由于各自的目的截然不同，二者的差异判若云泥，同为取与，利己和利群的效果势必迥异。

天地境界里的人不受现实的束缚拘囿，能够摆脱自然境界、功利境界、道德境界的三面包夹，其行为特征是"事天"。人之为人，要尽性而且尽量地发展，久处于道德境界中，对人类社会作出应有的贡献，仍然不够完全，还必须知天，视自身为宇宙一分子，对宇宙作出贡献。"人不但应在社会中，堂堂地做一个人；亦应于宇宙间，堂堂地做一个人。人的行为不仅与社会有干系，而且与宇宙有干系。他觉解人虽只有七尺之躯，但可以'与天地参'；虽上寿不过百年，而可以'与天地比寿，与日月齐光'。"

冯友兰认为，觉解多者境界高，其所实际享受的一部分世界也大，如天女之天；觉解低者境界低，其所实际享受的一部分世界也小，如井蛙之井。孟子说：有天爵，有人爵。与此相应，在天地境界中的人，其地位是圣人的地位；在道德境界中的人，其地位是贤人的地位。"人心惟危，道心惟微"，此论不易。正由于道心常受人性、人心、人欲牵拽撕扯，一念可入魔，一念可成佛，四大境界之间，多数人都会获得降维或升维的体验，唯有上圣与下愚之人守恒不移。

其实，在"觉解"之前，还存在着一大块"精神"地带。先看看以下的沙盘推演：一方水土养一方人—— 一方人具有大致接近的精神——大致接近的精神并不妨碍一方人觉解各异—— 一方人觉解各异，境界亦参差不齐。

一个人欲抵达更高境界，就必须充分激发自身的良知良能，否则有翼而不飞，恰与无翼同，甚至比无翼还要糟糕，它会变成累赘。

道光年间，某友致书罗泽南[1]，教他"揣摩时好，弋取功名"，他一笑置之。罗泽南将读书人分为三品：道德之士、功名之士、富贵之士。道德之士尊德乐义，待后守先；功名之士志大才高，攀龙附凤；富贵之士热衷于科名、官职、爵位，得之则欢天喜地，失之则怨天尤人。罗泽南讲得好："夫道德者，功名之本也。功名者，道德之华也。道德囿于功名，则其道德不宏；功名出于道德，则其功名乃大。"[2]由此可见，出入之际，功名与道德可以彼此交汇，甚至互相成全。至于天地境界，凡是具备公德、仁心、义胆、侠气、大情怀、大视野、大格局的人，均一苇可航。

二

一方水土养一方人。湖南的水土如何？

《史记·屈原贾生列传》道是"贾生既辞往行，闻长沙卑湿，自以寿不得长，又以谪去，意不自得"[3]。明朝人文地理学家王士性认为，当年贾谊所闻欠准确。长沙处于洞庭湖上游，地势并不算卑；湿气重倒是不假，长沙地面普遍是黄土层，"其性粘密不渗，故湿气凝聚之深"[4]。

唐代文豪韩愈赞美南岳衡山，道是"五岳于中州，衡山最远；南方

---

1 罗泽南（1808—1856），字仲岳，又字子畏，号罗山。湖南湘乡人。湘军创建者、学者。谥忠节。

2《罗泽南集》，岳麓书社2010年版，第99页，《复某友书》。

3 司马迁：《史记》第8册，中华书局1982年第2版，第2492页，《屈原贾生列传》。

4《历代名人记长沙文选》，湖南文艺出版社1998年版，第664页，王士性《长沙非卑湿论》。

之山巍然高而大者以百数，独衡为宗：最远而独为宗，其神必灵。衡之南八九百里，地益高，山益峻，水清而益驶；其最高而横绝南北者岭"。他还赞美郴州水土宜人、资源丰富，进而作出地灵人杰的推断："衡山之神既灵，而郴之为州，又当中州清淑之气蜿蟺扶舆磅礴而郁积，其水土之所生，神气之所感，白金水银丹砂石英钟乳橘柚之包，竹箭之美，千寻之名材，不能独当也；意必有魁奇忠信材德之民生其间……"[1]

唐代诗人刘禹锡有个相当新鲜的说法："潇湘间无土山，无浊水，民乘是气，往往清慧而文。"[2]对于刘禹锡的称赞，外人长期将信将疑，及至晚清，一群湘籍书生率领几十万湘籍泥腿子平定了东南和西北的乱局，挽救了厄运连连的国家，湖南人就不仅以"清慧而文"见称，而且以"英霸而武"打造出新招牌。

明末清初，大学者顾炎武对中国古代地理造诣极深，其行迹遍布东西南北，分析天下郡国之利病，言必有中。他从地理的角度切入经济，作出这样的评点："长沙土野沃衍，下有洞庭之输，泉源潆潆出山址，故鲜水旱，称善郡。其民被襐而事钱镈，以殖衣食，无所仰于四方。"[3]长沙自给自足，被顾炎武列入"善郡"之目，理由充分。清朝学者蒋伊看好湖南的交通便利："……长沙、澧岳之间利用战。何则？蜀之馈饷难继，而长沙财赋甲天下，不虑转输也。"[4]蒋言可为顾说之佐证。晚清时期，天下大乱，湖南以一省之人丁、钱粮为江南数省提供兵源、饷源，而不虞匮竭，这样的表现直接惊呆了一众有识之士。

曾国藩对湖南的地理人文了然于胸，条分缕析，确有所见："湖南之为邦，北枕大江，南薄五岭，西接黔蜀，群苗所萃，盖亦山国荒僻之亚。然周之末，屈原出于其间，《离骚》诸篇为后世言情韵者所祖。逮

1《韩昌黎文集校注》上册，上海古籍出版社 2014 年第 2 版，第 287 页，《送廖道士序》。

2《刘禹锡集笺证》中册，上海古籍出版社 1989 年版，第 965 页，《海阳湖别浩初师·并引》。

3《天下郡国利病书》第 5 册，上海古籍出版社 2012 年版，第 2749、2750 页，《湖广备录上》。

4《魏源全集》第 17 册，岳麓书社 2004 年版，第 309 页，《皇朝经世文编》卷七十八，《秦蜀荆楚形势议》。

乎宋世，周子复生于斯，作《太极图说》《通书》，为后世言义理者所祖。两贤者，皆前无师承，创立高文，上与《诗经》《周易》同风，下而百代逸才举莫能越其范围，而况湖湘后进沾被流风者乎？"[1] 曾国藩将屈原、周敦颐分别尊称为情韵之祖和义理之祖，这两根大藤上瓜瓞绵绵，湖南人受惠尤多。

抗日战争期间，现代学者钱基博来到湖南，著成《近百年湖南学风》，《导言》开宗明义："湖南之为省，北阻大江，南薄五岭，西接黔蜀，群苗所萃，盖四塞之国。其地水少而山多，重山迭岭，滩河峻激，而舟车不易为交通。顽石赭土，地质刚坚，而民性多流于倔强。以故风气锢塞，常不为中原人文所沾被。抑亦风气自创，能别于中原人物以独立。人杰地灵，大儒迭起，前不见古人，后不见来者，宏识孤怀，涵今茹古，罔不有独立自由之思想，有坚强不磨之志节。"[2] 这段文字颇能诠释古代、近代湘地与湘人筋骨粘连的关系，"风气自创""宏识孤怀""独立自由之思想""坚强不磨之志节"，这四点即为湖南人的精神特质，易于区分，难以混淆。

三

湖南人的精神绝对不是孤立体，在其形成的过程中屡获外力加持。

远在战国时期，楚国的三闾大夫屈原被流放到沅澧之间，行吟于洞庭湖畔，其通天彻地的探索精神、忠君爱国的忧患情怀、不肯同流合污的人格、欲挽狂澜于既倒的志愿，令湘人感铭而效仿。至少可从四个方面加以观察：其一，"亦余心之所善兮，虽九死其犹未悔"，追求理想，义无反顾；其二，"路曼曼其修远兮，吾将上下而求索"，探索真理，心无旁骛；其三，"长太息以掩涕兮，哀民生之多艰"，仁者悯人，治乱均难释念；其四，"沧浪之水清兮，可以濯吾缨；沧浪之水浊兮，可以濯

---

1 《湖南文征》第 1 册，岳麓书社 2020 年版，第 1、2 页，曾国藩《序》。
2 《中国现代学术经典·钱基博卷》，河北教育出版社 1996 年版，第 568 页。

吾足"，智者处世，清浊皆宜有为，真若到了无可措手足的地步，投水寻求清净也不失为解脱。同盟会作家冯自由对陈天华、杨毓麟投水而为波臣心存疑惑，感慨系之："陈杨皆湘人，亦忧国伤时之文人，岂同受汨罗江屈大夫之召耶？不然，何三湘爱国文人投水之多也！"[1] 唯有那些为文化所化的人能得精神之神，其极致表现虽超出意料之外，却仍在情理之中。

唐朝诗文鼎盛。"诗圣"杜甫滞留湖南三载，"夜醉长沙酒，晓行湘水春。岸花飞送客，樯燕语留人"，其诗歌对湘人的影响可谓肉眼可见，长沙铜官窑瓷器上的民间诗作水准奇高，且看那首未收入《全唐诗》的五言绝句，"君生我未生，我生君已老。恨不生同时，日日与君好"，湘女多情，跃然瓷上。"文雄"柳宗元谪居永州十年，韩愈《柳子厚墓志铭》道是"衡湘以南为进士者，皆以子厚为师"。有名师柳宗元循循善诱，湖南读书人沾溉风雅，蛮性易化。"诗豪"刘禹锡谪居朗州[2] 十年，《旧唐书·刘禹锡传》道是"武陵溪洞间夷歌，率多禹锡之辞也"，至今常德诗风盛、诗人多，岂偶然哉！

宋朝名相范仲淹堪称公务员的楷模、读书人的榜样。"居庙堂之高则忧其民，处江湖之远则忧其君"，所忧者民不堪命而君无所知；"先天下之忧而忧，后天下之乐而乐"，日月高山，星辰大海，见证满心仁爱，有此境界，人生值得。湖湘士子早就明白，只要《岳阳楼记》在，灵窍总能开机的密码就在，精神永不打烊的底气就在。

两宋时期，三百余年间，文武名臣在湖南任职者甚多，如王旦、寇準、赵抃、胡安国、张浚、李纲、岳飞、韩世忠、辛弃疾、朱熹、张栻、真德秀、文天祥[3]，他们的功德和情怀均给湘人作出了极好的示范，时至今日，一些老地名仍纪念着他们，如长沙的岳王亭、营盘街、朱张渡、赫曦台。

大儒胡安国、胡宏父子创立"湖湘学派"，强调"缘事物而知"和

---

1 冯自由：《革命逸史》第 2 集，中华书局 1981 年版，第 121 页，《〈猛回头〉作者陈天华》。

2 朗州：今湖南常德市。

3 王先谦：《湖南全省掌故备考》，岳麓书社 2009 年版，卷二十六。

"循道而行"，其知行论对湖南人影响深远。鸿儒朱熹、张栻会讲于岳麓书院，以"礼义廉耻"振刷世道人心。及至元军破城，湖南安抚使李芾举家殉国，潭州（今长沙）官员、士子随之毅然赴死者甚多，百姓投井、跳江者不计其数。于士君子而言，从容就义固然很难，慷慨赴死也并不容易啊！

岳麓书院烨耀于南宋，沉寂于元明，"道南正脉"曾被疑为虚誉，"惟楚有材，于斯为盛"曾被疑为自嗨。直到清朝中期，得山长罗典、欧阳厚均之大力振刷，人才始得其门而入，复得其门而出。湖湘学风独异，轻考据而重义理，谋经世以致实用，湘籍读书人普遍具备家国意识和责任担当，这一点倒是断无可疑。

四

叶德辉祖籍江苏吴县，他致书恩师缪荃孙，道是"湘中入《儒林》、《文苑》者，先辈本无多人。一省人物尚不如辉一家，非夸诞也"[1]。中国古代，儒林、文苑范围不窄，叶氏一门出息的顶尖人才竟然多过湖南全省出息的顶尖人才，这个事实就不免有点令湘人尴尬了。

旷古之间，为何湖南俊彦七零八落，难成气候？近代湘籍名家刘蓉抽丝剥茧，对于这道困惑度颇高的难题作出了精到的解析，尽管他只是针对湘乡一地而言，倘若扩大范围，观察湖南全境，亦可揭开谜底。"盖吾邑之落寞久矣。秦、汉而还，列在郡县，然史册所著可指数者，自季汉蒋公以外无称焉。其达而在上，不闻有殊勋伟烈磊落，轩天壤照耀古今，而求之山林韦布之儒，学成德立，为天下后世宗仰者，亦未有闻也。夫前此数千年中，人才多矣，岂无魁杰瑰玮非常之士挺生其间？而讫不能有所表见，何哉？其才虽美而学不足以成之，其志虽远而识不足以达之，是以沦落终身，卒泯灭而无传耳。"[2]刘蓉认为"事需才以济，

1《艺风堂友朋书札》下册，上海人民出版社2018年版，第693页，叶德辉之第三十八通。
2《刘蓉集》第2册，岳麓书社2008年版，第107页，《致左月楼》。蒋公：蜀汉大将军蒋琬。

才非学不成"。古代湘人"经术疏而知识浅",体察虽勤而未能达其微、致其精,"诣力"不足,往往半途而废。尽管北宋时期偶然间出现过鸿儒周敦颐,但煞似孤星闪耀,未能在湖南造就繁星璀璨的局面。直至王夫之藏之名山、几近沉埋的学术思想于二百年后被湖湘"挖矿人"陆续解开封印,先得封疆大臣陶澍、贺长龄以真知实行悉心推毂,继获湘军将帅曾国藩、左宗棠、胡林翼、罗泽南以经世致用大力提倡,军政文教等各个领域,湘籍人才纷纷亮相于乱世大舞台,尽展平生所学。刘蓉不忧继起无人,只因培植加厚:"吾乡夙多材杰,庶几感发奋兴,厚植本根以希枝叶之茂,博求经术以俟时世之需,岂忧继踵而起者无其人乎!"[1]现代股市名言道是"横有多长,竖有多高",以此形容湖湘精英人才市场"横盘"千余年,却于近代连续霸踞"龙虎榜",实为贴切之比喻。

五

道光二十年(1840)六月上旬,曾国藩为恩师季芝昌撰写寿序,分享自己的感悟:"今夫连抱之材,经雪虐风饕而成用;步光之剑,因千辟万灌而称神。从古至今,伟人畸士莫不劬劳撼顿,忍性动心。何者?精神以磨炼而强,智虑以艰危而遒。"[2]咸丰七年(1857)十二月中旬,曾国藩告诫胞弟曾国荃:"凡人作一事,便须全副精神注在此一事,首尾不懈,不可见异思迁,做这样想那样,坐这山望那山。人而无恒,终身一无所成。……身体虽弱,却不宜过于爱惜,精神愈用则愈出,阳气愈提则愈盛。每日作事愈多,则夜间临睡愈快活。若存一爱惜精神的意思,将前将却,奄奄无气,决难成事。"[3]湖南人不畏惧寒冰热火的淬炼,乐于吹海大的牛,敢于干天大的事,就因为他们心气高、意气豪,精神愈用愈出,愈用愈强。

道光十三年(1833)四月,胡林翼写信提醒堂弟胡保翼:"吾人做

1《刘蓉集》第2册,第31页,《罗忠节公〈四书义〉序》。

2《曾国藩全集》第14册,岳麓书社2012年第2版,第244页,《季仙九师五十寿序》。

3《曾国藩全集》第20册,第319、320页,《致沅弟》。

事，第一须赖学问，第二须靠精神。有学问而无精神以济之，则办事过久过多，均有不能支持之苦痛。语曰：'有十分精神，方能办十分事业。'此诚阅历有得之言也。"[1]

光绪十一年（1885）三月，彭玉麟在奏折中强调精神的重要性，讲得极为通透："伊古以来，人之能有守有为者，固赖才智，而尤仗精神。若其精神疲敝，虽具才智，有守且不能，而况有为乎？"[2] 其时正值中法战争期间，彭玉麟年近古稀，患有咯血症，"几于无日不病"，仍然坐镇广州，指挥清军抗击法国侵略者，支撑他的就是强大的爱国主义精神。

曾国藩、左宗棠、胡林翼、彭玉麟均看重血性，赞美血性，就因为血性是极致化的精神。湖南人喜欢以血性配搭良心，凭此精诚去立大功、成伟业。究其实，皆因敢担当，尤其肯付出。近代湘籍名将蔡锷评点"将材"，特别表彰曾国藩和胡林翼的"良心"和"血性"。他说："……曾、胡两公之所同唱者，则以为将之道，以良心血性为前提，尤为扼要探本之论，亦即现身之说法。……两公均一介书生，出身词林，一清宦，一僚吏，其于兵事一端，素未梦见。所供之役，所事之事，莫不与兵事背道而驰。乃为良心、血性二者所驱使，遂使其'可能性'发展于绝顶，武功灿然，泽被海内。按其事功言论，足与古今中外名将相颉颃而毫无逊色。得非精诚所感，金石为开者欤？苟曾、胡之良心血性而无异于常人也，充其所至，不过为一显宦，否则亦不过薄有时誉之著书家，随风尘以殄瘁已耳！复何能崛起行间，削平大难，建不世之伟绩也哉！"[3]

蔡锷智勇双全，"敢唱满江红一阕，从头收拾旧山河"[4]，得力于精神卓绝。他曾说："余当困难，精神始现。"1916年春，护国之役，争夺泸州纳溪一战最为凶险，亦最为关键。当护国军士气渐趋低落时，蔡锷鼓舞将士，与他们同生共死，士气少衰而复振。蒋百里与蔡锷既是日本

1 《胡林翼集》第 2 册，岳麓书社 2008 年版，第 951 页，《致保弟》。
2 《彭玉麟集》上册，岳麓书社 2003 年版，第 447 页，《请开缺专办粤防折》。
3 刘强译注导读：《曾胡治兵语录导读》，岳麓书社 2019 年版，第 49 页，《第一章 将材》。
4 曾业英编：《蔡锷集》第 2 册，湖南人民出版社 2008 年版，第 1477 页，《别望江楼》。

陆军士官学校的同学，又是好友，对其心思知之甚悉："公身不魁伟，而绝有力。好弈，终夜不肯休，艺之强者，常以精神不继而负。其书法别成一家。公之东下，天下人无不想见颜色。有面谀者既退，公曰：'咄！不算回事，战胜于国外乃为雄。'"[1]蔡锷有志率军战胜外敌，这正与左宗棠的意愿相同，可惜两位湘籍军事天才始终未曾有过一试身手的机会。

六

晚清七十年，湘军先起，淮军继起，安徽人锐气十足，长期与湖南人明里暗里较劲。直到1920年，徽籍人杰陈独秀终于表示心悦诚服，在《新青年》杂志上发表《欢迎湖南人底精神》，仰慕之情洋溢于字里行间，问题也就随之而至："湖南人底精神是什么？'若道中华国果亡，除非湖南人尽死。'无论杨度为人如何，却不能以人废言。湖南人这种奋斗精神，却不是杨度说大话，确实可以拿历史证明的。二百几十年前底王船山先生，是何等艰苦奋斗的学者！几十年前底曾国藩、罗泽南等一班人，是何等"扎硬寨"、"打死战"的书生！黄克强历尽艰难，带一旅湖南兵，在汉阳抵挡清军大队人马；蔡松坡带着病亲领子弹不足的两千云南兵，和十万袁军打死战；他们是何等坚韧不拔的军人！湖南人这种奋斗精神，现在那里去了？"在文章的结尾处，陈独秀欢迎湖南人的精神，出于至诚："不能说王船山、曾国藩、罗泽南、黄克强、蔡松坡已经是完全死去的人，因为他们桥的生命都还存在，我们欢迎湖南人底精神，是欢迎他们的奋斗精神，欢迎他们奋斗造桥的精神，欢迎他们造的桥，比王船山、曾国藩、罗泽南、黄克强、蔡松坡所造的还要雄大精美得多。"[2]

1921年2月，蔡元培到长沙演讲。途中，一位湖南学者告诉他：

---

1 曾业英编：《蔡锷集》第2册，第1524页，蒋百里《蔡公行状略》。
2 陈独秀：《陈独秀文集》(第一卷)，人民出版社2013年版，第555、556页。"扎硬寨""打死战"通常写作"扎硬寨""打呆仗"，从曾国藩原文"结硬寨，打呆仗"化出。

"湖南人才，在历史上比较的很寂寞，最早的是屈原；直到宋代，有个周濂溪；直到明季，有个王船山，真少得很。"蔡元培对此作出明确的判断："我以为蕴蓄得愈久，发展得愈广。近几十年，已经是湖南人发展的时期了。可分三期观察：一、是湘军时代：有胡林翼、曾国藩、左宗棠及同时死战立功诸人。他们为满洲政府尽力，消灭太平天国，虽受革命党菲薄，然一时代人物，自有一时代眼光，不好过于责备。他们为维持地方秩序，保护人民生命，反对太平（天国），也有片面的理由。而且清代经康熙、雍正以后，汉人信服满人几出至诚。直到湘军崛起，表示汉人能力，满人的信用才丧尽了。这也是间接促成革命。二、是维新时代：梁启超、陈宝箴、徐仁铸等在湖南设立时务学堂，养成许多维新的人才。戊戌政变，被害的六君子中，以谭嗣同为最。他那思想的自由、眼光的远大，影响于后学不浅。三、是革命时代：辛亥革命以前，革命党重要分子，湖南人最多，如黄兴、宋教仁、谭人凤等，是人人知道的。后来洪宪一役，又有蔡锷等恢复共和。已往的人才，已经如此热闹，将来宁可限量？"[1]

在近现代中国，蔡元培是公认的教育泰斗，陈独秀是私谥的政治彗星，尽管两人的侧重点不同，前者论人才，后者论精神，但是他们敬佩湖南人意气风发，赞扬湖南人斗志昂扬，实属肺腑之言。

七

点检湖南人的精神特质，不乏正反两方面的归纳，包括但不限于"霸蛮""任侠""敢为人先""特立独行""心狠手辣""好走极端""喜欢另起炉灶""乐于汲引人才""打脱牙和血吞""以天下为己任""扎硬寨，打死仗""危急时站得定"。更形象化的说法可以有，笔者总结了以下九条：

其一，锤子精神：霸蛮，铁打铁，硬碰硬；

1《蔡元培全集》第4册，中华书局1984年版，第10、11页，《何谓文化》。屈原被楚怀王流放在湖南，蔡公演讲将他笼统算作湖南人才，湖北人恐怕不会答应。

其二，骡子精神：刻苦耐劳，负重行远；

其三，钻子精神：务实，没有火，就钻燧取火；

其四，辣子精神：嫉恶如仇，除恶务尽；

其五，起子精神：健斗，而且善斗，专治各种不服；

其六，链子精神：信赖团队，融入团队，支撑团队；

其七，弩子精神：目标明确，趋向极端，虽千万人吾往矣；

其八，椽子精神：不畏缩，该出头时就出头；

其九，柱子精神：负责到底，即使风雨如磐，也坚挺如故。

八

湖南人的精神特质披襟可见，湖南人的境界有迹可循。

清代山阴人金缨编纂《格言联璧》，其中有"人生四看"之说："大事难事看担当，逆境顺境看襟度，临喜临怒看涵养，群行群止看识见。"个人境界和群体境界均可见于担当、襟度、涵养、识见。自其大者而观之，与天地万物相承接；自其小者而观之，一言一动莫不与平素蕴藉息息相关。

曾国藩平生不打诳语，独于家书中屡放豪言："吾湖南近日风气蒸蒸日上。凡在行间，人人讲求将略，讲求品行，并讲求学术。……目前能做到湖南出色之人，后世即推为天下罕见之人矣。"[1]

蔡锷笔下也不乏壮语："总之，我湖南一变，则中国随之矣。"[2]

乱世残阳下，湖南人的底气何其足，口气何其大；孙中山、蔡元培、陈独秀、章太炎，这些在中国近现代政教学术界执牛耳的人物，全都盛赞过湖南人，他们的褒扬何其美，推崇何其高。

笔者并不想沿着赞美湖南人"武烈之性，文明之象"的标准线路直达终点；全面展示湖南人的精神境界，既不蔽美亦不掩恶，既不昧功亦

---

1 《曾国藩全集》第 20 册，第 497、498 页，《致季弟》。

2 毛注青、李鳌、陈新宪编：《蔡锷集》，湖南人民出版社 1983 年版，第 18 页，《致湖南士绅书》。

不讳过，才是正办。其实，早在同治年间，湘军名将曾国荃就坦然承认过湘人身上存在明显的短板："吾楚近一二十年来，负闻望者不乏贤豪，迹其岸然自立，本可敬慕，但多欠宽广胸襟，故于圣贤以仁存心、以善养人之学往往差一层……"[1]有个例子很典型：同治三年（1864）三月二十四日，在湘军攻打天京初露胜机的节点，曾国藩写信提醒湘军大将曾国荃："城内放出之妇幼，迪庵前在九江一概不收，仍送进城内。一则城内饥饿者多可致内乱，二则恐贼之眷口从此得生也。望弟参酌。"[2]曾国藩让曾国荃参考湘军大将李续宾于咸丰年间攻打九江时的老办法，将金陵城内放出的妇孺仍复驱赶回去，以增加敌方内耗，也可防止敌军将士的眷属趁机漏网逃脱。一旦功利占据上风，人道、人性必为之偃息，境界降维势所必然，这还是那位被世人交口称赞的"圣相"曾国藩吗？曾国藩是个多面体，其中标记为"残忍"的剖面触目惊心。曾国荃感叹吾楚贤豪"于圣贤以仁存心、以善养人之学往往差一层"，还真不是故作谦虚，而是客观事实。后来，曾国荃率军打下天京，这座六朝古都所蒙受的浩劫可谓目不忍睹、口不忍言。赵烈文亲临其境，在《能静居日记》中记下了一笔笔细账。曾国荃所承认的在仁心上"差一层"，怎么看，都不止差一层。近代学者杨昌济也曾记下一位外地朋友对湖南人的评论："湖南人求其能负气者不难，惟性情厚者难得耳。"[3]杨昌济肯定此说"是亦名论"。这就从侧面提醒湖南人：狠辣过头，仁厚不足，固然利于立功，但悖于行道。

1《曾国荃全集》第 5 册，岳麓书社 2006 年版，第 155 页，《与伯兄》。

2《曾国藩全集》第 21 册，第 266 页，《致沅弟》。

3《杨昌济集》第 1 册，湖南教育出版社 2008 年版，第 469 页，《达化斋日记》丙申年（1896）九月十五日。

第一编　湖南人的自然境界

荆天棘地浑无畏；

血性雄心好逞强。

——作者题记

一 心气奇高，血性尤冲

湖南人食则嗜辣，言则声大，处处带着一股子冲劲，于"极思""极举"了无难色，必要时做烈士根本不用犯太多迟疑。长期以来，由于深受贤哲屈原、贾谊、范仲淹的影响，先忧后乐，根性牢固不拔，"积忧""积忿"，也往往有之。陈天华、姚宏业、杨毓麟遭遇低谷暗流，由于忧忿无解，便接二连三投水自尽，可谓证据有力。

湖南人心气奇高，血性尤冲，硬要他们当众认尿，无异于强摁牛头喝马尿。心气高者不服输，血性冲者难制怒，宋教仁手书条幅，道是"存诚自不妄语始；定性惟治怒字难"[1]，定性即定血性。当湖南人身手尚未展露、名位尚未通显时，外界多半会对他们的自许、自恃不以为然，甚至怀疑他们志大才疏。一旦他们功名显赫，结论就好下得多："盖血性过人，故能建非常之勋云。"[2]

心气高者刚，血性强者毅，湖南人往往凭仗刚毅精神，愈挫愈奋，不胜不归。心气高者傲，血性强者狠，湖南人亦往往凭借傲狠劲头，屡建奇功，力挽狂澜。曾国藩致书曾国荃，言倔强即言刚毅："大抵任天下之大事以气，气之郁积于中者厚，故倔强之极，不能不流为忿激。"他还说："吾家祖父教人，亦以'懦弱无刚'四字为大耻。故男儿自立，必须有倔强之气。"[3]曾国藩的祖父曾玉屏只是个地地道道的乡下农民，

---

1 马志亮主编：《喋血共和·忆宋教仁》，岳麓书社 1997 年版，插页第 6 页。

2 朱孔彰：《中兴将帅别传》，岳麓书社 2008 年版，第 230 页，《刘襄勤公锦棠》。

3 《曾国藩全集》第 21 册，第 299、301 页，《致沅弟》。

却具有高刚的心气、强毅的血性。

曾国藩治军，极重士气。士气何由而旺？源于强烈的好胜心。好胜心何由而强？源于视死如归的血性。完全可以这么说，缺乏血性的军队只是一群乌合之众，将帅诱逼他们赴阵杀敌，与驱市人而战没什么不同。曾国藩的这番话很有说服力："军事最贵气旺，必须有好胜之心，有凌人之气，酷羡英雄不朽之名，兼慕号令风雷之象，而后兴高众附，有进无退。"[1]曾国藩多次表态，他最欣赏的将领必须具备两大素质：一是"有血性而不忘本"，二是"有诚意而不扰民"。

咸丰四年（1854）正月初七日，曾国藩致书陈士杰："自别以后，日盼足下来音，而久不见达。足下深明武事，于御众之道，盖得古人之遗意。仆此次东行，博求吾乡血性男子有忠义而兼娴韬略者，与之俱出。足下于仆，有文字之缘，有知己之雅，岂可不联镳以偕？"[2]曾国藩派专人持信去湘南桂阳，请陈士杰禀告父母，尽快到衡阳来共筹军务。陈士杰思维缜密，长于谋略。多年后，左宗棠赞叹道："隽丞大器也，以能兵称之，浅矣！"[3]最难得的就是陈士杰这样的人才，既具有血性，又具有理性，不仅知兵机，而且识政务。

近代名将蔡锷对曾国藩和胡林翼的德量、才智、功业推崇备至，他亲手编纂《曾胡治兵语录》，加以评点，作为陶冶官兵思想情操和提高军事素养的教科书。他评点"将材"，对曾国藩和胡林翼的"良心""血性"特加表彰："咸、同之际，粤寇蹂躏十余省，东南半壁，沦陷殆尽。两公均一介书生，出身词林，一清宦，一僚吏，其于兵事一端，素未梦见。所供之役，所事之事，莫不与兵事背道而驰。乃为良心、血性二者所驱使，遂使其'可能性'发展于绝顶，武功灿然，泽被海内。按其事功言论，足与古今中外名将相颉颃而毫无逊色，得非精诚所感，金石为开者欤？苟曾、胡之良心血性而无异于常人也，充其所至，不过为一显宦，否则亦不过薄有时誉之著书家，随风尘以殄瘁已耳！复何能崛起行

1 《曾国藩全集》第 30 册，第 77 页，《复李昭庆》。
2 《曾国藩全集》第 22 册，第 419 页，《与陈士杰》。
3 朱孔彰：《中兴将帅别传》，第 290 页，《陈巡抚士杰》。

间，削平大难，建不世之伟绩也哉！"[1] 以爱国爱民的赤诚而论，蔡锷不遑多让，因此他对曾国藩、胡林翼的高度认可值得采信。

请看这副对联，上联是"纵五千年无匹偶"，下联是"横九万里以英雄"[2]，心气奇高，字字透出劲道。此联作者是近代湘籍名士樊锥[3]，他体质羸弱，手无缚鸡之力，但生性豪迈，磊落多奇节，在近代是一位勇于发声的斗士。他自署楹联，上联是"顶天立地三间屋"，下联是"绝后空前一个人"，见者以为不祥，他却嘲笑对方少见多怪。樊锥是蔡锷少年时期的恩师，蔡锷十一岁时，樊锥一见称奇，不仅教他学业，而且补助衣食，蔡锷心存感激，多年"事君犹父"[4]，所受到的影响自然不小。

1 廖立狂，刘巴狷

东汉末年，廖立[5]心气奇高，才能出众，年未三十，被荆州牧刘备擢为长沙太守。廖立一度与凤雏庞统齐名，须知，凤雏庞统与卧龙诸葛亮并称，水镜先生司马徽道是"卧龙、凤雏，得一可安天下"。诸葛亮镇守荆州，告诉孙权派来的使者："庞统、廖立，楚之良才，当赞兴世业者也。"可见孔明对廖立期许甚高。刘备称汉中王，征廖立为侍中。及至后主刘禅继位，廖立恃才傲物，言行失范，且触犯法条，很快被排斥到权力中枢之外，贬为长水校尉。廖立的仕途高开低走，说是咎由自取并不过分，他牢骚满腹，犯众树敌，在错误的道路上越滑越远。"人有言国家兵众简练、部伍分明者，立举头视屋，愤咤作色曰：'何足言！'"丞相府掾李邵、蒋琬去看望他，征询他对朝政的建议，他竟然放肆批评大将关羽"怙恃勇名，作军无法"，批评丞相诸葛亮"不任贤达而任俗吏"，还斗胆批评刘备生前有种种失策。廖立"诽谤先帝，疵

---

1 刘强译注导读：《曾胡治兵语录导读》，第49页，《第一章 将材》。

2 《樊锥集 毕永年集 秦力山集》，岳麓书社2011年版，第74页，《赠罗翊生联》。

3 樊锥（1872—1908），字春渠。湖南邵阳人。清末政论家、诗人。

4 《樊锥集 毕永年集 秦力山集》，第77页，石广权《樊锥传略》。

5 廖立（生卒年不详），字公渊。湖南武陵临沅（今常德县）人。官至侍中。

毁众臣"，因此落了个"狂惑"的罪名，不仅被视为乱群之羊、害群之马，而且被废为庶人，安置在不毛之地汶山郡。

廖立不缺才智和能力，看问题目光犀利，批评朝政一针见血，但他欠缺心眼、城府不深，目无余子、口无遮拦，任性使气、锋芒毕露，开罪了蜀汉的军政大佬，结果显然不妙。廖立在流放地耕植自守，尚望有朝一日回归成都，可是只等来了诸葛亮的死讯。他垂首流泪，叹息道："吾终为左衽矣！"[1]廖立沦为蛮子，犹如服无期徒刑，永无翻身之日，结局不可谓不惨。

与廖立不同，刘巴[2]是低调的高人。诸葛亮对他赞赏有加，不乏溢美之词："运筹策于帷幄之中，吾不如子初远矣！若提枹鼓，会军门，使百姓喜勇，当与人议之耳。"刘巴原本是曹操麾下的谋士，持节南下，招降荆南三郡（长沙、零陵、桂阳），因曹军北撤，任务落空，北上时被刘备截留，不得已做了蜀国的臣子。徐庶身在曹营心在汉，人人知情，曹操网开一面，堪称奇迹。与之相反，刘巴身在刘营心在魏，却未露痕迹。他严格奉行三条行为准则：一是"恭默守静"，二是"退无私交"，三是"非公事不言"。恭默守静则少留言行纰漏，退无私交则少惹猜忌嫌疑，非公事不言则少树冤家仇敌。

刘巴务求做到"退无私交"，难度不低，心气高倒是派上了用场。蜀国大将张飞粗中有细，对士大夫素来尊重，他有意结交刘巴，可令他烦恼的是，就算两人住在同一个屋檐下，刘巴也不肯与之畅快交谈。张飞脾气火暴，平日对将士发飙发狠，无人不惧；他遭到刘巴的冷遇冷落，偏能隐忍，实属难得。可是长此以往，张飞还是气得嗷嗷大叫。诸葛亮知悉此事后，特意写信给刘巴："张飞虽实武人，敬慕足下。主公今方收合文武，以定大事；足下虽天素高亮，宜少降意也。"所谓"少降意"，即稍微放低姿态，与张飞交往。刘巴的回应出乎诸葛亮的意料："大丈夫处世，当交四海英雄，如何与兵子共语乎？"张飞是蜀汉排名第二的大将，刘巴却蔑称他为"兵子"，这就等于是指着和尚骂秃

1　陈寿：《三国志》第4册，中华书局1982年第2版，第997、998页，卷四十，《蜀书》十。
2　刘巴（？—222），字子初。湖南零陵烝阳（今衡阳县）人。官至尚书令。

驴，指着张飞骂丘八。刘备听说此事后，明面上很生气，斥责刘巴有北还之意，无尽忠之忱，暗地里却颇为宽心和放心。倘若刘巴与人将张飞打得火热，刘备肯定生疑，晚上会睡不着；他要是头天晚上睡不着，刘巴恐怕第二天早上就会叫不醒了。刘巴不搭理张飞的故事传播甚广，东吴大臣张昭据此认为刘巴心胸狭隘，孙权却透过现象看清本质，他说："若令子初随世沉浮，容悦玄德，交非其人，何足称为高士乎？"[1] 刘巴既不肯取悦刘备，又不肯结交张飞，貌似铺错了底牌，实为大智若愚。

2 汤鹏是"凌轹百代之才"

清代名士汤鹏[2]自幼聪敏，少年得志，意气风发，赋诗綦多，尤其喜欢臧否古今人物，他所称许的对象是唐朝名相李德裕、明代权臣张居正这类大政治家，那些驰骋文墨而高自标置的词章之士则很难入其法眼。汤鹏做御史时，勇于言事，常常开罪朝中显贵大臣，曾受到道光皇帝的申斥，因此被降职为户部郎官。其时南疆不宁，英国军舰游弋于近海，强求开埠通商，汤鹏已被褫夺言责，仍然条陈三十事，论及时政，请尚书转奏，报闻而已。

汤鹏自负奇才伟抱，却不幸沉沦下僚，郁郁无所设施，因此他发愤著书，其政治论著《浮邱子》洋洋洒洒，"大抵言军国利病，人事情伪，开张形势，根极道德，一篇数千言者，九十一篇，计四十余万言。……其学主王霸杂用，出入儒与名法，而不纯学周公孔子。……而其行文，则好为排比，体仍制艺，而自出变化，震荡陵厉，时而云垂海立，时而珠圆玉润，连犴旁魄，时恣纵而不傥，读之者目眩神夺，争之强，辩之疾矣。足以夺人之心，移人之志"[3]。汤鹏赞成政治变革，循名责实方可减少弊端，其理论具有积极意义。

龚自珍是道光朝首屈一指的大诗人，他对汤鹏的褒弹全都写在诗

---

1 陈寿：《三国志》第 4 册，第 983 页，卷三十九，《蜀书》九。
2 汤鹏（1801—1844），字海秋，号浮邱子。湖南益阳人。官至户部江南司郎中。
3《中国现代学术经典·钱基博卷》，第 573、574 页，《近百年湖南学风》。

里："觥觥益阳风骨奇，壮年自定千首诗。勇于自信故英绝，胜彼优孟俯仰为。"[1]汤鹏自视极高，自许太过，他曾对友人说："汉以后作者，或专攻文辞，而义理不精，经纶不优；或精义理，优经世，而不雄于文。克兼之者，惟唐陆宣公、宋朱子耳。吾欲奄有古人而以二公为归。"[2]他走在路上，遇见熟人，就询问道："能到我那里浏览一下《浮邱子》吗？"其自喜又如此。[3]江忠源在京城盘桓两年多，与汤鹏多有交集唱酬，对这位湘籍好友赞誉有加："韩苏世云远，风雅道将倾。天恐斯文丧，人钟间气生。披胸星宿满，落笔鬼神惊。视草纶扉罢，精庐又授经。"[4]汤鹏的才华是尽够了，学问也好，接棒韩愈、苏东坡之风雅不算是吹牛吹破天，只不过他的脾气过于古怪了些，这直接拉低了他的运气。

　　道光二十四年（1844）七月初九日，众友在汤家雅集，有人说凉性中药大黄不可轻尝，某某被庸医所误，服下大黄后一病不起。唯独汤鹏唱反调，他说："大黄有何害处？我以前没病时也常常服用它。你们要是不信，请让我试给你们看。"汤鹏叫仆人赶紧去药房购买大黄数两。众友劝他收回成命，他却不听劝告，十分认真。等大黄买来了，汤鹏一连服下六七钱，众友合力夺走他手中的大黄，他居然还抢到最大的一块塞进口中，一边咀嚼吞咽、张嘴呕舌，一边嘻嘻哈哈、骂骂咧咧。众友不欢而散。到了傍晚，汤鹏腹泻不止。翌日天亮之后，朋友们陆续赶来汤家探望，汤鹏已于凌晨吹灯拔蜡，得年四十四岁。大黄药性极寒，良医慎用，汤鹏并非无知，却非要打这样一个盲赌，死于荒唐。[5]

　　汤鹏是典型的湘籍才子，个性张扬，好走极端，"顾性忼直，于所弗合，不宿中，必尽质言之，或相执忿争。以是人交君者，始莫不曰海

---

1 《龚自珍诗集编年校注》下册，上海古籍出版社 2013 年版，第 585 页，《己亥杂诗》第二十九首。

2 《中国现代学术经典·钱基博卷》，第 575 页，《近百年湖南学风》。

3 赵尔巽等：《清史稿》第 44 册，中华书局 1977 年版，第 13427 页，卷四百八十六，列传二百七十三。

4 《江忠源集 王鑫集》，岳麓书社 2013 年版，第 90 页，江忠源《寄汤海秋农部鹏》。

5 李孟符：《春冰室野乘》，山西古籍出版社 1996 年版，第 54 页，《汤海秋之死》。

秋贤，而或者不能终之"[1]。曾国藩撰《祭汤海秋文》，起首四句是"赫赫汤君，倏焉已陈。一呷之药，椓我天民"，说的就是汤鹏吃大黄而死。曾国藩的祭文还揭示了汤鹏的性格缺陷："我行西川，来归君迓。一语不能，君乃狂骂。我实无辜，讵敢相下？骨肉寇仇，朋游所讶。……君不能释，我不肯输。一日参商，万古长诀。"道光二十二年（1842）秋，曾国藩充任四川乡试主考官，他办完闱差，回到京城，汤鹏为他设宴洗尘。谁知一言不合，汤鹏狂性发作，对曾国藩破口大骂。曾国藩自觉无辜，岂肯忍气吞声？他们绝交之后两年，汤鹏谢世，曾国藩这才猛然意识到"吾实负心"，为何这样讲？"凡今之人，善调其舌；君则不然，喙刚如铁。锋棱所值，人谁女容？直者弃好，巧者兴戎。"世间甜嘴多，像汤鹏这样铁齿铜牙不饶人的少，因此他处处树敌，性格刚直的就会与他绝交，性情虚浮的就会与他掐架。"昔余痛谏，君嘉我忠。曾是不察，而丁我躬。"[2] 曾国藩以激切的言语劝谏过汤鹏，汤鹏夸赞他是忠直可靠的良友。但汤鹏一时失察，管不住口舌，竟冲着曾国藩大光其火。曾国藩在祭文中表达了自己的悔意：对待这位刀子嘴的直友，应该选择释怀原谅，而非负气绝交。

陶澍[3]撰《海秋诗集评跋》："余与海秋，俱生湖南。而洞庭之澎湃，衡岳之岩硗，独海秋为能以其精神气象而放于诗歌文字之间，故其所为古文、今文，斐然登作者之堂。而其古今体诗，沉雄浩荡，往复缠绵，上可以续风人、骚人之脉，而下可以包括汉、魏、唐、宋之所有。此乃凌轹百代之才，岂直壮我湖南之色而已？甚盛！甚盛！"[4] 汤鹏的确是道光年间的大才子，狂狷傲兀，凌轹纵横，虽足以助他驰名享誉，但戕害其性命也下手凶狠。

1《龚自珍诗集编年校注》下册，第586页，王拯《户部江南司郎中汤君行状》。

2《曾国藩全集》第14册，第272、273页，《祭汤海秋文》。

3 陶澍（1779—1839），字子霖，号云汀。湖南安化人。官至两江总督。谥文毅。

4《陶澍全集》（修订版）第6册，岳麓书社2017年第2版，第504页，《文集补遗二》。

3 曾国藩的好胜心至老未消

曾国藩[1]做京官，前程大好，升迁飞快，不到四十岁就被道光皇帝擢为礼部侍郎，打破了清朝湖南官员荣登二品的低龄纪录。然而他并不满足，好友梅曾亮是古文高手，何绍基是书法妙手，他"时时察其造诣，心独不肯下之"。赵烈文先后做过曾国藩、曾国荃兄弟的幕僚，曾国藩与他交谈，多次承认自己好胜心强。咸丰三年（1853），曾国藩在长沙训练湘勇，为湖南提督鲍起豹所不容，湘勇常受绿营欺负，他在长沙又一村湖南巡抚署隔壁办公，一度遭遇标兵威胁而险遭不测。曾国藩的自尊心受到了超越极限的刺激，"因是发愤募勇万人，浸以成军，其时亦好胜而已"[2]。曾国藩不仅自己心气高，也希望儿子心气高，晓谕纪泽，指导他赋诗作文："少年不可怕丑，须有狂者进取之趣，此时不试为之，则后此弥不肯为矣。"[3]

及至晚年，曾国藩望峰息心，争强好胜不复以往。他说："人生着力之处当于自占七分者，黾勉求之，而于仅占三分之文学、事功，则姑置为缓图焉，庶好名争胜之念可以少息，徇外为人之私可以日消乎？"[4]曾国藩带兵以后吃苦的回数很多，受挫的次数不少，晚年降心气以求自适乃是必然。他在日记中写道："念余生平虽颇好看书，总不免好名好胜之见参预其间，是以无《孟子》'深造自得'一章之味，无杜元凯'优柔厌饫'一段之趣，故到老而无一书可恃，无一事有成。今虽暮齿衰迈，当从'敬静纯淡'四字上痛加功夫，纵不能如孟子、元凯之所云，但养得胸中一种恬静书味，亦稍足自适矣。"[5]杜预字元凯，上马能打仗，下马能治学，是魏晋时期将帅中的大学者，著有《春秋左氏经传

---

1 曾国藩（1811—1872），号涤生。湖南湘乡人。官至两江总督、武英殿大学士。谥文正。

2 赵烈文：《能静居日记》第2册，岳麓书社2013年版，第1093、1094页。

3 《曾国藩全集》第20册，第362页，《谕纪泽》。

4 《曾国藩全集》第19册，第246页，同治八年十二月二十二日日记。

5 《曾国藩全集》第19册，第197、198页，同治八年六月二十八日日记。

集解》和《春秋释例》，死后牌位被文庙和武庙同时接纳。曾国藩有学有文，临终之际仍自道"吾学未成"，他原本将鹄的张之甚高，为文要与孟（轲）、韩（愈）相颉颃，为学要与顾（炎武）、王（夫之）争高下，不及乎此则文章学问未成规模。这恰恰是他好胜心至老尚未化尽的又一明证。

到了暮年，一个人的好胜心能让位于理智就算很不错了。曾国藩除了喜欢阅读典籍，还阅读了不少同时代人的作品，比如反复研读长辈梅曾亮（字伯言）的《柏枧山房文集》，认真细读同辈吴敏树（字南屏）的《枑湖文录》，都很服气。"阅吴南屏《枑湖文录》数十首，叹其少而能文，老而不倦，为不可及。"[1]相比自己的"文思之钝，精力之衰"，愧叹再三。他致书郭嵩焘，自承"近世达官无如余之荒陋者"，郭嵩焘回信"力雪此语之诬"。

同治九年（1870）夏，曾国荃回复兄长，大吹法螺，兼加劝慰："近数十年伟人多矣，孰有能如兄之德业文章勋名乎？后五百年能企及者，断不过一二人。得天独厚如此，亦足以自娱，又何必憧憧思虑，以不逮周、孔为耻哉？"[2]曾国荃盛赞胞兄，难免溢美，但并不算浮夸。问题的答案不难找出，弟以为沛然有余，兄却以为歉然不足，是因为他们选用的标尺不同。弟之视兄为贤之极品，兄之视己为圣之末流；弟认为做成鸡头够意思了，兄却认为做成凤尾差些滋味，兄与弟的心气颇为悬殊，所喜所忧便天差地别。

4 左宗棠强调"气不高，何有济"

相比曾国藩，左宗棠[3]的心气更高。王闿运在日记中追记了一则左宗棠的童年轶事，以此证明左宗棠心狠手辣，也恰好佐证了他的心气甚高。日记原文是这样的："左季高父养金鱼一缸，以子多少为门徒盛衰。一岁子多，其父数及门某某当入学，不及季高。左年九岁，甚愠，乘隙

1《曾国藩全集》第 19 册，第 448 页，同治十年六月十四日日记。
2《曾国荃全集》第 5 册，第 312、313 页，《致伯兄》。
3 左宗棠（1812—1885），字季高。湖南湘阴人。官至军机大臣、东阁大学士。谥文襄。

尽杀缸中鱼。父诘之，对以情。"[1] 这段日记的字面意思是：塾师左观澜喂养了一缸金鱼，以金鱼产子多少来预估门徒"升学率"的高低。有一年金鱼产子多，左观澜预计门生中会有不少人能够顺利过关，但他提到的那些名字中漏掉了幺子左宗棠。左宗棠不服气，就瞅个空子把玻璃缸中的金鱼全部弄死了。左观澜责问儿子何故发飙，左宗棠就将自己的不满之情吐露无遗。如果这则轶事不是王闿运刻意杜撰出来的，九岁童子，心气之高、手段之狠、好胜心之强，着实近乎病态，有些匪夷所思，令人莫名惊诧。

左宗棠自许为"今亮"[2]，其军政两方面的硬核实力高于曾国藩、胡林翼，对于这个评判，曾、胡二人都很服气，旁人也没有多少疑问。

咸丰四年（1854），曾国藩克复岳州，打算趁机为左宗棠请求褒奖知府一职，以酬谢他此前襄赞军事之功。左宗棠听到这个消息后，敬谢不敏，他致书刘蓉，大意为：我既不是山中隐士，又不是治国良才，从前年到今年，两次获得保举，已超过我的预期。长沙、浏阳、湘潭之役，我有些功劳，受之尚可无愧；至于这次湘勇收复岳州，则与省城相距三百多里，我未曾出谋划策，若接受保举的话，拿什么安顿自己、说服别人？这番话貌似很谦逊，可是当他谈到自己的抱负时，心气之高、口气之大，立刻显露无遗："……此上惟督抚握一省大权，殊可展布，此又非一蹴所能得者。以蓝顶尊武侯而夺其纶巾，以花翎尊武侯而褫其羽扇，既不当武侯之意，而令此武侯为世训笑，进退均无所可……涤公质厚，必不解出此，大约必润之从中怂恿，两诸葛又从而媒孽之，遂有此论。润之喜任术，善牢笼，吾向谓其不及我者以此，今竟以此加诸我，尤非所堪；两诸葛懵焉为其颠倒，一何可笑。……若真以蓝顶加于纶巾之上者，吾当披发入山，誓不复出矣。"[3] 其时，左宗棠是湖南巡抚骆秉章倚重的幕僚，实为掌控实权的"影子巡抚"，被人戏称为"左

---

1 王闿运：《湘绮楼日记》第 1 卷，岳麓书社 1997 年版，第 660 页。
2 意即当今的诸葛亮。
3《左宗棠全集》第 10 册，岳麓书社 2014 年第 2 版，第 102、103 页，《答刘霞仙》。

都御史"[1]，他根本没把四品顶戴（蓝顶）放在眼中。信中左宗棠谈到胡林翼喜欢使用笼络之术，又谈到"两诸葛"[2]从旁怂恿，所以曾国藩才会出面保举他为四品知府。三个诸葛亮搅成一团糊，不明就里的人读这封信，脑袋里必定满是疑云。经过一番思想斗争，左宗棠最终还是接受了四品京堂的"起步价"。

左宗棠生性节俭，在军中治事甚勤，袖口容易磨损弄脏，他常戴一对布袖套。鄂籍名士王家璧吟成《宫保袖歌》，诗后有注："余从临漳初见宫保，即言曰：'若不知有左某耶，何不与我书问也？'余曰：'以公气高耳。'公曰：'吾昔以一举人办天下事，气不高，何有济？今受朝廷倚畀重，方下心图之，敢自高耶！'家璧深服其言。"[3]临漳位于河北，王家璧所说的"初见宫保"应在光绪七年（1881），左宗棠初次膺任军机大臣时，因督办疏浚永定河，一度驻节临漳。那些近处欣赏、远处赞赏左宗棠的人都害怕他盛气凌人，王家璧不敢致书通问，这无疑是一个活生生的例子。

三十余年，左宗棠"以一举人办天下事"，气不高就会被各路神仙低估和轻视，无法施展其平生所学，他高自位置，迈越古今，实为情势所逼迫。及至暮晚时分，功业已赫然成就，他反倒把盛气放平，巧接地气。左宗棠在临漳讲的这句大实话，王家璧记录下来，世人欲深入了解左宗棠的特质，就增加了一个既有趣又有效的观察角度。

左宗棠待人行事方比圆多，从抚署幕僚到封疆大臣，气焰高是其显著特征。他主持湖南抚署戎幕，先后受到两任巡抚张亮基、骆秉章的信赖和倚重，于千难万险的危局中求安，于千疮百孔的乱局中求治，他气焰不高岂敢锐意揽权？就算揽得全权，又岂敢将它百分百地兑现？即使被人嫉视为"左都御史"，亦悍然不顾，我行我素，岂止有包天巨胆，兼且有惊人卓识。左宗棠气焰高，方能慑服那些官吏和将领，提升办事

---

1 各省巡抚挂都察院右副都御史衔，左都御史比巡抚高一级，相当于总督。左宗棠姓左，更加调侃到位。

2 罗泽南自称"老亮"，刘蓉自称"小亮"。

3《左宗棠逸事汇编》，岳麓书社1986年版，第38页，王家璧《宫保袖歌》。

效率。四五省的兵员粮饷都等着湖南周济，其间的困难之多、阻力之大可想而知。左宗棠气焰高，使出的手段无不刀刚火烈，那些贼头鬼脑歪筋疾脉的官员，若想挖坑布阱、伸挠钩、使绊马索，就得好好地掂量掂量自身的斤两，一旦他们心存忌惮，必然三敛其手。左宗棠批总兵樊燮之颊，骂他王八蛋，喊他滚，把气焰扩展到了令人瞠目结舌的地步。及至左宗棠任封疆大臣，其境况迥异于往日，政事繁杂，军事丛脞，手下不少地方官员是进士出身，有的还点过翰林，在清朝，甲榜出身的进士（尤其是翰林）拥有根深蒂固的优越感，对待乙榜出身的举人，即使是他们的顶头上司，也可能口服心不服，阳奉阴违，欠尊重，乏敬畏。左宗棠的气焰比寻常的封疆大臣要高出许多倍，专治各种不服，你有优越感他就粉碎你的优越感，你有虚荣心他就碾压你的虚荣心，他看重的是经邦济世的真才实学和军功政绩，光鲜亮丽的出身根本就起不到任何帮衬作用。如此一来，那些甲榜出身的下属对这位乙榜出身的上司唯有服服帖帖，此外别无选择。左宗棠与同列的封疆大臣打交道，气焰也很高，他骂曾国藩上瘾，就是一个明确的信号：我连湘乡曾侯都敢詈骂，谁惹急了我，惹恼了我，骂你只需张口，没有任何难度。试想，举国之中哪位高官有偌大底气硬生生领受左宗棠一顿臭骂？左宗棠在朝野的影响太深太广了，被他揪住脖领狠谇一顿，谁吃得消？左宗棠气焰高，既惹人嫌恶，也令人畏惧。嫌恶是感情层面的，左宗棠懒得去计较；畏惧则是心理层面的，左宗棠只要自己能够办大事、立大功、成大业，根本不在乎谁回骂他是猛人或暴人，甚至不在乎曾国藩的弟子们痛斥他忘恩负义。

5 王鑫"气益厉，心益慎"

王鑫[1]是罗泽南器重的弟子，少有大志，十四岁即在自家墙壁上书写豪言："置身万物之表，俯视一切，则理自明，气自壮，量自宏。凡死生祸福，皆所不计。"[2] 王鑫体貌清癯，目光炯炯如虎，声音宏亮，喜

---

1 王鑫（1825—1857），字璞山。湖南湘乡人。官至记名道员，殁后晋赠布政使衔。谥壮武。
2 梅英杰等：《湘军人物年谱（一）》，岳麓书社 1987 年版，第 40 页，《王鑫年谱》。

欢在人前议论风生。同门师兄弟陪同罗泽南聊天，只听见王鑫滔滔不绝，别人根本插不进嘴。于是罗泽南从容调侃道："璞山何不休息片刻，也让我们开口说几句话。"王鑫闻言赶紧住嘴，也不免哑然失笑。

咸丰三年（1853）秋，罗泽南率领偏师驰援江西，在南昌附近与敌军交战，四位弟子殉难，八十名湘勇阵亡。王鑫闻讯后，义愤填膺，决定招募二千名湘勇前往江西杀敌，为同门师兄弟报仇。湘勇刚成军时，曾国藩非常看好王鑫，认定他是忠勇男子，是刘琨、祖逖那类热血爱国之士。打硬仗，打恶仗，王鑫的确有高强的本领，但他盛气凌人，好为大言，容易招致谤议，再加上他心气高、脾气大，与人相处不易融洽。当时，粮饷匮乏，王鑫超额招募湘勇，曾国藩令他裁撤一半，王鑫不从，反倒向湖南巡抚骆秉章索饷。曾国藩与王鑫之间嫌隙由此而生。两人闹别扭时，凡是曾国藩的私信，王鑫概不回复，也不肯向曾国藩呈递公牍。于是曾国藩致书骆秉章，对王鑫拒不合作明显流露出不满："……曾未同涉风波之险，已有不受节制之意。同舟而树敌国，肝胆而变楚越。"[1]

咸丰四年（1854），曾国藩奉命统领湘军驰援湖北。此前，湖南巡抚骆秉章已派遣王鑫带兵北进，这支先锋部队至湖北蒲圻遇敌，向南败退，敌军乘胜追奔而至，湘军将士刚在岳阳城外扎营，力战不支，水陆两路被迫同时撤退。王鑫自知惹恼了曾国藩，他耻于与湘军大本营一起向南退却，独自带部下入空城攫守，困兽犹斗。曾国藩闻讯愤懑不已，将士都不敢进言。唯有陈士杰硬着头皮为王鑫求情，他说："岳州薪米俱绝，明日必溃，宜遣救璞山。"曾国藩正在气头上，面露毅色，没有吭声。陈士杰深知形势危急，救出王鑫已刻不容缓，若听任我方一千生力军被敌方消灭，必贻后悔，必挫士气。稍后他又出面敦促曾国藩疾速派遣水师拔救老湘营，傍岸举炮为其声援。这回，曾国藩审时度势，采纳了陈士杰的建议。老湘营将士缒城而出，共九百多人幸免于难。其

1《曾国藩全集》第 22 册，第 330 页，《复骆秉章》。

后平定浙江、收复新疆的多位名将均在其中。[1]羊楼司、岳州连折两阵，王鑫损失得力的营官钟近蘅、钟近濂、刘恪臣。咸丰五年（1855）冬，他致书友人易芝生，道是"弟去春羊楼、岳州之役，调度乖方，多丧良朋义士，毕生大恨，虽举天下之贼尽数歼之，未足销愤而抵罪"[2]。日后，王鑫布阵用兵，"气益厉，心益慎，以少击众，百战而无一挫，遂称名将，号无敌，其发愤基于此也"[3]。王鑫吃过了刻骨铭心的败仗，也改掉了好大言、易视天下难事的毛病，其蜕变固然很痛苦，但非常成功。

王鑫指挥作战，善于以少胜多、以弱胜强，太平军称他"斑虎"，畏之特甚。左宗棠对王鑫颇为推崇，撰文赞叹道："公以县学生奋起当之，奉大府檄，力战两粤边界，常以数百人当数千、数万、十数万之贼，蹈饿虎之蹊，来骑其项，去挈其尾，廓然荡然，莫测其所诣，而吾湘得以宴然无事，狡贼惮其威而亦服其伟略，洵古今不易觏者也。"[4]

王鑫与曾国藩始合终离，尽人皆知，但自他病殁后，曾国藩每每言及，必加称道。王鑫逝于英年，未获大显，他治军纪律严明，节制部下颇见功夫，为人所称道。他将带兵的心得写入《练勇刍言》，与戚继光《纪效新书》相表里。"闻其临阵部置，不主故常，每当贼至，先一日传各营将席地坐，出舆图指示，某路宜迎，某路宜伏，某路宜守，某路宜抄。各听其意自任之，明日无一违者，往往获胜。"[5]王鑫驭将有方、用兵如神，是因为他思虑周密，预案做得极好。

左宗棠称赞王鑫得手处在于"节制精明"。近代学者欧阳昱著《见闻琐录》，对王鑫治军之严记述甚详："王壮武下令军中，一人积银十两者斩。所有月饷及赏赉资，交粮台，每月遣人分送其家，取书回。将士得书，无不感服。左侯号令最肃，独不禁饮酒，无事则听其尽欢极醉。壮武军中，严绝挌蒱，并谓酒足误事，禁之，有提壶挈榼者斩。暇则

---

1 《凌霄一士随笔》第 4 册，山西古籍出版社 1997 年版，第 1621、1622 页，《曾国藩与王鑫相失》。

2 《江忠源集 王鑫集》，第 538 页，王鑫《与易芝生茂才》。

3 朱孔彰：《中兴将帅别传》，第 95 页，《王壮武公别传》。

4 《左宗棠全集》第 13 册，第 259 页，《王壮武公养暇处题额跋尾》。

5 徐宗亮：《归庐谭往录》，卷一。

习超跃拳击之技，立格赏罚，无日不然，故兵少而精。使竟其讨贼之志，勋名当在左彭诸公上，惜积劳成疾，自林头战后，未几即薨。弟贞介方伯统其军，勇智遂稍杀矣。壮武之行军也，微功必录，微罪必罚，不避嫌，不避亲。剿贼广东时，姊子某犯令，诸将争救，不应，挥泪斩之。其号令之严，予亲见二事。时予避乱石灰啥山中，地界宜乐，山下十里为乐安走宜黄孔道。偶步至此，见所遣侦探九人入店中，呼主人具饭。食毕，每人给钱二十枚。主人不敢受，九人曰：'主将令，沿途强啖人饭不给钱，及取民一物值百文以下者，斩！'主人遂受之。予闻林头贼败，晓登岭远望。日未午，见官军二十余人，自山下追贼二百余上山，至予所居门首，尽毙，但次第割其耳。贼所遗财物，无一拾取者。予归，见二十余人汗湿重衣，觉疲甚，急呼予备饭。山中米粟无多，蒸薯蓣进之。食毕，每人给钱二十枚即行。予曰：'天将晚，人已倦，离城又五十余里，盍止此一宿？'曰：'军令复命逾酉刻者斩。我辈善走，尚可及。'予听而太息曰：'兵遵将令，乃若是乎？非平日恩威足以畏服之，曷克至此？'"[1] 有一次，老湘营追贼至湖南嘉禾，途中找不到食物，不得已掘山薯充饥，各人将钱投在刨过的红薯坑里，等于跟当地山民做了一笔买卖。[2] 这可算极其自律了，他们没唱《爱民歌》，实堪称爱民模范。

老湘营是左宗棠楚军的班底，蒋益澧、刘松山等人都成为了名将，平定东南，征服西北，所向克捷，确实是一支不可多得的劲旅。左宗棠得王鑫之厚赐，心存感激，后来他为幺子左孝同求聘于王鑫家，纳将门虎女为媳。

---

1 《凌霄一士随笔》第3册，第1002页，《王鑫治军严而刻》。贞介方伯：王开化谥贞介，布政使衔。

2 朱孔彰：《中兴将帅别传》，第98页，《王壮武公别传》。

6 蒋益澧从负才使气到自我完善

蒋益澧[1]也是罗泽南的弟子，生性高傲。师兄李续宾成名较早，对这位小师弟的自尊心显然照顾不周，甚至形成了不小的压制。有一回，他们在恩师罗泽南跟前议事，李续宾对蒋益澧说："芗泉打算何去何从？"蒋益澧闻言，脑门涌血，气不打一处来，质问道："莫非你想统领我的队伍？"咸丰六年（1856），罗泽南率军攻打武昌时被流弹击伤，不治而亡，李续宾代统其军，其时蒋益澧驻扎在鲁港，遭到敌方大举围攻，迫不得已，向李续宾求援，李续宾的回复出人意料："力不能相救，守走唯公意。"蒋益澧只有向死而生一条路可行，他立即登上寮楼，撤去木梯，布置大旗大鼓，下令军中："贼势盛，吾死此矣！诸君欲走者自去。"众将士惊愕相顾，据垒死守，寸土不让。敌军猛攻了一天，死伤众多，撤围退却。此仗一停，蒋益澧立刻告病归家，不待上司批准就拍屁股走人。他的心气、血性不允许他在孤立无援的绝境下忍受同门师兄的漠视。

咸丰七年（1857），广西柳州被太平军和土寇攻陷，向湖南告急求援，湖南宿将尽皆出征在外，只有蒋益澧居家"养病"，何况广西又远又穷，无人愿意率营前往。很奇怪，蒋益澧不待左宗棠反复动员，就主动请缨，带领一千五百余名湘勇援桂，连战连捷，遂为名将。

当时，左宗棠主持湖南抚署戎幕，对曾国藩、胡林翼吐弃的人才回炉使用，确实创造出一连串的奇迹。起初，蒋益澧只被左宗棠视为"二三等人才"，及至他在广西站稳脚跟，打开局面，令左宗棠刮目相看，但其不足之处仍旧明摆着："芗泉克复平乐府，首逆就擒，杀贼总在两万以外，此才亦颇难得，惟心地不纯净，才气太露，则少读书之故也。然在广西实见所未见矣。"[2]

同治三年（1864），左宗棠率楚军收复浙江，蒋益澧累积军功获授

---

1 蒋益澧（1825—1874），字芗泉。湖南湘乡人。官至广东巡抚。谥果敏。
2《左宗棠全集》第 10 册，第 257、258 页，《与胡润之》。

布政使，恰逢吴存义任浙江学政。蒋益澧主动登门拜访学台，卫队前呼后拥。吴存义将他迎入公署，寒暄数语后，正色相告："如今匪患初平，局势稍定，公出门办事，宜轻车简从。"蒋益澧闻言，立刻离开座位，伏地道歉："益澧少年不学，随大军鞍马，窃余功，忝上命待罪于此。公幸教益澧，益澧敢不奉教！"于是他让随从先回，自己也不再坐轿，徒步而归。翌日，蒋益澧衣冠整齐，登门向吴存义行弟子礼，并且向这位官风清正、学识渊博的前辈请教。吴存义不敢当，蒋益澧却固执诚恳地请求。于是吴存义要言不烦，指点蒋益澧厚待本省读书人，蒋益澧再三拜谢。来年，浙江乡试，蒋益澧赠给每位参试者一锭官银，进京参加会试的举人程仪增至三倍，一视同仁。当时，绍兴知府诛杀了一位有通匪嫌疑的书生，蒋益澧听说此事后，立刻解除这位知府的官职，训饬道："浙江久陷贼中，一方之内，从头至尾未与匪类打交道、通声气者究有几人？岂可斩尽杀绝！何况人间自有道义可循，当初官府失职，未能保护百姓，光复后岂可诛杀士绅？皇上已颁下明诏，此类情形，民众皆可免死，你追论前罪，是公然违反谕旨。上面追论一人，下面落井下石，讦告仇诬相继，此类案件必定增多，甚至有宵小之徒利欲熏心，趁此机会夺人产业，此风一长，则民无噍类。老百姓痛恨官府，必定埋下祸根，昔日之乱岂非又将重现于今日？"于是蒋益澧派人张贴告示：凡士民有敢以旧罪相告者，以所告之罪罪之。

　　左宗棠性情直爽，当面批评过蒋益澧读书少，喜欢负气。待到杭州光复之后，蒋益澧即有以应之，"置驿通宾，筑宫礼士，一时物望，争附龙门"[1]，浙籍学者俞樾观感如此，当非虚夸。蒋益澧说："东汉寇恂拜汝南太守，肃清盗贼之后，闲暇较多，即修乡校，教生徒，聘请学者讲解《左氏春秋》，亲往听课。难道我做不到吗？"他拜两位本地贡生为师，折节读书，学写文章，日课一篇，没过多长时间，就文思大进，词义卓然。后来，两位贡生觍着脸有所干谒，引荐私人，蒋益澧点头首肯，但他接见受荐者时，对他们打开天窗说亮话："师命固不敢违，然

1《俞樾函札辑证》上册，凤凰出版社 2014 年版，第 110 页，《致蒋益澧》。

恐后来难继，请为我敬谢先生。"两位贡生遂识趣辞职，蒋益澧以厚礼相赠，不伤和气。蒋益澧心气高，顶头上司说他读书少，他就及时补课；人情味足，老师亲口说情，他给足面子；原则性又强，这回给足面子，下不为例；礼数还齐全，老师抱愧告辞，他以厚礼相赠。[1] 他做得如此妥帖，很不简单。

蒋益澧任浙江布政使，署浙江巡抚，纾解民困，恢复生产，维护社会治安，政绩颇为醒目。左宗棠向朝廷举荐蒋益澧赴广东督办军务兼筹军饷，许为"才气无双，识略高臣数等"[2]。左宗棠一向傲睨群雄，难得他如此推毂啊！

7 王闿运："人生要在发舒其意"

咸丰十年（1860），曾国藩膺任两江总督，嗣后又拜协办大学士，天下士子宗仰他为泰山北斗，趋之若鹜，以能成为其门生幕僚为莫大荣幸。他们多半谋想的是进身之阶，为仕途平坦、官运亨通早作铺垫。然而士闿运[3]与曾国藩交集，始终以宾客自处，唯其独立不羁，潇洒来去，曾国藩对他格外高看一眼。

江宁之役告捷，王闿运于同治三年（1864）十月十七日到两江总督署道贺，此时曾国藩已经接奉廷寄，要到皖、鄂交界地带去剿捻，心情已由喜悦转为郁闷，对这位忘年交远不如先前那么礼貌周全。王闿运眼见曾国藩无意回访，心下大感不平，他打点行装，立刻走人。恰巧这时曾国藩派幕僚来召他前去宴饮，王闿运不满而且不屑地说："我大老远赶过来，难道只是为了到大帅府吃两顿酒饭吗？"于是他浩然归棹，连一个当面转圜的机会也不肯留给对方。

曾国藩去世后，曾家印制门生故吏名册，不及细检，竟然擅自将王闿运列入曾文正公的弟子行，别人求之不得，王闿运却并不领情。他为

---

1 朱孔彰：《中兴将帅别传》，第 242 页，《蒋果敏公别传》。

2《左宗棠全集》第 2 册，第 309 页，《陈明广东兵事饷事片》。

3 王闿运（1833—1916），字壬秋，号湘绮。湖南湘潭人。晚清学者、文学家。

曾国藩撰写挽联，联语中暗含讥刺，其词为："平生以霍子孟、张叔大自期，异地不同功，勘定仅传方面略；经学在纪河间、阮仪徵之上，致身何太早，龙蛇遗憾礼堂书。"[1]曾国藩固然是大学士（有宰相之虚名），却未入值军机处（无宰相之实位），也没有留下专著（按老规矩，奏折、日记、书信不能算数），这两大遗憾均被王闿运信手拈出，真可谓哪壶不开提哪壶。王闿运将曾国藩与汉代权臣霍光（字子孟）、明代权臣张居正（字叔大）作比，孟、张二人死后均遭抄家之奇祸，显兆不祥。难怪曾国荃乍见此联，即忿然作色，斥责王闿运"真正狂妄"，纪念册刊落此联也就不用多讲了。

王闿运与左宗棠交往，依然显露出狷介不羁的素性。他对左宗棠评价不高，远低于对胡林翼和曾国藩的赞许。这位左氏"黑粉"中的舵把子以贬低左宗棠为乐事，有一种近乎变态的执着。他说："左之识学不逾明人，劣及宋而止矣，何足以识九流之秘奥，知六合之方圆？"[2]左宗棠比王闿运年长二十一岁，王闿运"唯以丈人行事之，称其为'季高十三丈'"。左宗棠一向自视甚高，对于王闿运时不时亮出倨傲不恭的姿态很反感，甚至目之为"华士"[3]，对他的学风、文风颇有微词。王闿运责备左宗棠看人不准、用人不当，而且怠于求贤，词锋相当锐利："……委克庵以关中，留寿山于福建，一则非宏通之选，一则为客气之尤。节下久与游而不知，是不智也；无以易之，是无贤也。将兵十年，读书四纪，居百寮之上，受五等之封，不能如周公朝接百贤，亦不如淳于之日进七士，而焦劳于旦暮，目营于四海，恐仍求士而士益裹足耳。闿运自不欲以功名见，视当世要事若存乎蓬艾之间，既非节下诸公所札调能来，亦非诸公所肯荐自代，有贤无贤，何与人事？特以闻节下之勤恳，伤所望之未逢，涉笔及之，聊为启予耳。……节下颇怪闿运不以前辈相推，此则重视闿运而自待轻也。今推节下者众矣，尚须求也附益之

---

1 王闿运：《湘绮楼诗文集》，岳麓书社 1996 年版，第 1981 页，《曾文正涤生》。
2 王闿运：《湘绮楼诗文集》，第 869 页，《致郭兵左》。
3 华而不实的名士。

乎？如闿运者尚不怪节下不以贤人见师也。"[1] 王闿运批评左宗棠倚老托大，不肯礼贤下士。

王闿运布衣傲公侯，其狂傲狷介是以自身实力为基础的。倘若他学识谫陋，心胸狭窄，徒有狂傲狷介的性情而无可狂可傲可狷可介的资本，曾国藩牛气冲天，左宗棠虎气动地，才懒得搭理他，又岂肯忍受他的讥诮和责让，听任他目空一切？

既然王闿运连曾、左两位大神都敢睥睨，其他的达官贵人，在他眼中，能算老几？有一回，湖南巡抚端方拿出一只珍藏多年的异形古瓷器，请王闿运鉴赏。王闿运把玩一番后，即兴调侃道："这古瓶年深月久，已见过不少世面，可它的形状既不端又不方，真叫人拿它没办法！"此前数年，另一位湖南巡抚陈宝箴也跟王闿运打过交道，某回，这位江西籍的封疆大臣设宴请客，谈及湖南盛产人才，再三表示歆羡。王闿运环顾四周，神秘兮兮地说："别看这些下人现在身份卑贱，穿布衣，干粗活，一旦行时走运，也可以做总督当巡抚的。"[2] 此言绵里藏针，既不显棱，又不露角。陈宝箴闻言，脸色通红。

8 曾国荃激发三军之锐气

从同治元年（1862）到同治三年（1864），曾国荃[3] 统领湘军主力部队包围太平天国首都天京（今南京），久攻不下，每向前推进一里地，甚至只是一丈距离，都会伤亡惨重。论打攻坚仗，在湘军大将中，曾国荃首屈一指。他昔日的战绩单（攻克太平军堡垒江西吉安和安徽安庆）足够亮眼，绰号为"曾铁桶"亦非浪得虚名，他善于围城打援，罕有失手。然而攻打天京是个例外，他遇上了誓死不降的超级硬茬，湘军围城

1 王闿运：《湘绮楼诗文集》，第 817 页，《致左中堂》。光绪四年（1878）二月廿七日，郭嵩焘批评左宗棠，直截了当："左相矜才负气，无能兴起人才。"这年五月初五日，他再度批评左宗棠："以能屈抑楚人自表其公，而反私矣：私其一身之声名，而利不及人。"郭嵩焘认为左宗棠对战功赫赫的大将刘锦棠裁抑太过。

2 陶菊隐：《政海轶闻》，上海书店出版社 1998 年版，第 77 页，《王闿运》。

3 曾国荃（1824—1890），字沅甫。湖南湘乡人。官至两江总督。谥忠襄。

两年多，仍然未能攻开任何一座城门。其间，曾国荃罹患肝疾，遭遇枪伤，兵营传染时疫，围城的湘军士气渐趋低迷，几度濒临崩溃的险境，居然能够硬撑下来、强挺过去，堪称不小的奇迹。

某日，曾国荃接到朝廷寄谕，促令江苏巡抚李鸿章率领淮军驰援江宁（今南京），为湘军助战。曾国荃闻讯，顿时如同热锅上的蚂蚁，万分焦急。他召来颇具谋略的部将朱洪章，两人商议对策。曾国荃先将自己的忧虑和盘托出："倘少荃来克复，我军多年辛苦，付流水矣。若阻其来，又恐日久无功，无以对上。应如何覆奏，方为两全？"朱洪章倒是成算在胸，他应声回答："万万不可阻止李军。盖阻其来，而我或日久不克，必至获严谴。鄙意不如奏请李速来，正可借此激发三军之气，以我军人人心中，皆不愿以一篑之功，拱手让人也。一面严饬各军，刻期猛攻，或竟指日可克复。"曾国荃击节称善，左右幕僚也个个叫好。

同治三年（1864）六月十五日，李鸿章派人送来咨文，受朝廷屡次催促，拟于六月十六日派遣将领刘铭传、潘鼎新率二十余营士卒来金陵助攻。曾国荃驱马前往龙膊子行营，将咨文递给众将领传阅，振臂怒吼道："他人至矣，艰苦二年以与人耶？"曾国荃的鼓动激发了湘军将士最强的血性，前线将领齐声回应："愿尽死力！"[1] 众心齐，山可移。翌日，龙膊子地道填充的数百斤炸药就轰塌了城墙，金陵城被湘军攻克，淮军不用白跑一趟了。

9 杨度作《湖南少年歌》

梁启超为杨度[2]的长诗《湖南少年歌》作引言："湘潭杨晳子度，王壬秋先生大弟子也。昔卢斯福演说，谓欲见纯粹之亚美利加人，请视格兰德；吾谓欲见纯粹之湖南人，请视杨晳子。顷晳子以新作《湖南少年

1 赵烈文：《能静居日记》第2册，第799页。
2 杨度（1875—1931），字晳子。湖南湘潭人。官至北洋政府参政院参政。

歌》见示，亟录之，以证余言之当否也。”[1]这样的褒赞有多少水分？现在的答案肯定对杨度不太有利，然而上个世纪伊始，同盟会尚未成立之前，中国留日学生几乎不会抱持异议。

身为"纯粹之湖南人"，杨度身上除了具有湘人通备的勇毅、执拗和坚韧的性格之外，必然还有其过人之处。试想，一介书生，仗剑去国，志在扫清六合，重铸华夏之魂，气魄该是何等雄奇豪迈。杨度作《湖南少年歌》，点燃无数有志青年——尤其是湖湘子弟如黄兴、蔡锷、宋教仁、陈天华等人——的热血，他们借此喊出内心的最强音。《湖南少年歌》如同一支响箭，带着尖利的啸音射向黑暗地带，不该被愈积愈厚的岁月黄沙深深沉埋。

《湖南少年歌》[2]共二百四十六句，至今诵之，仍令人心冲血沸。

"我本湖南人，唱作湖南歌。湖南少年好身手，时危却奈湖南何？湖南自古称山国，连山积翠何重叠。五岭横云一片青，衡山积雪终年白。沅湘两水清且浅，林花夹岸滩声激。洞庭浩渺通长江，春来水涨连天碧。天生水战昆明沼，惜无军舰相冲击。北渚伤心二女啼，湖边斑竹泪痕滋。不悲当日苍梧死，为哭将来民主稀。空将一片君山石，留作千年纪念碑。后有灵均遭放逐，曾向江潭葬鱼腹。世界相争国已危，国民长醉人空哭。宋玉招魂空已矣，贾生作吊还相渎。亡国游魂何处归，故都捐去将谁属？爱国心长身已死，汨罗流水长鸣咽。当时猿鸟学哀吟，至今夜半啼空谷。此后悠悠秋复春，湖南历史遂无人。中间濂溪倡哲学，印度文明相接触。心性徒开道学门，空谈未救金元辱。惟有船山一片心，哀号匍匐向空林。林中痛哭悲遗族，林外杀人闻血腥。留兹万古伤心事，说与湖南子弟听。于今世界翻前案，湘军将相遭诃讪。谓彼当年起义师，不助同胞助胡满。夺地攻城十余载，竟看结局何奇幻。长毛死尽辫发留，满洲翎顶遍湘州。捧兹百万同胞血，献与今时印度酋。英

1《梁启超全集》第18卷，北京出版社1999年版，第5337页，《饮冰室诗话》第86则。卢斯福：西奥多·罗斯福（Theodore Roosevelt, 1858—1919），人称老罗斯福，第26任美国总统。格兰德：尤里斯斯·辛普森·格兰特（Ulysses Simpson Grant, 1822—1885），美国南北战争时期的北军统帅，第18任美国总统。

2《杨度集》第1册，湖南人民出版社2008年版，第92—95页，《湖南少年歌》。

狮俄鹫方争跃，满汉问题又挑拨。外忧内患无已时，祸根推是湘人作。我闻此事心惨焦，赧颜无语谢同胞。还将一段同乡话，说与湘人一解嘲。洪、杨当日聚群少，天父天兄假西号。湖南排外性最强，曾侯以此相呼召。尽募民间侠少年，誓蕲妖民屏西教。蚌鹬相持渔子利，湘粤纷争满人笑。粤误耶稣湘误孔，此中曲直谁能校？一自西船向东驶，民教相仇从此起。此后纷纭数十春，割土赔金常坐此。北地终招八国兵，金城坐被联军毁。拳民思想一朝熄，又换奴颜事洋鬼。国事伤心不可知，曾、洪曲直谁当理。莫道当年起事时，竟无一二可为师。罗山乡塾教兵法，数十门生皆壮儿。朝来跨马冲坚阵，日暮谈经下讲帷。今时教育贵武勇，罗公此意从何知？江、彭游侠时惟耦，不解忠君惟救友。意气常看匣里刀，肝肠共矢杯中酒。江公为护死友骨，道路三千自奔走。曾侯昔困南昌城，敌垒如云绕前后。彭公千里往救之，乞食孤行无伴偶。芒鞋踏入十重围，大笑群儿复何有？桂阳陈公慕嚣述，湘乡王公兵反侧。大势难将只手回，英雄卒令吞声没。更有湘潭王先生，少年击剑学纵横。游说诸侯成割据，东南带甲为连衡。曾、胡却顾咸相谢，先生笑起披衣下。北入燕京肃顺家，自请轮船探欧亚。事变谋空返湘渚，专注《春秋》说民主。廖、康诸氏更推波，学界张皇树旗鼓。呜呼吾师志不平，强收豪杰作才人。常言湘将皆伧父，使我闻之重抚膺。吁嗟往事那堪说，但言当日田间杰。父兄子弟争荷戈，义气相扶团体结。谁肯孤生匹马还，誓将共死沙场穴。一奏军歌出湖外，推锋直进无人敌。水师喷起长江波，陆军踏过阴山雪。东西南北十余省，何方不睹湘军帜？一自前人血战归，后人不叹《无家别》。城中一下招兵令，乡间共道从军乐。万幕连屯数日齐，一村传唤千夫诺。农夫释耒只操戈，独子辞亲去流血。父死无尸儿更往，弟魂未返兄逾烈。但闻嫁女向母啼，不见当兵与妻诀。十年断信无人吊，一旦还家谁与诘？今日初归明日行，今年未计明年活。军官归为灶下养，秀才出作谈兵客。只今海内水陆军，无营无队无湘人。独从中国四民外，结此军人社会群。茫茫回部几千里，十人九是湘人子。左公战胜祁连山，得此湖南殖民地。欲返将来祖国魂，凭兹敢战英雄气。人生壮略当一挥，昆仑策马瞻东西。东看浩浩太平海，西望诸洲光陆离。欲倾亚陆江河水，一洗西方碧眼儿。于今世界无公理，口说爱人心利己。天演开成大竞争，强权压倒诸洋水。公法何如一门炮，工商尽是图中匕。外交断在军人口，内政修成武装体。民族精神何自生，人身血肉拼将死。毕相、拿翁尽野蛮，腐儒误解文明字。欧洲古国斯巴达，强者充兵弱者杀。雅典文柔不足称，希腊诸邦谁与敌？区区小国普鲁士，倏忽成为德意志。儿童女子尽知兵，一战巴黎遂称帝。内合诸省成联邦，外与群雄争领地。中国于今是希腊，湖南当作斯巴达。中国将为德意志，湖南当作普鲁士。诸君诸君慎于此，莫言事急空流涕。若道中华国果亡，除非湖南人尽死。尽掷头颅不足痛，<u>丝毫权利人休取</u>。莫问家邦运短长，但观意气能终始。埃及波兰岂足论，慈悲印度非吾比。我家数世皆武夫，只知霸道不知儒。家人仗剑东西去，或死或生无一居。我年十八游京甸，上书请与倭奴战。归来师事王先生，学剑学书相杂半。十载优游湘水滨，射堂西畔事躬耕。陇头日午停锄叹，大泽中宵带剑行。窃从三五少年说，今日中原无主人。每思天下战争事，当风一啸心纵横。地球道里凭空缩，铁道轮船竞相逐。五洲四人白人囊，复执长鞭趋亚陆。探马惟摇教士钟，先锋只着商人服。邮航电线工兵队，工厂矿山辎重续。执此东方一病夫，任教数十军人辱。人心已死国魂亡，士气先摧军势蹙。救世谁为华盛翁，每忧同种一书空。群雄此日争追鹿，大地何年起卧龙。天风海潮昏白日，楚歌犹与箫声疾。惟恃同胞赤血鲜，染将十丈龙旗色。凭兹百战英雄气，先救湖南后全国。破釜沉舟期一战，求生死地成孤掷。诸君尽作国民兵，小子当为旗下卒。"

1903 年，杨度创作《湖南少年歌》时，正处于二十多岁的热血期，他提出的"先救湖南后全国"的主张直接启发了黄兴、宋教仁等革命党人，成为甲辰（1904）长沙起义前华兴会极欲实行的革命方略。《湖南少年歌》流行于湘籍留学生中，他们几乎口口能诵，因为它包蕴了巨量的豪壮之美，是当年的最强音。

"惟恃同胞赤血鲜，染将十丈龙旗色"，没有豪情壮气能行吗？若要救老朽风痹的中华帝国，就必须重塑健壮的少年身，重铸鲜活的少年心。当年，杨度作《湖南少年歌》，众人一唱而血沸；梁启超撰《少年中国说》，举世一诵而心雄。杨度与梁启超，一个是英锐的"湖南少年"，一个自号为激进的"少年中国之少年"，这种"猛志固常在"的狂飙精神正是当时青年人所赞许的时代精神。

宣统二年（1910），外侮侵逼，国势危殆，民愤汹涌。恰在这个节骨眼上，湖南学界选址长沙小吴门外新军大操坪举行运动会，上千名学生列队入场，齐声高唱新歌曲，壮气凌云："大哉湖南，衡岳齐天，洞庭云梦广。沅有芷兮澧有兰，无限发群芬。风强俗劲，人才斗量，百战声威壮。湘军英武安天下，我辈是豪强。听军歌淋漓悲壮，旌旗尽飞扬。宛然是枪林弹雨，血战沙场样。军国精神，湖湘子弟，文明新气象。"[1] 这是《湖南少年歌》的高调续响，湖南人是中国的斯巴达勇士，随着辛亥革命的无限接近，他们的激情已被点燃。

湘军平定江南大乱后，直接开启了湖南人的主人翁精神，一改以往"碌碌无所轻重于天下，亦几不知有所谓对于天下之责任"的局面，湖南人成为了中国近代洋务运动的倡导者和政治近代化的强力推手。"军国精神"建立于主人翁精神之上，乃是"湖南少年"真心爱国、实力爱国的精神。

10 蔡锷誓做有名有实的军人

庚子年（1900）夏，湘人唐才常领导的自立军起义由于事机不密而被湖广总督张之洞派兵镇压，二十多位志士血洒刑场。唯有十八岁的热血青年蔡艮寅先期离鄂赴湘联络党人，幸获保全。悲愤之余，他决意改名为"锷"，意思是：愿为刀剑之刃，直刺邪恶势力。同年10月，蔡锷[2] 赋诗《杂感十首》，第二首写道："前后谭唐殉公义，国民终古哭

---

1 《历代名人记长沙文选》，第 703、704 页，毛泽东《本会总记》。
2 蔡锷（1882—1916），字松坡。湖南邵阳人。著名政治家、军事家、民主革命家，倒袁护国第一功臣。

浏阳。湖湘人杰销沉未？敢谕吾华尚足匡。"[1] 气愈挫愈奋，志愈磨愈坚，此诗即可见端倪。蔡锷痛心于师友（浏阳人谭嗣同、唐才常是其师，长沙人林圭是其友）殉命罹难，决定从此改弦更张。留学东瀛时，他放弃东亚商业学校而专选成城学校，修习陆军科目。1903 年，蔡锷考入日本陆军士官学校第三期骑兵科，继续深造。

起初，蔡锷请梁启超写介绍信给成城学校校长，梁启超对于爱徒立志要学好陆军科目心存疑虑："你是文弱书生，似乎很难担当军事重任。"蔡锷回答道："只须先生为我想方设法，能够学陆军，将来不做一个有名有实的军人，不算先生的门徒！"爱徒有这么高的心气，老师当然要设法玉成。蔡锷说话算数，做事认真，入校后他刻苦自励，果然成为了日本陆军士官学校第三期的顶尖高材生，毕业时，与同学蒋百里、张孝准一道荣获"中国三杰"的美誉。

丙午年（1906）底，蔡锷学成归国，在桂林筹办广西陆军小学，膺任总办。第三期学员李宗仁亲眼见识过蔡锷的飒爽英姿，《李宗仁回忆录》中有一段传神的文字，描写蔡锷的矫健身手："我们的总办蔡锷将军有时来校视察，我们对他更是敬若神明。蔡氏那时不过三十岁左右，可称文武双全，一表堂堂。他骑马时，不一定自马的侧面攀鞍而上。他常喜欢用皮鞭向马身一扬，当马跑出十数步时，蔡氏始从马后飞步追上，两脚在地上一蹬，两手向前按着马臀，一纵而上。这匹昂首大马，看来已够威风，而蔡氏纵身而上的轻松矫捷，尤足惊人。我们当时仰看马上的蔡将军，真有'人中吕布，马中赤兔'之感。"[2] 蔡锷不愧为骑兵科的高材生，他在广西巡边时，长时间出入瘴区，患病高烧，吃药无效，他就跃马而出，跑数十里，出一身透汗，回来后，病就好了五六分。"盖公之强毅自克，出于天性。而孰知其自克者，乃适以自残也。"[3] 蒋百里的评论一分为二。

---

1 毛注青、李鳌、陈新宪编：《蔡锷集》，第 11、12 页，《杂感十首》之二。

2 《李宗仁回忆录》上册，广西文史资料研究委员会（内部发行）1980 年版，《陆军小学的教育》。

3 曾业英编：《蔡锷集》第 2 册，第 1523 页，蒋百里《蔡公行状略》。

张孝准是湖南长沙人，十六七岁时就在大学者王先谦家当塾师，聪明机警，葵园老人对他青睐有加，保送他到日本留学，他成为日本陆军士官学校第三期炮兵科高材生。毕业后，张孝准为革命事业奔走南北，黄兴赠联激赞，上联是"惟有真才能血性"，下联是"须从本色见英雄"[1]，其中"血性"二字，最得湘人心，不仅一见眼熟，而且多有体认。张孝准干过一件极有价值和意义的事，掩护蔡锷脱离虎口，潜返云南，先从天津乘煤船至日本，然后为蔡锷在东瀛多地寄发预先写好的明信片，迷惑袁世凯，蔡锷的真身则绕道越南返回昆明，全程将袁世凯及其鹰犬蒙在鼓里。张孝准与蔡锷的神配合精妙绝伦。

1《黄兴集》，中华书局2011年第2版，第462页，《为张孝准书联》。

二　岂畏强御，专开硬弓

有的人力量强大，有的人智慧强大，有的人精神强大，将三者相比较，精神强大才是真正的强大，它无须透支外在的力量和内在的智慧，就可以勇往直前。惜命的害怕拼命的，拼命的害怕玩命的，就是这个道理。

困境磨人，逆境伤人，绝境灭人；于困境中不馁，于逆境中不颓，于绝境中不废，处境越是艰危，身陷其中的人就越是需要勇决智断，神挡杀神，佛挡杀佛，非蹚着泪海血河杀出一条生路不可，这是湖南人的精神。论霸蛮，倘若湖南人肯默认第二，谁还敢自诩第一？他们主意一定，决心不移，生死看淡，不服就干，成败利钝非所逆睹，浴血玩命在所不惜。湖南人反抗强暴，专开硬弓，上演壮剧，惊呆众人，事例比比皆是。

莫非湖南人浑身都是胆？为何总像铁匠、石匠抢重锤，喜欢来它个硬碰硬？当湖南人自觉捍卫道义时，表现尤为出色，往往令观者动容，令闻者提气。

1　祝良执法严明，不畏权贵

汉顺帝永建年间，祝良[1]膺任洛阳令，他性刚气勇，执法严明，不

1　祝良（生卒年不详），字邵卿，一字邵平。湖南长沙人。官至并州刺史。

畏权贵，为政有德，尤以体恤民情著称朝野。常侍樊丰的妻子心狠气悍，虐杀侍婢，抛入井中。案发无隐，祝良毫不手软，"收其妻，杀之"。祝良不枉法，不徇私，杀人者偿命，依律定案，有胆魄，没毛病。东汉时期，常侍处九卿之列，太尉居三公之位，均属朝廷大臣，如果太尉府出了血案，祝良敢不敢在太岁头上动土？答案是肯定的。太尉庞参的妻子生性泼悍，容不下继子，将他推入水井中溺亡。祝良闻讯后，立刻率领吏卒强行进入太尉府，现场办案，取得尸证和口供，备办案卷，及时上报朝廷。不久，太尉庞参即被黜免。庞参树大根深，枝繁叶茂，就这样被祝良劾掉了官职，岂肯善罢甘休？秋后算账不愁找不到合适的借口，廷尉刁难，祝良喜欢先斩后奏，办案作风太过凌厉，当众折辱大臣也是事实，他被捕入狱就毫无悬念。令朝廷始料不及的是，祝良深得百姓爱戴，洛阳民众天天聚集在宫门前，为他请愿祈福，甘心代替这位父母官服刑的人成百上千。结果还算不赖，廷尉知民心难违，赶紧销了案，祝良也重获起用，补任并州刺史。[1]

2 杨大异、欧阳玄：单身入虎穴

南宋名臣杨大异[2]少年时从大儒胡宏习《春秋》，有胆识。嘉熙三年（1239），杨大异任四川制置司参议官。蒙古铁骑偷袭成都，杨大异随制置使丁辅巷战，宋军败绩，丁辅战死，全家遇难。杨大异身负重伤，侥幸获救。

杨大异曾任龙泉尉，代理县令。岁饥，米价飞涨，百姓乏食，杨大异毅然作主，将提刑司籴米按平价发粜，百姓受益，赞声四起。杨大异因此得罪了提刑使，移任安远尉。安远有峒寇扰民，官兵多年征讨，一直未能除根，上司命令杨大异清剿其巢穴。杨大异深知用兵无济，于是只带一仆，负其告身（委任状）而行。他乘肩舆入深山，传呼寇首，山贼排队露刃迎候，杀气腾腾，言和宣战都有可能血溅当场。杨大异从容

1 周圣楷编纂，邓显鹤增辑：《楚宝》上，岳麓书社2016年版，第132页，卷第四·名臣一。
2 杨大异（生卒年不详），字同伯。湖南醴陵人。官至大理寺丞。

044

以祸福相谕，开导时诚意满满，峒寇受教，皆伏地叩头，愿改过自新。杨大异留下告身作抵押，偕同其头领数人出降，一方遂获平安。

元朝大臣欧阳玄[1]以文章道德卓然名世，《元史》对他的评价相当高："玄性度雍容，含弘缜密，处己俭约，为政廉平。"[2]欧阳玄颇有胆色，任芜湖县尹时，决疑狱，察隐情，该当平反的冤案即为之平反。强梁豪横不法，虐其驱奴，欧阳玄即解除受虐者的奴籍，使之从良。贡赋征发及时，百姓乐其善政，教化大行，最奇怪的是，就连邻县的蝗虫都不入其辖境。欧阳玄改任武冈县尹，履新刚过了一个月，赤水、太清两洞聚众攻杀，其他官员仓皇失措，一筹莫展。欧阳玄镇定自若，当天就单骑出行，只带两员随从，径直抵达事发地点办理案件。至则死伤满道，战斗未已。山民听说过欧阳玄的善行和清名，便扔下兵仗，罗拜于马前，自辩道："我曹非不畏法，因为诉某事于县衙，县官不主持公道，反而用徭役和横征暴敛来惩治我们，大家心情愤怒，无法忍受，就打起死仗来。没想到惊动了青天大老爷，亲赴此地办案。"欧阳玄喻以祸福，返回县衙后，就立刻处理前任积压的诉讼案件，山民遂安静如初。

3 邝埜硬抗阉党首领王振

明朝正统十四年（1449），明英宗朱祁镇受宦官头目王振怂恿，御驾亲征，欲一举征服北方强敌蒙古瓦剌部。大臣极力劝阻无效，出关时，兵部尚书邝埜坚请英宗回銮，声泪俱下。王振既恨又怕邝埜坏他好事，就矫诏令兵部尚书邝埜与户部尚书王佐紧随老营行止。到达怀安时，邝埜坠马，险些丧命，随从请他在怀来城就医，疗伤要紧。邝埜说："至尊在行，敢托疾自便乎？"车驾到了宣府，"连日风雨，人情汹汹，声息益急，于是随驾诸臣连上章请留。振虓怒，以埜与佐首倡还议忤旨，罚跪草中，至暮不得请"。王振竟敢处罚两位尚书跪在青草

---

1 欧阳玄（1273—1358），字原功，号圭斋。湖南浏阳人。官至翰林学士承旨。谥文。
2 宋濂等：《元史》下册，岳麓书社 1998 年版，第 2366—2368 页，卷一百八十二，列传第六十九。

中，其势焰之嚣张由此可见一斑。就算其心腹亲信彭德清提醒他"象纬示警，再前，恐危乘舆"，他也不以为意，只说："果有此，亦天命也。"邝埜忍受腿伤的剧痛一直追随到云中，眼看敌帅也先统军严阵以待，明军毫无胜算，他奏请英宗尽快退回关内，王振不准奏章上报，邝埜就直奔行殿欲面见皇上。王振拦住他，厉声威胁道："腐儒安知兵事？再妄言者死！"邝埜正气凛然，当即回怼："我为社稷生灵言，何得以死惧我！"[1] 王振喝令左右将邝埜架出行殿。翌日，明朝大军进驻土木堡，果然不出智者所料，全军覆灭，皇帝朱祁镇被俘，邝埜遇害。此役，官军死伤数十万人，文武朝臣从征扈行及于死难的五十余人。

邝埜有强项，敢挑战阉党头领王振的淫威，无奈明英宗朱祁镇昏庸，他拼了命进谏也无济于事。倘若邝埜是精致的利己主义者，就会适可而止，知难而退。但他的血性不允许他退却，他的忠诚也不允许他软弱。

性格即命运，邝埜是一条硬汉！

4 陈鹏年是"响当当一粒铜豌豆"

康熙四十四年（1705），清圣祖玄烨第五次南巡，两江总督阿山巧借供张为名，召集下属官员商议增收地丁赋，充抵接待费。众人不吱声，皆注目江宁知府陈鹏年[2]，后者果然一触即发，据理力争，他说："官可罢，赋不可加也。"阿山见动议被驳，内心极不悦乎，竟以"行宫簟席不净"谗害陈鹏年。其时，大学士张英致仕，照例入对，康熙皇帝问起江南廉吏何人表现最佳，张英首推陈鹏年，他说："吏畏威而不怨，民怀德而不玩，士式教而不欺，廉其末也。"[3] 于是"上意乃释"，陈鹏年逃过一劫。

康熙皇帝将驾临京口检阅水师，总督阿山于先一日命令陈鹏年督造江边步道。江流湍急，施工困难，陈鹏年亲临现场，带头干粗活，如期

---

1 夏燮：《明通鉴》中册，岳麓书社 1999 年版，第 702、703 页，卷二十四。

2 陈鹏年（1663—1723），字沧州。湖南湘潭人。官至河道总督。谥恪勤。

3 赵尔巽等：《清史稿》第 33 册，第 10093 页，卷二百七十七，列传六十四。

完工。总督阿山没找出茬来，并不意味着他准备放过陈鹏年，毕竟这位总督不是小角色，出身（满洲正蓝旗）又好，他怀恨在心，告御状无疑是最便捷的报复方式。阿山疏劾陈鹏年："受盐、典各商年规，侵蚀龙江关税银，又无故枷责关役。"这回阿山一告就灵。陈鹏年被夺职，入狱前，神色如常，自道未了事："杜茶村未葬，某僧求书未与，布衣王安节缺为面别。"[1]只此三桩，只字未提家中妻儿。

陈鹏年被关入江宁监狱，饮食一度遭到狱方断绝。某狱卒怜悯陈太守，私下塞煎饼给他充饥。此事被典狱长李丞获悉，责打这个狱卒四十杖，当众怒吼道："通一勺水入监狱的，就是这种下场！"陈鹏年自忖命绝狱中，忽然听见外面有贵人高声吩咐："狱官过来！我是浙江巡抚赵申乔。入觐时，皇上命令我传话给江南督抚：'还我活陈鹏年！'不知汝等可知否？"说完就走了，未与陈鹏年交谈一句话。这个故事还有个好玩的结尾：不到十年，陈鹏年膺任河道总督，昔日的典狱长李丞任邳睢同知，十分恐惧，前来拜望上司。陈鹏年只字未提旧事，李丞内心稍安，以为陈鹏年健忘。没过多久，黄河南岸崩塌，材料人工都很贵，资金缺口大。陈鹏年摆上一桌酒席，召集相关官员十余人会饮，酒过三巡，他感叹道："鹏年在江宁监狱中差点就饿死了，没想到会有今日。"他自贺一大杯，边畅饮边盯着李丞，目光犀利如剑，须髯翕张。李丞脸色陡变，客人也都面面相觑，不知所以然。陈鹏年笑道："你们不贺我吗？何不满饮一大杯？"合席诺声如雷，酒量浅的也拼命干了。稍后，店伙计捧出饕餮樽，瓷质鎏金，形状狞恶。陈鹏年起身斟满，拎到李丞跟前，对他说："某年某月某日，因为一张煎饼，杖责狱卒，想饿死我的，不是别人，就是足下。如今河岸崩塌，百万生灵命悬一线，不比老陈性命，不值一钱。罚你饮完此酒，立即前往堵缺。放一勺水入民田，我请敕书砍你的脑袋，也使群公知道鹏年不是报复私仇的人。"李丞长

---

1 易宗夔：《新世说》，山西古籍出版社1997年版，第143页，《陈鹏年临入狱言未了事》。杜濬（1611—1687），字于皇，号茶村，湖北黄冈人。明末清初逸士。杜茶村安于清贫，有人询问其处境家况，他以书作答："昔日之贫，以不举火为奇；今日之贫，以举火为奇。此其别耳。"杜茶村尺牍中有名言："自古小人之祸，君子激之；君子之名，小人成之。至于成君子之名，业已受小人之祸，天下事因之败坏者不少矣。"

跪，面如死灰，举樽，樽堕地破碎，他两手抽脸，叩头数百。满座咄嗟回首，无一人忍心细看他的颜面。李丞出去后，倾尽家产治河。竣工之日，前来验收的人缨帽小车，正是他昔年杖责过的江宁狱卒。事后，李丞抱惭怀恨，郁郁而终。[1]

当初，陈鹏年在江宁入狱，老百姓痛哭罢市，书生揭帛鸣钲，包围总督府，怒问陈公被劾下狱之案由，守卫紧闭大门，群众齐声呼叫，不肯撤退。官府拘留了数人，没打算把事情闹大，只不过吓吓他们就放人，因此故意网开一面，问道："你们是偶然路过此地被抓的吗？"只要他们见机行事，回答说"是的"，就立即获得自由。然而他们不约而同地说："我们不是路人，愿意入狱与陈太守共命运！"书生俞养直等人接踵而至，大声呼吁："请保全清廉太守！"守卫呵禁无效，就威胁他们："再喊，捉人治罪！"俞养直立即挺身就擒。外面误传俞养直死于狱中，其时江苏学政正在句容八邑按试生童，生童喧哗道："读书应试有何意义！"都烧掉卷子拍屁股走人，并且请学政申救被捕的书生，俞养直遂得以出狱。及至会审陈鹏年，百姓夹道而立，人人手举火把，照亮来途去路，一时间夜明如昼。

陈鹏年在江宁知府任上改造金陵红灯区南市楼，选在那里建造一座乡约讲堂，每月初一宣讲圣谕，并且标榜为"天语丁宁"，因此被总督阿山定罪为"大不敬"，论罪定刑，该当斩首。大学士李光地认为阿山反复弹劾陈鹏年，触犯清议，事态一旦扩大，反倒会把民间的怨气引向朝廷。康熙皇帝觉得此言有理，保全陈鹏年不难，"夺官免死"就行，征入武英殿修书。阿山的如意算盘再度落空。

江苏巡抚张伯行以廉操干才而著称，他非常尊重江宁知府陈鹏年，事无巨细，都与他商量，对其裁决的公务，鲜有异议。两江总督噶礼是满族权贵，不仅贪得无厌，而且嫉贤妒能，与张伯行结怨很深，自然也将陈鹏年视为眼中钉。起初，噶礼到任时，陈鹏年去谒见他，只揖不跪。噶礼怒形于色，呵斥道："知府的命运就捏在我的手掌心，你好

---

1 葛虚存：《清代名人轶事》，山西古籍出版社 1997 年版，第 371、372 页，《陈恪勤轶事》。

大的胆子，竟敢对我无礼！"陈鹏年不卑不亢地说："我真要是有罪过，就算你肯宽恕，我心中也有斧钺相加。如果不是这样，皇上主之，百姓安之，我的生死不由你来决定！"陈鹏年说完这话，也不待噶礼端茶送客，就慢步缓行踱出总督府，噶礼恶狠狠地盯着他的背影，直气得鼻歪眼斜。

噶礼深知，打击张伯行，公开摊牌，硬拼死磕，难度太大，因为在康熙皇帝心目中，张伯行"操守为天下第一"，弄不好，杀敌八百，自损一千。于是他挖空心思，绞尽脑汁，想出一条毒计。此计若灵，势必一石二鸟，先叫陈鹏年吃足苦头，甚至脑袋搬家，然后令张伯行铩羽而归。

陈鹏年喜欢出游，采风和写诗为常规操作，于是噶礼吩咐幕僚，从陈鹏年的诗作中仔细找茬挑刺。说来也巧，陈鹏年写过《重游虎丘》七律两首，第二首有"重大嫌疑"。"尘鞅删余半晌闲，青鞋布袜也看山。离宫路出云霄上，法驾春留紫翠间。代谢已怜金气尽，再来偏笑石头顽。棟花风后游人歇，一任鸥盟数往还。"[1] 那帮子鸡贼鬼崇狠下穿凿附会、罗织周纳的功夫，试图将它夯实成文字狱，置陈鹏年于万劫不复之地。他们字笺句比，"青鞋布袜"是野人服，显有不屑本朝衣冠之意；"离宫""法驾"，隐指明朝弘光皇帝而言；"代谢已怜金气尽"和"一任鸥盟数往还"尤其犯忌，清朝入关之前国号为"后金"，可断定陈鹏年以前句诅咒清朝气数已尽，以后句暗示敌寇（郑成功）与之结盟。噶礼倾陷陈鹏年，控告他写反诗，招数狠毒，所挖掘的大坑深穴埋葬十个百个陈鹏年都绰绰有余。噶礼还将陈鹏年禁锢于镇江，只等朝廷下令，立刻杀一儆百，这个"百"即张伯行。

康熙皇帝是英主，也是有为之君，但他喜欢鼓捣文字狱，戴名世的《南山集》案是清初三大文字狱之一，株连数百人，令天下名士人人自危。凡事总有例外，康熙皇帝信不过江浙人说三道四，却信得过湖南人赤胆忠心。老百姓称赞陈鹏年是贤能的清官，誉之为"陈青天"，这样

---

1 袁枚：《随园诗话》，浙江古籍出版社 2016 年版，第 62 页，卷四。

好的口碑可不是他使出障眼法骗到手的。陈鹏年的诗歌纯粹抒写个人胸臆，运用的典故并未触犯禁忌，不像戴名世笔下的史传直揭清军屠戮汉人的累累罪恶。噶礼望穿秋水，等来的上谕却出乎他的意料："噶礼曾奏陈鹏年诗语悖谬，宵人伎俩，大率如此。朕岂受若辈欺耶？"[1]康熙皇帝还将陈鹏年的诗作交给内阁大臣传阅，对他们说："陈鹏年声誉甚好，学问亦优。张伯行听信其言，是以噶礼欲害之。朕纂辑群书甚多，诗中所用典故，朕皆知之，即末句'鸥盟'二字，不过托意渔樵。陈鹏年诗见在，今与尔等共看，可知朕心之公矣。"当时，刑部议定陈鹏年有罪，削籍遣戍黑龙江，康熙皇帝不以为然，将部议撂在一旁，令陈鹏年赴京修书。

康熙五十六年（1717），陈鹏年署理霸昌道，奉特旨准许乘传奏事。在昌平，有几位头戴花翎红顶的人，声称某王爷派他们来收取修城资金，其汹汹之势不容质疑，不容抗拒。陈鹏年将计就计，假装谦卑，请他们入府衙，暗中设下埋伏，让健卒下手，悉数绑缚结实，扔进监狱，然后向朝廷驰奏此事因由。适值某王爷入宫奏对，康熙皇帝将陈鹏年的奏疏递给他看，王爷见事情败露，赶紧撇清道："没这回事。"康熙皇帝便下达口谕："可听陈鹏年处分。"陈鹏年杖毙一人，枷送四人徇于城。从此畿甸肃然。[2]陈鹏年办案固然办得痛快，但他得罪了某王爷，埋下了祸根，嗣后丢官，还得回京城交代。

陈鹏年长躯虎项，须髯甚美，目光开阖如电，素有定力，不以荣辱、毁誉、生死动其心，慨然以泽不被于民、道不伸于己为大耻。为官廉干得民心，每褫职按问，民众相聚巷哭，或持酒食，相馈于狱中。

有人认为，陈鹏年深得康熙皇帝的信任和保全，三度召回修书，可谓殊遇。他官至河道总督，未获大用，只有一个原因：他的性格过于倔强，与旗籍权贵搞不好关系，拉不近距离，就连礼节性的敷衍都不肯装装样子。既然男儿膝下有黄金，他不肯摧眉折腰，就只能做"蒸不烂、煮不熟、捶不扁、炒不爆、响当当一粒铜豌豆"。这样的陈鹏年，足够

1 赵尔巽等：《清史稿》第 33 册，第 10094 页，卷二百七十七，列传六十四。
2 易宗夔：《新世说》，第 125 页，《陈鹏年严惩王公走狗》。

硬气，也足够"傻气"，善良的老百姓喜欢他，正直的书生和官员也都敬佩他。陈鹏年最终积劳成疾，死于河道总督任上，有人视之为官场明星，但他不逊色于任何一位同时代的实干家。地方绅士称赞陈鹏年"治河有策，采风有诗，政通人和，来者之师"，史家称赞陈鹏年"廉明爱人，不畏强御"，都没错，但还不够全面。

5　谢振定竟敢烧了和珅家的豪车

清朝乾隆年间，和珅不仅是朝中头号权臣，而且是皇帝的亲家，他遮天蔽日，呼风唤雨，消息灵通，本领高强，无论胆大胆小，满朝官员都想方设法去巴结他、贿赂他。其豪仆气焰嚣张，只有常人想不到的，没有他们做不出的。

乾隆六十年（1795）某日，和珅的妾弟驾乘违制豪车上街，横冲直闯，过往行人如鸟兽惊弓，纷纷趋避，官府差役也不敢拦阻和诘责。和珅妾弟飙飞车正在兴头上，恰巧与巡视东城的兵科给事中谢振定[1]狭路相逢。谢振定性情刀刚火烈，办差铁面无私，执法向来不避权贵。他命令巡卒拦住违制豪车，从车上拽下和珅妾弟，当街痛加鞭笞。和珅妾弟叫嚣道："你竟敢打我！也不睁开狗眼看看我乘坐的是谁的马车，你竟敢打我！"谢振定最痛恨仗势欺人的狗奴才，他怒不可遏，鞭笞之后，气犹未解，索性一不做二不休，当街烧毁相府的豪华座驾。他戟指和珅妾弟怒吼道："马车已经被你这狗东西弄脏，你的主子还会再乘坐它吗？"围观者里三层外三层，无不拍手称快，消息迅速传遍了整座京城，谢振定从此与"烧车御史"的绰号结下了不解之缘。和珅妾弟回府哭诉，和珅直恨得咬牙切齿，嗣后令人找了个岔子，将谢振定削职为民。罢官后，谢振定云游天下，所到之处，总有人向这位"烧车御史"表达敬意，不少饭店、客栈也都以他能够亲临为荣，执意要给他免单。嘉庆四年（1799），和珅败倒，狱中自尽。翌年，谢振定重获朝廷起用，

---

1 谢振定（1753—1809），字一斋，号芗泉。湖南湘乡人。官至礼部员外郎。

可谓扬眉吐气。

道光二十五年（1845），曾国藩撰《送谢吉人之官江左序》，道是谢振定烧毁相府豪车后二十余年，"御史君之子果堂，以河南县令卓荐召见。上从容问曰：'汝即"烧车御史"之子乎？'"[1]《清史稿》记载更细："明日，语军机大臣：'朕少闻烧车御史事，昨乃见其子。'命擢兴峣叙州知府。"[2] 由此可见，"烧车御史"名动天下，影响及于久远，也证明道光皇帝留心掌故。谢兴峣，字果堂，是谢振定的长子，有乃父遗风，素性强直，不肯逢迎上官，因事罢归。

6 王先谦参劾大内总管李莲英

王先谦[3]是晚清时期举国公认的名儒，膺任过国子监祭酒和江苏学政，"著书满家，门生遍天下"，可谓闻名遐迩。他在江苏学政任上做过一件事，轰动全国：上疏弹劾清宫大内总管李莲英，指斥他"秉性奸佞，肆无忌惮"，道是"若不严加惩办，无以振纲纪而肃群情"[4]。当年，外界盛传李莲英并非彻底净身的真太监，他娶京城名妓马芙蓉为妻，且生儿育女，这些传言未可一一当真。王先谦的弹章居然援引闾巷谣诼，"并谓李非真阉，丑诋备至"[5]，这就直接触发了慈禧太后的雷霆震怒。王先谦自知闯下大祸，赶紧托病请假，开缺回籍，以此规避严谴。李莲英曾对人谈起王先谦，言语间不无鄙夷："吾阅人多，从未见如王之狡者，昏暮而乞吾怜，明白而攻吾短，彼谓可以掩其过，吾谓适以彰其丑耳。南人多诈，王其表表者乎！"[6] 所谓"表表者"，即佼佼者。大内总管这话字字如毒针，针针见鲜血。

两年前，王先谦的弟子、浙江义乌人朱一新严词参劾李莲英，遭到

1《曾国藩全集》第 14 册，第 235 页，《送谢吉人之官江左序》。

2 赵尔巽等：《清史稿》第 36 册，第 10797 页，卷三百二十二，列传一百九。

3 王先谦（1842—1918），字益吾，号葵园。湖南长沙人。官至江苏学政。

4《长沙野史类钞》下部，湖南人民出版社 2017 年版，第 9 页，《王先谦二三事》。

5 易宗夔：《新世说》，第 251 页，《王先谦有才无行》。

6 徐珂编撰：《清稗类钞》第 4 册，中华书局 2010 年版，第 1521 页，《王先谦劾李莲英》。

降职发落，朱一新心灰意冷，索性乞休归田。王先谦行此一步险棋，直声掀动朝野，固然在全国范围内收割了美名，但是高风险低回报，未满五十岁，政治前途就自行断送了。悠游林泉，以著述为事，原本也算不错的选择，他在书信中却自承"后顾仍复茫茫，实亦了无意趣"，可见私底下他还是不免有些落寞和懊悔。

外界风传王先谦贿交大内总管李莲英，外放江苏学政就是因为李莲英暗施援手，方才获此美差。事后，王先谦"深悔阶进之由"，恐怕清名被李莲英玷污，干脆先下手为强。李莲英是慈禧太后跟前的头号红人，王先谦剥他的底裤就是掀慈禧太后的衬裙，这个祸闯得可不是一般的大，何况拔出萝卜带出泥，他出此下策，为自己洗地，智商欠费可不是一般的多。当然，烟幕也可能由李莲英故意放出，意思就是：王某使我糟心，我也要使王某入坑。你说我有隐秘的丑事，我也说你有隐秘的丑事，既然双方都无须派证人出庭作证，那就这么着。毕竟读书人脸皮薄，阉奴无所谓，仍在太后老佛爷跟前当差，继续做大总管，谁有能耐砸掉他的金饭碗！

推想起来，还有一个情况值得重视：王先谦在江苏学政任内遭遇家难，儿女夭折，可能因此性情大变，奏劾李莲英适逢其时。[1]

7　沈荩率先揭露《中俄密约》的卖国条款

沈荩[2]长于周旋，与社会上各色人等交际应酬均可游刃有余。他与谭嗣同、唐才常是好友，对谭嗣同在湖南的维新事业给予过助力。谭嗣同特别器重沈荩，出面为他谋职，将他推荐给老父亲、湖北巡抚谭继洵，因此沈荩做过一段时间的湖北抚署文巡捕。庚子年（1900），沈荩化名为潇湘渔太郎，参与过唐才常领导的自立军起义，出任右军统领，兵败后浪迹北方。沈荩在北京与八国联军将士混得谙熟，他这样

1　王先谦《复毕永年书》自道："仆在苏学任内，以遭家多难，儿女夭折，万念灰绝，决计归田。"
2　沈荩（1872—1903），原名克诚，字愚溪。湖南长沙人。近代媒体英雄、烈士。

做，既非崇洋媚外，也非有意当汉奸，而是要从他们那里挖掘到珍贵的新闻线索。沈荩与众亲王、高官的公子哥儿们打成一片，从侧面了解中国政坛中鲜为人知的奇闻秘事。

某日，军机大臣王文韶的儿子向沈荩透露，朝廷正准备与俄国政府签订秘约，他能够弄到副本。王公子究竟是敞口吹牛，还是真有这本事？沈荩的激将法一试就灵，《中俄密约》竟然真实存在，其中包含了一些非同寻常的卖国条款。沈荩时任日本大阪《朝日新闻》访事，因此《中俄密约》最先被《朝日新闻》披露，清廷颜面尽失，朝野大哗，日俄之间战云密布，俄国公使直恨得咬牙切齿。沈荩捅了马蜂窝，与政府结下梁子，这就直接触发了江湖必杀令。[1]

1903 年 7 月 19 日夜间，由于内务府郎中庆宽、革职检讨吴式钊出卖，沈荩在北京落入巡捕之手，被投进刑部大狱。沈荩坦言一切都是他一人所为，与别人无干，既没有同党，也没有组织。沈荩早就做好了掉脑袋的心理准备。几年前，好友谭嗣同、唐才常已血洒南北刑场，追陪亡友并非什么难事和苦差。刑部结案，原本打算将沈荩押至菜市口处斩，但忌惮他与天津三井洋行有关联，恐引发中日交涉重案，"于是数人会议，彻夜不眠。初七日始定杖毙之罪，其得保首领以没者，犹'洋行'二字之功云云。沈荩拿交刑部之后，讯无口供。军机大臣密奉懿旨，立毙杖下。当由刑部特选大板，责至二百，血肉俱尽，而喉间尚有气丝出入。承审官恐不能复命，复以绳勒之使绝"[2]，行刑场面血肉横飞，惨不忍睹。"其明年王照入狱，即居沈屋，粉墙有黑紫晕迹，高至四五尺，沈血所溅也。"沈荩是条铁汉子，明知受杖而死，过程必定酷虐，却面不改色，只说："请快些了事。"狱卒非善类，"于是乱杖交下，骨折肉溃，流血满地，气犹未绝，呼曰：'这样不得了的，把我堵住罢。'于是裂其衣幅，塞口鼻及谷道，再杖始绝。"[3]这个细节是汪精卫从狱卒那里亲耳听说的，应该比前者更接近真实。

1 徐珂编撰：《清稗类钞》第 3 册，第 1179、1180 页，《沈克诚冤狱》。

2 李伯元：《南亭笔记》，山西古籍出版社 1999 年版，第 244、245 页，《沈荩全尸》。

3 黄濬：《花随人圣庵摭忆》上册，中华书局 2013 年版，第 205 页，《西太后酷法滥刑》。

沈荩死后仅数月，京城名妓赛金花逼死养女凤铃，被逮进刑部大狱，狱卒打算狠敲一笔竹杠，故意将她关入沈荩受刑的那间死囚房。此前，狱卒已经得手过一次，他们将犯有纵兵扰民罪的苏元春关入此间狱室，苏元春见地面和墙壁上碎肉狼藉，血渍斑斑，极为骇异和惊恐。待他弄明白缘故后，立即出白银三百两，请狱卒换一间干净的囚室。然而赛金花毫不畏惧，她含泪说："沈老爷是顶天立地的英雄，我是认得的，为什么要怕他？"她收拾墙上的碎肉，用手绢包裹好，行礼如仪，掩埋在狱窗下。著名小说家李伯元感慨系之："夫赛金花一贱妓也，其胆气竟高出久历戎行之大将，奇哉！"[1]

沈荩堪称纯粹的爱国者，他是中国近代第一位因揭露外交真相而英勇牺牲的媒体人。1903年秋，章太炎因苏报案在沪被捕，赋诗《狱中闻沈禹希见杀》，极为沉痛："不见沈生久，江湖知隐沦。萧萧悲壮士，今在易京门。魑魅羞争焰，文章总断魂。中阴应待我，南北几新坟。"及至沈荩见杀，章太炎撰《沈荩哀辞》，感慨道："不有死者，谁申民气？不有生者，谁复九世？哀我遗黎，不绝如系，大波相续，云谁亡继？"[2]死者已矣，生者无愧，薪火相传，其志不灭。1903年8月，章士钊赋五绝四首，其一曰："沈荩于今死，英雄志岂迷。楚歌声不振，无泪哭虞兮。"[3]沈荩字愚溪，与"虞兮"同音。

沈荩在长沙生活过一段时间，与一群放浪不羁的湘才子结社，被外界戏称为"十二神"，余人碌碌，唯有沈荩以舍生取义青史留名。

8 女杰唐群英当众抽打宋教仁、林森耳光

1916年，平江不肖生出版黑幕小说《留东外史》，将日本留学生的糗事掀了个底朝天，第四十八章场面尤其火爆。作者直称近代女杰唐群

1 李伯元：《南亭笔记》，第281页，《苏元春下狱，同乡无一问者》。
2《章太炎全集》第4册，上海人民出版社1985年版，第226页，《沈荩哀辞》。
3《章士钊诗词集 程潜诗集》，湖南人民出版社2009年版，第1页，《哭沈荩》。

英[1]为"母大虫",用夸张的笔墨描写她带人打砸长沙日报馆,雌威毕露无遗,报馆老板文木鸡根本不敢与她正面交锋,湖南都督谭延闿也听由她尽兴,还为她赔钱销案。这种霸气侧漏的女豪杰,后世罕见。

唐群英受父亲唐星照(湘军将领)的影响,从小性情豪迈奔放,作闺女时便可上马盘弓,下马击剑,"尝以不能易髻而冠为恨",与秋瑾"身不得,男儿列;心却比,男儿烈"抱有同慨。父亲去世后,唐群英顿失凭依,二十岁那年,唐群英远嫁到湘乡荷叶,与曾国藩的堂弟曾传纲结为夫妻。此后,她与同样嫁到湘乡荷叶、同样心雄万夫的秋瑾一见如故,再加上蔡和森的母亲葛健豪,三位进步女性经常在一起饮酒赋诗,倾吐胸中的积郁。

1895 年至 1897 年,唐群英迭遭不幸,先是女儿夭折,接着夫君病故,情绪一落千丈。但她很快就振作精神,决定"不再嫁人,但要重新做人"。按照传统习俗和曾氏族规,唐群英必须在婆家守节,与其说这是名门闺秀的出路,毋宁说是一条死胡同。唐群英蔑视旧礼教,不乐意抱着一块贞节牌坊麻木终身,遂毅然与夫家决裂,回到娘家。

有一天,唐群英读到维新派领袖康有为的《大同书》,书中一语惊醒梦中人:"女人应该有权利跟男人一样接受教育,获得荣誉,管理社会。"那一瞬间,唐群英的心眼仿佛接通了电源,倏然明亮,于是她立定信念,今生今世一定要为女同胞争权利、争自由、争幸福。五言绝句《读〈大同书〉抒怀》透露出她的心声:"斗室自温酒,钧天谁换风? 犹在沧浪里,誓作踏波人!"

1904 年,唐群英受秋瑾感召,仗剑去国,漂洋过海,考入日本东京青山实践女校。在东瀛,她欣然加入由黄兴、宋教仁领导的华兴会,正式成为革命女将。

1905 年 8 月,中国同盟会成立,唐群英成为首个在花名册上签字的女会员,她还是秋瑾加入中国同盟会的介绍人,她比何香凝大六岁,比秋瑾大四岁,同盟会女会员都尊称她为唐大姐。翌年,唐群英在湖南

---

1 唐群英(1871—1937),字希陶。湖南衡山人。近代女权运动领袖。

留学生创办的刊物《洞庭波》上发表八首言志抒怀的绝句，其中一首传播较广："霾云瘴雾苦经年，侠气豪情鼓大千。欲展平均新世界，安排先自把躯捐。"[1]这样的豪言壮句出自女诗人笔下，足证革命时代女子不复懦弱。

唐群英留日期间，被推举为中国留日女学生会书记和会长，她创办杂志，激励女界同胞，在国家内忧日深、外患日亟的危险关头，疾走狂呼，与热血男儿奋袂争先，恪尽爱国救民的天职。

1908 年，唐群英归国，孙中山赋诗相赠："此去浪滔天，应知身在船。若返潇湘日，为我问陈癫。"[2]辛亥革命爆发后，唐群英带领一支全由女性志愿者组成的上海女子北伐队，追随革命军总司令黄兴前往武汉，在战地担负起救护伤员的重任。

中华民国初建，万象更新，百废待举，由于南北局势紧张，男女平权依然只是一句停留在纸上的空谈，毫无实际意义。尽管如此，南京临时政府的成立毕竟为女子参政创造了较为宽松的外部条件，各地妇女纷纷组织参政团体，从中涌现出一批职业政治活动家，例如林宗素、吴木兰、王昌国、沈佩贞。唐群英四处奔走，多方呼吁，发表演说，鼓动妇女奋起争取政治权利。1912 年 2 月 20 日，唐群英的大动作令人瞩目——她在南京组织中华民国女子参政同盟会，直接动机是"要求中央政府给还女子参政权"，还直接上书孙中山和参议院，大声呼吁："欲求社会之平等，必先求男女之平权；欲求男女之平权，非先与女子以参政权不可。"她请求在《临时约法》中以条文明确规定："无论男女一律平等，均有选举权和被选举权。"[3]

1912 年 2 月 26 日，唐群英牵头向参议院递交《女界代表唐群英等上参议院书》，阐明中华民国女子参政同盟会的全部主张和要求。然而，宋教仁领导的法制局对女界一波强似一波的吁求并未给予足够重视，嗣

1《民国人物传》第 7 册，中华书局 1993 年版，第 78 页，罗绍志《唐群英》。
2 曾昭桓：《辛亥革命女战士唐群英》，载《湖南文史资料》第十五辑。陈树人：绰号"陈癫"，湘籍同盟会会员，孙中山好友。
3《时报》1912 年 2 月 20 日。

后由该局制定的《中华民国临时约法》删除了"男女平等"的条款，女子参政同盟会的成员对此感到极为愤慨。沈佩贞硬闯参议院，遇阻后，怒从心头起，一脚踹倒了全副武装的卫兵。同年3月20日，唐群英率领女界代表二十余人强闯参议院，欲径直冲入会场内，遭到卫兵强行阻拦，女界代表怒不可遏，唐群英带头将参议院门窗玻璃打碎，造成轰动全国的女界强人大闹参议院事件。

1912年4月8日，中华民国女子参政同盟会正式成立，唐群英被推举为会长兼文事部长，会议通过了由她主持起草的十一条政纲，具体内容为："（一）实行男女权利均等；（二）实行普及女子教育；（三）改良家庭习惯；（四）禁止买卖奴婢；（五）实行一夫一妇制度；（六）禁止无故离婚；（七）提倡女子实业；（八）实行慈善事业；（九）实行强迫放脚；（十）改良女子装饰；（十一）禁止强迫卖娼。"政纲明确提出"本会以实行男女平等、实行参政为宗旨"，还以女子参政同盟会的名义通电全国，声明"南京参议院所颁布之《临时约法》，我女界绝不承认"。在当时特定的历史条件下，高瞻远瞩的革命家、政治家孙中山和宋教仁对新兴的女权运动都不够重视，而且在认识上有较大的偏差，他们均将女权问题当作应该押后考虑的次要问题，像"女子在国会中的选举权和被举权"这样的项目就被晾在一旁。

1912年8月25日，国民党成立大会在北京召开。同盟会联合其他小党改组为国民党，党纲草案中再次取消了"男女平权"的条文，虽经唐群英等女界代表据理力争，"男女平权"依然没有写进党纲，这自然招致了女子参政同盟会全体会员的愤然抗议。当堂质询时，宋教仁、林森均以沉默相对，唐群英杏眼圆睁，冲上前去，二话不说，就当众抽打宋教仁、林森各一记响亮的耳光，为女界同胞们出气。在中国政治史上，"妇流之辈"如此硬刚的举动不仅闻所未闻，而且突破了一众须眉想象空间的边际。唐群英向世人宣告，中国女性不再是闺中弱质，她们的政治权利不容忽视！"身可杀，此心不可死；头可断，此权不可无"，宣言书的强硬表态令世人震惊。日后，王宠惠酷评："女子参政，男子进德，国家将亡，必有妖孽"[1]，发泄的就是一些高级知识分子的不满情绪。

1912 年 9 月 2 日，孙中山致函唐群英等原同盟会女同志，善意地指出："试观文到京以来，总统府公宴，参议公宴，皆女客列上位可证也。至党纲删去男女平权之条，乃多数男人之公意，非少数人可能挽回，君等专以一、二理事人为难无益也。文之意，今日女界宜专由女子发起女子之团体，提倡教育，使女界知识普及，力量乃宏，然后始可与男子争权，则必能得胜也。未知诸君以为然否？更有一言奉献：切勿倚赖男子代为出力，方不为男子所利用也。"[2] 唐群英受此言启发，决定从实处做起。1912 年 10 月 20 日，中华民国女子参政同盟会本部在北京成立，唐群英被推选为本部总理，各省设立支部，其声势之浩大，成为当年中国政坛醒目的风景。

唐群英深知，争取女权固然重要，唤醒广大女同胞才是当务之急。1912 年 9 月，唐群英在北京创办《女子白话旬报》，声称"本报专为普及女界知识起见，故以至浅之言，引申至真之理，务求达到男女平权的目的"。其后，她又创办《亚东丛报》，其宗旨一以贯之，"本报提倡女权，发挥民生主义，促进个人自治"。1912 年 12 月 3 日，《亚东丛报》第一期发出宋教仁的祝词："四千余年，黑暗专制。女子沉沦，甚于男子。振聩发聋，女士任之。女士而外，谁其扶之。"[3] 宋教仁尊重女权，并没有男权主义的霸凌意识，唐群英与他达成了和解。

1913 年 11 月，北洋政府内务部勒令解散中华民国女子参政同盟会，查封该会名下的报馆，下令通缉唐群英。在此危急关头，唐群英得友人暗助，逃往天津，乘船至上海、香港，取道河内，于 1915 年初经由昆明辗转回到家乡衡山。她倾尽全力，在省城和家乡衡山县，开办"女子法政学校""女子美术学校"和"自强女子职业学校"。表面看去，

---

1 《胡汉民自传》，中华书局 2016 年版，第 113 页，《三十、随同总理游历武汉》。
2 《孙中山全集》第 2 册，中华书局 2011 年第 3 版，第 438 页，《复南京参政同盟会女同志函》。
3 《宋教仁集》下册，中华书局 1981 年版，第 428 页，《〈亚东丛报〉发刊祝词》。

这位曾经名噪一时的风云女杰渐归于沉寂，实际上，她开办女学，不做空头政治家，更值得称道。

近代湘籍女性勇争女权，成绩显著。1918 年，北大校长蔡元培聘请湘籍海归才女陈衡哲执教历史系，中国首位大学女教授应运而生，这个巨大的进步被载入史册。曾国藩的曾孙女曾宝荪早年留学英国，获得伦敦大学理科学士学位，1918 年她在长沙创办艺芳女校，还兼任过湖南省立第一女子师范学校、省立第二中学校长。另一位湘籍才女张默君也崇尚女权主义，她是同盟会老会员、南社老社员张通典（字伯纯）的女儿，家学渊源有自，诗文了得，被誉为"不栉进士"。1918 年，她赴欧美考察教育，旋入哥伦比亚大学专攻教育学，当选为中国留学生纽约同学会的第一任女会长。毕业后，她游历欧洲数国，著《战后之欧美女子教育》一书。回国后，张默君出任《上海时报》"妇女周刊"版编辑，又欣然接受江苏省立第一师范学校校长聘书，以"真善美"为该校校训。张默君是一位严谨的教育家，作家曹聚仁夸赞她"笔下不错，诗词都来得，样儿更使人迷醉"。

三　朴实为尚，廉俭益崇

　　湖南人长期被谑称为"蛮子""骡子"，面子上确实有些难看，但这样的谑称根本伤不透湖南人皮实的自尊心。湖南人质朴无华，既是地理使然、民风使然，也是湘籍先贤们持续倡导、不断因袭使然。"朴实"之延伸则为"廉俭"，湖南人在这方面的表现可谓超预期。

　　陶澍喜欢"开诚布公，秉直而行"，常说"接人办事老实为妙"，他讨厌奸巧小人耍权术，弄机心，遂赋七言诗《蜘蛛》，以示不屑："机关暗里巧藏神，欲吐仍茹伺隙频。费尽心丝多少力，网罗原不算经纶。"[1] 陶澍居清守廉，为官三十余载，口碑极好，其座右铭是："要半文不值半文，莫道人无知者；办一事须了一事，如此心乃安然。"[2] 他还在诗歌中表明了自己的态度："……禄仕岂为身，时清期报国。古人语功名，首在敦廉洁。……行矣勉为之，当生吾党色。"[3] 道光五年（1825）夏，陶澍抵达苏州，接任江苏巡抚。姑苏城素称富丽之地，陶澍作诗自警道："满目繁华转增惕，谆谆期与素风敦。"[4] 君子自反而求，总须小心翼翼，尽可能避开隐蔽的陷阱。陶澍去世后，淮商感戴其清德，共集赙四万两白银，他们徘徊于公馆门外，不敢贸然送达，便请托陶澍的幕僚陈銮代为进献。"夫人问：'吾夫子受若辈金乎？'皆曰：'未也。'夫人

1《陶澍全集》(修订版) 第 7 册，第 295 页，七言绝句《咏物》。

2《陶澍全集》(修订版) 第 6 册，第 412 页，《谢邑人公举先君子崇祀乡贤书》。

3《陶澍全集》(修订版) 第 7 册，第 33 页，《送夏森圃修恕分巡惠潮嘉道》。

4《陶澍全集》(修订版) 第 7 册，第 225 页，《六月二十六日入苏州作》。

曰：'是不可以死后污吾夫子。'却不受。"[1] 黄德芬夫人维护陶澍的清廉形象，断然拒绝淮商的巨额赇金，家风清正，难得啊！淮商大为感动，此事在江南江北迅速传为美谈。"士大夫在清贫之时，尚知仗义，惜廉耻；而始一为官，反不知足，转而贪婪失节。究其中之故，往往是妻子累其心。陶公则以一己之清正，率家人皆重廉德。"[2] 世人的赞叹，陶澍在九泉之下无从听闻，但他的清德已然留存在人间的公共记忆里，不会轻易澌灭。

曾国藩自许为"血诚儒者"，始终贯彻实事求是的精神，"治军行政务求蹈实，或筹议稍迂，成功转奇；发端至难，取效甚远"[3]。廉俭不易保持，他自为表率，教诲子弟从不放松。咸丰九年（1859）秋，曾国藩郑重叮咛九弟曾国荃："银钱一事，取与均宜谨慎斟酌。今日闻林文忠三子分家，各得六千串。督抚二十年，真不可及。"[4] 曾国藩向前辈林则徐看齐，用养廉银周济贫苦学者和书生是常事，但他有一个挥金似土的九弟，这就使得他言及廉俭时，总有点放不开。左宗棠自律甚严，长期将养廉银资助公益事业，家用只占很小的份额。及至暮年主持分家，四个儿子每户五千两。左宗棠最敬重前辈林则徐，在分家这件事情上他也乐意效法，连银钱的数额都大致相同。[5]

胡林翼到贵州履任前，辞别先人墓庐，跪地焚香发誓："苟有以一钱肥家者，神明殛之！"他在家书中告诫诸弟，唯勤俭可以持家，若长期游手好闲，吃惯、穿惯、用惯，就会沦为一无是处的惰民。胡林翼任湖北巡抚时，七叔墨溪公求他寄钱回家，他的答复颇为耿直："我必无钱寄归也，莫望莫望，我非无钱，又并非巡抚之无钱，我有钱，须做流传百年之好事，或培植人才，或追崇先祖，断不至自谋家计也。"[6]

常言道，"兵熊熊一个，将熊熊一窝"。古人早有名训："天下安，

---

1 陈蒲清：《陶澍传》，岳麓书社 2011 年版，第 71 页，胡林翼《陶母黄夫人墓志铭》。

2 陶今：《我的先祖陶澍》，岳麓书社 2012 年版，第 411 页。

3 朱孔彰：《中兴将帅别传》，第 16 页，《曾文正公国藩》。

4《曾国藩全集》第 20 册，第 447 页，《致澄弟沅弟》。

5 当时银贵钱贱，1 串铜钱只能兑换 0.85 两白银。

6《胡林翼集》第 2 册，第 1023 页，《呈七叔墨溪公》。

注意相；天下危，注意将。"古人讲求将略，有儒将、大将、才将、战将之分别。近人讲求练兵，其法有四：练器，练胆，练耳目，练心。胡林翼以儒生领兵，首重选将，他说："将材难得。上驷之选，未易猝求，但得朴勇之士，相与讲明大义，不为虚骄之气、夸大之词所中伤，而缓急即云可恃。"[1] 朴勇之士值得信赖，这样的将领不玩权术、不要花招，言出必果、令出必从，平时、危时皆可倚重。曾国藩也有同感，他总结道："楚军之所以耐久者，亦由于办事结实，敦朴之气，未尽浇散。若奏报虚伪，不特畏遏迹之指摘，亦恐坏桑梓之风气。"[2] 世间唯朴者能诚，亦唯诚者能实，名将蔡锷雅重"诚实"，而憎恶"虚伪"，他的点评可谓极此而言之："吾国人心，断送于'伪'之一字。吾国人心之伪，足以断送国家及其种族而有余。……惟诚可以破天下之伪，惟实可以破天下之虚。"[3]

刘坤一[4] 起家儒素，不改俭朴之风。他巡抚江西十年，总督两广五年，总督两江前后十六年，所到之处轻车简从，峻拒馈遗。刘坤一督粤时兼领海关事务，羡余二十余万，悉数归公。部议移奖子弟，辞而不受。

刘锦棠是左宗棠最欣赏的大将，收复新疆，功勋极高。刘曾感叹道："吾将兵三十年，卤获无虑巨万，家无余财，谁实信之？吾身后乃知耳。"及至他病逝之后，"家人发其箧簏，所存赐物数事，奏牍丛残而已。归乡俭约，庐舍萧然，不知为达官贵人"[5]。刘锦棠是首任新疆巡抚，居然不积私财，生前无人肯信，死后天下晓然。

有时候，积私财亦不妨为廉俭。在谭延闿笔下，湘籍学问家皮锡瑞很可敬："长髯披拂，垂首闭目，而谈娓娓不倦，难无不答，问无不知，今安得复见此人哉！"有一次，谭延闿去拜访皮锡瑞，当天后者正好买

1 刘强译注导读：《曾胡治兵语录导读》，第 42 页，《第一章　将材》。
2 刘强译注导读：《曾胡治兵语录导读》，第 75 页，《第四章　诚实》。
3 刘强译注导读：《曾胡治兵语录导读》，第 83 页，《第四章　诚实》。
4 刘坤一（1830—1902），字岘庄。湖南新宁人。官至两江总督。谥忠诚。
5 朱孔彰：《中兴将帅别传》，第 230 页，《刘襄勤公锦棠》。

屋，检点银物，封识显示都是以前书院礼聘他的聘金，"历年久，未尝一启，其廉俭不苟可敬，其拙于生事，抑可知也"[1]。聘金多年未开封，这个典型细节将一位俭朴书生的形象勾勒得鲜明生动。

魏源更注重崇俭的可操作性，他说："俭，美德也，禁奢崇俭，美政也；然可以励上，不可以律下；可以训贫，不可以规富。"[2] 诚然，自古以来，奢、俭从未有过统一标准，穷人家的奢侈在富人眼里算不上真奢侈，富人家的节俭在穷人眼里也算不上真节俭，所谓的"度"又往往因年代、地域而迥异。古人崇俭，多半强调的是精神上的自律，不挥霍与不放纵确实有其关联性。晚清时期，湘军征战四方，将士得益于长年的财富积累，奢侈的风尚逐渐形成，提倡节俭变得更加急迫和紧要。

谭嗣同是近代维新派中突出的重商主义者，他折服于西方社会的消费观念，特别反对俭德，认为"俭至于极，莫如禽兽"，唯有通商互市、自由贸易、开发资源、提升产能、鼓励消费才是王道。谭嗣同著《仁学》，质疑崇俭，大意如下：穿着布衣足够了，为何还要劝民养蚕种桑？互通有无足够了，为何还要开矿采掘金银？这原本就自相矛盾。尚俭的人或许没有想过，"今日节一食，天下必有受其饥者；明日缩一衣，天下必有受其寒者。家累巨万，无异穷人。坐视羸瘠盈沟壑，饿殍蔽道路，一无所动于中"，只为自家子孙打算，这样做恰恰是不道德的。何况某些奸猾的强人拥有雄资势必大肆兼并，结果便是"愈俭则愈陋，民智不兴，物产凋窳，所与皆窭人也，己亦不能更有所取，且暗受其销铄。……驯至人人俭而人人贫。天下大势，遂乃不可以支"。谭嗣同还批判道："言静者，惰归之暮气，鬼道也；言俭者，龌龊之昏心，禽道也。率天下而为鬼为禽，且犹美之曰'静德俭德'，夫果何取也？"[3] 言不中听，细思则耐人寻味。曾国藩关注德行，谭嗣同关注经济，各自的侧重点不同，理路自然也就不同。

1《谭延闿集》第 2 册，岳麓书社 2013 年版，第 899 页，《〈近代湘贤手札〉题跋》之四。

2《魏源集》上册，中华书局 2009 年第 3 版，第 73 页，《默觚下·治篇十四》。

3《谭嗣同全集》(增订本)，中华书局 1981 年版，第 322、323 页，《仁学》之二十。

1 周行逢保持本色，牢记前鉴

五代十国时期，南楚大将周行逢[1]质重朴实，赋性勇敢，果于杀戮。显德元年（954），周世宗拜周行逢为武清军节度使，权知潭州（今长沙）军府事。周行逢擢用廉吏整顿地方，凡害民者，一律视之为田间莠草，必欲拔除而后快。灾荒年头，境内遭遇饥馑，他开仓放粮，全活贫苦百姓。

年轻时，周行逢坐过牢，脸上黥过字，有人建议他用药水洗净印迹，以免被朝廷使者耻笑。周行逢满不在乎地回应道："听说汉朝有一员大将，脸上刺了字，原本叫英布，众人叫他黥布。大丈夫做过刑徒又如何，照样不失为顶天立地的英雄，我这样子好得很，有什么耻辱可言！"周行逢用大嗓门一吼，他脸上的刺青更显露出几分狠劲。

周行逢天性节俭，自奉甚薄，有人对此不以为然，他解释道："我的前任是马殷父子，他们穷奢极欲，既不体恤民情，又不爱惜民力，结果如何？如今他们的子孙乞食于人。马氏父子养尊处优，骄奢淫逸，并不值得我效仿。"[2]周行逢乃一介武夫，读书有限，但觉悟不低，乱世中这样的将领少之又少，尤其难得。

2 夏原吉让皇太孙试吃民间米粉

明朝大臣夏原吉[3]自奉俭约，宣德三年（1428），他随明宣宗朱瞻基北巡，皇上尝了尝夏原吉携带的干粮，皱眉不解："为何这么差？"夏原吉答非所问："军中还有饿肚子的人。"此言触动了朱瞻基，他立即下令犒劳三军，嗣后又赏赐给夏原吉大官的标准配餐。[4]

---

1 周行逢（916—962），湖南朗州（今常德）人。官至武清军节度使。
2 周圣楷编纂，邓显鹤增辑：《楚宝》上，第367页，卷第十·名将二·考异。
3 夏原吉（1366—1430），字维喆。湖南湘阴人。官至户部尚书。谥忠靖。
4 夏燮：《明通鉴》中册，第609页，卷二十。

夏原吉教育皇太孙，根本不讲枯燥乏味的大道理，而是将一碗色香味俱差的民间米粉进呈于食案，劝谏道："请殿下试吃，以便了解百姓生活的艰辛！"实言加实物，那堂课收到了十足的效果。

让皇室子弟直接感受民间疾苦，夏原吉的教育方式也许只能起到短暂的刺激作用，但他的用心是好的。天潢贵胄久处于骄奢淫逸的环境中难以自拔，往他们的心田多播撒几颗恻隐的种子，总不是什么坏事。

3 官员的家教居然是长效机制

湖南人尚朴实，崇俭素，家庭教育的环节堪称长效机制，就算儿子做了官，老父亲仍然明见千里之外，严格要求丝毫也不会放松。

明朝大臣邝埜[1]是位清官。任陕西按察副使时，他用俸禄购得羊绒衣寄给父亲邝子辅御寒，后者收到邮包后大怒，写信厉责道："汝掌一方刑名，不能洗冤泽物，乃索此不义之物污我！"邝子辅当即将羊绒衣封还给儿子。殊不知，邝埜在陕西做了不少功德，他办案公正，赈救饥民尤为用心，"移粟煮粥，全活万人"。邝父不近情理的做法明显过头。邝埜谨受严训，有则改之，无则加勉。

邝埜离家多年，想见见老父亲。适逢陕西乡试，邝子辅是教职（句容教官），邝埜跟同僚打好商量，聘邝子辅为陕西乡试考官，此事合理合情，也没违反律条和政治规矩。邝父却不喜反怒，驰书责备道："子居宪司，而父为考官，何以防闲？"诚然，就算此举合情合理合法合规，毕竟人言可畏。邝埜收到父亲的来信后，"拜奉书跪诵，泣受教"[2]。

明朝大臣彭泽[3]也有一位严厉的父亲。彭泽准备嫁女，添置了多套贵重漆器，派人送回家中。彭父眼见儿子升官之后，购物大手大脚，已

---

1 邝埜（1385—1449），字孟质。湖南宜章人。官至兵部尚书。谥忠肃。

2 周圣楷编纂，邓显鹤增辑：《楚宝》下，第792页，卷第二十六·忠义二·考异。

3 彭泽（1459—1530），字济物。湖南湘阴人。官至兵部尚书。谥襄毅。据《楚宝》增辑者、清朝学者邓显鹤考证，彭泽实为长沙人。原文如下：《明史》泽本传，兰州人。《太学题名碑》，兰州籍，长沙人。《湘阴县志》作湘阴人。今从《湖南通志·选举志》作长沙人。"《楚宝》上，第212页。

露出奢侈享乐的苗头，不禁勃然大怒，他亲自动手，将全套漆器付之一炬。彭父意犹未尽，一大把年纪，仍不惮长途跋涉，徒步前往安徽，直奔彭泽任所，他要当面教训儿子。彭泽闻讯出迎，满头大汗，满腹狐疑，示意随从接下老父亲的行李。彭父气冲冲地质问道："吾负此数千里，汝不能负数步耶？"彭泽不敢顶嘴，赶紧遵命。彭父进了堂屋，不肯入座，茶也不肯喝，饭也不肯吃，就执杖行使家法，当众责打彭泽，打完了，教他好生反省，改过自新。彭父不打算在儿子的任所停留，扛起行囊抬腿就走。在场的人个个惊掉下巴，彭泽也是好久回不过神，这番硬桥硬马极严厉的家教足够他消化好一阵子了。[1]

4　刘大夏不以荣辱易初心

明朝大臣刘大夏[2]是行政高才，所治之地兴利除弊。史称"公平生不以势位自居，所至爱民如子，民亦爱之如父母"。

刘大夏扬历中外五十余年，陟迁谪戍，大起大落，但他言行朴实、居处廉俭，一以贯之，有此定力，得于卓识。他常说："财货惟务农服贾，凡力得者获用，其余易致之物，终非己有，子孙视之，亦不甚惜，况官货悖入者乎？"何谓"官货悖入"？官员贪污受贿，巧取豪夺，皆不脱此四字范围。刘大夏既不贪求银钱，也不在官场交结狐朋狗友，他曾对陆吉士说："仕途不可广交……若三数人得力者，自可了一生。"刘大夏的至交，朝廷中有李东阳、张敷华、戴珊，山林中有陈献章、李承箕，均为正直之士、风雅之儒，彼此深情厚谊，足慰平生。

朴实廉俭者不贪生前之利，但未必肯逃死后之名。刘大夏则既不贪生前之实惠，也不图死后之虚声。他的法则一言以蔽之："居官以正己为先，所谓正己，不特当戒利，亦当远名。"明朝中晚期，朝纲紊乱，阉党恣暴，彼辈贪财蔑法，政以贿成，倘若官员决意戒利远名，前途就会荆棘丛丛。生前，刘大夏就为自己撰写了墓志铭，全篇大实话，不掺

1　张廷玉：《明史》第 4 册，岳麓书社 1996 年版，第 2877—2880 页，卷一百九十八。
2　刘大夏（1437—1516），字时雍，号东山。湖南华容人。官至兵部尚书。谥忠宣。

一滴水,他告诉子孙:"不要让人用文字为我修饰打扮,使我怀愧于九泉之下!"[1]刘公的清名美誉,终由《明史》作出定评,可谓一言以蔽之:"绸缪庶务,数进谠言,迹其居心行己,磊落光明,刚方鲠亮,有古大臣节概。"[2]

正德二年(1507),大太监刘瑾专权,阉党干将刘宇对刘大夏久怀宿怨,意欲公报私仇,杀之而后快,他告诉刘瑾:"籍刘尚书家,可得几万金。"冤狱轻轻松松就整成了,抄家的收获却令他们大失所望。经办此事的官员罗某深知刘大夏清正无虚,办完例行公事之后,特意向"案犯"索取律诗一首,作为纪念。廷议时,太子太傅、吏部尚书兼左都御史屠滽说:"检律,刘尚书无死罪。"若有机会保护一个好人,能够讲法律时还得讲法律。刘大夏坐戍极边,初拟广西,广西离湖南近,阉党认为这是送他回家,遂改判为谪戍肃州,远在西北。刘大夏已是七十三岁的蹒跚老人,布衣徒步过大明门下,叩首而去。"观者叹息泣下,父老携筐送食,所至为罢市、焚香祝刘尚书生还。"

入狱之前,刘大夏牵头治理河务,竣工时节余二千两白银,官员们决定把这笔钱送给他,当作赠别的礼金,他不肯收下。及至刘大夏被勒令前往戍所,他正在园中锄菜,入室洗完手,仅携带几百个小铜钱,就骑着毛驴动身了。官员们打算将上回节余的二千两白银送给刘瑾,求这位阉党首领手下留情。刘大夏说:"二千两白银还不够塞刘瑾的牙缝,岂能填满他的欲壑?我已风烛残年,这把老骨头豁出去了,身系诏狱,心甘情愿!"刘大夏的儿子要救父亲,除了打点办案官员也别无良法;刘家清贫,他们就向四方亲友告贷,集资的数额还不能太小。刘大夏得悉此事,在狱中再次发话:"死于囚室,我只须拼却一条老命。行贿免死,会玷污我一生清白,并且还会连累子孙日后受穷受苦,行贿之事决不可为!"遣戍肃州,路途遥远,刘大夏谢绝门生故旧的馈赠,只收下好友李东阳的羊皮袄。到了流放地,刘大夏囊空如洗,官方怕得罪刘瑾,不敢拿军粮接济他,幸得三位门生轮流为老师提供食物,这才挺过

---

1 夏燮:《明通鉴》中册,第 1248 页,卷四十六。原文:"无使人饰美,俾怀愧地下也。"
2 张廷玉等:《明史》第 4 册,第 2641 页,卷一百八十二。篇中内容出于本传,不另注。

难关。有位总兵，是刘大夏昔日举荐的武将，尚知感恩，赠送一百两白银给刘公，怕刘公不收，话说得入情入理："患难中，不比在位时，活命总得花钱。"刘大夏仍婉言谢绝："你没听《论语》上说，'及其老也，戒之在得'？"还有一位参将，派人给刘大夏送钱，命令使者必须把钱送到刘公手中，送不到就别回程。刘大夏说："我老了，身边只有一个仆人，每天吃饭，用不了几个钱。现在你送来这许多银两，我若收下，仆人偷了它跑路，我将单身陷此苦境。你好心帮我，反而会害了我。"刘大夏的先见之明还真灵，没多久，与他住在同一戍所的钟尚书带了大把银子放在身边，结果全被仆人偷走了，逃得无影无踪。有人问刘大夏，何不带个儿子来身边服侍？刘公的回答令人恻然："我做官时，没为子孙捞过任何好处；现在年事已高，犯了刑罚，怎么忍心让儿子来陪我死在戍所？"一语足见此老真性情。

左宗棠撰《刘忠宣公祠记》，钦佩刘大夏"未尝以荣辱夷险易其心"，欣赏他"符左契右，道合自然"，叹服其名言"处天下事，以理不以势""居官以正己为先，不独戒利，亦当远名""人生盖棺论定，一日未死，即一日忧责（未释）"。左宗棠卒章而言之："余世居湘上，距东山草堂一湖耳，于公志节盖尝闻而知之，生平仕履与公略同。惟生际盛时，得同心赞助，故易世而成乎名，逢嘉之会，视公所处为幸多矣。"[1]身为国之大臣，两人异代不同时，刘大夏迭逢磨难折辱，左宗棠自承幸运是一点也没错的。

5 李东阳清廉风雅有至情

明朝大臣李东阳[2]入仕五十年，柄国十八载，朴实廉俭。他居家从不使用金银器具，冬天不生烤火炉，读书写字，呵手顿足以驱寒。李东阳有取暖的奇门妙法，那就是晒太阳，日脚移动，他也移动。有一回，

1 《左宗棠全集》第 13 册，第 331、332 页，《刘忠宣公祠记》。
2 李东阳（1447—1516），字宾之，号西涯。湖南茶陵人。官至大学士、内阁首辅大臣。谥文正。

李东阳的门生、兴化守令赴京述职，他深知恩师廉俭谨慎，仅封送两方绢帕和四柄纸扇，这样的登门礼已足够微薄，但李东阳仍嫌过厚。他说："纸扇可用来写字绘画，我乐意收下；绢帕纯属多余，你又何必赠送呢？"于是他收下纸扇，将绢帕封还给门生。大学士李东阳赋诗作文堪称一流名家，闲暇时节，他的兴趣纯粹在于谈文讲艺上头，座中宾客常满，绝口不及势利，萧然四壁，无碍他咳唾珠玉，满室生春。

"东阳事父淳有孝行。初官翰林时，常饮酒至夜深，父不就寝，忍寒待其归，自此终身不夜饮于外。为文典雅流丽，朝廷大著作多出其手。工篆隶书，碑版篇翰流播四裔。奖成后进，推挽才彦，学士大夫出其门者，悉粲然有所成就。自明兴以来，宰臣以文章领袖缙绅者，杨士奇后，东阳而已。立朝五十年，清节不渝。既罢政居家，请诗文书篆者填塞户限，颇资以给朝夕。一日，夫人方进纸墨，东阳有倦色。夫人笑曰：'今日设客，可使案无鱼菜耶？'乃欣然命笔，移时而罢，其风操如此。"[1]李东阳辞世之日，门生故吏满朝，他将平日所用袍笏、束带、砚台、书籍、纸笔、书画分赠给诸位门生，以为念物。古代宰相中不乏风雅之士，但罕有人情味如此浓厚的。

6 湘贤多重朴实

曾国藩重视朴实，领兵之初就有突出表现：他研读《纪效新书》《练兵实纪》，处处遵循明朝大将戚继光的遗法，"募农民朴实壮健者，朝夕训练之"，以诚意感召山野才智之士。其幕僚李汝纶旁证道："……招勇谓宜山乡之民，不可用水乡、城市之民。"[2]曾国藩招募乡勇，凡是游手好闲、心眼太活的人均在摒除之列。他认为，忠厚朴实者从军，肯听从号令，"不许独后，亦不许独先"，将士同进退、共死生，才能够打胜仗。咸丰十年（1860），曾国藩总制苏浙皖赣四省，湖南名士李寿蓉

---

1 张廷玉等：《明史》第 4 册，第 2626 页，卷一百八十一。
2 吴汝纶：《桐城吴先生日记》上册，河北教育出版社 1999 年版，第 300 页，同治六年十月六日。

致书祝贺，道是"今日之事，以用才为要，今日之才，以核实为要。能得数四真才，则虚声之士不敢进，无复虑伪才人而真小人者矣"[1]。采取"核实"之法即可把虚声之士、伪才人、真小人悉数挡开，李寿蓉言之过易，但路径是对的。真才必有实学，实心必为真人，鲜有例外。

左宗棠终生崇尚俭朴。咸丰末叶，他受命募练乡勇，组建楚军，挑选勇夫，首重朴实（无恶习），次重勤劳（无娇骄二气），其定见为：天下事皆由朴实勤劳者做成，皆由投机取巧者弄坏，正本清源，丝毫不可马虎。当年，他招募楚勇，规定办法只有两条，第一条是："凡勇夫人等，务须一律精壮朴实，毋得以吸食洋烟及酗酒、赌博、市井无赖之徒充数。"《郭嵩焘日记》记录道："季高往言，倜傥权奇近乎侠，议论纵横近乎文，精细周密近乎吏，此三者皆非将兵之才也。将兵无他，只有朴茂二字而已。语俱有见地。"[2] 何为"朴茂"？即朴实厚重。左宗棠麾下名将（如刘松山、刘锦棠叔侄，刘典，魏光焘等人）均属"朴茂"之士，他们率领湖湘子弟兵平定西北、收复新疆，极具说服力，一举终结了历史上"南军出塞，什九必败"的耻辱纪录。

胡林翼曾经感叹道："杨公年二十九而有衰老之容，盖多年血战，精采消亡故也。"[3] 他说的杨公即湘军名将杨岳斌[4]。光绪年间，中法战争爆发，杨岳斌奉命募勇赴台作战。他完全遵循曾国藩、左宗棠的心法，"首重质朴"，凡是油滑鬼、轻佻鬼、捣蛋鬼、灵泛鬼、胆小鬼，一概不收。中法两国和议达成后，杨岳斌归籍赋闲，与乡绅齐列。这位湘军大将和蔼可亲，没有半点官架子，出门只乘普通肩舆，有时也坐竹轿，与田夫野老问答如平交素识。朱孔彰著《中兴将帅别传》，称赞杨岳斌"病不言劳，功不言赏"。汪康年辑《庄谐选录》，也对杨岳斌赞不绝口："中兴以来，诸将帅纯（淳）笃无过公者，人多以是称之云。"[5] 清末名臣

---

1 《李寿蓉集》，岳麓书社 2011 年版，第 387 页，《报曾涤丈书》。
2 《郭嵩焘全集》第 8 册，岳麓书社 2012 年版，第 316 页。
3 朱孔彰：《中兴将帅别传》，第 87 页，《杨勇悫公岳斌》。
4 杨岳斌（1822—1890），字厚庵。湖南善化（今长沙县）人。官至陕甘总督。谥勇悫。
5 徐一士：《一士谈荟》，山西古籍出版社 1996 年版，第 66 页，《彭玉麟与杨岳斌》。

文廷式对杨岳斌尤为推崇，其《志林》中有如下表述："……厚庵朴直忠笃，有大臣之风。余在湘时，与之晤谈四五日，盖李西平一流人，未易求之晚近也。厚庵六十丧母，举动必依于礼，庐墓三年，非祭祀之日，不归城市。访余于旅店，多徒步而来。谈及渡台一役，惟引咎自言无功而已。"[1] 杨岳斌（字厚庵）以湘军水师统领扬名立万，官至陕甘总督，文廷式比之为唐朝中期名将李晟（字良器，封西平郡王）一流的人物，皆以质朴勇武著称。

曾国藩相人，"以朴实廉介为质，以其质而更傅以他长，斯为可贵；无其质，则长处亦不足恃"。曾国藩鉴人甚多，"朴实明白"四字最要紧，凡获此类评语者，非优即良。

在家书中，曾国藩教导九弟曾国荃，恒以"笃实""脚踏实地"为训，而且肯拿自己开刀，其自我批评颇见诚意。咸丰八年（1858）初，他致书曾国荃："弟书自谓是笃实一路人，吾自信亦笃实人，只为阅历世途，饱更事变，略参些机权作用，把自家学坏了。实则作用万不如人，徒惹人笑，教人怀恨，何益之有？近日忧居猛省，一味向平实处用心，将自家笃实的本质还我真面、复我固有。贤弟此刻在外，亦急须将笃实复还，万不可走入机巧一路，日趋日下也。纵人以巧诈来，我仍以浑含应之，以诚愚应之；久之，则人之意也消。若钩心斗角，相迎相距，则报复无已时耳。"[2] 对付敌人，兵不厌诈固然没错，但是对待自己人，与其要弄心机权术，倒不如示以诚朴，笃实者不自欺欺人，相交相处更为轻松自然，彼此心里也更加有底。

咸丰八年（1858）秋，曾国藩致书湘军名将李续宾[3]、李续宜[4]兄弟，信中有这样一段话，夸赞胡林翼："润公聪明，本可移入霸术一路。近来一味讲求平实朴质，从日行俗事中看出至理来。开口便是正大的话，举笔便是正大之文，不意朋辈中进德之猛有如此者。"一个月后，曾国

1《文廷式集》（增订本）第 3 册，中华书局 2018 年版，第 1050 页，《志林》内。
2《曾国藩全集》第 20 册，第 323 页，《致沅弟》。
3 李续宾（1818—1858），字克惠，号迪庵。湖南湘乡人。官至浙江布政使。谥忠武。
4 李续宜（1823—1863），字克让，号希庵。湖南湘乡人。官至安徽巡抚。谥勇毅。

藩再度致书李续宜，夸赞胡林翼："……润帅近日扶持善类，力挽颓风，于人之邪正、事之是非剖判入微，不少假借；有权术而不屑用，有才智而不自用，皆大过人之处。"论睿智、机敏，若胡林翼谦称第二，便无人敢称第一，曾国藩、左宗棠、江忠源都肯服气。就是这样顶尖段位的智者，"一味讲求平实朴质"，可见湘籍士大夫重朴实已蔚为风尚。

　　咸丰九年（1859）春，胡林翼致书曾国藩，批评湘军名将李续宜："（希庵）好修饬之人，不喜朴鲁之士，异日临大敌，决大疑，恐骨气不扬，思虑不入，独当一路，均非其选矣。"李续宜（字希庵）本人很朴实，颇具静气和定力，但他选拔营官更喜欢能说会道、脑子灵光的人，所以胡林翼不以为然。徐宗亮在《归庐谭往录》中也有佐证之词："勇毅诸部，多讲边幅，胡文忠公尝忧其后起难继，可谓卓识。"[1]李续宜于同治二年（1863）病逝，谥勇毅。"讲边幅"即好修饰的意思。"修饬之人"往往华而不实，脆而不坚；"朴鲁之士"有血性，更能吃苦耐劳，临阵不慌。李续宜死后，其余部驻扎在皖北，漫无统纪，果然无复昔日雄风。

　　同治元年（1862），湘军大本营和两江总督署移驻安庆。湘乡老家有个亲戚千里迢迢来安徽投靠湘军大帅、两江总督曾国藩，他行李简单，衣服上还打了一摞补丁，人前少言寡语。曾国藩向来喜欢质朴本分的乡人，打算让他当差。某天，他与这个亲戚同桌吃饭，饭里面有几粒稗子，这个亲戚用筷子将它们挑拣出来，排放在餐桌上，显得格外扎眼。曾国藩没有说话，也没有皱眉头，饭后不久，即备好川资，把这个亲戚叫来，说是让他明天回家。这个亲戚不清楚自己到底是说错了什么话，还是做错了什么事，心里感到委屈，满眼疑惑地望着曾国藩，很想弄明白自己不受待见的缘故。曾国藩也不想让他犯着嘀咕回家，就告诉他："今天吃饭的时候，你从碗里挑去稗子，这个举动很反常。平日既不是有钱人，又未曾做客于外乡外地，你放下家中的农活来到军营，才不过一个多月，就开始挑三拣四，湘乡老家的人怎会如此挑剔？我担

1　徐宗亮：《归庐谭往录》，卷一。

心你出了家门就忘本，见异思迁，留下来在军营里当差，反而有害无益。"[1]朴实的本质可能随外部环境的变化而变化，曾国藩对此警惕性很高。湘乡亲戚吃饭时挑拣稗谷本是小事一桩，但这个苗头不好，所以曾国藩改变了主意，打发他回家务农。

7 曾国藩自承"世间尤物不敢妄取"

在《能静居日记》中，名士赵烈文记录了曾国藩的食单："每餐二肴，一大碗，一小碗，三簌，凡五品，不为丰，然必定之隔宿。"两荤三素，相当清俭，可见曾国藩不是贪享口福之人。赵烈文还发现曾国藩的常馔中没有鸡鸭，就问他是否吃火腿。曾国藩回答说，厨房里没有火腿，以前有人送过，他一概拒收，后来就没人再送了。曾国藩喝绍兴黄酒，也只零沽，不买整坛的。赵烈文感叹道："大清二百年，不可无此总督衙门！"

名士方宗诚得曾国藩赏识，曾国藩召他陪过几回贵客。在《柏堂师友言行记》中，方宗诚的描写颇能传真："当公夫人未来皖时，宴彭雪琴侍郎于内室，招予陪饮。见室中唯木榻一，竹床二，竹枕二，此外一二衣箱，无他物也。窦兰泉侍御来，予亦陪饮，食鲥鱼止一大瓦缸。兰泉笑曰：'大学士饮客用瓦缸，毋乃太简乎？'公大笑而已。"赵烈文赋诗《奉怀湘乡相侯师》，其中有句"木榻风灯一老儒"，即饶有写实风味。同治四年（1865）夏，曾国藩写信告诉儿子曾纪泽，他晚饭不用荤菜，只吃肉汤炖蔬菜一二种，味美无比；菜不必贵，适口则养人。简朴的生活并不妨碍一个人的精神愉悦，这是生动的范例。

道光年间，曾国藩做京官，不肯收受贵重礼品，晋升为礼部侍郎之后，更加廉洁自律，拒绝苞苴。道光二十七年（1847）六月下旬，他致书诸弟，深入分析："将来万一作外官，或督抚，或学政，从前施情于我者，或数百，或数千，皆钓饵也。渠若到任上来，不应则失之刻薄，

---

1 易宗夔：《新世说》，第 198 页，《曾国藩以节俭察人》。

应之则施一报十，尚不足以满其欲。故兄自庚子到京以来，于今八年，不肯轻受人惠，情愿人占我的便益，断不肯我占人的便益。将来若作外官，京城以内无责报于我者。"[1] 中国人讲求礼尚往来，别人送礼哪有白送的道理？迟早要还礼，而且要加倍奉还。官员一旦动用公共资源，就会污损廉名，太不划算。曾国藩宁愿让别人占便宜，也不想占别人的便宜，这说明他早有定见，要做个清官。

咸丰末年，曾国藩膺任钦差大臣、两江总督，擢协办大学士，挂兵部尚书衔，节制四省军事，高位和威名全摆在那儿，醒目之至，不少将领和地方官员总琢磨着"近水楼台先得月"，但曾国藩居官清廉，从不收受厚礼重礼。据曾纪芬回忆："文正在署中，无敢以苞苴进者，故太夫人无珍玩之饰。"[2]

中国社会是个典型的人情社会，不可一概拒人于千里之外，于是曾国藩收礼颇有些讲究，退礼的技巧尤其高超。临财不苟，原本不容易，面对各路络绎而至的"尤物"，曾国藩能够制伏心魔，不使它跳踉而出，足见其自制力非常人可及。

每个人都有自己的软肋，不爱金钱的人可能爱美色，不爱美色的人可能爱古董，不爱古董的人可能爱字画。送礼者投其所好，一旦探明对方的软肋所在，就能够"一击而中"，脱靶的概率大大降低。

冯志沂是晚清有名的晋籍清官，爱书爱酒不爱钱，在曾国藩的辖区做过皖南道，死后曾国藩亲自为他治丧。冯公嗜好碑版书画，有人献上北宋碑拓，以文梓为匣，以古锦为裹，冯志沂叫随从立刻送还。其好友劝他开匣欣赏一番再退不迟，他说："一见则不能还矣。此著名之物，不启视，尚可以赝本自解，若果真而精者，我又安忍不受乎！受则为彼用矣。不见可欲，其心不乱，故不如不见为妙。"冯志沂很诚实，他担心自己抵挡不住"尤物"的诱惑，索性一眼也不瞧。由此可见，制伏清官的难度还是蛮高的，"尤物"都送到眼前了，只隔着一个匣子和几层

1《曾国藩全集》第 20 册，第 135 页，《致澄弟沅弟季弟》。

2《曾宝荪回忆录 附崇德老人自订年谱》，岳麓书社 1986 年版。曾纪芬《崇德老人自订年谱》，第 14 页。

装裹；送礼者本就是投其所好，自然把准了他的好奇心，只要他开启包装，只要他欣赏实物，就难以抵挡诱惑。冯志沂"不见可欲，其心不乱"，难度约等于悬崖勒马。

论廉明，曾国藩的段位不低于冯志沂，其软肋又是什么？他特别热爱书法。在曾国藩的日记中，他梦见父母的次数较多，梦见朋友的次数较少，他梦见乾隆朝名臣刘墉（字崇如，号石庵，俗称刘罗锅）共计三次，并且在梦中"畅谈数日""周旋良久"，这岂不是令人奇怪吗？原因只有一个：刘墉是曾国藩特别喜爱和崇拜的书法大家，在其心目中占有不可替代的位置。

咸丰十年（1860）九月二十七日，曾国藩在日记中写道："黎寿民送手卷，系刘石庵、翁覃溪二公乾隆四十八年在顺天闱中所写，各临《兰亭》一本，又书诗跋甚多。余以其物尤可珍贵，璧之。"黎寿民是已故监察御史黎樾乔的公子黎福畴，黎樾乔是曾国藩的老友。故人之子赠送手卷，其中还有他最喜爱的书法家刘墉临摹的一本《兰亭集序》，就算他笑纳这份厚礼，也不能叫收受雅贿。但曾国藩欣赏过此帖之后，当即璧还原主。既见可欲，其心不乱，曾国藩的定力超过了其部下贤士冯志沂。

过了三个多月，曾国藩的定力又受到一次更高强度的测试。咸丰十一年（1861）正月二十二日，他在日记中写道："是日，休宁瞿令福田送右军帖一本，王梦楼跋，断为淳化祖本，且定为唐刻，考核未必确凿，而神采奕奕，如神龙矫变，不可方物，实为希世至宝。余行年五十有一，得见此奇，可为眼福。瞿令又送赵侍制仲穆所画飞白竹，上有施愚山、沈绛堂诸先生题跋，亦可宝也。余以世间尤物不敢妄取，审玩片刻，仍亦璧还。去年，黎令福畴送刘石庵、翁覃溪二公在闱中所书手卷，余亦璧却。此三件可称祁门三宝。"休宁县令瞿福田将祖传的镇宅之宝、唐刻淳化祖本王羲之法帖赠送给顶头上司曾国藩，其求官干禄的用意不言自明。曾国藩一眼就看出此帖是"希世至宝"，人间不可多得。然而曾国藩的定力着实令人惊异，"审玩片刻，仍亦璧还"；其定见则更加令人敬佩，"世间尤物不敢妄取"，取则夺人之爱，取则伤己之廉。这与苏东坡《前赤壁赋》中所表达的卓见一脉相承，"且夫天地之间，物各有主，苟非吾之所有，虽一毫而莫取"。世间尤物，不可贪求，更不可贪占；非分妄取，易受其殃，这样的例子，目击中外古今，比比皆是。

同治三年（1864）正月，何栻在京城为曾国藩购得殿本《二十四史》，精雅绝伦。他还赠给曾国藩藏本《史记》《五礼通考》和程君房墨雅制印泥，更有两幅名贵的古画。"……唐、仇两画尤为希世之珍，拙性素不解此，谨以奉缴。璧仍完于英蔺，剑更返于丰城。虽神物之倏归，实隆情之靡替。"[1]唐寅、仇英是明朝四大家中的杰出代表，其真迹屡经兵燹劫火，存世不多，得之甚难。曾国藩不肯掠人所爱，欣赏完毕，双双璧还。

同治五年（1866）六月十七日，曾国藩回复洪汝舟："承惠《汤文正公集》，谨以拜登。苏文忠、董文敏墨迹，宋商丘藏墨，皆久远罕见之珍，并以奉璧，交来使带转，即希察收。"苏东坡（谥文忠）、董其昌（谥文敏）的书法作品极珍贵，康熙年间大才子宋荦（商丘人）的藏墨很稀罕，曾国藩饱完眼福之后，照例原璧奉还。这年十一月二十四日，曾国藩回复金藻："承惠名迹各种，宝光照座。拜登唐陶山先生对联，藉慰企慕乡贤之意，余当璧返，永作家珍。"[2]金藻赠送的名家手迹不少，曾国藩只收下清代学者唐仲冕的一副对联，因为这位陶山居士是湖南善化（今长沙县）人，是曾国藩的前辈乡贤，可慰仰慕之意；其他各件物归原主。金藻的传家宝，曾国藩怎肯收入囊中？于心不安的事他不做。

同治六年（1867）三月初一日，曾国藩到丁日昌（字雨生）家吃午饭。饭后，由主人引导，参观藏书楼。丁日昌是咸（丰）同（治）年间江南四大藏书家之一，收藏之丰富在江苏官绅中首屈一指，最精华的有宋刻世彩堂本《韩愈文集》《东都事略》等书。丁日昌出手大方，要将这两部宋刻本赠送给曾国藩。在晚清，宋刻本已属珍稀之物，曾国藩向来不夺人之好，于是舍而取其次，收下了明刻本《内经》、东雅堂本《韩愈文集》和《笠泽丛书》三种，带回府去。丁日昌将两部宋刻本送给资深读书人曾国藩，就等于将西施、王嫱送给资深好色之徒，不照单

<hr>

1《曾国藩全集》第27册，第429页，《复何栻》。
2《曾国藩全集》第29册，第509页，《复金藻》。

全收太难了，可是曾国藩恪守自己的原则，再次拒绝了尤物的诱惑。

曾国藩不收受贵物，更不收受尤物，能够长期做到这一点，既要具备爱惜清名的恒久定力，还要看得透、想得开。同治六年（1867）八月二十六日，他致书外甥王镇堡，实话实说："尝谓督抚等贵人，无不好服参茸珍奇之药，而却病长年者殊不多见；无不好收苏、黄、赵、董之书，米、倪、唐、仇之画，而真赏实迹者殊不多见。故余于此二事，不甚笃好，不欲假充内行，亦稍变富贵人之积习耳。"[1]曾国藩多病，贵重药物偶尔也用，但无依赖性；曾国藩大雅，名家字画有缘也赏，但不假充内行。这样就挺好，贵物和尤物固然魔力十足，诱惑力难挡，但是敌不过曾国藩的佛系心态。

8 左宗棠以养廉银养廉节、养善行

国之重臣收入必定不菲，任何朝代概莫例外。清朝雍正皇帝登基之初，确立了高薪养廉的制度，迄至晚清时期，总督和军机大臣每岁的养廉银高达白银二万两左右，以当今的货币折算，约三百万元，数额可观。左宗棠为江苏无锡梅园撰写过一副对联："发上等愿，结中等缘，享下等福；择高处立，寻平处住，向宽处行。"这是其人生观的高度浓缩。左宗棠自奉甚俭，从小到大，从大到老，保持寒素之风。他养家，每年只寄二百两白银，就算他做了总督，做了军机大臣，这个规矩多年未变。他给出的第一个理由是：他在陶澍家坐馆时就只寄二百两，在湖南抚署做师爷时也只寄二百两，家人省吃俭用，不虞饥寒，断不能多寄。他给出的第二个理由是：军中勇卒长期缺饷，必须拿出一部分薪俸和养廉银来补贴他们。他给出的第三个理由是：钱寄多了，儿子们养成纨绔习气，反而有害。这三个理由都是刚性的，家人不好抱怨，何况周夫人以贤德著称，勤俭持家，从未让夫君为难。左宗棠撰《亡妻周夫人墓志铭》，给出了一个完整而又令人信服的说法："余以寒生骤致通显，

---

[1]《曾国藩全集》第 30 册，第 216 页，《致王镇堡》。

自维德薄能浅，忝窃已多，不欲以利禄为身家计。又念吾父母贫约终身，不逮禄养，所以贻妻子者诚不忍多有所加。廉俸既丰，以输之官，散之军中，公之族邻乡邦，每岁寄归宁家课子者不及二十之一，夫人安之若素。"[1] 左宗棠长年克俭，以养廉银派大用场，功劳簿上还得记上周夫人一笔。

"处天下事，当以天下之心出之。"左宗棠素来视养廉银为公家物，因此他乐意为公家用之，如此一来，养廉银就不仅能养廉节，而且能养善行。

左宗棠膺任闽浙总督时，决意创设福州船政局，创建马尾造船厂。他致函总理各国事务衙门，自道力主节约，以消除对方的"虚糜之虑"："宗棠首倡此议，所恃者由寒素出身，除当年舌耕所得，薄置田产二百余亩外，入官后别无长益，人所共知。"[2]

皇帝尚且有几门子穷亲戚，何况总督。左宗棠长期关怀本族的贫寒士子和鳏寡孤独废疾者，办义庄、义学，建祠堂、试馆，无不尽心尽力。同治三年（1864）七月，他写信给长子孝威，嘱咐道："族中苦人太多，苦难普送。拟今岁以数百金分之，先俟五服亲属及族中贫老无告者。"周夫人娘家式微后，左宗棠对两位内弟的关照从未中断过。光绪五年（1879），左宗棠在家书中吩咐："凡我五服之内兄弟贫苦者，生前之酒肉药饵，身后之衣衾棺木，均应由我分给。否则路人视之，于心何忍？"左宗棠做了二十多年封疆大臣，并且封侯拜相，族人、亲戚、邻里、同乡自然前来攀附，他们抱着幻想，不惧山长水阔，只求谋取一官半职。对于他们的请托，左宗棠很少首肯。但他仍拿出廉俸，打发川资，送他们回家。

秦翰才著《左宗棠全传》，书中有一段大实话："左宗棠微时，一贫彻骨，而居恒耻言贫字。由是一点推之，表现于其性行者，正面为介，反面为不贪。且不第对于非义之财，一介不取，即于应得之财，亦不欲

1《左宗棠全集》第 13 册，第 316 页，《亡妻周夫人墓志铭》。
2《左宗棠全集》第 10 册，第 668 页，《上总理各国事务衙门》。

厚自封殖。"[1]

长年累月，左宗棠将廉俸都用在他心目中的"刀刃"上，家人生活难言富裕，感受肯定复杂，他如何说服他们？家书中，他总是谆谆告诫："古人教子必有义方，以鄙吝为务者，仅足供子孙浪费而已。吾之不以廉俸多寄尔曹者，未为无见。尔曹能谨慎持家，不至困饿。若任意花销，以豪华为体面；恣情流荡，以沉溺为欢娱，则吾多积金，尔曹但多积过，所损不已大哉！"[2]"吾意不欲买田宅为子孙计，可辞之。吾自少至壮，见亲友做官回乡便有富贵气，致子孙无甚长进，心不谓然，此非所以爱子孙也。"[3]斯人而有斯言，斯人而有斯德；积善之家必有余庆，耕读之士不忘本源。官二代、富二代中的纨绔子弟，左宗棠见得多了，总因父兄积财如山，他们坐享其成，立业乏术，败家则花样无穷。左宗棠认定长辈真正爱子孙，就不能在家中营造富贵气场。

左宗棠做了二十多年一品大员，写信作文时多次引用唐代诗人韦应物的诗句"自惭居处崇，未睹斯民康"，在家书中则将民间谚语"富贵怕见开花"当成口头禅，戒惧奢侈之情溢于言表。最终，他只分给每个儿子五千两白银，教他们早作打算，自食其力，这在当年绝对算得上一条新闻。

人们还可从其他视角看到左宗棠的俭朴、清廉的全貌和后效。光绪年间，铁笔御史、"殿上苍鹰"安维峻奏参大臣李鸿章、岑毓英子侄捐保取巧，犹以去世多年的左宗棠作为廉洁典型，略谓："故大学士左宗棠，其功业倍于岑毓英，而名望高于李鸿章，当其病故也，朝廷赐恤之典，不为不优，但其平生清白传家。在陕甘总督任内，督办军务，虽用数千万之饷，无丝毫染指，廉俸所入，则又随手散用，故没世未几，家遂困穷。其嫡长孙左念谦，由世袭侯爵，官通政使司副使，前年病故都门，至贫不能殓，经其同乡京官徐树铭、龙湛霖为之告帮，始得归葬湘阴。近闻其子左孝宽、左孝勋俱死，只余举人左孝同一人。至其庶子，

1 秦翰才：《左宗棠全传》下册，中华书局 2016 年版，第 595 页。
2《左宗棠全集》第 13 册，第 163 页，《与孝威》。
3《左宗棠全集》第 13 册，第 138 页，《与孝威孝宽》。

尚不乏人，然臣遍查搢绅，其子孙并无服官者。假令左宗棠生前以所得廉俸，为其子孙捐官，固自易易，又使假手于人，为其子孙保举，如李鸿章诸臣之所为，亦未见其不能，而左宗棠不为也。今岑、李两家，贵盛如此，而左氏子孙，衰微如彼。然则以左宗棠与李鸿章诸臣比较，孰清孰浊，谁公谁私，自有不容掩者。"[1] 此折刊登于当年的《京报》上，引发热议。没有比较便没有鉴别，李鸿章、岑毓英的子孙升官发财，不亦乐乎，左宗棠的长孙、恪靖侯的承袭者左念谦在京城病故了，归葬湘阴，尚且要在同乡间"告帮"，即今日之众筹，差别之巨大，确实判若霄壤。

9 彭玉麟生性清简，食不求精

彭玉麟[2] 为人朴实，对位卑者能免去官礼，平等相待，"生平治军严而不倨"。他喜欢与读书人打交道，每到一个地方，必入家塾看看，与塾师交谈，和颜悦色，有时兴之所至，还代为讲解，娓娓动听；遇到天资颖异的学生，则必摩挲其头顶，爱惜逾恒。有些机灵的学童以空白扇面求赠书画，彭玉麟无不欣然应允，当场挥毫，略无难色。彭玉麟折节下士，乐意与读书人结为布衣昆弟之好，闲暇尤其喜欢跟墨客骚人相往还，当世称之为高雅。他跟大名士王闿运交情至笃，晚年退居衡阳渣江，王闿运专程去拜访他，盘桓多日。彭玉麟暮岁主持抗法战事，王闿运致书冰案，道是"头白天涯，两心犹照，不减元白神交也"。一品高官退息故里，不建造华屋广厦，而是"于府城东岸作草楼三重自居"，灌园种树，怡然自得。王闿运平生从不轻易推许时人，但他对彭玉麟赞誉独多。

在清朝，一品、二品高官就算不捞取灰色收入，单凭俸禄和高额的养廉银，完全能够过上富家翁的生活。彭玉麟将大部分养廉银捐了出去，用于修订《衡阳县志》，建造忠义祠、育婴堂，热心于资助慈善事业。他生

---

1 秦翰才：《左宗棠全传》下册，第 597、598 页。
2 彭玉麟（1816—1890），字雪琴。湖南衡阳人。官至兵部尚书。谥刚直。

性清简，不爱浮华，平日"布衣蔬食，曲肱而枕之，乐亦在其中矣"。

近代湘籍文人易宗夔编纂《新世说》，描写彭玉麟崇俭，尤为工致，如见其人，如闻其声："彭雪琴力崇俭朴，偶微服出，布衣草履，状如村夫子。巡阅长江时，每赴营官处，营官急将厅事陈设之古玩，及华焕之铺陈，一律撤去，始敢迎入。副将某以千金购玉钟，闻公至，捧而趋，砰然坠地。公见之，微笑曰：'惜哉！'副将悚伏，不敢仰视。"[1]

在晚清小说家李伯元笔下，彭玉麟生活俭朴，细节妙趣横生："彭尝饭友人处，见珍馔，必蹙额，终席不下箸。嗜辣椒及豆豉酱。彭饭，差弁环立于后，不敢须臾离。必主人言之至再，声言吃面，始颔首顾众曰：'只许吃一碗。'众哄然应，乃散去。""一人尝谒彭于三潭映月寓斋中，时岁首，彭衣茧绸袍，加老羊皮外褂，已裂数处。冠上缨作黄色，室内除笔砚外，仅竹篓二事而已。彭命饭，园蔬数种，中置肉一盘，饭已出，或告之曰：'此公优待君也。'"中法战争期间，彭玉麟督师岭南，已年近七旬，依然节衣缩食，"每餐只咸鸭卵一枚，豆芽菜少许。僚属有宴客，一席十数金，或数十金者，彭知之必问其所入几何，挥霍乃尔。以是相率戒惧，而酒肆中门可张罗矣"。[2]

彭玉麟生活清简，食不求精，如此自律，乃是其俭约功夫的长效延伸。一品大臣带头艰苦朴素，好处显而易见，彭玉麟不怒而威，令行禁止，便顺理成章。

朴实者往往清介。晚年，彭玉麟常至焦山避暑，"焦山孤悬江表，阴森特甚，不减陂塘五月秋也"，是江南有名的避暑胜地。焦山寺的方丈名叫芥舟，琴技高超，画得一笔赏心悦目的兰草，彭玉麟与之结为莫逆之交。后来，芥舟接受了他人钱财，在彭玉麟面前为之关说。彭玉麟察知隐情，内心怫然而生反感，从此就不再与芥舟见面了。[3]

---

1 易宗夔：《新世说》，第 440 页，《彭玉麟衣食俭素》。

2 李伯元：《南亭笔记》，第 187、188、189 页，《彭刚直嗜辣椒及豆豉酱》《优待客人》《戒属下挥霍》。

3 李伯元：《南亭笔记》，第 191 页，《彭刚直秉性清介》。"陂塘五月秋"是杜甫诗句。

10 刘蓉"为端谨之士，守儒素家风"

年轻的时候，刘蓉[1]与曾国藩结为金兰之交。刘蓉连秀才都没考取，曾国藩却非常敬重其人品、认可其学识。道光二十二年（1842），曾国藩赋诗盛赞好友："我思竟何属？四海一刘蓉。具眼规皇古，低头拜老农。乾坤皆在壁，霜雪必蟠胸。他日余能访，千山捉卧龙。"[2]道光年间，曾国藩在京城集苏东坡诗句为联致赠刘蓉："此外知心更谁是，与君到处合相亲。"可见他们交情极为深厚。晚年时，尽管两人之间有过一些不愉快，但友谊之船并未翻沉。曾国藩去世后，刘蓉赋诗《哭曾涤生太傅十二首》《曾太傅挽歌百首》，无不哀感动人。

刘蓉有"小诸葛"之美称，于军政颇具见解和魄力，他协助四川总督骆秉章治蜀，率军歼灭石达开残部，那几年是其人生的高光时段。刘蓉升任陕西巡抚后，奉命剿捻，由于南军不耐寒冻，灞桥一败，精锐尽折。刘蓉的仕途就这样走到了尽头，令人惋惜。当年，朝廷调派左宗棠接办陕甘军务，左公启程赴任前，特意奏请朝廷继续留用杨岳斌、刘蓉，以获其悉力支持："杨岳斌、刘蓉虽时艰适值，经理未协机宜，然在事日久，尚能以勤民爱国为心。臣与该两臣相知有年，自顾才力无以逾之……"[3]无奈刘蓉宦情已淡，不肯留在陕西，但他为左宗棠的诚意所感动，献《治兵六策》以助老友治边。

刘蓉注重家风建设，崇尚俭朴，从不懈怠。湘乡人为什么能够在咸丰、同治年间立功于天下？他作出过恰如其分的总结："敝邑风尚，素号愿朴。农民务勤稼穑，士子颇励廉隅。故自军兴以来，文职武弁，崛起草莱，实能为国宣力者颇有其人。"[4]刘蓉认为朴实是湘乡人突出的优点，这个优点不可丢，因此他在家书中告诫子弟，最担心的就是他们丧

---

1 刘蓉（1816—1873），字孟容，号霞仙。湖南湘乡人。官至陕西巡抚。
2《曾国藩全集》第14册，第24页，《怀刘蓉》。
3《左宗棠全集》第3册，第334页，《恳恩敕下杨岳斌刘蓉悉力支持片》。
4《刘蓉集》第2册，第185页，《复温甸侯邑宰书》。

失朴实本色，志大言夸。"每观弟辈议论，志趣不肯屈居人下，则固与世之庸庸者异矣。若因此折节读书，锐志前进，虽驾古人而上之，不为过分，况于并世人，何多让焉？若徒志大言夸，嘐嘐自喜，务贬人以自大，角口舌以竞长，为客气而已矣。今弟辈徒有翘然好胜之心，而不揣所能，此吾所以预忧其无成也。"[1]刘蓉的堂侄刘培基迎娶罗泽南的小女儿为妻，女方妆奁甚厚，辎重之外，还有奁金三百两。刘蓉认为罗家违背了罗泽南的遗愿，担心奢风波及寒门，新妇长其傲而侄儿益其过，因此在家书中批评道："我与罗忠节公道义至交，联为姻娅，其所期于子女者，非欲其席丰履厚，为富翁富妪，亦冀其守礼敦伦，垂家范以绵世泽耳。"[2]他希望子弟"为端谨之士，守儒素家风"，这个难度不小。

曾国藩不希望子弟出仕为官，刘蓉的观点非常接近："近来仕宦之家好以官为世业，此间藩、臬、道、府莫不为子侄辈捐州县者，自以为光耀门户，而不知只以斫丧元气。中材之士，一涉仕途，外诱日多，根器日坏，卒至落魄萧条，不可名状。不如令业诗书，守寒素之可绵世泽也。"[3]他在家书中告诫儿子："但望尔兄弟学作好人，谨言慎行，和平宽厚，便是贤子弟，不愿尔辈以科第也。做官最坏人心术，以官场无好样子，自非根器深厚，必不能自立，只有败坏家风，斫丧元气耳。"[4]曾国藩教子弟敦实，不望子弟工文章以猎取科名，唯望于性情心术上实有克治培养功夫，日趋宽厚和平一路；左宗棠希望子弟以耕读为本，自得田园、书籍之乐，他执教陶澍之子、自己的大女婿陶桄八年，却不赞成他出去做官；刘蓉的想法跟曾、左二公相通，由此可见湘籍先贤在家风建设方面崇尚宽厚朴实，具有惊人的一致性和一贯性。

蜀藩向称优渥，刘蓉任四川布政使时，每岁节寿陋规共计可入五万两白银，他却不肯贪领，全部归公，自道"吾不能取非义以肥吾家"，这硬核的廉洁做法一度被四川官场诧为咄咄怪事。

1《刘蓉集》第 2 册，第 237 页，《与诸弟》。
2《刘蓉集》第 2 册，第 239 页，《与瑟庵从弟》。
3《刘蓉集》第 2 册，第 241 页，《与瑟庵从弟》。
4《刘蓉集》第 2 册，第 253 页，《谕培基培垕》。

11 刘长佑外示宽厚而内持明白

江忠源练楚勇，刘长佑[1]是最早的追随者，曾国藩老早就夸赞他"淳实而有深谋"，是"戡乱之才"。咸丰三年（1853）春，江忠源率军驰援湖北，在崇阳、通城、嘉鱼一带被敌军围困。刘长佑闻讯之后，率领新宁子弟兵四昼夜急行军，突袭敌营，解开重围。曾国藩赞叹道："印渠救援之速，世所罕闻。此老胸中甲兵，吾不复能窥测。……此次赴通城之援，便如神鹰度漠，一击千里，令人爱敬不已。"[2]当年，曾国藩非常看好楚勇，但也有一点担心："楚勇之骁悍，远过湘勇。然其粪土金钱，尘滓官职，眼孔过大，未易羁勒……"[3]不贪财，不恋权，这样的队伍唯嫡系指挥官江忠源、刘长佑、刘坤一能够驾驭，别人很难调度。

刘长佑自律甚严，不好色，不敛财。娶妻李氏，终身不纳妾，这一点，当年能够做到的高官屈指可数。刘长佑于廉俸外无丝毫苟取，"所得禄赐辄以恤战士，助公家急，置田赡及族人"。李夫人每日督率仆妇种蔬纺布，住督府如同乡居，一直保持朴素的家风，不因官职升迁而有所变易。

同治六年（1867），捻军突然侵入河北霸州地界，京师震动，直隶总督刘长佑被朝廷革职，责令带队自效，他自承"识暗才庸，劳师糜饷"，表态"竭尽驽力，誓扫枭氛"[4]。官文接任直隶总督后，刘长佑率领二百名楚勇旧部返回老家新宁，路途遥远，行粮不足，过金陵时，两江总督曾国藩赠白银三千两，予以接济。及至回到长沙，刘长佑舆服朴陋，傔从寥落，居然无人认出这位风尘仆仆的黑脸汉子就是前一品大臣、直隶总督。

同治七年（1868），刘长佑住进资江畔的遂园，构屋为省斋，园中

---

1 刘长佑（1818—1887），字子默，号荫渠。湖南新宁人。官至云贵总督。谥武慎。
2《曾国藩全集》第22册，第141页，《与江忠源》。
3《曾国藩全集》第22册，第286页，《与刘蓉》。
4《刘长佑集》第2册，岳麓书社2011年版，第551页，《革职带队谢恩疏》。

栽植果木数种，尚有合抱的古树数十株。他布衣蔬食，莳花养鱼，如同灌园叟，与世无争，得其所哉，全然收敛了名将的杀气和大臣的官威。朋友同情刘长佑被革职的遭遇，他却毫无失意之感，由衷地发出慨叹："锋镝余生，自分死疆场，今乃获放归，偃息林泉，非夙昔所敢望，圣恩大矣，用以勖其子孙。"[1]

常言道："义不理财，慈不掌兵。"刘长佑偏偏是宽厚长者。他领兵三年而未曾诛杀过将佐，部属皆惮若严父，无人敢违犯军规。刘长佑多智而不苛察，喜欢扬善于公堂，规过于私室，因此没人存心作伪欺骗他。

同治十年（1871），刘长佑重获朝廷重用，膺任广东巡抚，慈禧太后担心他性情慈柔，以"勿过宽厚"相诫。刘长佑覆奏时，特意说明："臣自问无可过人，故常失之过宽；自愧未能化人，故常失之过厚，至于是非之辨，邪正之分，苟为见闻所及，亦不自欺其心，以上欺君父。"[2] 这就是刘长佑的独到之处，外示宽厚而内持明白，所以人不敢欺。

12 李兴锐治事严密，为人清正

李兴锐[3]是曾国藩的老部下，咸丰末年与李瀚章一起管理湘军粮台。太平军头目古隆贤雪夜来袭，李兴锐以夹墙藏银、熏墙作旧的障眼法保全了百万军饷。曾国藩拊其肩赞叹道："老弟怎么想得这条妙计？仓卒之中又怎么做得这样严密！"[4] 李兴锐临危不苟，从此益发受到曾公器重。

李兴锐办事极有担当，肯负责任，与那些依违两可的人有天壤之别。光绪二十八年（1902），李兴锐卸任江西巡抚，僚属们设宴为他饯行。大家喝酒喝高了，他就实话实说："我先把柯藩台当好人看待，谁知他是鹿传霖的死党，而且没有良心。刘岘庄待他很好，他还在鹿传霖面前说刘岘庄坏话。你们下次须要提防。"殊不知，柯藩台正在人群

---

1 《刘长佑集》第 1 册，第 32 页，《皇清诰授光禄大夫兵部尚书兼都察院右都御史云贵总督予谥武慎刘公行状》。

2 《刘长佑集》第 1 册，第 41 页，《刘公行状》。

3 李兴锐（1827—1904），字勉林。湖南浏阳人。官至署两江总督。谥勤恪。

4 《凌霄一士随笔》第 4 册，第 1598 页，《曾国藩器重李兴锐》。

中随众唯唯，闻言满面通红，也不知道是酒盖着脸皮，还是臊得慌。僚属们更搞不清李兴锐是不是故意装醉讲真话。嗣后，李兴锐署理广东巡抚，每当下属前来叩谒的时候，他都会多方诘问。有一天，广州知府龚心湛到抚署禀见，李兴锐想起一件事情，顿时勃然变色，质询道："你禀到几年了？"龚心湛回答："三年。"李兴锐颇感惊讶："如此新班，就膺任首府，升迁之速，可胜诧异。你自问才具有何擅长，而能如此遗大投艰？"龚心湛语塞退下，内心颇感惭愧。[1]

李兴锐任两江总督时，于督署内专辟一间宽敞的文案房，排列长桌，幕僚环坐一室，相当于今天常见的集体办公，在一百多年前实属创举。这样的安排既能提高幕僚的工作效率，又能促使他们互相监督，减少暗箱操作。李兴锐没有任何不良嗜好，下围棋恒以一局为限，水烟旱烟，两不沾边，因此他的幕府中没有吸食淡巴菰[2]的人，更别说抽鸦片了。

当年，官场应酬多选在秦淮河边的娼楼酒馆，求情说情谈情，行贿受贿索贿，也以这种地方为最佳掩护。李兴锐严申禁令，出入督署，必须登记。夜间二更就锁闭院门，官亲子弟和幕友出入多有不便，也就不自寻烦恼了。因此秦淮河一带，鲜有督署中人涉足[3]。李兴锐的私生活极其严谨，四十岁丧妻之后，即不再续弦，也从未纳过妾。这位封疆大臣每次赴任，轻车简从，只带文案一人、账房一人、巡捕一人，行李萧然，一箱一笼之外，别无长物。李兴锐平生十分佩服彭玉麟，既效法其正直，也效法其俭朴，两袖清风，心安理得。

大文豪王闿运笔下好訾诮人，对于中兴将帅不肯轻易放过，因此那些孝子贤孙虽想请他为先人撰写墓志铭，却多半抱有戒心，不敢轻易尝试。李兴锐去世后，其侄子听说王闿运在湖北旅行，于是载酒四坛，去舟中拜访，请王翁撰写墓表。王闿运居然爽快地同意了，他说："大侄，这是我的事，三日交卷，连周妈都不许受一只火腿。"[4]周妈是王闿运的

1　李伯元：《南亭笔记》，第 270、271 页，《李兴锐办事极有担当》。

2　淡巴菰：英文单词 tobacco（烟草）的译音。

3　李伯元：《南亭笔记》，第 271 页，《李兴锐禁陋习》。

4　《凌霄一士随笔》第 4 册，第 1599 页，《王闿运为李兴锐撰墓志铭》。

管家婆，平日里谁向王翁求文都得先过她这道关卡。三天后，王闿运如期交卷。好酒四坛，是他晚年最低的润笔费。为何这回他接单如此痛快？只有一个原因：李兴锐朴实清正，王翁打从心底里欣赏他。

13 齐白石敝屣尊荣，自食其力

齐白石质朴似老农，性情亦如其画，"笨处""拙处"往往妙绝。学者王森然这样描写他："先生性柔时如绵羊，暴躁时如猛虎，无论其如何暴躁，过时无事，正如狂风骤雨之既逝，只有霁月清风耳。其情常似闲云，其心极如烈火，烈火燃烧，云光灿烂，极尽美观。"[1]那么白石老人眼中的自己又是怎样的呢？北京艺专曾一橹教授与白石老人时相过从，前者给后者画过一幅惟妙惟肖的头像，齐白石乐得自嘲，颇为风趣："曾君一橹，工于画，此头颅，能得衰老之神，见者必曰，此不合时宜之齐白石也。余曰：是矣！先生真能识人。白石记。"[2]他自认为是个不合时宜的人，即是个不肯投机取巧的人。

齐白石敝屣尊荣，最值得一说。1903 年，好友夏寿田劝齐白石去京城发展，诗人樊增祥也答应荐他入宫做画师，专给慈禧太后画像，这无疑是平步青云的好机会。然而对于他们的好意，齐白石敬谢不敏。夏寿田还打算给他捐个县官当当，又因齐老弟没有搜刮地皮的兴趣而只好作罢。在齐白石心目中，绘画是寂寞之道，必须心境清逸，不慕势利，绘事才能精益求精。我们从其闲章便能看出齐白石的志趣确实在彼（艺术）不在此（俸禄），他出身卑微，却从未自惭形秽。"木人""木居士""大匠之门""芝木匠""白石山人""湘上老农""有衣饭之苦人""立脚不随流俗转""我行我道""自成家法""三百石印富翁"，诸如此类闲章，透露了十分丰富的信息。这位山民老艺术家同情弱者，悲悯及于虫蚁，他平生最看不起的是墨墨浑浑的官场中人，他多次用画和诗揶揄嘲讽那些大耳阔面、好作蟹行的老爷们，其笔下的不倒翁更是滑稽万状，一副志

---

1 王森然：《近代名家评传》二集，三联书店 1998 年版，第 164 页，《齐璜先生评传》。
2 王森然：《近代名家评传》二集，第 167 页，《齐璜先生评传》。

得意满的草包模样，活该被齐白石的"手术刀"解剖一番："乌纱白扇俨然官，不倒原来泥半团。将汝忽然来打破，通身何处有心肝？"

一个人自食其力，就有资格冷眼看官场。唐伯虎断了仕进之路后，赋诗自明心迹："不炼金丹不坐禅，不为商贾不耕田。闲来写就青山卖，不使人间造孽钱。"四百多年后，同调者齐白石发出的声音更为自豪。细想来，他们在艺海中遨游，那种纯净的乐趣、不受玷污的情操和自由自在的心境，随时随地皆为犒赏，某些虚伪厚黑的官老爷根本无法梦见。齐白石从晚清一路走来，在民国大沼泽中盘桓了数十年，纵览无穷世象，仍然傲对强梁，无半分攀结的媚态，倒是以处身清白，自食其力，不搜刮民脂民膏为自豪的资本："何用高官为世豪，雕虫垂老不辞劳。夜长镌印忘迟睡，晨起临池当早朝。啮到齿摇非禄俸，力能自食匪民膏。眼昏未瞎手犹在，自笑长安作老饕。"

齐白石俭朴而不精明。他自掌银钱，不肯轻信旁人，总疑心世间马面牛头无所不在。"因为人少鬼多，所以处世对人，总不放心。即家中一切琐务，亦由其自己处理，甚至对油盐酱醋茶叶米面，自己经营，菜蔬劈柴笔墨纸张，自己购买，门窗箱柜钥匙，自己管理。此种生活之烦苦，在他人以为可厌恶，在先生以为有趣味。"[1]然而，他的精明确实有限，骗子的额头又没黥字，自然防不胜防，他受骗上当不止一次两次。曾有人找上门来，主动提出帮他在香港卖画，三言两语就轻而易举地哄走了他亲笔订下的润格，他很开心，殊不知来人更开心，回去正好借此公开卖假画。齐白石的大弟子李苦禅先生曾撰文揭过恩师的"短"："齐老师对于艺术之外的事都很'傻'，常受人骗。那时因国家动荡，钞票骤然变成废纸乃是常事，齐老师不知丢了多少血汗钱才想到要买黄金。他不瞒我，让我看买来的黄金，我很吃惊：'金子还有绿色的吗？'老师明知又吃了亏，还不敢声张，生怕惹祸。真是哑巴吃黄连，苦在肚里。"[2]

艺术家天真烂漫，心如赤子，不通世事，倒也不足为奇。有一回，

1　王森然：《近代名家评传》二集，第165页，《齐璜先生评传》。
2　李苦禅：《忆恩师白石翁二三事》。

外宾现场观摩齐白石作画，一个个笑逐颜开，叽里咕噜赞美了一通，白石老人却不高兴，不为别的，就为洋人没翘大拇指。

14 黄兴笃实厚重，知行合一

清朝末叶、民国初期，湘籍先贤以平实、朴实、笃实著称者不乏其人，首推黄兴[1]，毫无争议。黄兴自律自勉的功夫堪称扎实。当年，他订下六条《自勉规例》[2]，终生恪守不渝：

一、行动必须严守时刻；

二、说话必须说到做到；

三、读书须分主次，纵使事忙，主要者不得一日荒旷；

四、处理重要事物及文书必须亲自动手，不得请托他人；

五、对人必须真诚坦白，不得怨怒；

六、游戏可以助长思虑，不应饮酒吸烟。

六条规例平实，无唱高调之嫌，但守信、精勤、诚实、严谨诸种品质尽含其中，真要做到殊非易事。与某些湘籍狂生好非议曾国藩、左宗棠不同，黄兴对于湘籍先贤颇致敬意，"好读曾国藩书，称其制行之严，吾当奉以为师"[3]。曾国藩一生严格自律，黄兴特别看重这一点。

1902年，湖广总督张之洞从两湖书院、经心书院、江汉书院甄选三十名学子，公费派送日本留学。李书城与黄兴皆在公派之列，又同上一所学校，两人结下了深厚的友谊。李书城从此长期追随黄兴左右，成为黄兴的智囊，深得黄兴的信任，他对黄兴的了解也就胜过旁人。"黄克强先生在同学中一向是笃实厚重、不多发言的，但他把问题看清楚了，决定自己应走的道路以后，意志即异常坚决。他曾说，他的远祖在清初曾写过遗书，要黄氏子孙永不出仕清朝。有一晚，他与一些同学争论得很激烈，气急得说不出话来，竟将手中的小茶壶掷地摔碎，表示他

---

1 黄兴（1874—1916），字克强。湖南善化（今长沙县）人。中国民主革命家。

2《黄兴集外集》，湖南人民出版社2002年版，第1页，《自勉规例》。

3《李肖聃集》，岳麓书社2008年版，第175页，《黄兴别传》。

已下定决心从事排满革命，不是任何力量所能动摇的。"[1] 笃实的革命者既为信念而活，亦为信念而死，百折不挠很正常。李书城感慨道："克强总是个最平实的人，做事有功不居，光明磊落；作战身先士卒，爱护袍泽；做人推诚务实，容忍谦恭；受谤不言诠，受害不怨尤；不道人之短，不说己之长。"黄兴厚重朴实，知行合一，值得同袍、同志信赖。

同盟会元老胡汉民对黄兴的评价主要有两个方面，一方面说："克强以三月廿九之役及汉阳督师，声名洋溢于党内外；顾性素谨厚，而乏远大之识……"[2] 另一方面说："黄兴是个标准的'湖南骡子'，更隐藏'老子不信邪'的脾气，其雄健不可一世，处世接物则虚衷缜密，转为流辈所弗逮。先生使人，事无大小，辄曰'慢慢细细'。传闻耳熟是语，以为即先生生平治己之格言。"唯踏实者做事既能快刀斩乱麻，也能慢工出细活。

1914 年 6 月，黄兴决意避开党内纷争，担簦赴美，休养和游历。饯别宴会后，孙中山主动赠送一副对联给黄兴，上联是"安危他日终须仗"，下联是"甘苦来时要共尝"，此举是为将来两人之合作预留地步。

广州起义之前，黄兴为人作书，道是"大丈夫当不为情死，不为病死，当手杀国仇以死"[3]，惜乎凤愿落空。1916 年 10 月 10 日，由于胃血管破裂，黄兴吐血数盂，一度晕厥，延至月底，溘然长逝。临终之际，好友李根源来向黄兴辞行，黄兴强打精神，对李根源说："黎元洪太懦弱，段祺瑞、徐树铮专为北洋派打算，恐怕全国统一无希望，对内搞不好，更谈不上对外了。"他嘱咐李根源几件事："一、胡瑛无志节，可恨可怜，闻他很穷，望念旧交，维持其生活；二、谭人凤修宋教仁墓尚未完工，应有人负责；三、李烈钧队伍快到饿饭地步，须请黎元洪妥筹办法；四、国会要注意立法，法立而后政治始有依据，只问政治则政治愈

1　田伏隆主编：《忆黄兴》，岳麓书社 1996 年版，第 77 页，李书城《辛亥革命前后黄克强先生的革命活动》。

2　《胡汉民自传》，第 99 页，《二十六、从总理至沪转宁与襄助组织临时政府》。

3　《黄兴集》，第 465 页，《为吴池题词》。

纷乱不可收拾。"[1] 唯有笃实、忠厚、诚挚的革命家才会有这样的临终嘱咐，黄兴言不及私，至死仍惦念着旧友和同志的艰难处境，仍记挂着政治该如何纳入法治正轨。言语不多，感人至深。

黄兴笃实，教导长子黄一欧亦当笃实。1912 年秋，黄一欧由湖南都督府资送赴美留学，出国前夕，黄兴特意为黄一欧书写"笃实"二字横披一幅，这幅墨宝随同黄一欧转徙流离六十余年，其家训的价值和作用从未衰减分毫。"'笃实'的含义是什么，先君当时未作详细的解释。我体会指的是待人接物要谦虚谨慎，笃实厚重。就是讲，为人要浑厚一些，老实一些，要做到无我。先君早年致胡汉民信中说过：'名不必自我成，功不必自我立，其次亦功成而不居。'他平日讲过：'明其道，不计其功。'我想一个人如果具备这样的政治品质，就能符合笃实的要求。"[2] 黄一欧的理解很贴近黄兴的原意，笃实就是德要厚道，行要实干，不要滑头，不蹈虚空。

---

1 田伏隆主编：《忆黄兴》，第 108、109 页，李书城《辛亥革命前后黄克强先生的革命活动》。
2 田伏隆主编：《忆黄兴》，第 117、118 页，黄一欧《辛亥前后杂忆》。

四　孜孜无倦，休休有容

　　志士致力于事业，莫不首重精勤，闻鸡起舞不畏难。魏源说："圣贤志士，未有不夙兴者也。清明在躬，志气如神。求道则易悟，为事则易成。故相士相家相国之道，观其寝兴之夙晏而决矣。"[1]所谓"夙兴"即为早起。宰予白天睡懒觉，孔子怒不可遏，责骂他"朽木不可雕也，粪土之墙不可杇也"，这是《论语》中的名梗。宰予可不是什么"学渣"，他是"孔门十哲"之一，偶尔睡个懒觉，就被恩师骂得狗血淋头。孔圣人痛恨弟子偷懒竟到了如此严苛的程度，甚至有些失态，这在《论语》中罕见。为何？因为凡人懒则丧志，惰则失神，此"病"迄无灵药可医。

　　咸丰十年（1860）冬月中旬，曾国藩致书翰林晚辈宋梦兰，观点十分明确："治军之道，以'勤'字为先。身勤则强，佚则病；家勤则兴，懒则衰；国勤则治，怠则乱；军勤则胜，惰则败。惰者，暮气也。"从个人到国家，勤乃是正向的动力，佚、懒、怠、惰均为反向的坠力。曾国藩对暮气的警惕性远高于常人。三天后，他又致书宋梦兰，对"勤"字的重要性三复斯言："治军以'勤'字为先，实阅历而知其不可易。未有平日不早起，而临敌忽能早起者；未有平日不习劳，而临敌忽能习劳者；未有平日不能忍饥耐寒，而临敌忽能忍饥耐寒者。"此乃曾国藩阅历有得之言，非寻常空谈可比。他还在这年腊月十二日的日记中强

1《魏源集》上册，第6页。《默觚上·学篇二》。夙晏：早晚。夙，通"早"。

调:"千古之圣贤豪杰,即奸雄欲有立于世者,不外一'勤'字;千古有道自得之士,不外一'谦'字。吾将守此二字以终身。"[1]一个人想真正立起来,勤是首要因素,舍此而躺平,日子能过,功业难成。

左宗棠精勤耐劳远非常人可及。"……至耄年,精力不衰,虽兵间积苦,未尝以况瘁形于辞色。边塞苦寒,雪压行帐,惟拥绨布絮裘,据白木案,手披图籍,口授方略,自朝至于日中昃,不皇暇食,军事旁午,官书山积,亦必次第省治之,不稍休也"[2]。高才者贵乎勤,长勤者贵乎能,左宗棠才高识卓、勤能兼备,时势又恰好匹配,他凭个人雄厚的实力取得巨大成就,完全在情理之中。

明朝思想家吕坤著《呻吟语》,诲人淑世,道是:"大其心容天下之物,虚其心受天下之善,平其心论天下之事,潜其心观天下之理,定其心应天下之变。"[3]总而言之,胸怀先要广阔才行,心胸狭小必多窒碍,容人容物尚且困难,虚心、平心、潜心、定心便一概做不到。

通常,朴者易陋,刚者易狭。古代、近代湘贤多半朴素而刚强,他们以研习实学革其陋,以开拓心胸除其狭,为此所作的努力,肉眼可见,表现精彩之处,不仅有足观者,而且有可道者。

咸丰年间,曾国藩赠联给胡林翼,上联是"舍己从人,大贤之量",下联是"推心置腹,群彦所归"[4]。胡林翼当得起此联的称许,他有宰相的肚量,那些圭角森然的文武之士与胡林翼打交道,个个如沐春风,受其提携激励,人人如虎添翼。平时容得下,急时用得着,这功夫就轻易学不来了。同治五年(1866),曾国藩回复安徽按察使吴坤修:"阁下昔年短处在尖语快论,机锋四出,以是招谤取尤。今位望日隆,务须尊贤容众,取长舍短,扬善于公庭,而规过于私室,庶几人服其明而感其宽。"[5]吴坤修是才子性情,喜欢逞口舌之快,因此常不免招人骂,惹人

1《曾国藩全集》第24册,第64、73页,《致宋梦兰》《复宋梦兰》。

2 徐珂编撰:《清稗类钞》第7册,第3216、3217页,《左文襄絮裘木案》。

3 吕坤:《呻吟语》,学苑出版社1993年版,第111、112页,卷二,修身。

4《曾国藩全集》第14册,第106页,《赠胡润之宫保》。

5《曾国藩全集》第29册,第349页,《复吴坤修》。

恨，原先他做幕僚，做小官，有此缺点，尚无大碍，现在官居三品，就不可不多加检点。曾国藩劝导吴坤修"尊贤容众"，先要把好言语关，上司真能做到"扬善于公庭，而规过于私室"，下属无不"服其明而感其宽"。

黄兴度量恢宏，恒以其磁场吸引同志。革命党人谭人凤说："克强于交际间，有一种休休之容，蔼蔼之色，能令人一见倾心。余之加入同盟亦缘此点，是其平生最长之处也。"[1]谭人凤是著名的直肠子，评价良友，断无虚夸与厚诬之理。居高位者能容人只是起步，能用人才是进步，倘若容人有余而用人不足，其裨益势必大打折扣。

1 蔡伦被敬奉为纸神

算一算整个中国古代，总共有多少宫中宦侍从业者？恐怕要以百万计、千万计。其中有多少够分量的文学家、哲学家、发明家？极少极少，少到屈指可数的程度，肉体被阉割，精神难健全，这就是原因所在。为世界作出了巨大贡献而值得称道的人居然只有两个，一个是发明家蔡伦，另一个是航海家郑和。

东汉和帝时，蔡伦[2]转任中常侍，豫参帷幄，是皇帝的心腹内臣。"伦有才学，尽心敦慎，数犯严颜，匡弼得失。每至休沐，辄闭门绝宾，暴体田野。"东汉阉侍擅长胁迫皇帝，紊乱朝纲，作威作福，名声极臭。唐代诗人韩翃赋《寒食》诗，"日暮汉宫传蜡烛，轻烟散入五侯家"，可谓讽刺到位。蔡伦是个特别的例外，他"数犯严颜，匡弼得失"，无疑是宦侍中作风正派的好干部，具备悗直忠悃的品质。蔡伦度年假，方式

1《谭人凤集》，湖南人民出版社 2008 年版，第 319、320 页，《石叟牌词》之十二。这句话还有下半截："而其最短之处，则颇刚愎自是，不听人言，好恭维，其于同辈中能力胜己者，虽明知而不愿用。以故南政府之组织，如ці教仁者，则仅以法制局敷衍之，而汤化龙、汤芗铭、刘冠雄辈，反特邀拔擢。无怪乎誉满天下，而事业终不能成也。惜哉！"谭人凤评价孙中山亦极为直爽，毫无隐讳，《石叟牌词》之十九径言："中山本中国特出人物也，惜乎自负虽大而局量实小，立志虽坚而手段实劣……"《石叟牌词》之二十九斥黎元洪为"一无用之庸劣懦夫"，评价黄兴和宋教仁亦有保留："克强雄而不英，钝初英而不雄。"

2 蔡伦（约 62—121），字敬仲。湖南耒阳人。官至中常侍。

与众不同，一方面他很谨慎，闭门谢客，不与外官交接；另一方面他很勤劳，去田野中挥霍体力。"永元九年，监作秘剑及诸器械，莫不精工坚密，为后世法。"蔡伦是皇室工程师，监制过兵器和用具，他成为发明家绝对不是偶然的。当年，纸张尚未出现，对于清贫的书生而言，缣帛太贵，普通百姓使用不起；竹简太沉，文弱书生搬动不便。蔡伦具有创造性思维，做试验越受挫越来劲，最终他独出机杼，用树皮、麻头、破布、烂渔网这些容易找到的平凡材料造出了低成本的纸张。元兴元年（105），蔡伦将轻薄、白净、平整的纸张献给汉和帝刘肇，"帝善其能"，天下都称这类白纸为"蔡侯纸"。

元初元年（114），邓太后垂帘听政。因为宿卫时间长，蔡伦被册封为龙亭侯，食邑三百户。宫掖之间明争暗斗，十分激烈，蔡伦卷入较深。其靠山窦太后死后，安帝亲政，蔡伦曾与皇帝的祖母宋贵人有过节，积怨未解，至此案发，他不愿去面见廷尉，也不肯对簿公堂，为了免遭胥吏鞭笞的奇耻，便在家中妥妥地洗了个热水澡，理衣正冠，服毒自杀了。[1]

蔡伦被中国历代造纸工敬奉为纸神，他的事迹广为后人所知。美国学者麦克·哈特（Michael Hart）创建"影响人类历史进程的100名人排行榜"，蔡伦名列第7位。美国《时代》周刊公布"有史以来最佳发明家榜"，蔡伦同样榜上有名。

2 蒋琬解人缄默，容人批评

当初，蒋琬[2]随刘备入蜀，治理广都时，对本县公务不太上心、不够起劲，经常喝得醉醺醺，有点像"凤雏"庞统任耒阳令时的情形。刘备治蜀，对官员要求不仅严格，而且严厉，蒋琬的表现不佳，年终考核打差评，刘备决定拿他当反面典型，杀一儆百。孰料诸葛亮对这个未达

---

1 范晔：《后汉书》第9册，中华书局1965年版，第2513、2514页，卷七十八，列传第六十八。
2 蒋琬（？—246年），字公琰。湖南湘乡人。官至大将军、录尚书事。

标的公务员赞不绝口，他说："蒋琬，社稷之器，非百里之才也。其为政以安民为本，不以修饰为先，愿主公重加察之。"意思是，蒋琬是国家伟器，不是治理县政的小才，他能安民，从不作伪，请求刘备刀下留人，重新考察。

事实证明，诸葛亮看人准确。蒋琬具备军政才能，值得诸葛亮信任和倚重。"亮数外出，琬常足食足兵以相供给。亮每言：'公琰托志忠雅，当与吾共赞王业者也。'密表后主曰：'臣若不幸，后事宜以付琬。'"[1]

诸葛亮病故之后，蒋琬膺任蜀国大将军、录尚书事，位同丞相。他主政以柔不以猛，对内与民休息，对外转攻为守，真正造就了"边境无虞，邦家和一"的稳定局面，那段和平岁月堪称蜀国安定繁荣的黄金时期。

蒋琬具休休之容、恢恢之度，可谓雅量宏大，睿识精卓。《三国志·蒋琬传》给出了两个颇具说服力的例证：丞相府东曹掾杨戏沉默寡言，金口难开，蒋琬与之谈论公务，时常没个回音，有人指出杨戏的表现傲慢无礼，蒋琬却认为这恰恰是杨戏性情直爽、头脑聪明的地方：如果他随声附和，就会违背本意；如果他当众反对，就会使首长露拙。如果说杨戏是个闷葫芦，那么杨敏就是个大喇叭，这位督农竟斗胆批评蒋琬办事糊涂，能力远不如前人（诸葛亮）。下属当众恶议大将军，这还了得？主管者要逮捕杨敏，蒋琬却不准立案，他自承远不如贤相诸葛亮高明，对方的议论属实，何罪之有？后来杨敏犯事被抓，蒋琬并没有乘机修剪他的羽毛，甚至借故结果他的性命，杨敏得以轻判过关。

在大将军任内，蒋琬大度的表现非止一端，他包容正直之士和批评之声，马屁精和钻营者的官场份额被压缩到了最低限度，这是非常不容易的。都说"宰相肚里能撑船"，诚然，度量大是宰相的基本功。唐朝宰相李林甫口蜜腹剑、度量窄狭，他排斥异己，动辄打击报复，因此留下千古骂名。当然，正面典型不乏其人，蒋琬的表现就令人信服。

1　陈寿：《三国志》第 4 册，第 1057、1058 页，卷四十四，《蜀书》十四。

3 夏原吉具君子之度、长者之风

永乐年间，西域法王赴北京朝觐，明成祖朱棣要到郊外去远迎和慰劳，夏原吉认为此举逾越了皇家礼数，大可不必。朱棣从谏，选在便殿接见西域法王，要夏原吉行大礼，夏原吉不肯跪拜。朱棣微笑道："卿欲效韩愈乎？"韩愈排佛，谏阻唐宪宗李纯恭迎佛骨，是著名的案例。夏原吉只宗仰儒圣孔子，不窥旁门，不信左道，所以朱棣当众夸赞他，并未强迫他屈膝。西域法王在现场听见这样的君臣对话，不知作何感想。

据《明史·夏原吉传》记载："原吉有雅量，人莫能测其际。同列有善，即采纳之。或有小过，必为之掩覆。吏污所服金织赐衣。原吉曰：'勿怖，污可浣也。'又有污精微文书者，吏叩头请死。原吉不问，自入朝引咎，帝命易之。吕震尝倾原吉。震为子乞官，原吉以震在'靖难'时有守城功，为之请。平江伯陈瑄初亦恶原吉，原吉顾时时称瑄才。或问原吉：'量可学乎？'曰：'吾幼时，有犯未尝不怒。始忍于色，中忍于心，久则无可忍矣。'"[1]夏原吉的"忍字诀"值得一学。明朝文人陆文量还记录了一则轶闻，很有意思：夏原吉喜欢吃炒猪肝，有一天厨师特意烹制了这道菜，夏原吉浅尝辄止，整盘猪肝几乎原封未动；大家很奇怪，等夏公离席之后，便分而食之，这才发现厨师下盐太重，咸得入不了口。夏原吉大人有大量，不仅没有炒厨师的鱿鱼，而且没有一句责备。

夏原吉天性宽平，能做到"靡德不报，靡怨不释"，其君子之度、长者之风不难化敌为友，化怨成欢，得到朝野的普遍赞许。"始忍于色，中忍于心，久则无可忍矣"，这是夏原吉提升度量的十四字真经，可供天下智者学习和借鉴。

---

[1] 张廷玉等：《明史》第3册，第2228页，卷一百四十九。

4　陶澍鞠躬尽瘁，精勤不息

道光年间，官场风气如何？魏源对此有一个描述："渐摩既久，以推诿为明哲，以因袭为老成，以奉行虚文故事为得体。恶肩荷，恶更张，恶综核名实。"[1] 道光皇帝也不免感叹："无如世风日下，人心益浇，官不肯虚心察吏，吏不肯实意恤民，遇事则念及身家，行法则不计久远。朕所惧者在此，所恨者亦在此。欲求一堪膺重寄者，不可多得。"[2] 陶澍不仅务实勤政，而且锐于进取，勇于改革，恰好是道光皇帝心目中的"堪膺重寄者"，就算他大有作为，其表现仍不免被官场中的滑头们讥为"迂""躁"。

陶澍的女婿王师璞告诉左宗棠："公自扬历中外，所践更皆极烦剧之区，它人为之或不称。公经纪庶事，无巨细，皆公自裁决，事尽办。寻常章奏、批判以及宾朋题咏倡和简牍往复之作，公余皆自为之，不以属人，人亦无能代之者。暇或探纸作书，刻尽十数副。公尝语人：'吾岂欲名一艺耶，聊习吾勤耳。'凡所手书，岁可得百数十册，旋为人裹去，亦不自惜也。"左宗棠闻言感叹道："……盖惟勤也，则清明之气在躬，意念沉下而不为烦冗所绁。故古今之能任大事者必于其小事不苟，信之。"[3] 公务之余，陶澍的闲暇有限，但他吟诗唱和，写册页赠人，雅兴不减，并非矢志要成为诗人和书法家，而是为了习勤，以免怠惰。左宗棠深受陶澍影响，事必躬亲和小事不苟这两方面，他们都做到了极致。

陶澍可算深得主知，道光皇帝旻宁信任陶澍，将他安排在"天下财赋之地"，做了十余年的江苏巡抚、两江总督，御史许球、给事中鲍文淳等人"罗之絷之"，每到陶澍"无可措手"时，道光皇帝都会给予支持，表示信任，但他这样做是有条件的，陶澍必须更加精勤，在经济上

1《魏源集》上册，第328页，《太子太保两江总督陶文毅公神道碑铭》。
2《清实录》第35册，中华书局1986年版，《宣宗成皇帝实录》。
3《左宗棠全集》第13册，第247页，《陶文毅公诗话钞跋后》。

取得比以往更大的收益。道光六年（1826），陶澍在江苏巡抚任上积劳成疾，间有昏眩。道光皇帝看过他秋天递上的《附奏感受潮湿现患昏眩折子》后，御批中固然不乏褒赞之词，但更多的是鞭策，不肯让他休息，生怕他以患病为由放下手头的重活、苦活。上谕是这么批的："陶澍年力方盛，办事实心。前以江苏地方事务繁重，特加简调，深资倚任。上年该抚虽染时疾，闻已早就痊愈。现即小有不适，无难刻日医痊。第恐该抚于地方应办事务或有掣肘作难之处，不妨据实直陈。即或露章未便，亦当密折陈奏，断不可遽思引疾为推诿地步，有负责任。"[1]道光皇帝明知陶澍精勤能干，不待扬鞭自奋蹄，还要把他往死里用，恨不得榨干他的每一个脑细胞和每一滴汗水，拉磨的毛驴也比陶澍轻松。更令人吃惊的是，在两江总督任上，陶澍共受过四次严重处分，部议皆为"降级调用"，道光皇帝改为"降级留用"，以确保改革的连续性。[2]换个角度来看，道光皇帝又可算用人不疑，陶澍福分不浅。

两江总督辖三省，河、漕、兵、农、吏治、水利、海塘，事务繁剧甲于天下，陶澍还要兼管盐政，案牍堆积如山，"数载以来，心血耗罄"。道光十五年（1835）冬，陶澍进京觐圣，在京具奏《请仍复设两淮盐政折子》，道是盐务已有起色，两江总督事务繁冗，因兼顾盐政疲敝已极，恳请朝廷恢复两淮盐政的独立性，以专责成。倘若道光皇帝爱惜陶澍，肯定会批准这个建议，然而上谕中完全没有这层意思，恰恰相反，仍要陶澍肩起这面大鼓来打："陶澍来京陛见，朕连日召对，见其精神才具，结实周到。正当乘此盐务日有起色之时，实力整顿，悉心经理，无负责任，方不愧为国宣力之大臣。况两淮盐政裁撤未久，若如所奏，复还旧制，忽撤忽设，国家亦无此政体。所有该督奏请复设盐政之处，著不准行。"[3]在陶澍行状中，魏源写道："公自是不敢渎陈，鞅掌尽瘁，日不暇给，气血日匮，积劳成病。每遇夏秋，足疾辄发。"[4]劳臣不

1《陶澍全集》（修订版）第1册，第377页，《附奏感受潮湿现患昏眩折子》。

2 陈蒲清：《陶澍传》，第194页，附录五《陶澍所受的处分》。

3《陶澍全集》（修订版）第4册，第67页，《请仍复设两淮盐政折子》。

4《陶澍全集》（修订版）第8册，第363页，魏源《皇清诰授荣禄大夫太子少保晋赠太子太保敕祀贤良祠兵部尚书兼都察院右都御史江南江西总督管理盐政谥文毅陶公行状》。

好做，功臣也不好做，陶澍的能力超出其他官员一大截，皇帝对他的要求就越来越高，诛求就越来越多。"这种'杀鸡取卵'的做法，对陶澍个人来说，不过是少活了几年，但对于国家来说，损失却是不大好估量的。"[1]一语道破真相，确实令人唏嘘。

道光十七年（1837），清朝文学家姚莹以平格颂十七章贺陶澍六十寿诞，诗序有言："江南之大政有三，曰河、曰漕、曰盐。执政之大法有三，曰因、曰创、曰变。因者，守成宪以无弊为归；创，非大智不能；变，非大勇不敢。"[2]陶澍有大智大勇，辅以精勤，终成道光时期第一贤臣。可叹清王朝日益衰朽，陶澍耗尽心血，累死在两江总督的岗位上，救弊不暇，独木难支。

5　曾国藩维持家风以勤为先

曾国藩、曾国荃兄弟皆为封疆大臣、一品高官，兄封一等侯爵，弟封一等伯爵，可谓富贵已极，但曾国藩愿为世家，不愿为豪门。他完全按照世家的价值标准教诲子弟。世家勤而豪门逸，世家俭而豪门奢，因此世家恒久远，豪门易沉沦。他说："凡世家子弟衣食起居，无一不与寒士相同，庶可以成大器；若沾染富贵气习，则难望有成。"[3]曾国藩将祖训总结为八个字——"早、扫、考、宝、书、蔬、鱼、猪"，早起排在第一位，"未明求衣"（未天亮就起床）乃是头等要紧事，"一日之计在于晨，一生之计在于勤"，均非早起不可。

同治初年，曾国藩驻节安庆，欧阳夫人与大儿媳刘氏每天晚上有额定的功课要完成——纺纱四两，二更时分收工。她们完全可以养尊处优，偏要自食其力，这纯属家风使然。

同治七年（1868）五月二十四日，曾国藩为家中妇女制定一份功课单。翌日，他又附上十六字口诀："家勤则兴，人勤则健，能勤能俭，

---

1 陶今：《我的先祖陶澍》，第 421 页。
2 陶今：《我的先祖陶澍》，第 443 页。
3《曾国藩全集》第 21 册，第 27 页，《谕纪鸿》。

永不贫贱。"功课单的具体内容如下：

早饭后，做小菜点心酒酱之类。食事。每日验一次。

巳午刻，纺花或绩麻。衣事。三日验一次。

中饭后，做针黹刺绣之类。细工。五日验一次。

酉刻（过二更后），做男鞋女鞋或缝衣。粗工。每月验一次。[1]

谁来验收？当然是欧阳夫人，估计曾国藩制定这份功课单，已先与欧阳夫人有过商量。湘军大帅日理万机，还能腾出时间和心思来做这等细事，可见他维持勤俭的家风，不肯有丝毫马虎。

6 事无巨细，左宗棠躬亲决断

秦翰才著《左宗棠全传》，将左宗棠与诸葛亮作了一番纵向比较，找出五大共同点：一是淡泊，二是勤劳，三是忠贞，四是谨慎，五是廉洁。具体到勤劳，左宗棠"经事综物，夙兴夜寐"，事无巨细躬亲决断。大帅事必躬亲，古已有之，诸葛亮治军，二十军棍以上即亲理；左宗棠耐劳过细，有过之而无不及。

咸丰十年（1860）七月十七日，《郭嵩焘日记》中有一条动态："诣景乔一谈，询及季高军事。据言，营务巨细皆躬亲。在营一宿，见其处置一马夫，至于怒詈。移时，因戒之曰：'当君盛怒时，营官有他事须关白者皆不敢进。是故亲小事者，越职之过小，误事之过大，其弊一也。左右皆阿谀之言，而无匡拂之语，其视天下事，意若曰予既已知之矣，亦少虚心求益之实，其弊二也。'景老此言，深中高叟平生之短。"[2]左宗棠的二哥左宗植（字景乔），他到楚军大营住过一宿，恰巧见到左宗棠处罚一名马夫，至于喝斥怒骂，因此左宗植当面表明了两点担心：一是因小失大，由于顾及小事而耽误大事；二是刚愎自用，只听得进奉承话而听不进逆耳之言。左宗植性情直爽，这番忠告并没有贬低老弟才

1《曾宝荪回忆录 附崇德老人自订年谱》。曾纪芬《崇德老人自订年谱》，第15页。引用时稍有改动。

2《郭嵩焘全集》第8册，第342页，《郭嵩焘日记》。

能的意思，而是要他莫管小事，只管大事；莫听谀言，只听忠告。郭嵩
焘认为，左宗植指出的这两个缺点正是左宗棠平生的短板。其实未可易
言，亦不宜断言，左宗棠精力旺盛，细心周至，愈勤劳愈快活。同治二
年（1863），左宗棠赝任闽浙总督，"行营无一幕一吏足以代劳，军书、
吏牍皆一手经理"[1]，他总是以高标准衡量他人，能达到他要求的文员实不
多见。

7　刘锦棠采纳逆耳忠言

刘锦棠[2]是清朝首任新疆巡抚。每次吃饭，他必定与幕友们同桌。
他想要办什么棘手的事情，往往会自己挟着文牍，去跟幕友们商榷。独
断专行，刚愎自用，都不是他的一贯作风。

有一天，他说某事将奏告朝廷，幕友袁尧龄认为不妥，当即提出反
对意见："这件事是中丞职分内所应当做的，何必入告？"刘锦棠坦白
地说："借此可见我多所兴办。"袁尧龄不以为然，心里话便冲口而出：
"我向来认为中丞有贪念，由此可见，先前的判断是对的。凡是有贪念
的人不一定只爱钱，就是沽名钓誉，也可以叫作贪婪。"其他幕友面面
相觑，都腹诽袁尧龄的性情过于憨直，这种实话都能一吐为快，中丞的
面子往哪里搁？殊不知，刘锦棠认为袁尧龄的逆耳忠言很有道理，当即
欣然采纳，不以为忤。[3]

刘锦棠的气量令人佩服，可惜他英年劳损，堪堪中寿，雄才仅展
五六成。

1《左宗棠全集》第10册，第469页，《答江味根》。
2 刘锦棠（1844—1894），字毅斋。湖南湘乡人。官至新疆巡抚。谥襄勤。
3 易宗夔：《新世说》，第148页，《刘锦棠坦然受幕友非议》。

8 谭嗣同砺志坚苦，绳削谨严

谭嗣同[1]豪迈倜傥，是中国近代史上顶天立地的大丈夫、正气凛然的大英雄，其于精勤颇有过人之处。青少年时期，他就极限地淬炼自己的身心，寒窗苦读，自不待言，究天人之际，穷古今之变，于学无所不窥，对湖南先贤王夫之的学说尤为心折。他说："《华严经》五地菩萨，为利益众生，故世间技艺，靡不该习。所谓文字、算数、图书、印玺，地、水、火、风种种诸论，咸所通达，文笔、赞咏、歌舞、妓乐、戏笑、谈说，悉善其事。金刚藏菩萨说颂曰：'善知书数印等法，文词歌舞皆巧妙。'"他求新求变的心情急切，往往溢于言表："天以新为运，人以新为生。汤以日新为三省，孔以日新为盛德，川上逝者之叹，水哉水哉之取，惟日新故也。"他强调日新月异必须见诸行动，反省自己由于性急而未有所成："盖日新者，行之而后见，泛然言之，徒滋陈迹而已。……嗣同之纷扰，殆坐欲新而卒不能新，其故由性急而又不乐小成。不乐小成是其所长，性急是其所短。性急则欲速，欲速则躐等，欲速躐等则终无所得。不得已又顾而之它；又无所得，则又它顾；且失且徙，益徙益失。此其弊在不循其序，所以自纷自扰而无底止也。夫不已者日新之本体，循序者日新之实用，颇思以循序自救，而以不已赠足下，不已则必不主故常而日新矣。"[2]为了做到循序渐进，谭嗣同将自己每天的时间安排得严丝合缝，分配得点滴无遗，《日颂》一诗足见其精勤不辍："朝修止观，忘志矧气。饔而治事，无事书字。抑或演算，博诸工艺。日中体操，操已少愒。治事方股，否则诵肆。倦又钞写，抵飧斯既。遏此言笑，昏乃治事。中宵无文，磅礴惟意。"[3]由这份日课安排可见，谭嗣同朝夕不懈怠，晨昏不虚度，治事、习艺勤勉，学佛尤其用心，锻炼身体也不马虎。在书信中，他与沈小沂探讨天文物理，与刘淞芙谈论诗

---

1 谭嗣同（1865—1898），字复生，号壮飞。湖南浏阳人。官至军机章京。
2《谭嗣同全集》(增订本)，第2、3页，《报贝元徵书》。
3《谭嗣同全集》(增订本)，第287页，《日颂》。

词歌赋，他对新知充满好奇，对旧学也多有研讨。梁启超称赞道："君资性绝特，于学无所不窥，而以日新为宗旨，故无所沾滞；善能舍己从人，故其学日进。每十日不相见，则议论学识必有增长"[1]。谭嗣同砺志坚苦而绳削谨严，若非英年早逝，其成就将不可估量。

戊戌年（1898），谭嗣同在湖南创立延年会，"其命意在于省去无谓之应酬，以所省出之精力时候读书办事。谓计人寿命之修短，不以其年龄之多少，而以其作事之多少。如作事多则虽中年亦可云寿考，如作事少则虽耄耋亦可云夭亡。省去无谓之应酬，则人人可多办事，人人延年益寿矣"[2]。延年会的宗旨实则是两个字——精勤，古人称"仁者寿"，谭嗣同称"勤者寿"，这个观念新颖而健康。

9　齐白石一生作画不辍

齐白石初学绘画，已经二十七岁，修炼的不是童子功，也无妨，苏轼的老爹苏洵在这个年纪上始知发愤读书，照样名满天下，成为唐宋八大家之一。

当年，齐白石还叫齐璜。易恕孜撰《白石老人生平略记》，说是齐璜想拜本地名士、金石大家黎承礼（字薇荪，号鲸庵）为师，黎承礼有意测试他的诚心，以喝烟袋水为先决条件，烟袋水又臭又辣，齐璜竟一饮而尽。黎鲸庵对齐璜的坚毅精神赞赏有加，于是收他为徒，赠给他丁龙泓、黄小松的印谱，供他临摹、仿刻。

齐璜肯下苦功夫。有一天，他紧皱眉头，问好友铁安："我总刻不好，怎么办？"铁安给他开了个天底下最笨最拙的方子："南泉冲的础石，挑一担归，随刻随磨去，尽三四点心盒，都成石浆，就刻好了。"那么聪明的人，真就听从铁安指点，下够一番苦功夫、笨功夫，没有半点投机取巧的意思，直弄得满屋子水、满屋子泥，仿佛遭了泥石流灾害，没有一块干净地方。某日，同期学印的黎松庵（语言学家黎锦熙的

1《梁启超全集》第1卷，第233页，《殉难六烈士传·谭嗣同传》。
2《杨昌济集》第1册，第501、502页，《达化斋日记》甲寅年（1914）六月二日。

父亲）对齐璜说："濒生，我不学印了。"齐璜问他："为什么？"黎松庵回答："坏眼睛。"黎松庵从此辍学。后来，齐璜慨叹道："我当时的家境要是跟松庵一样好，也就没有今日了。"在艺术创造的起步阶段，可能真有一条"饱者死，饿者活"的规律吧。二十世纪初，毕加索在巴黎学画，只有面包加清水，更别提那位一辈子受憋屈、总共没吃过几顿饱饭、任何一种颜色都熊熊燃烧着饥饿感的荷兰大画家凡高了。

齐白石中年治印"白石山人"，以此名世，世称齐白石。他一生作画不辍，几乎没有节假日可言，唯有抗战期间滞留南京，听说母亲在家乡去世，悲伤不已，停工三天，写成一篇悼念文字。

老舍夫人胡絜青女士（与新凤霞一样，是白石老人晚年收下的女弟子）曾深有感慨地说："作家能著作等身，就算非常了不起了，至于白石老人，则要用'画作等屋'甚至'等楼'方足以形容。"

10 黄兴容人容物，顾全大局

当初，中国同盟会召开全体干事会议，确定会旗图案。黄兴建议使用井字旗，强调"平分地权"，孙文则主张沿用兴中会长期使用过的青天白日旗，两人固执己见，不肯妥协，直争得脸红脖子粗。黄兴激愤地说："以太阳为特征，这是效仿日本，一定要赶快毁了它！"孙文厉声抗辩："我在南洋时，有数万人托命于这面旗帜，你要废弃它，就先把我除名吧！"在公开场合，中国同盟会的两大巨头针尖对麦芒，互不相让，此事如何了结？黄兴急怒攻心，一度打算退会，甚至与孙文绝交。事后，他很快冷静下来，决定让步。为此他致书胡汉民，表明衷曲："名不必自我成，功不必自我立，其次亦功成而不居；先生何定须执著第一次起义之旗？然余今为党与大局，已勉强从先生意耳。"[1]革命阵营以团结为第一要义，中国同盟会由兴中会、华兴会和光复会等多个原本独立的政治团体组成，从内部夯实它，避免产生裂痕，乃当务之急。黄

1《胡汉民自传》，第36页，《十、使用青天白日旗之决定》。

兴率先行让步实为顾全大局，不仅"持义颇高"，而且彰显了他的气度和襟怀。

1907 年，日本政府接到清政府的外交照会，依循惯例，将革命者孙中山驱逐出境。但日本政府很精明，两头下注，外务省赠送程仪五千元，此外，东京股票商铃木久五郎馈赠一万元，孙中山一一笑纳。世上没有不透风的墙，当事人秘而不宣，记者却掘地三尺，揭诸报端。当时，章太炎正主编同盟会机关报《民报》，经费左支右绌，听说孙中山暗地里收下了日本人的"黑钱"，顿时气不打一处来。他撕下孙中山的画像，掷于地上，主张罢免孙中山同盟会总理之职，由黄兴继任。陶成章的表现尤为激烈，他起草《七省同盟会意见书》，历数孙中山十九条罪状，将排孙情绪煽至沸点和熔点，倒孙风潮至此近乎失控。

"倒孙风潮"形势逼人，革命阵营内部裂痕增大，黄兴苦口婆心，对章太炎、陶成章多方开解："如今革命风潮笼罩全国，清朝暴虐，变本加厉，万事莫如伐罪急、建国急，两公如求革命成功，万望对孙总理释除误会而信任之。"黄兴洞烛幽微，分析了日本政府的居心和用意：日本人见中国同盟会发展壮大，如受当头棒喝，日本政府希望窳败积弱的清王朝继续腐败，好从中获利，不愿革命者摧毁旧体制，建立新政权。日本这次驱逐孙中山出境，却又一反常态地馈赠程仪，违反外交惯例，是否别有居心，以糖衣毒药为饵，欲引发同盟会内讧，使之自行瓦解？诸位当有所警惕。黄兴好说歹说，总算拆除了这个一触即爆的"炸弹"。

武昌起义后，南方各省纷纷独立，革命党人要建立新政权，谁来担任中华民国的首任总统？当时意见并不统一，黄兴的呼声高，这是不争的事实。"时章炳麟、宋教仁已先在沪。章尝倡言若举总统，以功则黄兴，以才则宋教仁，以德则汪精卫，同志多病其妄。……然终以党人故，克强不敢夺首领之地位。"[1]孙中山难入章太炎的法眼，这当然有个人意气的成分在作怪。黄兴不想当总统候选人倒是事实，他推戴孙中山的决

1《胡汉民自传》，第 94、95 页，《二十六、从总理至沪转宁与襄助组织临时政府》。

心坚定，胡汉民说他"不敢"，则纯属一己之揣测，偏离了事实。

李书城是同盟会老会员，在武昌城与黄兴并肩战斗过，结下了深厚的友谊。据他回忆，1911 年 12 月底，黄兴拟赴南京组织中华民国临时政府，代行大元帅职务，但在行前一天他颇费踌躇，决定不去南京了，原因是孙中山正在回国途中，黄兴若不留在上海等船，而赴南京就职，将会令孙中山不快，引起党内同志猜疑。黄兴如此谨小慎微，乃是从大局出发，恐因小隙而生不快。

黄兴的可贵之处在于真诚。他曾说："我革命的动机，是在少时阅读太平天国杂史而起……但是又看到太平天国自金田起义之后，起初他们的兄弟颇知共济，故能席卷湖广，开基金陵。不幸得很，后来因为他们弟兄有了私心，互争权势，自相残杀，以致功败垂成。我读史至此，不觉气愤腾胸，为之顿足三叹。"[1] 他还剖白过心迹："盖束发读书以来，即知立志自爱，凡一切谋利禄、争权势与夫寡廉鲜耻、卑鄙阴贼之念，不待禁革，早能自绝于心，奔驰内外，固非一日，生平似已略有公论……"[2] 革命家有这样的良知，就不易腐化堕落了。

诚然，不争则不足以成为革命家，但真正的革命家有所争，必有所不争。他们为民众争人格、争自由，为国家争主权、争出路，可以拿身家性命去作殊死拼搏，这样的争往往能够见出他们的智略、胆魄和血性。至于其不争者，则是在同盟之内不争名，不争利，不争权。

1913 年 3 月，宋教仁被刺杀身亡，孙中山极力倡导"第二次革命"，黄兴考虑到南北实力悬殊，不主张贸然与北方交兵，两人意见有分歧，但他还是舍己从人、顾全大局，与章士钊去南京策动第八师起义，于 7 月 15 日发表讨袁通电："……兴一无能力，尚有心肝，此行如得死所，乃所尸祝。若赖我祖黄帝之灵，居敌忾同仇之后，天下从风，独夫寒胆，则兴之本志，惟在倒袁。民贼一去，兴即解甲归农，国中政事，悉让贤者，如存权利之想，神明殛之！"[3]

---

1 《黄兴集》，第 211、212 页，《与李贻燕等的谈话》。
2 《黄兴集》，第 142 页，《复袁祖成书》。
3 《黄兴集》，第 332、333 页，《讨袁通电》。

理想政治重道义、重原则，现实政治重权谋、重利益，孙中山屡遭挫折之后，开始选择现实政治。1914 年，孙中山为发起"第三次革命"，成立中华革命党，要求所有党员完全服从党魁的命令。对于新的党章内容，以及写誓约、按手印的做法，黄兴很难表示认同，他至死都倾心于理想政治。

当时，有一件事令黄兴很闹心。日本报纸揭载，黄兴在东京建造住宅，陈其美、戴天仇、居正等人听说后，向日本友人宫崎寅藏求证，后者回信"认以为有"，遂成为一大风波，这件事居然被视为黄兴卷款赴日的铁证，一时间谣诼满天飞。1914 年 5 月 29 日，孙中山致书黄兴，表示自己对银钱、房屋之类的事情"向不在意"，毕竟日本报纸也曾多次诬蔑过他贪占海外华侨的捐款，至于黄兴不肯加入中华革命党，他表示"敬佩而满足"。当时孙中山对黄兴确有不满之处，则是别的事情："弟有所求于兄者，则望兄让我干此第三次之事，限以二年为期，过此犹不成，兄可继续出而任事，弟当让兄独办。如弟幸而成功，则请兄出而任政治之事。此时弟决意一到战场，以遂生平之志，以试生平之学。今在筹备之中，有一极要之事求兄解决者，则望禁止兄之亲信部下，对于外人，自后切勿再言'中国军界俱是听黄先生之令，无人听孙文之令者。孙文所率者，不过一班之无知少年学生及无饭食之亡命耳'。此等流言，由兄部下言之，确确有据。此时虽无大碍，而他日事成，则不免生出反动之力。兄如能俯听弟言，竭力禁止，必可止也，则有赐于弟实多矣。"[1]

身为孙中山的畏友和净友，两天后，黄兴在回信中指出："若徒以人为治，慕袁氏之所为，窃恐功未成而人已攻其后，况更以权利相号召者乎？数月来，弟之不能赞成先生者以此。……惟先生欲弟让先生为第三次之革命，以二年为期，如过期不成，则让弟独办等语，弟窃思以后革命原求政治之改良，此乃个人之天职，非为一公司之权利可相让渡、可能包办者比，以后请先生勿以此相要。弟如有机会，当尽我责任为

1《孙中山全集》第 3 卷，第 88 页，《复黄兴函》一九一四年五月二十九日。

之，可断言与先生之进行决无妨碍。至云弟之亲信部下对于外人云云，弟自闻先生组织会时，即日希望先生日加改良，不愿先生反对自己所提倡之平等自由主义。弟并未私有所标帜以与先生异，故绝无'部下'名词之可言。若以南京同事者为言，皆属昔日之同志，不得谓之'部下'。今之往来弟处者，半多先生会内之人，言词之有无，弟不得而知，当可为先生转达之。"[1] 须知，在两年前，1912 年 5 月 22 日，黄兴致电袁世凯等人，已经解释过"忠"的意思："以忠言之，尽职之谓忠，非奴事一人之谓忠。古人所称上思利民，以死报国是也。"[2] 黄兴坚决反对个人崇拜和将个人权威凌驾于政党之上，因此他不肯加入中华革命党。

黄兴在东京造屋数间，确有其事，当初是由宫崎寅藏出的主意，在其旧友之屋旁增造，为的是减少租金，共费四千余元，由黄兴出售字画所得的收入冲抵。孰料此事被党内同志拿来大做文章，引发争议。黄兴回复宫崎寅藏时这样写道："分羹之说，既不忍出；燕居之好，亦不敢为。从此誓漫游世界一周，以益我智识，愿以积极手段改革支那政治，发挥我所素抱之平等自由主义，以与蟊贼人道者战。不偏执，不苟同，此弟所自信，并敢以告兄者。知我罪我，用待将来。"[3] 当时，同盟会老同志谭人凤奔走于孙、黄之间，极力促成团结的局面。黄兴从美国致书谭人凤等老战友，称赞他们的协作："……其办法以维持固有之党势入手，既与中山无所冲突，且有事时得与以助力，实为正大稳健之至。现在所谓革命党，其弊在不能统一。公等着意于此，将来救国目的必可达到。望诸公等持以毅力，不患事之无成也。"[4]

1914 年暮冬，黄兴离日赴美，一则休养，二则考察。行前饯别，孙中山盛赞黄兴是知行合一的革命家、山河再造的工程师，宴后以其亲手书写的联语相赠，"安危他日终须仗；甘苦来时要共尝"。既有"他日"，又有"来时"，在漫长的征途上，孙、黄二人志向一致，目标一

1《黄兴集》，第 357、358 页，《复孙中山书》一九一四年六月一日或二日。

2《黄兴集》，第 193 页，《致袁世凯等电》。

3《黄兴集》，第 355、356 页，《复宫崎寅藏书》。

4《黄兴集》，第 389 页，《复谭人凤等书》。

致，理应共休戚，同甘苦。革命家之间理应推诚相待，患难时如此，安乐时也如此。孙、黄为革命事业出生入死，恒多患难，鲜少安乐，患难时救死不暇，哪有闲空算计对方？以黄兴在权力面前无我无私、容人容物的性情而论，安乐之时，他也不会与孙中山争意气、攘权柄。

于国事蜩螗之际，黄兴若想做几笔政治投机买卖，完全可以发大财、升大官，甚至登上权力顶峰。1908 年 10 月间，清政府派大儒王先谦（黄兴早年就读于城南书院时的业师）居中说项，收买黄兴，许以要职湖广总督，他谢绝了。后来，黄兴被众人推戴为总统候选人，他又敬谢不敏。

黄兴敝屣权势，屡屡言退却难以抽身，纯属时势、时局使然。他直抒胸臆，"古人却向书中见，男子要为天下奇"[1]。他信守座右铭，"名不必自我成，功不必自我居"和"明其道，不计其功"。

章士钊与黄兴交情深，而且他不在党内，素无权力纠葛，他对黄兴的评论较为公允："吾弱冠涉世，交友遍天下，人有认为最难交者，吾都能与之保持始终。吾恃之论交之唯一武器，在'无争'二字。然持此以御克强，则顿失凭依，手无寸铁。何以言之？我以无争往，而彼之无争，尤先于我，大于我。……因而敢论定：天下最易交之友，莫如黄克强。又克强盛德大量，固不独对吾为然也；凡视天下之人，罔不如是。视天下之人且如是，何况首领。于是吾又敢议定：人若以克强不服中山相龃龉者，克强有灵，必且惶恐退避，而不作一语，使言者在克强之前，化为渺小无物，不知所裁。"[2]这番话讲透了一个意思：黄兴对谁都无争，都能容，对孙中山自然也不例外。

11 谭延闿智圆行圆肚量大

早年，谭延闿会试抢元，进士后又点中翰林，王先谦去谭家道贺，说是"老三当留馆学习"，谭延闿之父谭钟麟慨叹道："益翁，君不知三

1《黄兴集》，第 463 页，《为陈家鼐书联》。
2 田伏隆主编：《忆黄兴》，第 134、135 页，章士钊《与黄克强相交始末》。

儿绝谬，将来破吾家者，必此人也！"[1] 无论从哪方面看，谭延闿都不是败家子，寻常所谓"知子莫若父"，这回倒是显得有些不靠谱。

谭延闿的观念和主张既可谓之不新不旧，又可谓之亦新亦旧；他上下合辙，左右逢源，因此博得个"水晶球"的绰号。若按早期白话小说巧立名色的处置法，应称他为"琉璃蛋"或"油浸枇杷核"才对。

在清末官场，浙江人王文韶荣任军机大臣，"恒以聋自晦，为人透亮圆到，有'琉璃球'之目，遇事不持己见"[2]，直到张之洞等人极力主张废除科举考试，此公才明确表示反对，因而极得天下寒士之敬意欢心。湘人生性狷介，多的是"有头强方心强直"[3]的"棱角汉"，罕见智圆行亦圆的"圆人"，谭延闿却是个例外，他待人接物尽用谦恭圆活的套路，喜怒不形于辞色，"逐浪高复下，从风起还倒"，软操柔术出类拔萃，擅长四两拨千斤的太极功夫。

1917年，辫帅张勋在北京复辟，伪旨下达各省，谭延闿被授予湖南巡抚职。一时间，风向未定，形势不明，他当然不会急于表态。嗣后，有记者采访谭延闿，问他将如何对待"圣命"，谭延闿避实就虚，"连呼'滑稽、滑稽'不已"[4]。他究竟是指自己新授湖南巡抚这件事情滑稽，还是指记者提出的这个问题滑稽？怎么理解都可以，记者满头雾水，谭延闿已轻松敷衍过关。

圆活的人也有内忌与否之别，外宽内忌者口头抹蜜，心头挥刀，脚下使绊，谭延闿气度恢宏，有容有量，你骂他，他还夸你骂得好。

谭延闿做大寿，湘人张冥飞抱着"若批评无自由，则赞美无意义"的态度，撰写戏文冷嘲热讽，可谓全面抹黑："茶陵谭氏，五十其年，喝绍兴酒，打太极拳，好酒贪杯，大腹便便，投机取巧，废话连篇……堂亦钤山，写几笔严嵩之字；老宜长乐，做一生冯道之官。用人惟其才，老五之妻舅吕；内举不避亲，夫人之女婿袁……立德立

---

1 《李肖聃集》，第519页，《星庐笔记》。谭钟麟：晚清封疆大臣。

2 罗惇曧：《罗瘿公笔记选》，山西古籍出版社1997年版，第222页，《记废科举》。

3 陆龟蒙《奉酬袭美苦雨见寄》："……有头强方心强直，撑拄颓风不量力。自爱垂名野史中，宁论抱困荒城侧……"

4 陶菊隐：《政海轶闻》，第27页，《群犬争骨之现象》。

功，两无闻焉。"严嵩是明代奸臣，冯道是中国历史上唯一的十朝元老，侍奉五代十帝，是不折不扣的官场厚脸皮、不倒翁。旁人看了张冥飞的祝寿戏文都义愤填膺，谭延闿却拍案叫绝，称赞张冥飞是"奇才"。翌日，这位南京政府行政院院长发帖恭请张冥飞赴宴，待以上宾之礼，并且聘任张冥飞为行政院参议。如此一来，张冥飞且惭且愧，退回聘书时附言："士献箴，古有之；公大度，今所无。唯冥飞笔耕足以自活，聘书优俸，万不敢当，庶免涉文人无行，迹行敲索之嫌。大君子爱人以德，必能谅之。"谭延闿三招两式，就让辱骂他的人转过头来称赞他，这道行太深了。就算是要心机，能要到浑然天成之境，也没几人能够学得来。[1]

谭延闿除了被时人讥讽为八面玲珑的"水晶球"，还被民国元老胡汉民称赞为"药中甘草"。甘草有解毒之功效，可与百药配伍，彼此不起冲突，其别名为"国老"，这是将他比喻为三国时期的东吴名士乔玄那样的好好先生。

当年，有人抓住三位大人物的性格要点，巧作品评：吴佩孚"刚愎自用"，他听不进别人的意见；段祺瑞"刚愎他用"，他喜欢把权力下放给部属；谭延闿"柔愎自用"，他从不与上司和下属发生正面冲突，喜欢顺着别人的意思发言，结果别人总是遵照他的意见办事。

据阎幼甫《谭延闿的生平》所记，有一次，谭延闿与好友、名律师贝允昕[2]见面，寒暄时他照例询问对方近况如何，贝允昕的回答极其简洁，那就是："混。"谭延闿闻言大笑，赞叹道："此言绝妙！鱼龙混杂是混，仙女游戏也是混，混之为用大矣哉！可惜混世魔王程咬金、混江龙李俊混得粗野了些。若像《聊斋》上的马二混，混得多有意思啊！"谭延闿所说的"混之为用大矣哉"，顿时传遍长沙，远及京沪，成为当时官场中的处世金言。

曾国藩的人生哲学是"挺"，谭延闿的人生哲学是"混"，都是一字以蔽之。前者的"挺"近乎儒家的精进有为，难免累；后者的"混"近

1　李钟琴：《谭延闿大肚能容》，《教师博览》2012 年 11 期。
2　贝允昕（1865—1927），字元徵。湖南浏阳人。名律师。

乎道家的清静无为，很轻松。这就难怪了，曾国藩是吃苦的命，谭延闿是享福的人。

第二编　湖南人的功利境界

先人数步居阵首；

快意几回走极端。

——作者题记

一 偏离中轨，好走极端

　　蔡元培论及湖南人才，曾说："湖南人性质沈毅，守旧时固然守得很凶，趋新时也趋得很急。遇事能负责任，曾国藩说的'扎硬寨，打死仗'，确是湖南人的美德。但也有一部分的人似带点夸大、执拗的性质，是不可不注意的。"[1]胡适也有类似的看法："湖南人有一种怪性，新的时候特别新，旧的时候特别旧。"[2]所谓"怪性"实为特质。诚然，湖南人喜尚特立独行，作风泼辣霸蛮，行事不留余地，立言务尽己意，还特别喜好打头阵，立首功，偏离中轨，径走极端，往往令人莫名惊诧。

　　20世纪70年代末、80年代初，钟叔河主编"走向世界丛书"，他为郭嵩焘《伦敦与巴黎日记》撰写《引言》，论及湖南人的极端性，分析深刻到位："近代史上的湖南，在全国舞台上一直占有奇特而重要的位置：一方面以'保守'、'霸蛮'而出名，另一方面，又在各个时期都出了一些最大胆、最活跃的'开风气之先'的人物。这些人物在敌意的环境、尖锐的冲突里冒尖，以一种'异己'的精神面貌和惊世骇俗的言论行动，使得举国上下都为之侧目。甚至可以说，正是这种敌意的环境作育了不世出的才人，有如暗黑的冬夜将灿烂的明星反衬得更加夺目。"[3]梅不耐寒不凝香，蚌不忍痛不怀珠，人不疯魔不成活，乱世走不

1《蔡元培全集》第4册，第12页，《何谓文化》。沈毅：即沉毅。

2 1932年12月5日，胡适应邀在湖南大学做了题为《我们对新旧文化应取的途径》讲演，此言见于其演讲。王金华：《胡适仅有的一次来湘讲学》，《书屋》2021年11期。

3《郭嵩焘：伦敦与巴黎日记》，岳麓书社2008年版，《引言》第11页。

通中庸路线，走极端便是英雄豪杰唯一的选择，也是他们的宿命。想想看，连孔子都说过，"不得中行而与之，必也狂狷乎。狂者进取，狷者有所不为也"。狂狷恰恰是两个极端，可谓毫不含糊。

咸丰元年（1851）七月十二日，曾国藩撰联自箴，置于座右，文字出奇："不为圣贤，便为禽兽；莫问收获，但问耕耘。"[1] 截断中间，只剩两头，如此绝对化的道德观、价值观，可谓古今罕见。圣贤与禽兽的中间地带异常宽广，但曾国藩认为人生就是逆水行舟，若不奋力争抵上游，成为圣贤，就会仓皇退至下游，沦为禽兽，因此热血之士必须视平庸为恶，向圣贤看齐。对于这么极端的执见，儒生十之八九会产生畏葸心理，急于用孔氏药房特制的中庸药水给它彻底消毒。曾国藩长期走极端，"打掉牙和血吞"也好，"养活一团春意思，撑起两根穷骨头"也罢，极端拼，极端挺，非如此无法渡过难关。晚年，曾国藩为守成作出反拨，将"花未全开月未圆"喻为世间佳境，认定惜福之道、保泰之方莫精于此，但在他骨子里，"不为圣贤，便为禽兽"的定见从未更改过。要不然，他就不会至死仍感慨"败叶满山"，为自己学未完卷愧叹不休了。

光绪五年（1879）夏，郭嵩焘在日记中转述友人言，谈及湖南人好走极端："左季高才气一时无两，而喜极其才力之所至，竭情为之，不留余地处人，亦不留余地自处。凡事皆作到极尽处，非载福之资也。曾文正包孕万有，非其天资之果有余也，实成之于学力。声名富贵已极，而恢恢乎有余地以自存。独劫刚一变而为刻削，才望更远不及左季高，而行事喜推极尽处，先世之遗泽，有斫丧而无培植，其弊甚于左季高。"[2] 罗小垣称左宗棠、曾纪泽好走极端，认为曾国藩"恢恢乎有余地以自存"。这么看来，他认为曾国藩未走极端，留有余地，走极端的是左宗棠，走到极端之极端的是曾国藩的儿子曾纪泽。照此说来，湖南人好走极端，不仅大有争先恐后之慨，而且一代更比一代强。

纵观近代湘贤的所作所为，喜出大言，好走极端，似"湘西王"陈渠珍那样稳执中道的人少之又少。陈渠珍曾说："中是天命，即是至善

1《曾国藩全集》第 16 册，第 238 页。
2《郭嵩焘全集》第 11 册，第 132、133 页。

之性。天得了中，便可以定位。地得了中，便可以育物。人得了中，便可以正性。物得了中，便可以全生。所以，就宇宙来说，中是天地之大本，就人事说，中是天下之达道。"[1] 这位湘西王"允执厥中"，却是半路出家，你看看他的自传体小说《艽野尘梦》，他早年的经历全是走钢丝，与藏族少女西原的爱情狂野奔放之极，缠绵悱恻之致，那种爱情处于生死边缘，没有中间道路可走，没有平凡幸福可得，因此他们的惊世绝恋催人泪下。陈渠珍于稳持中道之前，在人生长路上已经走过极端，险些跨过了奈何桥。如此一来，他稳持中道，也可算是对于极端之回拨。

1 湘人曾经极度排外

英国传教士马歇尔·布朗荷曾经这样评价湖南："多年以来，它是大陆腹地中一座紧闭的城堡，因而也是一个无与匹敌的、特别引人注意的省份。中国的保守主义，以及对于所有外国事务的反感，都在这儿集中起来了。因此，这里不仅产生了中国最好的官吏和军队，也出现了对基督教的最激烈的攻击。不管别的省份采取什么态度，湖南仍然毫不容情。所以，在中国其他各省向传教士和商人开放很久以后，湖南人继续吹嘘没有一个外国人胆敢进入他们的省境。"[2]

1890 年，广东已有近五十座基督教堂，湖南没有一座；全国有一千多所教会学校，湖南没有一所。1897 年，传教士谔尔福途经长沙，在城中被学生和市民围堵，甚至有人向他乘坐的船只投掷石头和瓦片。长沙被洋人视为"铁门之城"，意即"拒绝西方文化洗礼"的地方。湖南人拒夷人反教会，废黜异端，尊崇正学，抵抗外来文化入侵，时时处处都铆足了吃奶的劲头。

湖南巡抚陈宝箴痛心地说："自咸丰以来，削平寇乱，名臣儒将，多出于湘，其民气之勇，士节之盛，实甲于天下。而恃其忠肝义胆，敌王所忾，不愿师他人之长，其义愤激烈之气，鄙夷不屑之心，亦以湘人

1《陈渠珍遗著》，湖南人民出版社 2008 年版，第 168 页，《军人良心论》。
2 周锡瑞：《改良与革命》，中华书局 1982 年版，第 39 页。

为最。"[1] 他主导创设南学会，"专以开浚知识、恢张能力、拓充公益为主义"，合众讲学，明道知耻。[2] 梁启超在《谭嗣同传》中揭示过湖南维新派设立南学会的初衷，"将合南部诸志士，联为一气，相与讲爱国之理，求救亡之法"。

　　曾国藩是近代洋务运动的领袖，同治十一年（1872）二月病逝于金陵，其子曾纪泽用新式轮船威靖号护送灵柩回乡，船抵长沙，绅士群聚而大哗。[3] 郭嵩焘是近代洋务运动的主将，光绪二年（1876）奉旨出使欧洲。这年秋天，参加乡试的数千儒生听信传言，以为郭嵩焘将引荐洋人到湖南开埠，遂齐聚省署公堂请愿，湖南巡抚王文韶（字夔石）百劝不灵。儒生不敢打砸奉旨兴修的机器局，便纵火焚毁郭嵩焘等人捐款倡修的上林古寺，追打该寺住持西枝，还扬言要将郭嵩焘的私宅付之一炬。[4] 王文韶居间起到很坏的作用。"王夔石以上林寺由我创修，闻其毁，大喜，急据之以为士气，从而嘉奖之。又令首府出示揭寺僧西枝之罪，驱逐拿办，为之扬其波；而于毁庙滋事、乘机纵掠之士民，一置不问。自是而民气之坏乃益不可支，至于动辄榜示，揭督抚司道之名，指斥为勾通洋人。蔑法玩上，导民于乱，而湖南乱机之动，至是而益烈。"[5] 从郭嵩焘的这段日记可以看出，一部分湖南人受到官方鼓励，敌视懂洋务的人，仇视办洋务的人，总是上纲上线、喊打喊杀，把他们当成汉奸、卖国贼对待，极端施压，制造紧张局势。对于此事，左宗棠多有了解，认为郭嵩焘"心醉欧美政治，渠意诚有所难忍，而小不忍，转足以招大辱"，这就有点不讲是非、专拉偏架了。李伯元对于湘中官绅"不讲彼中富强之原因，倾心服善，而徒虚张此等士气"不以为然，他质疑这种

---

1 朱寿朋编纂：《光绪朝东华录》第 4 册，中华书局 1984 年版，第 4051 页。

2 皮锡瑞：《师伏堂未刊日记》，湖南历史资料，1958（4），第 112 页。南学会第一次讲话时指出："以天下数万里之大，四万万之众，不得与欧洲诸国比，岂非吾辈之大耻乎？虽然，当耻我不如人，不当嫉人胜我。今湘见游历洋人，则群起噪逐之，抛掷瓦石殴辱之，甚欲戕其人而火其居，不思我政教不如彼，人才不如彼，富强不如彼，令行禁止不如彼，不能与彼争强于疆场之间，而欺一二旅人于堂室之内，变故既起，徒以上贻君父之忧，下为地方之祸，不更可耻之甚哉！"

3 朱克敬：《瞑庵杂识　瞑庵二识》，岳麓书社 1983 年版，第 100 页。

4 《王文韶日记》上册，中华书局 1989 年版，第 397 页。

5 《郭嵩焘：伦敦与巴黎日记》，第 995 页。

打人烧屋的做法"何足贵耶"[1]。

郭嵩焘多次在长沙遭受强刺激，对湖南的人心风俗评价偏低，以"嚣""猾""无理"为其三大特点，"动辄聚众狂逞""各省无此嚣也""各省无此猾也"[2]。郭嵩焘对那些做过头事的人说过头话，情有可原，但他一篙扫翻满船人，招致众怒就是大概率的事情。

2 曾氏兄弟互相成全

咸丰八年（1858）端午节，曾国藩致书胞弟曾国荃，其中一段文字耐人寻味："余在外未付银至家，实因初出之时，默立此誓；又于发州县信中以'不要钱不怕死'六字自明。不欲自欺其志，而令老父在家受尽窘迫、百计经营，至今以为深痛。弟之取与，与塔、罗、杨、彭、二李诸公相仿，有其不及，无或过也；尽可如此办理，不必多疑。"[3]曾国藩做到了"不要钱不怕死"，曾国荃只做到"不怕死"，在捞钱方面很有心思和手段。曾国藩对此并未严厉批评，倒是反省自己当初出来带兵，未给家中银钱，致使老父经营家计千难万苦，心中颇怀歉疚。

儒生以正心诚意格物致知修身齐家为基本功，齐家者必定顾家。曾氏家族的两大台柱子表现各有特色：曾国藩顾家，提供精神食粮，源源不断；曾国荃顾家，提供物质条件，绰绰有余。同治六年（1867）秋，曾国藩对幕僚赵烈文说过这样一番话：我亲戚和族人中贫困者甚多，尽管我始终未寄钱给妻子，但我毕竟在外做官，廉俸不薄，心中不免会有歉疚。所幸我家九弟手笔宽博，将我分内应做的事情，一概做完。谈话末了，曾国藩感叹道："渠得贪名而我偿素愿，皆意想所不到。"[4]曾国荃乐意照顾整个曾氏家族，视捞金为规定动作、挥金为自选动作，焉得不豪取钱财？为了让大哥唱好红脸，留下清名，以伟人、完人的光辉形象

---

1 李伯元：《南亭笔记》，第125页，《左文襄丑诋郭嵩焘》。

2 《郭嵩焘全集》第11册，第109页。

3 《曾国藩全集》第20册，第346页，《致沅弟》。

4 赵烈文：《能静居日记》第2册，第1107页。

取信于当世、后世，他不惜包揽贪名，专唱白脸。如此绝版老弟，可谓举世无双！曾国藩在家书中夸赞曾国荃："弟于家庭之际，可谓养生送死无憾，甚以为慰！"这句话实实在在，是一句由衷之言。两兄弟各走一个极端，居然能够互相成全，形成一个爱国爱家的逻辑闭环，真令人脑洞大开。

3 彭玉麟"不受官，不私财，不要命"

彭玉麟喜欢走极端，既有道德上的自持，也有原则上的自律。他半生回翔于文武两途，拗足心劲自订陡峭的"三不"原则——"不受官，不私财，不要命"。从古至今，强者的人生哲学有可能会轻松省略"良知"和"道义"这样的条目，但往往删除不了"权力"这个核心选项，强梁之所以乐为强梁，其得意处、快意处尽在"权力"二字的况味中。难怪有人百思不得其解，彭玉麟够威够力，为何他非要异调别弦？倘若质疑者肯更换眼光去打量，又会如何？噢，的确大不一样。"不受官"居然说得过去，彭玉麟授官必辞，决不尸位素餐。"不私财"同样说得过去，他从不贪图享受，哪怕住茅庐、嚼菜根，亦甘之如饴。彭玉麟意犹未尽，额外搭上一条"不要命"，这就令大家雾水满头、大惑不解了。

晚清名士阎敬铭不乐意做官，他曾在回复山东宁海知州张朝玮的信中说："笔墨也可作生涯，何必向纱帽中讨生活。弟万分不肖，不能效古圣贤之出处，何难效并世而生之彭雪琴！"阎敬铭认为彭玉麟"不受官"的行为固然高尚，但并非不可效法和超越，其自负之意溢于言表。光绪八年（1882），朝廷欲起用赋闲在家的阎敬铭为户部尚书，张之洞时任山西巡抚，他一向佩服阎敬铭，尊之为师，这次他担心阎敬铭坚辞不就，特意写信劝驾："闻公平日尝有言，谓彭雪琴尚能孤行己意，坚不任职，岂我遽出其下。果尔，则又过矣。彭公所为，以之厉俗则可，以为蹈道则不可，有识之士不无遗义焉。彭公是奇男子，明公是古大臣，畸行之与纯忠，恐难一致而语。"[1] 摆明了，张之洞这段文字有冷抑彭玉麟而热捧阎敬铭的意思，好让后者欣然出山。张之洞评定彭玉麟履行"三不"原则是"畸行"，畸行是脱俗、非凡的行为，可谓明褒暗贬。《文子·道原》说："矜伪以惑世，畸行以迷众，圣人不以为世俗。"可见儒家并不赞赏离群脱俗，特立独行。

先说"不受官"。晚清名士王闿运为彭玉麟撰写行状[2]，称赞"衡阳彭公"具备举世罕见的特质——"授官必辞"。行状中有一处点睛之笔："自此三十八年，诸将帅或官或罢，或先亡逝，唯公旦夕军中，未尝一日息，亦未尝一日官也。"三十八年，是如何计算的？彭玉麟于咸丰二年（1852）从军，于光绪十六年（1890）病逝，共计三十八年。

"未尝一日息"不难理解。同治六年（1867）中秋，赵烈文回访彭玉麟，两人久谈。"彭患血症及气虚，上息颇委顿，大非往日之态。坐三板战船夹帐，暴赤日中，酷暑殊甚。余劝之将息，彭曰天下方多故，恒恐一习便安，顺流之势不可复挽。余统水师十五年，未尝陆处，今虽疲，要有一死耳。人欲可畏，滩溜中不敢不勉强力争，庶免破舟失楫之患。"赵烈文仍多方劝导，希望彭玉麟"保身畜（蓄）德，期以济世"，并且委婉地批评他"以羔躯无大故而暴之炎日中"实非自处之道，有违"圣人慎疾，大贤不立岩墙之下"的明训。"彭逊谢，言行间一卒，不足轻重，君何过爱。"赵烈文闻言大受触动，"不觉怆然，闵默良久，归途殊不怡"[3]。彭玉麟自视为行伍间的老兵，虽患咯血症，却对自己的身体缺乏适度爱护，这令赵烈文心情沉重。

"未尝一日官"令人直犯嘀咕。只须稍微扫一眼彭玉麟的履历表，即可见到上面依次有湘军水师统领、安徽巡抚、兵部侍郎、漕运总督、署两江总督、长江巡阅使、兵部尚书等多项光鲜的官职，王闿运为何偏说彭玉麟"未尝一日官"？王闿运的意思可分为两层：其一，彭玉麟辞

1 吴剑杰编著：《张之洞年谱长编》上卷，上海交通大学出版社 2009 年版，第 72 页。
2《诰授光禄大夫太子少保兵部尚书详勇巴图鲁世袭一等轻车都尉钦差巡视长江水师赠太子太保衡阳彭公年七十有五行状》，由于官衔、爵位多，题目很长。
3 赵烈文：《能静居日记》第 2 册，第 1091、1092 页。

官态度坚决；其二，彭玉麟尽职尽责，但无官气、官派，从不要官威。

当年，朝野间众所周知，"彭雪琴拼命辞官，李少荃拼命做官"[1]。除开湘军水师统领和长江巡阅使二职外，安徽巡抚、漕运总督、署两江总督、兵部尚书均为地位显赫的一品、二品大官，别人求之不得，彭玉麟却弃之如同烫手的山芋，辞之再四。

咸丰十一年（1861），朝廷接受两江总督曾国藩的举荐，诏授彭玉麟安徽巡抚。后者上疏固辞不就："以臣起自戎行，久居战舰，草笠短衣，日与水勇、舵工驰逐于巨风恶浪之上。一旦身膺疆寄，进退百僚，问刑名不知，问钱谷不知，譬之跛者行生僻之路，其为颠蹶不待履蹈坎坷而后知也。且臣不学无术，褊急成性，十年江上，身受风湿，筋骨痛疼，心血亏损，善忘多病，更虞不胜重任。……督臣以向来无此体制，且辞不受命，迹近沽名，必获谴责。臣再四思维，与其勉强负荷，终贻误于国家，不若冒昧直陈，冀见原于君父。"[2]

这年冬天，两江总督曾国藩同意彭玉麟辞去安徽巡抚一职，他致书湖广总督官文，道出缘由："雪琴之辞皖抚，弟所以不再三阻止者，以私衷言之，渠久带水师，较有把握，若骤改陆路，招集新兵，恐致败挫，后功难图，前名易损；若不改陆路，断无长在船上为巡抚之理。以公事言之，长江上下数千里，水师船只近千号，非厚庵一人所能照料。万一贼匪再回窜江、鄂，杨、彭二公宜以一人驻湖北上游，以一人驻安庆下游，鄙意亦不欲雪琴去水而改陆。拟奏明听从雪琴辞去巡抚，仍带水师，以后但用巡抚体制专折奏事，却不办陆路军务，庶责任稍轻，公私两益。"[3]照曾国藩这么解说，彭玉麟的确不宜洗脚上岸。

此外，彭玉麟力辞安徽巡抚，另有隐情。当时，安庆城内遗留的太平军告示太刺目，彭玉麟命令安庆知府派人彻底铲除。过了约定期限，他骑马出署巡视，大街两旁固然弄干净了，但小街僻巷中仍有许多告示扎眼睛。彭玉麟见状大怒，立刻前往安庆府衙，要当众鞭笞那位失职的

1《凌霄一士随笔》第 1 册，第 245、246、247 页，《李鸿章拼命做官》。
2《彭玉麟集》上册，岳麓书社 2003 年版，第 2、3 页，《辞安徽巡抚请仍督水师剿贼折》。
3《曾国藩全集》第 24 册，第 603 页，《致官文》。

知府。谁知安庆知府竟是一条莽撞的硬汉，颇具"我的地盘我做主"的主人翁意识，当场拔出佩刀，刺向自己的顶头上司。变起仓促之间，彭玉麟大惊之余顿时冷静下来，骑马返回抚署，暂且避开恶知府的锋头。[1] 试想，要是这种事情发生在军营中，下级军官拔刀刺向统领，彭玉麟根本不必向朝廷汇报，可直接下令格杀勿论，谁也不会认为其做法不当，谁也不会追究其行为过激。然而地方官不同于军队统帅，巡抚奏劾之后，若未经刑部审议、朝廷批准，根本无权处置拔刀相向的知府，这就令彭玉麟特别窝火。翌日，他具折请求开缺，语意委婉：臣久历戎行，不谙吏治，请另委贤员，以免贻误大局。朝廷尊重彭玉麟的选择，任命他为长江水师提督，又恐武职不宜掌控局面，旋即改为兵部侍郎，仍旧统领湘军水师，归曾国藩节制。

同治三年（1864）夏，湘军攻克江宁，因为战功卓著，曾国藩、曾国荃兄弟获朝廷懋赏，一个获封侯爵，一个获封伯爵。彭玉麟驰书道贺，信中重申前约，从此解甲归田。七月二十五日，曾国藩回信，邀请彭玉麟至安庆把晤。信中说："阁下志抗浮云，敝跂轩冕，十年前已深知雅尚。待大局初定，长江水师位置就绪，即听阁下长揖还山，并将范少伯之高风代为详奏，断不强为羁留，致负宿约。"范少伯即范蠡，是功成身退的千古典范。然而曾大帅肯放人，朝廷却不肯放人，像彭玉麟这么能干的文武全才，朝廷既要重赏，也要重用。

同治四年（1865）二月，朝廷任命彭玉麟署理漕运总督。漕运，即水上运输；漕运总督掌管南北数省与京城之间的水运事务，兵权、利权双双在握，是地方上首屈一指的肥缺，许多人梦寐以求，苦于无法挨边，彭玉麟居然照辞不误，理由很简单：他不懂漕政，再加上性情褊急，很难与各方斡旋协调。

在清朝，官员获朝廷重寄，谦让原是通行的表面文章，这套标准化运作只须一道奏折全部做完，朝廷坚持成命，身膺重寄的高官服从组织安排，走马上任，即心安理得。倘若较真，非辞职不可，难免会有不识

---

1 李伯元：《南亭笔记》，第 188 页，《彭巡抚自劾》。

抬举之嫌，徒惹上峰不悦。彭玉麟辞官从来就不是虚晃一枪，而是真心实意，态度非常执拗。朝廷感到困惑，同级官员难以理解，甚至有人建议朝廷将他严厉处分。关键时刻，仍旧是曾国藩出面，向朝廷呈递《复陈彭玉麟不能赴漕督署任片》，认真解释："……查彭玉麟自咸丰三年初入臣营，坚与臣约，不愿服官。嗣后屡经奏保，无不力辞，每除一官，即具禀固请开缺。……咸丰十一年擢任安徽巡抚，三次疏辞，臣亦代为陈情一次，仰邀圣慈允准。此次钦奉恩旨署理漕运总督。该侍郎闻命悚惶，专折沥陈。……顷来金陵，具述积疾之深，再申开缺之请。臣相处日久，深知其勇于大义，淡于浮荣，不愿仕宦，系出至诚，未便强为阻止。且该侍郎久领水师，本于陆师不甚谙习。而失血旧病，亦不宜更膺重任。可否仰恳天恩，俯准另行简员署理漕运总督，免致彭玉麟再四固辞，贻误清淮、广东两处防务。出自圣裁。"[1] 既然辞职的理由如此充分，朝廷也就乐得体恤功臣。

曾国藩在奏折中所陈述的事实，与同治四年（1865）夏他回复彭玉麟的书信相互印证，更为具体。"顷奉安庆惠书，知阁下积年辛苦，迥异他人。在舢板小艇之中，受风霜烈日，虽金石亦将刓敝，而况血肉之躯乎！故近年力劝改住屋宇，无再以船为家，盖深虑病之一发而难支也。此次病虽在标，然非禀赋素厚，何能禁此风波！务祈即在皖城觅一精洁之室，安居调养，万不可再周旋于孤舟风涛之中，至嘱！至嘱！"[2] 彭玉麟长期住在船上，与水师官兵同甘共苦。他患有咯血症，病情不稳，以上岸居住为宜，所以曾国藩在信中劝彭玉麟暂离风涛，在安庆城内寻找一所精洁的房子，安心调养。湘军大将李续宜凤患咯血症，死于同治二年，仅录得四十一岁，曾国藩特别担心因病折损大将的事情会在彭玉麟身上重演。由此可见，彭玉麟辞官，主观、客观两方面都有原因。

同治七年（1868）夏，彭玉麟向朝廷呈上《请开缺回籍补守制折》，他不肯贪位、恋权、忘亲，请求解甲归田，为慈母守孝终制。他在奏折中恳切自陈道："臣素无声色之好、室家之乐，性尤不耽安逸。治军

1《曾国藩全集》第 8 册，第 279、280 页，《复陈彭玉麟不能赴漕督署任片》。
2《曾国藩全集》第 28 册，第 565、566 页，《复彭玉麟》。

十余年，未尝营一瓦之覆、一亩之殖，以庇妻子。身受重伤，积劳多疾，未尝请一日之假回籍调治。终年风涛矢石之中，虽甚病，未尝一日移居岸上，诚以亲服未终而从戎，坟墓久缺祭扫，每一念及，哽咽于怀。……臣尝闻，士大夫出处进退，关系风俗之盛衰。臣母丧未终，出而从戎，专以灭贼为志。今贼已灭而不归，近于贪位。长江既设水师提督，责有攸司。臣犹在此，似乎恋权。臣前奉安抚巡抚、漕运总督之命，自陈才力不逮，再三恳请开缺，迭奉恩谕有'诚实不欺''情辞恳切''出于至诚'之褒。今忽改易初心，恋恋官爵，则前此之辞疑于作伪。圣人三年之制，贤愚所同。若从军杀贼，犹可曰仰承亲心。今军事已终，仍不补行终制，涉于忘亲。四者有一焉，皆足以伤风败俗。夫天下之乱，不徒在盗贼之未平，而在士大夫之进无礼而退无义。伏惟皇上中兴大业，正宜扶树道教、整肃纲纪，以振起人心。臣岂敢稍犯不韪，以伤朝廷之雅化。况人之才力聪明，用久则竭，若不善藏其短，必致转失所长。"[1]这次朝廷爽快地批准了彭玉麟的请求，以保全忠臣的晚节末路。

同治十一年（1872），朝廷为彭玉麟"设例外之例"，别置长江巡阅使一职，"有事而非差，无官而有禄"，对他的器重非比寻常。

光绪七年（1881）秋，朝廷任命彭玉麟署理两江总督，并办理通商事务大臣，当时国防注重江海炮台，用大将镇守江海防务乃题中应有之义。这回，彭玉麟辞官，朝廷不允。于是彭玉麟以病体难支、"不敢受命者五也"为由辞去一半职分，这种变通的方式概括而言是这样的："炮台及兵轮江防皆臣专责。而两江地大政殷，臣不善理财，不习夷情，必多决裂，或生衅隙。"[2]于是朝廷准其所请，以左宗棠代替彭玉麟实授两江总督，彭玉麟督办江海防务如故。

光绪九年（1883）春，彭玉麟呈递《辞兵部尚书折》，折中要点如下："臣虽巡阅江海之防，究皆仅治其末，而未能治其本，日夜疚心，深虞罪戾。即此侍郎，虚声已觉忝窃，清夜惭惶。若复加官进秩，岂不致朝廷有滥赏之愆？左右思维，功既不足以掩罪，何敢复饰罪以为功；

1《彭玉麟集》上册，第227、228页，《请开缺回籍补守制折》。
2 王闿运：《湘绮楼诗文集》，第331页，《彭公年七十有五行状》。

才既不足以当官，何敢复受官以溺职；病既不足以履任，何敢复虚职任以忝荣名。……且兵部绾天下之军政，尚书总一部之纪纲，岂可以微臣朽材，旷国家之官守，更贻误于将来？"[1]彭玉麟严于律己，不肯做坏榜样，其扬长避短的初衷和出发点甚好，因此彭玉麟辞官，从未招致朝廷的不满和指责。

别人想当官，不得其门而入，彭玉麟却连兵部尚书这样高的官职都要辞掉，着实让常人难以理解。晚清名家盛昱一向以清正睿智著称于朝野，竟然也怀疑彭玉麟授官必辞是"抗诏鸣高"，结果落下"浅测"之讥，老大无趣。彭玉麟重职分而不重职位，不恋栈，不贪钱，这个事实无人可以推翻它。

曾国藩对老部下个个了如指掌，他认为彭玉麟屡屡辞官的原因可由一个"慎"字包圆，这个说法见于曾国藩撰写的《衡阳彭氏谱序》："君子慎度身世，信诸心，则蒙大难、决大计而不惧；未信诸心，则虽坦途而不肯轻试。其于临文，亦若是焉可耳。衡阳彭雪琴侍郎以诸生从戎，十有三载，肃清长江，克名城以百计，殄巨憝于金陵。当其提挈饥军，出入锋镝，誓不与此贼同戴三光，天下称为烈士。及夫勋劳日著，朝廷授为安徽巡抚，授为漕运总督，皆屡疏固辞不拜，退然若漆雕之内不自信，卒不轻于一试，又何慎也！"[2]曾国藩认为，彭玉麟辞官坚决，是因为他特别慎重，不肯轻于一试，担心覆悚泼汤。

近代学者方宗诚对于彭玉麟辞官的心理有个探秘："彭雪琴宫保自治水军十余年，既肃清长江，遂辞官归，建宗祠，立义塾，修族谱，亦不为家人生产计者，真奇伟人也。宫保尝属为草疏告假，谓予曰：'人有十分功，受五分赐，留其有余，极好。十分功即受十分赐，已为过分，况功小禄厚，岂不遭造物忌邪？'又曰：'人之才分有限，精力有盛衰，故当自量其才与精力，如未可再当重任，即当求退，不可误国家大事，而朝廷用人，亦须善于保全，不可过加事任于精力已衰之功臣，

1《彭玉麟集》上册，第 345 页，《辞兵部尚书折》。

2《曾国藩全集》第 14 册，第 211 页，《衡阳彭氏谱序》。

以全其晚节也。'"[1] 方宗诚言之有理,凡事应该留有余地。功臣不应贪赏,精力衰耗之后,须量力而行,以免偾事和误国。朝廷保全功臣的晚节,令其全始全终,也不宜给高龄功臣压重担,必须视其精力之盛衰而区别对待。

民国掌故大家徐凌霄沿着曾国藩所说的"慎"再向前推,提出合理的观点,值得参考:"玉麟性刚下,不愿服官,屡辞疆寄,或疑其矫,然实善藏其短,得自处之道,徒以高尚称之者,亦未为深知也。"[2] 徐凌霄认为彭玉麟屡屡辞官,本意并非要矫高节以惊俗子,而是为了避短扬长,也就是说,彭玉麟不喜欢也不擅长主持行政工作,他不做封疆大臣,不做兵部尚书,就可以避开政府案牍之繁缛。这个解读更具说服力。

再说"不私财"。彭玉麟并非守财奴,几千几万两的俸银、赏银和养廉银随手而尽,一部分用于周济穷困的亲友,补恤伤亡的部下;另一部分则用于赞助公益事业,光是独资改建船山书院一项,彭玉麟就出银一万二千两。此外,助建衡清试馆,出银一万两;助建育婴堂,出银二千两;助王闿运重修《衡阳县志》,出银五千两;多地建造纪念湘军将士的昭忠祠,他都慷慨解囊,乐于捐款。彭玉麟舍得花钱,他经商的弟弟彭玉麒也舍得花钱,兄弟俩共计散银近百万两,绝大多数花费在公益事业的"刀刃"上。彭玉麟从不攀结朝廷中的强援,因此那些高居庙堂之上的大佬生前死后想得到他的一封私信和十两赙银都难上加难。同治十二年(1873),彭玉麟重获起用,受命巡江,他向朝廷奏报:"至于巡江公费,臣素行省俭,轻舟减从,用费无多。前于八年交卸长江水师兵符回籍时,余有闲款。臣以寒士始,愿以寒士归,未敢携带分文……"[3] 彭玉麟如此"不私财",令人印象深刻。

最后说"不要命"。彭玉麟是湘军水师统领,作战勇猛,往往身先士卒,他在长江上右手右腿受过炮伤,与死神擦肩而过。水师中多猛将,彭玉麟乃是猛将之中的佼佼者。攻打江西石钟山时,敌方火力网几

---

1 方宗诚:《柏堂师友言行记》,卷三。
2 《凌霄一士随笔》第 5 册,第 1665、1666 页,《彭玉麟与曾国藩相得》。
3 《彭玉麟集》上册,第 250、251 页,《奏报巡江并定每年巡阅章程折》。

乎密不透风，部下劝他撤退，他说："今日固死日也，义不令士卒独死，亦不令怯者独生矣！"此言掷地有声，彭玉麟屹立船头，将士有进无退，抱必死之心者未必死，怀偷生之念者未必生，鏖战之际尤其如此。如果说彭玉麟指挥水师作战属于被动的"不要命"，那么他还多次表现过主动的"不要命"。

咸丰五年（1855）七月，内湖水师协同陆军进攻湖口，主将萧捷三中炮身亡，此后又陆续丧失了二十一条战船。一时间，内湖水师群龙无首。彭玉麟自湖北武穴养伤后回到了衡阳，曾国藩急迫之下召他返回大营。当时，敌军已占领江西袁州、瑞州，彭玉麟被阻挡在南康，水路不通，他就决定走陆路。"……四五百里行旅相戒，惟通寇者乃得达。玉麟敝衣徒步往，从者数人，行二三日，皆惧不进。欲上取赣则吉安亦陷，非从广东、闽、浙不可至南昌。玉麟谢去从者，伪为游学乞食，经寇关卡数十，寇无觉者。至南昌城门，诃禁之，问其实，报院司，皆大惊怪。军中闻其至，气自倍。"[1]彭玉麟冒险长途穿越敌占区，有时假扮为游学的塾师，有时假扮为乞食的流浪汉，居然混过了数十道关卡，面对诘询，单靠"不要命"的勇气可不行，还得有顶好的演技才能应变裕如。倘若他拿不出影帝级别的表现，迟早会露出破绽来，被捕即挨刀，可是没得任何退路可言。

及至光绪九年（1883），中法战事燃眉灼睫。彭玉麟年近古稀，蛰居衡阳退省庵养病，但他奉诏即行，以兵部尚书衔领钦差大臣，赴粤督师。十月初十日，他从衡阳启程，单骑入粤，十一月初四抵达羊城。在《奏报赴粤部署大略折》中，彭玉麟明确表态："臣一息尚存，断不敢因病推诿，遵即力疾遄征，以身报国，毕臣素志。"嗣后，他赋组诗《续从征草》，放出豪言："得子始甘离虎穴，探珠直欲捣龙窝。""将军报国头甘断，壮士从军胆亦雄。"彭玉麟在六十八岁高龄仍乐于头白临边，拣个烫手的山芋牢牢抓住，他就不怕一世英名毁于一旦？原因说来简单，却并不简单："盖公于通商约和，积愤久，每思一当敌，以死泄其

1 王闿运：《湘绮楼诗文集》，第 663、664 页，《湘军志·水师篇弟六》。

怒。"[1] 这就是说，彭玉麟对于丧权辱国的"和议"切齿痛恨，这次策马南行，他已准备豁出老命，将一腔英雄热血挥洒在南疆。

4 易顺鼎好色如狂不怕死

近代诗歌王子易顺鼎[2] 以惊才绝艳为人所注目，可谓"词源倒流三峡水，笔阵独扫千人军"。湖广总督张之洞不轻许诗人，但他总评易顺鼎的《庐山诗录》，揄扬备至，不乏溢美之词："此卷诗环伟绝特，如神龙金翅，光彩飞腾，而复有深湛之思，佛法所谓真实不虚，而神通具足者也。有数首颇似杜韩，亦或似苏，较作者以前诗境，益臻超诣，信乎才过万人者矣。"[3] 能让张之洞这样不吝其词地奖誉，易顺鼎名满天下便理所应当。其后不久，他被张之洞聘至两湖书院主持经史讲席，还成了张之洞的记名弟子。

易顺鼎写诗不费力，作死更用心，他对美的、奇的、壮的、勇的、野的、豪的、逸的、雅的名号悉数无感，偏生要铆足吃奶的劲头，循着暗黑思路给自己取一个凄清的别号"哭庵"，令人悚然惊诧。

何故如此？易顺鼎的解说披胸见臆："人生必备三副热泪，一哭天下大事不可为，二哭文章不遇识者，三哭从来沦落不遇佳人。此三副泪绝非小儿女惺忪作态者可比，惟大英雄方能得其中至味。"[4] 明末姑苏才子汤卿谋留下的"原始录音"值得一听："人生不可不储三副痛泪：一副哭天下大事不可为，一副哭文章不遇识者，一副哭从来沦落不偶佳人。"[5] 易顺鼎稍加改造，化为己有。

易顺鼎自号"哭庵"，王闿运始终不以为然。他为此专门驰书劝诫："知复有江湖之游，有一语奉劝，必不可称哭庵。上事君相，下对吏民，

---

1 王闿运：《湘绮楼诗文集》，第 332 页，《彭公年七十有五行状》。

2 易顺鼎（1858—1920），字实甫，号哭庵。湖南汉寿人。官至北洋政府印铸局帮办参事。

3 《傅熊湘集》，湖南人民出版社 2010 年版，第 475 页，《易实甫》。

4 王森然：《近代名家评传》（二集），第 98 页，《易顺鼎先生评传》。

5 《尤侗集》上册，上海古籍出版社 2015 年版，第 232 页，《西堂杂俎》二集卷六，《汤卿谋小传》。

行住坐卧，何以为名？臣子披昌，不当至此。所谓可惜函楼无板凳者，此之谓也。若遂隐而死，朝夕哭可矣。且事非一哭可了，况又不哭而冒充哭乎？"[1] 而这一世间奇葩，岂肯听从老夫子规劝？

相比明末遗民屈大均自号"死庵"，明末清初诗人尤侗自号"悔庵"，清初学者戴名世自号"忧庵"，清初学者杨甲仁自号"愧庵"，晚清状元王仁堪自号"忍庵"，易顺鼎照猫画虎，自号"哭庵"，近乎无病呻吟。清朝咸丰、同治年间，四川忠州书生李士棻是个不折不扣的好哭佬，久居曾国藩戎幕，曾大帅戏称他为"李文哀公"，一时间传为笑谈。好哭亦能成名，真令人脑洞大开。

长篇小说《孽海花》第三十五回中有个叫叶笑庵的人物，即以易顺鼎为原型。作者曾朴借庄立人之口大讲叶笑庵的笑话：一是他多疑善妒，美貌柔顺的夫人回娘家，他居然下令把轿子的四面蒙得黑腾腾的，径直将轿子抬进娘家的内堂去，生怕男人打量她的姿色。二是他心狠手辣，大冬天毒打姨太太，把她剥得赤条条，撂在雪地里，眼看快要冻死了，夫人出面施救，他又迁怒于夫人，剥去她的上衣，揿在板凳上，打她一百皮鞭。结果夫人与他彻底翻脸，回娘家后不再理他。叶笑庵不消停，娶回名妓花翠琴顶缺。有道是一物降一物，花翠琴小试牛刀，就将叶笑庵整治得服服帖帖，百炼钢化作绕指柔。

易顺鼎坦承他有两大癖好，一为山水，二为女色。其山水诗光怪陆离，多非凡品；其艳情诗露骨煽情，屡遭诟病，甚至被卫道士斥为伤风败俗的诲淫之作。哭庵好色，堪称痴醉癫狂，金樽檀板，舞袖歌扇，到处留情，虽老姿婆婆，兴犹非浅。他喜爱观剧捧角，常与樊增祥等同好去各大戏园子选色征歌，比之当今追星族，有过之而无不及。此辈名士衰翁，喧哗跳踉，得意忘形，仿佛吃下催情药，焕发第二春。易顺鼎有《秋作》一首，泄漏晚年的风流消息："旗亭说梦一衰翁，说梦谁复在梦中？才替荷花作生日，又看梧叶落秋风。骚从览揆庚寅始，诗自编年甲子终。还共少年贪把臂，真成临老入花丛。"[2] 其侧帽癫狂之态，由此可

1　王闿运：《湘绮楼诗文集》，第 839 页，《与易世兄》。
2　王森然：《近代名家评传》二集，第 122 页，《易顺鼎先生评传》。

见一斑。

易顺鼎赋诗《十伶谣》，足见其多情博爱："能愁我者梅兰芳，能醉我者贾璧云。能瘦我者王克琴，能杀我者小菊芬。能眩我者金玉兰，能娱我者孙一清。能温我者小菊处，能亲我者小香水。能恼我者小玉喜，能活我者冯凤喜。凤喜凤喜汝何人，天桥桥头女乐子。"后来，易顺鼎迷恋刘喜奎，常与罗瘿公、沈宗畸等戏友去这位名伶家中做客，以博美人一粲为快。每次登门，他必定狂呼："我的亲娘，我又来了！"诗人刘成禺以此为调侃的题材，吟诗一首："骡马街南刘二家，白头诗客戏生涯。入门脱帽狂呼母，天女嫣然一散花。"[1]刘喜奎称易顺鼎为干爹，两相抵消，还拜他为师，学习吟诗作文。易顺鼎仿照陶渊明《闲情赋》中"十愿"作艳体诗"七愿"，露骨亵渎，欲达极致，反落下乘（谓之下流亦不为过），斯文扫地以尽。刘喜奎堪称奇女子，她发誓："非得上马杀贼、下马草露布、光明磊落、天真烂漫之好男儿而夫之，宁终身不嫁。"[2]易顺鼎根本就没有可能一亲芳泽。

民国初年，鲜灵芝与刘喜奎各树一帜，鲜灵芝在广德楼，刘喜奎在三庆园，争巧竞妍，比拼声色之美，几十个回合下来，刘喜奎被一群色魔纠缠不休，迫不得已，悄然隐去，从此鲜灵芝独擅胜场，一时无人可与争锋。易顺鼎创作了多首诗歌称赞其演出盛况，《鲜灵芝曲》结尾数句活生生描绘出他的癫态狂形："我来喝采殊他法，但道丁灵芝可杀。丧尽良心害世人，占来琐骨欺菩萨。柔乡拼让与丁郎，我已无心老是乡。天公不断生尤物，莫恨丁郎恨玉皇。"[3]易顺鼎垂涎吃醋，对鲜灵芝的丈夫丁剑云（艺名丁灵芝）掀髯讨伐，可谓穷形极相。

有一次，鲜灵芝在台上演《小放牛》，小丑指着她叫道："你真是装龙像龙，装凤像凤。"易顺鼎坐在前排，闻言一跃而起，放声高呼："我有妙对，诸君静听：我愿她嫁狗随狗，嫁鸡随鸡。"观众哄堂大笑。那段时间，易顺鼎写诗首首必及鲜灵芝，好比俗语所谓"阵阵不

---

1 刘成禺：《洪宪纪事诗本事簿注》，山西古籍出版社1997年版，第215页，《刘喜奎》。

2 刘成禺：《洪宪纪事诗本事簿注》，第221页，《刘喜奎》。

3 易顺鼎：《琴志楼诗集》下册，上海古籍出版社2004年版，第1426页，《鲜灵芝曲》。

离穆桂英"。

易顺鼎认为，薄命的美人最可怜，最值得有心人为她们痛哭落泪。他长期以怡红公子自命，将一班美貌金嗓的女伶视为大观园众姐妹。他作诗《数斗血歌为诸女伶作》，愿为众妹呕血牺牲，此诗腾于众口，传诵一时。诗中对名伶金玉兰赞誉极高："金玉兰，我曾见其演《新安驿》，北方佳人真玉立，明眸巧笑俱无匹，浩态狂香皆第一。风流放诞定与文君同，玉体横陈堪夺小怜席。能破阳城十万家，还倾下蔡三千邑。"[1]他偶然得知金玉兰姓张，祖籍直隶南皮，与先师张之洞同姓同籍，遂于人前称金玉兰为"张南皮"。哭庵对人说："我看见玉兰，就仿佛看见了文襄（张之洞谥文襄）先师，假如能让我跟她晤言一室之内，哪怕是当场给她磕三个响头，我也在所不惜！"这想法简直将哭庵魔魇住了，于是他用重金贿赂金玉兰的干爹许玉田，再三哀恳，许玉田勉强应承为他安排。殊不知金玉兰具有一般女伶所不易具备的贞清品质，将趋之若鹜的好色之徒一概拒之门外。易顺鼎名声狼藉，自然更属于她轻蔑的首选对象。许玉田受人钱财，替人消灾，答应略施小计：由他创造时机，让易顺鼎与金玉兰无意间撞见，然后再婉转陈词，疏通款曲，大抵不会惹怒美人。易顺鼎闻言，拊掌大喜。数日后，他身着盛装，依约拜访许玉田，醉翁之意不在酒，在乎"美味玉兰片"也。讵料金玉兰一听"易实甫"三字，顿时怒火攻心，詈骂不止，迅疾转身返回闺房，再也不肯出来。如此场面，如此结局，哭庵既丢脸，又扫兴，唯有自恨无缘。此后，金玉兰回乡省亲，正逢党狱兴起，直隶一地捕杀多人，传闻金玉兰也被捎带入案，惨遭枪决。哭庵悲愤莫名，无以自解，写诗抗议道："天原不许生尤物，世竟公然杀美人！"感伤不已，委顿数日，易顺鼎才知这条噩耗纯属误传，又不禁癫喜万分，仿佛杜甫听说官军收复蓟北，"漫卷诗书喜欲狂"。金玉兰感染白喉病逝世，年仅二十六岁，尚是云英未嫁之身。易顺鼎时任印铸局帮办，接罗瘿公来电，顿时如丧考妣，昏厥倒地。玉兰尚未装殓，易顺鼎坚请抚尸一哭，玉兰家人再三挡

---

[1] 易顺鼎：《琴志楼诗集》下册，第 1275、1276 页，《数斗血歌为诸女伶作》。

驾，但见他哭得惊天动地、昏天黑地，不得已，就应允了他这个不合情理的请求。易顺鼎进入内室，紧抱玉兰的寒尸，大放悲声，泪如雨下，丝毫不低于当年哭母的水准。他体质虚弱，竟因此染上重病，险些一命呜呼。金玉兰发丧时，易顺鼎力疾前往，扶棺志哀。当时报上有诗记此事："如此兰花竟委地，满座来宾皆掩泣。座中泣声谁最高？樊山实甫两名士。"同调者啸泉撰文激其颓波："……闻易哭庵先生，亦感玉碎于须臾，悼兰摧于俄顷，曾演《双吊孝》之活剧，入芝兰之室，号咷而痛哭焉。噫！钟情之甚，不觉过于悲痛耶？然而泣尽眼中之泪，难回既逝之魂，抑或借金玉兰以自哭耶？伤心人别有怀抱，吾于易先生之哭有同情矣。"[1] 易顺鼎赋诗悼挽金玉兰，悲痛溢于言表："位比花王称武艳，籍同修县附文襄。美人短命真为福，女子多才定不祥。谥拟圣贤贞与孝，还诸天地色兼香。伤心痛哭休嗤我，试问何人不断肠？"[2]

易顺鼎怜才好色，出于天性，至老而不衰。诗友樊增祥取笑他"贪财，好色，不怕死"，又有促狭鬼将三事并为两案：一为"贪财"，二为"好色不怕死"。说哭庵"贪财"，是因为他每月各项收入相加约摸有五百块光洋（民国初年，市井细民人均月收入不足十元），却常在人前人后哭穷，总说自己没钱刻诗集。他在诗中为此辩解过："樊山又有诗，谓我贪财好色不怕死。谓我好色不怕死，诚哉乃我之知己，不知贪财何所指。他人视钱如性命，倾身障篅家家是。我无一钱人共知，展转沟壑将饿死。典衣买醉尚挥金，未向陶胡奴乞米。人言樊山颇多财，我亦未假盖于彼。不知人贪抑我贪，此语一笑置之斯可矣。"[3] 易顺鼎"好色不怕死"，事例比比皆是，他跑去女伶金玉兰家坚请抚尸痛哭，不畏流言，不怕红疹疫病伤身夺命，世间常人想都不敢想。

近代学者杨昌济非常反感易顺鼎，见他在慈音学会赋诗四首，对女子显露轻薄的态度（将中上流社会的女士与下流社会的妓女等同视之），严厉批评道："中国人对于女子毫无敬意，纯以玩具视之。以淫具者视

---

1 王森然：《近代名家评传》二集，第 136 页，《易顺鼎先生评传》。

2 易顺鼎：《琴志楼诗集》下册，第 1430 页，《哭金伶》。

3 易顺鼎：《琴志楼诗集》下册，第 1284 页，《读樊山〈后数斗血歌〉作后歌》。

人者亦以淫具自视，多见其鄙贱而已。"[1]易顺鼎没资格代表中国（男）人，但杨昌济的语意大致不错。

易顺鼎晚年患上了严重的梅毒，痛苦万状，无药可医。1920年，他病重卧床，为编定自己的诗集犯愁，对好友爽良说："非病也，才尽耳！无才，不如死。"当年，有好事者别出心裁，代鲜灵芝撰成一副语气戏谑的挽联，赠送给易顺鼎："灵芝不灵，百草难医才子命；哭庵谁哭，一生只惹美人怜！"

5　叶德辉的"四极"特质惊爆眼球

叶德辉[2]气骨倔强，性情恢张，具有"四极"特质：学问极好、藏书极富、私德极不讲、公德极可议。有精深学问的人很难修成叶氏那般浑厚的痞功，有浑厚痞功的人则很难具备叶氏那样精深的学问。叶德辉是怪胎中的怪胎，是异数中的异数，唯有乱世才会诞生这种畸形儿。叶德辉是大顽主，他生长于富贾之家，广有财赀，又以进士出身，挂职吏部，凡事为所欲为，不在话下。因此他存心走起极端来，胜过孙悟空大翻筋斗云。

叶德辉的天资超乎常人甚远，他长期研究文字学、目录学和版本学，卓然为国内不可多得的大方之家。叶德辉别号郋园，郋是汉代文字学家、《说文解字》作者许慎的故里地名，由此可见叶德辉取法乎上，顾盼自雄。

叶德辉学问极好，旧学功底深厚，著作等身，弟子满门。他睥睨一世，眼界奇高，当时的名儒，如湖南的王闿运、浙江的俞樾、广东的陈澧，全都难入其法眼："并世三经师，王湘绮似清谈，俞曲园似房卷，陈东塾似乡约，其余一知半解多如牛毛者更无足比数。"[3]叶德辉与王先谦私交甚好，但他对后者主持湖南书局十余年，刻书不据古本，必加以

1《杨昌济集》第1册，第503页，《达化斋日记》甲寅年（1914）六月四日。

2 叶德辉（1864—1927），字焕彬，号郋园。湖南长沙人。诗人、藏书家、版本学家。

3 叶德辉：《六书古微》，叶氏观古堂，丙辰冬月刊，《六书古微跋》。

自注，颇致不满："校所不当校，注所不必注，灾梨祸枣，而天下人人恭维，可见世界只有读类书之人，无读注书之人也。"[1]

湘籍学者杨树达曾跻身于叶氏门墙之内，他称赞先师是"旷代之鸿儒"[2]。清末军机大臣瞿鸿禨[3]一度想举荐叶德辉做官，王先谦赶紧阻止，他对瞿鸿禨实话实说："此非知叶某者。叶某是吾之行秘书，吾所著书，非经叶某参校不敢自信。叶去则吾书不成矣。公勿多事，断我右臂！"[4]梁启超与叶德辉思想、作风完全不对路，及闻叶氏被枪决，也在家书中评议道："叶平日为人本不自爱（学问却甚好），也还可说是有自取之道。"[5]

叶德辉藏书极富。清末湖南藏书家有道州何绍基、衡阳常大淳、湘潭袁芳瑛、沅陵冯星槎、益阳萧猷、长沙叶德辉，并称"湖南六大家"。如果藏书家纯以购藏为目的，于社会而言，意义和价值有限。叶德辉搜求大量的珍本秘籍，比照多种旧版本，比勘校雠，使之臻于尽善尽美。尤其难能可贵的是，他将这些善本书雕版刻印出来，发行全国，流泽学林。叶德辉家资雄厚，于汲古一项，从不吝惜金钱。光绪年间，一些大藏书家的珍贵版本陆续散出，叶德辉倾资购买，其中湘潭袁芳瑛卧雪庐、商丘宋荦纬绣草堂、曲阜孔晋涵红桐书屋的藏书都值得闪电出手。叶德辉还将自己收藏的秘本少量影印，与日本学者和国内藏书家互通有无。经过多年苦心经营，叶德辉共计收藏宋、明两代珍贵版本四千余部，二十多万卷，重本、别本为《四库全书》数倍之多，其藏书富甲一方，声动南北。叶德辉在其住处长沙苏家巷以西建成书堂五楹，名为观古堂，将藏书分为经、史、子、集、丛五类，环置其间。叶氏的藏书有不少宋、元旧椠，世所罕存，极其珍稀，如北宋胶泥活字本《韦苏州集》、金刻《埤雅》、宋刻《南岳总胜集》、宋刻陈玉父本《玉台新咏》

1《艺风堂友朋书札》下册，第700、701页，叶德辉第四十六通。

2 杨树达《郋园先生全书·序》。

3 瞿鸿禨（1850—1918），字子玖，号止庵。湖南长沙人。官至军机大臣。

4《近代史资料》，1985（4），第138页，杨树达等撰《郋园学行记》。

5《梁启超全集》第21卷，第6271页，家书1927年6月15日。

等。此外，他还有精校名抄的孤本秘籍，多为失传已久的古书。当时，不少大户子弟家道中落，乐得将家藏旧书一股脑儿卖给叶德辉，因为叶氏慧眼识珠、出手阔绰，而且对自己看准了的版本从不欺负外行、胡乱砍价。除了收藏珍本秘籍，叶德辉还收藏名家字画、古钱、古印，光是汉印，叶氏就罗致了四十余方，可谓价值连城。

叶德辉收藏古书，多多益善，他精于鉴赏，简直到了出神入化的境界。一本古书入手，他只须用眼睛瞄一瞄，用鼻子嗅一嗅，用手指捻一捻，当即就可判别出年代之遐迩、版本之真伪。王先谦、易培基等省会硕学名儒，遇到版本方面的疑问，请教的第一人就是叶德辉，谁都佩服他在这方面目光如炬，明察秋毫之末。

叶德辉苦心孤诣，对古书源流了如指掌，著《书林清话》一书，荟萃心得。对于叶氏的贡献，近代学者缪荃孙为之作序，评价甚高："焕彬于书籍镂刻源流，尤能贯串，上溯李唐，下迄今兹，旁求海外，旧刻精钞，藏家名印，何本最先，何本最备，如探诸喉，如指诸掌。此《书林清话》一编，仿君家鞠裳之语石编，比俞理初之米盐簿，所以绍往哲之书，开后学之派别，均在此矣。"

在藏书方面，叶德辉态度鲜明："昔宋司马温公云：'积金以遗子孙，子孙未必能尽守，积书以遗子孙，子孙未必能尽读，不如积阴德于冥冥之中，以为子孙无穷之计。'……然积德而子孙昌大，或'金根''伏猎'之见讥，亦非诒谋之善。故余谓积德积书二者当并重。"[1] 唐人韩昶（韩愈之长子）将"金根车"错为"金银车"，萧炅将"伏腊"错为"伏猎"，都是贻笑士林的旧梗。叶氏虽名德辉，积德却只是半句空话，唯独积书费尽心思。收藏家的悲哀总归一致，那就是毕生之心血结晶难以得到善终。叶德辉赋《买书》一诗，预先为子孙周全谋算，值得一录：

买书如买妾，美色看不厌。妾衰爱渐驰，书旧芳益烈。

二者不可兼，得失心交接。有时妾专房，不如书满箧。

---

1 叶德辉：《书林清话 书林余话》，岳麓书社 1999 年版，第 1 页。

买书如买田，连床抵陌阡。田荒逢恶岁，书足多丰年。
二者相比较，同在子孙贤。他日田立券，不如书买钱。
吾生好坟籍，终日为书役。大而经史子，小者名家集。
二十万卷书，宋元相参积。明刻又次之，嗜古久成癖。
道藏及佛经，儒者偶乞灵。藏本多古字，佛说如座铭。
百川汇巨海，不别渭与泾。迩来海舶通，日本吾元功。
时有唐卷子，模刻称良工。新法玻璃版，貌似神复同。
终日肆饕餮，四库超乾隆。又有敦煌室，千年藏秘密。
忽然山洞崩，光焰烛天日。鲁殿丝竹遗，汲冢科斗迹。
疆吏诚聩聋，坐令瑰宝失。西儒力搜求，传抄返赵璧。
此事颇希闻，朝士言纷纭。辀轩使者出，残篇稍得分。
我友王柯辈，持赠殊殷勤。列架充远物，岂是坊帕群。
譬如豪家子，恋色拼一死。粉黛充后庭，复重西方美。
又贪日女姿，爱听橐声履。书中如玉人，真真呼欲起。
又如多田翁，槁卧乡井中。一朝发奇想，乘槎海西东。
胡麻获仙种，玉树来青葱。不问谁耕种，仓廪如墉崇。
买书胜买妾，书淫过渔色。朝夕与之俱，不闻室人谪。
买书胜买田，寝馈在一毡。祈谷长恩神，报赛脉望仙。
吾求仙与神，日日居比邻。有枣必先祀，有酒必先陈。
导入嫏嬛梦，如此终其身。一朝随羽化，洞犬为转轮。
世乱人道灭，有形不如神。买书亦何乐，聊以酬痴人。[1]

叶德辉将买书、藏书之乐趣写到了极致，远胜于买妾和买田，考虑到叶德辉颇重财色，可见他将买书、藏书始终排列在寻欢作乐榜的第一位。他已料到乱世处富不易，但仍然始料不及观古堂中的大部分藏书最终将为祝融大帝一火所收，所幸那时他已一瞑不复视，否则即便没被气死，也定会伤心致死。

叶德辉私德极不讲。他满脸麻子，一副狠相，却自命风流，好色如

1《叶德辉诗文集》第 2 册，岳麓书社 2010 年版，第 545 页，《买书》。

狂。比起常人来，他的兴趣更为宽泛，既恋蟒首蛾眉之娇，又有食桃断袖之癖，女色男风两相宜。叶氏中年丧偶，无意续弦，说词可称绝妙："我于此道中得小小佳趣，何必多一个看牛伢崽！"叶德辉先后纳妾六人，意犹未尽，婢女刘雪梅尚未成年，他就辣手摧花，雪梅抵死不从，叶德辉竟命令下人将一枚银簪生生钉进雪梅头顶。雪梅惨死轰动省垣，民愤很大，但叶麻子银钱多、门路广，摆平此事纯属低难度操作。在长沙坡子街、樊西巷一带，妓寨中色艺出众的几位美人，长期被叶麻子包占，成为他宣淫纵欲的工具。为了用理论指导实践，他还发掘出《素女经》《洞玄子》等十余种古代房事秘籍，遵其战法采阴补阳。每当秘籍付梓，他乐为读者释疑，卷首的序言必亲自操觚。叶德辉生财有术，还敦请湖南都督、书法名家谭延闿题签，故而新刻诸书销路大畅。

叶德辉宣称自己可以身探魔域而心不出圣人之门，他喜欢做试验，召集好友和弟子在娼家论道讲学，饮醇酒、赋艳诗，以坐怀不乱为高明。叶德辉精力弥满，常人莫及，如此极度淫乐，学问非但不减，还逐年长进，亦属不可思议。光绪三十二年（1906），熊希龄向朝廷呈奏，措辞严厉："前国子监祭酒王先谦，素负文名，以妄劾清流，畏罪去官，回籍后，不知自爱，身为岳麓书院院长，游戏征逐，娼优杂处，秽声在道……"[1] 王先谦跟叶德辉私交最为密切，由此可见，当年湖南省城的文化名流都玩得很嗨。近代学者李肖聃曾经代作辩护："至春台歌舞，或召嘉宾。谢太傅奏丝竹于东山，马季长列后庭之女乐，垂之往史，以为佳谈，宁得以娱老之小事，而毁先生之名节乎。"[2] 东晋太傅谢安、东汉鸿儒马融（字季长）均以红颜丝竹娱老，属于风雅，并非下流，李肖聃这么辩驳，不免犯下了拔高之嫌。

叶氏一生耻言高尚，他择徒尤为精心，立下"三不收"的规矩："天赋不高不收，气性不异不收，才学不优不收。"因此，其门人王运长、徐崇立、龚福焘、梁稚非等人均为省内有名有数的才子。叶德辉带

1《熊希龄集》第1册，岳麓书社2008年版，第211页，《奏为湖南劣绅把持新政攻击恐酿事变请遴选老成正绅力出维持以专责成折》。

2《李肖聃集》，第144、145页，《记王葵园遗事》。

着这些门徒日夜豪游，春天立社，冬天起坛，名堂多多。长沙人目之为"十二神"，视为一大怪。叶氏门人之中，梁稚非天分最高，他文思敏捷、笔致简古，然而荡检逾闲，放浪于形骸之外，效仿东晋名士刘伶，夏日寸丝不挂，裸居于室，饮酒放歌，旁若无人。省城例行迎城隍活动，百戏杂陈，万人齐观，他竟与妖童曼姬乘舆共席，招摇过市。一般士流引以为耻，交口斥责，唯独叶德辉多方袒护。近代学者李肖聃反感叶德辉所为，扼腕叹惜道："诸秀才皆年少志高，使有老辈导以正学，示以暗修，固吾楚之良也。而为之长者漫不自重，乃反日率之为平康北里之游，至有以所欢之妓奉其师以为敬者。"[1] 这就击穿底线，过度败坏三观了。

"淫"之为事，常人最难把持。受叶氏影响，书法家黄自元的侄儿黄申之经常出入娼寮戏院，采野花，捧旦角，风流放任，直至荡尽家产，纵欲无度而双目失明。因此，世族子弟一与叶氏交游，即入染缸，万难洁身自好，家人百劝难回其心，也就"只当此儿已死"。

有道是"捧角者必兴剧"，叶德辉于湘剧的发展有不可抹杀的推动之功。他与王先谦集资开办春台班，虽说"时人有王、叶管班之诮"[2]，但他们在指导剧种改造方面确实动过一番心思，使原本卑猥的湘剧变得雅俗共赏。叶德辉好女色，赠诗给名妓赛金花[3]，博得风流才子之名。他还好男风，春台班中不乏俊俏小生，他若看上谁，那人十有八九难逃被玩弄的命运。言道南戏唱得好，为人也自重，叶氏百计用尽，难以得手，遂决定霸王硬开弓。言道南不肯受辱于叶氏，最终喝下镪水自杀身亡。这个丑闻轰动省城，立刻传得沸沸扬扬。有人填写《竹枝词》一首，讽刺叶德辉，同情言道南："春台班主太狰狞，狎昵群优亦自轻。可叹道南言氏子，一杯镪水了残生。"

叶德辉公德极可议。起初，叶德辉忧及时局，也赞成温和的社会变革，比如开启民智、振兴工商、革新科举（以策论取代制艺），致书熊

1《李肖聃集》，第 542 页，《星庐笔记》。

2《熊希龄集》第 1 册，岳麓书社 2008 年版，第 211 页。

3《长沙野史类钞》下部，第 314、315 页。叶德辉赠赛金花七绝四首，其四最有风致："传闻魏紫胜姚黄，名士倾城叶叶当。欲替文箫修艳史，玉篇书付十三娘。"

希龄，道是"时局如此，尚欲三尺童子坐以待毙，虽至愚至陋，计不出此"，他还将弟子石陶钧送入时务学堂就学，以便"通晓万方之略，周知天下之情"。然而叶德辉毕竟是守旧派的大护法，将道统、学统之延续看得极重，他对于晚清以来种种激进的社会变革由疑转恨，对康派"二千年未有之绝学"嗤之以鼻，反对通教（儒教与西教融合）不遗余力。他指斥康有为将儒学抽筋剔骨，动摇根本，对此且有诛心之论："欲删定六经，故作《伪经考》；欲搅乱朝政，故作《改制考》。"叶德辉扬言："宁可以魏忠贤配享孔庭，使奸人知特豚之足贵；断不可以康有为搅乱时政，使四境闻鸡犬之不安。其言即有可采，其人必不可用。"[1]为了表明自己强硬的态度，叶德辉还放出狠话来："鄙人一日在湘，一日必拒之，赴汤蹈火，有所不顾。"[2]王先谦的弟子、平江人苏舆编《翼教丛编》六卷，叶德辉占比最高，计有署名著作六种、书信八封、相关文件两份。百日维新后，叶德辉名动天下，成为翼教派头号大佬，守旧派倚为干城，维新派疾为顽梗。叶德辉以摧陷廓清新学为己任，差不多仅凭一人之力就攻散长沙时务学堂，罗敬则称之为"铁中铮铮"，不算夸张。叶德辉对康有为、梁启超、谭嗣同、皮锡瑞、熊希龄等维新派人物攻讦不止，嘲骂不休。当时，一副联语哄传长沙，上联是"四足不停，到底有何能干"，下联是"一耳偏听，晓得什么东西"[3]，巧用拆字（熊和陈）法，上联质疑维新派干将熊希龄，下联嘲讽湖南巡抚陈宝箴，作者匿名，众人皆指目叶德辉。"叶德辉更作《輶轩今语评》《非幼学通议》等反对维新；诬蔑时务学堂'伤风败俗''误尽天下苍生'；咒骂南学会提倡'一切平等，禽兽之行'，树立'无君无父之乱党'；指责民权学说为'背叛圣教，败灭伦常'。"[4]然而叶德辉对于一些跳梁小丑先后上演的逆时代潮流而动的闹剧和丑剧，却又趋之若鹜。1915年秋冬之际，袁世凯急于试龙袍，过把皇帝瘾，叶德辉便主动与

1　苏舆编：《翼教丛编》，上海书店2002年版，第169页，叶德辉《叶吏部与南学会皮鹿门孝廉书》。

2　苏舆编：《翼教丛编》，第177页，叶德辉《叶吏部答友人书》。

3　陶菊隐：《政海轶闻》，第16页，《熊希龄》。

4　杨廷福：《谭嗣同年谱》，人民出版社1957年版，第111页。

杨度、梁士诒等袁氏跟前的红人遥相呼应，组织"湖南筹安会"，自任会长一职，并以湖南教育会会长名义称臣劝进，殷勤至极；1917年，张勋带领五千辫子兵潜入北京，大搞复辟活动，叶德辉随即通电捧场。

叶德辉也有过大义凛然的时候，民国四、五年间，湖南督军汤芗铭治湘无道，叶德辉抨击其秕政、苛政和恶政，于《亚细亚报》刊出[1]，汤芗铭震怒，发兵包围坡子街。叶德辉眼线多，先已获取准确消息，急赴日清轮避险，幸免于祸患。

论经商的头脑，论敛财的功夫，叶德辉当属一流，在小西门、坡子街一带，大小事务，但凡叶麻子不同意，就决计办不成；要他同意说难也不难，打红包、摆酒席、开堂会，总须侍候得他心平气顺才行。光是把持公事，包揽词讼，他就财源滚滚。那些开罪叶氏的商民，轻则破钞，重则荡产。叶麻子对自己看不顺眼的人动不动就厉声呵斥："拿红帖子送局严办！"由于他与衙门里的人关系热络，这话倒也不是虚声恫吓，因此坡子街一带的商民皆畏之如虎。

叶德辉喜欢独鸣威风，其凌厉的作风绝非"强势霸道"四字即可包圆。1909年，湖南岳阳、常德等地遭遇百年罕见的水灾，粮荒日益严重，谷米加速外流，省内形势岌岌可危。富商囤积居奇，待高价而沽，官方未能听取绅士的谏言——禁运谷米出境，反倒要求他们先办义粜，再办募捐。洋商、奸商乘机高价倒卖粮食，致使省城"米荒"日甚一日，黄姓担水工无钱买米、一家四口投江而亡的惨案终于引爆民愤，抢米风潮一发而不可收拾。这笔烂账，官方怎么个算法？奸商和劣绅"有谷不售"，难辞其咎。叶德辉被湖广总督瑞澂痛斥为湖南劣绅之尤，弹章见报，历数其罪："性情狂妄，武断乡曲，包庇倡优，行同无赖。当米贵时，家中积谷万余石，不肯减价出售，致为乡里所侧目，实属为富不仁。"[2]叶德辉遭到革职查办的严厉惩罚，吏部主事的虚衔挂了多年，竟以这般极不体面的方式被朝廷褫夺，至于"交地方官严加管束"，倒只是一种说法，其人身自由依然还有。王闿运将此事记入日记，戏称叶

---

1 报社未征得叶氏同意，即刊登他写给好友的私信，引起风波。

2《长沙抢米风潮资料汇编》，岳麓书社2001年版，第96、97页。

德辉为"叶地管"。

对于"飞来横祸"，叶德辉致书友人，辩解道："湘祸之奇，千古未有。辉闭门不敢出，诸绅慌乱……至于辉以租谷未售而获咎被连，竟不可解。……兄弟四房，租谷不能由辉主持出售；况即尽售，区区之谷，不足省城三日之粮，而必加以罪名，是殆厄运所致。"叶德辉对自己平日的所作所为缺乏反省精神，把这次获罪的根由简单地归结为运气太背，显然没有多少说服力。就算官府此番寻找"替罪羊"以平息民间怨愤，顺手把叶德辉揪出来，也大快人心，他高声喊冤，都没谁肯相信。正如端木赐（子贡）所说的那样，"纣之不善，不如是之甚也。是以君子恶居下流，天下之恶尽归焉"[1]。

1911 年 10 月，辛亥革命引发"国变"，叶德辉一度惊恐不安，虽说两年之前清政府以近乎冤滥的方式强行褫夺了他的官职，但在感情和理智两方面他都偏向清朝，对于民国充满了疑惧。叶德辉在南岳避风一百余天后，回到长沙，其东洋弟子盐谷温前往郋园探访，从容发问："圣人言，不居危邦，不入乱邦。先生何不乘桴泛海，访遗文，讲古学，不亦可乎？"盐谷温的意思是想请叶德辉东渡扶桑，游历日本。叶德辉微笑作答："上海革命党中，有章太炎者，浙江人，平日与弟无往来，此次在上海军民中宣言：'湖南有叶焕彬，不可不竭加保护，若杀此人，则读书种子绝矣！'此人真可感，杀我不足惧，惟以弟为读书种子，则真知己也。弟与人笑谈，民军断不杀我，土匪则杀我，民军闻之，莫不大笑。"[2]

1912 年 10 月 25 日，黄兴乘坐楚同舰由沪转鄂抵湘，省会长沙万人空巷，争睹这位辛亥革命元勋的风采。各界人士为了纪念黄兴的丰功伟绩，将德润门易名为黄兴门，将坡子街易名为黄兴街。这等于是在叶德辉的心窝子上硬生生地插下一把利锥。依叶德辉的意思，强龙不压地头蛇，黄兴岂能抢占了他的地面风光！他将欢迎黄兴的各界代表统统嗤骂为"无知鄙夫，狐媚贡谀者"；意犹未尽，又说欢迎群众"以白布为

1《论语·子张第十九》。
2 盐谷温《先师叶郋园先生追悼记》。

地，以棉花染绿，撮成'黄兴街'三字。世俗讳绿而忌白，不知其义何居？"他既设疑，又解答，先是将黄兴贬为被人玩弄的"妇人女子"，又说改城门名"不祥甚矣"，历史上只有伍子胥悬首的苏州城门曾经改名为"胥门"。这就等于诅咒黄兴不得好死。民国初肇，正讲人权，言论自由是其中主项，叶氏打着痞子腔吐出许多混账话，民国政府也没拿他怎么着，他要是换个时节开张，只怕他话才出口，头就落地了。

1913 年，湖南女界领袖唐群英借得坡子街烈士祠，创办富强女校，曾国荃的孙子曾霖生乐意助其办学，具呈湖南省都督署，愿将自家一处私产顺带捐给该校。按理说，这种捐助与外人无关，叶麻子不应当插手。但叶氏是地头蛇，他认为对方踩在他的地皮上风风火火办学堂，却不跟他打一声招呼，摆明了不给他面子，是有意挑衅他叶某人的权威，这还了得？此前，他与曾霖生为一湘剧花旦争风吃醋，刚闹过一肚皮闲气，正好借此机会加以报复。他硬是打通门路，强行取消原批文，使唐群英办学受阻。唐群英一怒之下，以快邮代电，痛斥叶德辉为"惯痞"。

仅隔三天，叶德辉就在《长沙日报》上登出自辩词，含沙射影，说是唐群英等人"一若深知该庙底蕴，日与僧人相处者"。他还大言不惭地调侃道："鄙人惯痞，惯自前清。少年薄德，终日花天酒地，自命为'护花司令'，亦长为檀越主。自经中华民国全体不认之满奴瑞澄牵挂弹章，幡然改悔，清心寡欲，不履红尘。革命以后，自问无横草之功，既未尝钻充为临时革命之人，亦未尝入党为倚势欺人之事。'惯'已消灭，'痞'由何生？平生文章事业，百不如人。香奁艳体之诗，少年习染，今则无闻再过……"单看叶德辉一面之词，你会被其"真诚"感动。叶德辉自鸣得意："……辉动以一纸诅之而了。盖天下强固无如辉者，故彼乃出此下劣之手段以尝试之。辉正利其尝试，有以张吾威也。得此一举而后，辉乡居之德望，人心之诚服，外交之敏速，——饱领之而去。"[1]叶德辉猛敲得胜鼓，简直比黄忠七十高龄阵斩夏侯渊还要来得快惬。

1《艺风堂友朋书札》下册，第 691 页，叶德辉第三十五通。

叶德辉不怕死。他致书缪荃孙："又有一说，庄生毁孔子，孔子第一知己是庄生；黄祖杀祢衡，祢衡第一知己是黄祖。"[1] 叶德辉曾到武汉鹦鹉洲凭吊过东汉末叶头号狂生祢衡，"乱世人才刀俎物，不缘挝鼓误平生"，祢衡裸身击鼓骂曹操，是古代最经典的行为艺术节目。叶德辉赋《两知己诗》，道是"杀人必流寇，杀我必知己"，担心知己不来办差似的。他为自画像题写赞辞："少年科第，为湘劣绅。谤满天下，人故鬼新。"叶德辉认为其身处的世界业已颠倒，自己铁定成为了大劣绅，不被杀掉着实不好意思。如此愤世嫉俗，被社会疾视为公敌，就八九不离十了。叶德辉死后葬于江苏公山，墓前刻其诗句："九死关头来去惯，一生箕口是非多。"他倒是没扯半句白，算得上坦坦荡荡。

周作人在随笔《叶德辉案》中谈到他从一位湘籍北大旧人那里听闻过叶德辉的真实死因，颇为离奇："据说这事根源还在民国四年，袁世凯预备做皇帝，各地官绅群起劝进，叶德辉忽发奇想，在民间征发了五十名十五六岁的少女，说要训练了送到洪宪宫中去当女官。他在地方上很有势力，老百姓那敢违抗。不久帝制被迫取消，女官已用不着了，可是叶德辉自己'先都用过了'，随后再打发她们回家去。事隔十年，人民革命在两湖开始，那些女人有的已成了干部，便向农会申诉这事，其时农会是有武力的，便把他捉了起来，由党部主持公同审理。那些原告一一陈述，时地都有确凿的证据，他也无可否认。讲话的人说，'我们也像现在这么样坐着，并没有什么形式，我们便问他，叶先生你怎么说，他回答说，那么杀一儆百可也。'这件事便是这样的解决的。我的记录在用字上或者稍有出入，因为原语已记不真，大意则并无错误。至于传说叶之得祸由于给农会写对联，有'马牛羊鸡犬豕都是畜生'之语，以及临死的'黄泉无客店，今夜宿谁家'之句，全是凭空捏造的话，这诗乃是一千多年的老话，对联则想假借笔祸来做烟幕，其用意是很明了的了。"[2] 叶德辉的儿子叶启倬撰《先君叶德辉遇害事实》，道是"先君自知不免，闭目不视，问之则曰：'吾不愿见汝等贱种也。郭纯景

1《艺风堂友朋书札》下册，第 675 页，叶德辉第十四通。

2 周作人：《八十心情》，湖南文艺出版社 1998 年版，第 652、653 页，《叶德辉案》。

有言，命尽今日，汝等亦不久于人世矣。'遂遇害"[1]。若将叶德辉遗言及审讯情形前后对照，出入不小。不知是叶德辉之子叶启倬为亲者讳，还是周作人听来的说法走了形，叶德辉的罪状共计五条，二者均未提及。当年，杨度之胞弟杨钧同时被捕，审问之后即取保获释，他说："郋园性至乖僻，不近人情，余早知其不免。"[2]

叶德辉并非不知自己身处险境，命若朝露，他在《郋园六十自叙》中写道："天子不得臣，国人皆欲杀。海内诵其著述，遐荒识其姓名。"在乱世，学问不保身，财产不保身，紧要关头声名也未必管用，于是叶德辉性命休矣，可谓求仁得"仁"（长沙人称子弹为花生米，即花生仁）。此公大半生好走极端，最终死于非命，如愿以偿。当代学者张晶萍评论道："叶德辉之死，恰如王国维一样，亦是死于他的文化理想，死于他的'翼教'。"[3]此语到点到位。叶德辉圭角峥嵘、口笔锋利，如灰犀牛闯入瓷器店，其言行实非王国维可以伦比。学者走出书斋，置身乱世之屠场，竟以发挥殆尽之"壮举"惊骇流俗、挑战强梁，叶德辉遭遇处刑横死之惨祸，亦属事出不意而理有固然。

张之洞以"叶某不庄"四字评点叶德辉，后者闻之眉飞色舞，他说："此一字荣褒真可谓之知己，吾非不端，又非不正，平时每与讲学论事杂以诙谐，其为不庄甚矣，岂非吾一生定评哉！"[4]然而张之洞只有一个，知己不可多得，认定叶德辉品行不端、心术不正的人数以万计，其成名弟子公开为师鸣冤，却无处受理。章太炎称叶德辉为"不可理喻之人"，应属中性评价，为他撰写挽联，上联是"死有重于生，槁项何如兵解烈"，下联是"狂克念作圣，百年争此刹那心"，实则心有戚戚焉。叶德辉更喜欢听章太炎夸他为"读书种子"，愿以此四字为盖棺定论。

---

1 盐谷温《先师叶郋园先生追悼记》。

2 杨钧：《草堂之灵》，岳麓书社 1985 年版，第 213 页。

3 张晶萍：《叶德辉生平及学术思想研究》，岳麓书社 2008 年版，第 420 页。

4 《近代史资料》1985（4），第 137 页，杨树达等撰《郋园学行记》。

6 蔡锷"为四万万人争人格"

蔡锷有一幅遗墨内容如次："凡事一趋极端，必失平衡，国事因而杌陧，此后当引为大戒。"[1] 别的不说，在拥袁和倒袁这两方面，蔡锷走极端，都有亮瞎众眼的表现。

蔡锷对袁世凯的认识经历了一个较为曲折的过程，可概括为六个字："疑袁——拥袁——倒袁。"外界普遍传闻，戊戌年间，袁世凯向慈禧太后出卖了维新党人，致使六君子喋血菜市口。这个传闻虽无确切证据可以坐实，但三人成虎。蔡锷在湖南时务学堂就学时，谭嗣同是他敬重的老师。谭嗣同喋血菜市口之日，也正是蔡锷发誓要推翻帝制之时。戊戌年，举国疑袁，蔡锷也在其列。及至民国初肇，蔡锷跟孙中山、黄兴一样，居然对袁世凯抱有不切实际的幻想，他曾在公开场合语气笃定地说："袁是中国的一个人才，能把中国治理好。"蔡锷还说："如果袁氏愿意的话，就让他做个终身总统。"能够从国家稳定的大前提发言，其心胸并不狭隘。

1913 年 3 月 20 日，宋教仁遇刺，孙中山主张发动"二次革命"，武装倒袁，黄兴则力谋以法律解决"宋案"。谭人凤不以为然，他说："孙先生之说空论也，两师兵从何而来？黄先生之谈，迂谈也，法律安有此效力？愚见以为宜遣一使促湘粤滇三省独立，再檄各省同兴问罪之师。以至仁伐至不仁，必有起而应之者。"[2] 三省之中，云南都督蔡锷最值得信赖，黄兴派遣原宝靖招讨使谭心休奔赴昆明，与蔡锷秘密接洽，主要任务是探准口风。此时，南方报纸频频揭发国务总理赵秉钧牵涉宋案，幕后主使者是谁？已经呼之欲出。蔡锷再度疑袁，但在铁证浮出之前，他尚无倒袁的打算。他向谭心休解释："国体共和，或在约法。有人敢违约法，国人必起而共击之，我就是第一个不饶他的。现在项城劣迹未彰，故我主张暂时忍耐，时机未到，我劝诸公等万勿轻动。"

---

1 毛注青、李鳌、陈新宪编：《蔡锷集》，插页之四。
2 《谭人凤集》，第 392 页，《石叟牌词》之四十四。

1913 年 10 月，蔡锷自滇赴京，去总统府觐见袁世凯，回来后，喜形于色，告诉牌友陈宧："项城今天称呼我为松坡先生，很出我意料之外。"陈宧是袁氏心腹，深知袁世凯的心机，他一脸坏笑，给蔡锷兜头浇下半桶冰水："他喊你先生，就是要你先死！"这话仿佛存心剧透，令人快意陡减，又如同当头棒喝，话不中听，惊梦而醒。

1915 年 1 月 18 日，日本政府在外交方面露出了致命獠牙，向中国政府提出"二十一条"无理要求，这个关键节点引人关注，国内军政人物莫不高度警惕，然而自馁者多，自信者少。蔡锷建议袁世凯积极备战，还请假欲回云南召集旧部，以为背城借一之壮举。袁世凯信誓旦旦，向蔡锷保证："交涉完，须咬定牙根，思一雪此耻！"外交大臣陆徵祥秉承大总统意旨，确实作出了最大的努力，驳回了日方一些足以亡我国本的条款，但不管怎么说，这个条约丧权辱国，足令人神共愤。当时，蔡锷在参政院发表了长篇演说，呼吁捍卫国家尊严，不惜决一死战。如果袁世凯"雪耻"之言可信，"诚吾国无疆之福，兄誓以血诚报之；如仍旧贯，则惟飘然远引，打个人之穷算盘已耳"[1]。蔡锷一度打算回湘，从事矿业。半年后，北京政坛愈加乌烟瘴气，1915 年 8 月 23日，杨度等人组织"筹安会"，吹嘘君主宪政，可谓舌粲莲花，笔补造化。这通锣鼓一敲响，蔡锷对袁世凯尚未餍足的权力欲望已有明显的心理戒备。

筹安会发表宣言的第二天，蔡锷从北京搭晚车去天津探望师友，与梁启超、汤觉顿等人秘密会晤，交换了各自对时局的观感。蔡锷的情绪相当悲愤，激动地说："眼看着不久便是盈千累万的人颂王莽功德，上劝进表，袁世凯便安然登其大宝，叫世界看着中国人是什么东西呢？国内怀着义愤的人虽然很多，但没有凭藉，或者地位不宜，也难发手。我们明知力量有限，未必抗他得过，但为四万万人争人格起见，非拼着命去干这一回不可。"[2]

政治斗争终须讲求策略，梁启超与爱徒蔡锷合计，决定两人分头行

---

1 毛注青、李鳌、陈新宪编：《蔡锷集》，第 349 页，《复曾广轼书》。
2 田伏隆主编：《忆蔡锷》，第 236 页，梁启超《护国之役回顾谈》。

事，一个退至暗处，另一个进到明处。退至暗处的将来要用枪，以推翻袁氏皇权为大任，"志存颠覆，则迹求隐晦，平日谨言词，慎交游，常恐以意外之疏忽而招来本事之损害"，必须潜心默运，不露声色，孤注不轻于一掷，目标不预先暴露；进到明处的现在就得用笔，以揭破袁氏假面为急务，则无妨嬉笑怒骂皆成文章。袁世凯汲汲于称帝，帝制派杨度等人已发表宣言，梁启超觉得在这个节骨眼上，他不能不针锋相对，于是《异哉所谓国体问题者》见报，对政敌施以迎头痛击。蔡锷在北京，天天与袁党周旋，梁老师的雄文一石激起千层浪，蔡弟子不可能不公开表态，他说："我们先生是书呆子，不识时务。"袁党诸公当即抓住这个话柄，责成他去规劝梁启超收敛笔锋。他又说："书呆子那里劝得转来，但书呆子也不会做成什么事，何必管他呢。"[1] 蔡锷的这些话带有权术作用，倘若不如此这般，其真实意图就藏不住，伟大事业就干不成。

1915 年 8 月 25 日，蔡锷异常爽快地在"主张中国宜用君制者署名于后"的条呈上第一个签名"昭威将军蔡锷"。极端自污是为了永久自洁，极端忍辱是为了永久光荣，这是举大义行大事者的权宜之计，非迂直之辈所能理解。

袁世凯逆时代潮流而动，急于圆成皇帝迷梦，障碍多、阻力大，他先得摆平各个利益集团的代表人物，而以军界人物为关键之关键。蔡锷与袁世凯薰莸不同器，冰炭不同炉，哪有合作的基础？但凡政争激烈时，彼此都必然会小心摸底，蔡锷很清楚对方的套路，因此他使障眼法就得实打实地豁出去，才可以麻痹袁党爪牙。此后，蔡锷常常流连于楚馆秦楼，捧名角，吃花酒，在小凤仙那儿盘桓数日不归家，下棋打牌为乐，因此与夫人失和，即将太夫人、夫人及儿子，派张瑞嵩送回湖南宝庆（今邵阳），京中只留下如夫人潘蕙英。蔡锷经常叫局斗雀，终夜鏖战于方城之中，自损形象，毫无顾忌，向外界示以腐化堕落之行状，小报记者乐得笔下生风。尽管有多种迹象显示，年轻的昭威将军日渐沉迷于嫖赌逍遥，小报上的文章口径也相当一致，戏称蔡锷为"风流都督"，

---

1 田伏隆主编：《忆蔡锷》，岳麓书社 1997 年版，第 237 页，梁启超《护国之役回顾谈》。

但是袁世凯比老狐狸更精明，未曾一刻放松警觉。他对左右心腹说："使彼诚乐此不倦，吾始高枕无忧，特恐醉翁之意不在酒耳。"袁世凯命令侦缉处加派暗探，日夜监视蔡锷的一举一动。由于蔡锷频繁密电西南各省，袁世凯深致疑虑，担心建国团[1]宿火重燃，有所行动，于是暗令军政执法处派人手突击搜查蔡锷的寓所，一无所获之后，官方便对外界诡称此次行动纯属定位失准的误操作。

好一个"为四万万人争人格"！商汤征讨葛伯，因为葛伯杀害无辜的童子，"四海之内皆曰：'非富天下也，为匹夫匹妇复仇也'"[2]，目标越是明确具体，义举就越能受到广泛的认可和支持。

梁启超与蔡锷郑重约定："成功呢，什么地位都不要，回头做我们的学问；失败呢，就死，无论如何不跑租界，不跑外国。"[3]这样的政治品格，胜不谋权，败不惜命，颇具极端性，虽非旷世未闻，但也是自范蠡、张良以来稀见罕闻的！蔡锷与梁启超匆匆道别，变名易姓，从天津赴长崎，自长崎转香港，再经海路往越南过境，潜入广西，由广西至云南，在昆明高举护国军义旗。

袁世凯听说蔡锷已间关万里，重返云南，梁启超也现身沪上，势必于己不利，不禁跌足痛悔，气急败坏地说："一世做人聪明伶俐，不料这回被梁启超、蔡锷装在鼓子里头！"至此，袁世凯再饬令云南军方严厉镇压乱党，对潜入该省煽惑军队者，无论何人，拿获即予就地斩决，简直就是把自己当成万能的主神宙斯了。他挥出刚猛之极的神拳，隔山打牛，叫聪明人看了直觉好笑。没过多久，该来的现世报全来了：先是梁启超追随蔡锷的足迹，远赴桂林，策动广西都督陆荣廷反袁护国；嗣后，袁世凯接连收到云南政府发来的两封电文，第一封电文载明五条要求：请袁总统开诚布公；尊重约法；恢复旧有议会制度；严惩贪官污吏；取消帝制。并昭告天下，神人共鉴。第二封电文则宣布云南政府自

---

1 建国团：1913年，宋教仁被刺杀后，蔡锷暗中联络广西、四川、贵州等省都督，以建立强固共和国家为主旨而成立的爱国组织。

2《孟子·滕文公下》。

3 田伏隆主编：《忆蔡锷》，第238页，梁启超《护国之役回顾谈》。

由行动，与北京政府断绝关系，保存中华民国。[1]

1915 年 12 月 25 日，蔡锷、唐继尧、李烈钧联名通电全国，宣布云南独立，反对帝制，武力讨袁，打响了护国战争第一枪。袁世凯正被各路神仙千百种花式劝进捧得腾云驾雾，浑身痒痒肉被众人挠得舒爽之极，"民意"如此，夫复何疑，"改元""建朔"，势在必行，试龙袍竟比待嫁女试婚纱还起劲，又怎会乐意自己拆台，取消帝制？你觉得他骑虎难下，他却认定大局稳如泰山。袁世凯电令第七师团司令张敬尧火速离湘入滇，弹压云南乱军。

表面看去，蔡锷等人在边远地区打响护国战争，欲保全国体，扑灭死灰复燃的邪恶帝制，竟以数千义兵挑战北洋大军，无异于以卵击石；实则，他们挺身而出，为全体国民争基本人格，为中华民国保一线命脉，不忍眼睁睁地看着它们被践踏、被斩断而坐视不救，这一壮举势必唤醒智者的良知，使反动政权从内部开始瓦解和崩塌。蔡锷具备民主政治思想，他发动护国战争，初衷昭昭可见，无意抢地盘，也无意夺兵权。"蔡公四个月里头，平均每日睡觉睡不到三点钟，吃的饭是一半米一半沙硬吞，他在万分艰难，万分危险中能够令全军将官兵卒个个都愿意和他同生共死，他经过几回以少击众之后，敌人便不敢和他交锋，只打算靠着人多困死他，饿死他。到后来，他的军队几乎连半饱都得不着了，然而没有一个人想着退却，都说我们跟着蔡将军为国家而战，为人格而战，蔡将军死在那里，我们也都欢欣鼓舞的死在那里。哎，我真不知蔡公的精神生活高尚到什么程度，能够令他手下人人都感动到如此。"[2] 正是受这种爱国精神的激励，护国军在四川纳溪取得了决定性的胜利，袁世凯退位和败亡的命运已不可逆转。

1916 年 5 月 16 日，蔡锷从四川回复如夫人潘蕙英，这样写道："袁世凯已打算退位，不久即罢兵息战矣。此次事业，较之辛亥一役，觉得更有光彩，而所历之危险亦大，事后思之，殊壮快也。"[3] 辛亥革命

1　1915 年 12 月 31 日天津《大公报》，取其大意。
2　田伏隆主编：《忆蔡锷》，第 239 页，梁启超《护国之役回顾谈》。
3　毛注青、李鳌、陈新宪编：《蔡锷集》，第 472 页，《复潘蕙英书》。

始于武昌，随后蔡锷在云南起事，只能叫作响应。护国一役则不同，不仅始于昆明，蔡锷还是直接发起者和领导者，随后全国各省纷纷宣告独立，响应如涟漪荡开，正义事业取得了胜利。

台湾学者李敖论及梁启超与蔡锷的倒袁意图，相当透气："我在演讲中特别提到当年梁启超和蔡松坡挺身而出，反对中华民国总统袁世凯的前例。他们师徒二人，在袁世凯一而再、再而三的不讲诚信以后，他们实在忍不住了，最后以'为国民争人格'的崇高目标，起而反袁。——反袁为什么不以袁世凯不诚无信为目标？因为袁氏为人的不诚无信我们早已司空见惯，他个人的人格实已不值得我们关心或悲愤。该使我们关心的、悲愤的，乃是我们如果听任他一而再、再而三的以不讲诚信作弄我们，我们却逆来顺受、默尔而息，我们自己，就未免太贱种了、太没人格了。以'为国民争人格'为主调反对袁世凯，才是梁启超、蔡松坡先生的伟大人格。"[1]诚然，要达成护国的目标，强力的觉悟者就应当率先发难，当年梁启超和蔡锷师徒二人提供了光芒四射的范本。

蔡锷有大胸怀、大气魄，也有大幽默感、大讽刺力。袁世凯称帝以丑剧始，以闹剧终，气数将尽时，他仍旧涎着一张檀板厚脸，要重新坐回民国总统的宝座，也许他觉得自己这副政治嫖客的扮相蛮好，演技蛮高，可大家都觉得他寡廉鲜耻，毫无信义可言。蔡锷眼中头等瞧不起这号信用破产的无耻之徒，他拍了一份电报给袁世凯，措辞精奇，读之令人神清气爽。电文如下："共和与帝制，立于极相反对地位，自帝制发生，则共和濒死。吾侪力活共和者也，今既活矣，公何能再膺总统之任？吾谓公既以帝制为生，即宜与帝制同死，若帝制死而公独生，窃为公不取。吾侪拼掷生命，盖欲身殉共和；公犹不思退位，能无愧对帝制耶？仆为公计，能殉帝制，仍不失为英雄。"[2]1916年6月6日，在四面楚歌中受困多日后，袁世凯终于吹灯拔蜡蹂锅台，一命呜呼。蔡锷的这道电文具有十足的宣判意味，犹如重锤敲下的最后一枚棺钉，给予袁

<hr>

1 李敖：《笑傲五十年：第一流人的境界》，中国友谊出版公司2006年版，第46、47页，《现在是我们关心自己人格的时候了！》。
2 易宗夔：《新世说》，第201页，《蔡锷劝袁世凯殉葬帝制》。

世凯精神上致命的终结。

蔡锷选在一个正确的时间、一个正确的地点，为一个正确的主张挺身而出，他奋戈一击，全国响应，不仅风云为之变色，而且历史为之改容。那样的机遇，另有数人的铁腕原本也可冒险把握，蔡锷却独着先鞭，这说明其大智大勇有大义支撑，因此能够走到极端，突破界限，逆转困局，护国成功。

对于蔡锷的评价也有另外的声音，比如"松坡为人，盖富于英雄思想而非圣贤之徒也。……滇中倡义，谓为主义之争，毋宁视为英雄思想所驱使"[1]。蔡锷素有大志，袁世凯当国，他以为佐之可成大功，袁世凯未肯推心置腹，对他防范甚备，欲以美爵厚禄羁縻之，使他不为己患足矣。庸人只做官不做事，蔡锷欲整军救国，事事不可为，因此对袁世凯极为失望。爆点则在于，袁世凯认为陈宧比蔡锷强，有言"松坡良不恶，然未若二庵也"[2]，他放陈宧为四川都督，也是为了扼制蔡锷在云南的有生力量。蔡锷好胜心强，岂肯认矮服低，军法执行处处长雷震春之流妨功忌能，更引起蔡锷的反感，京城遂不可一日留，赴云南起义遂不可一日止。陶菊隐的分析，亦可谓搔着了背后痒处，蔡锷心气极高，干大事，行大义，与其英雄思想适相匹配，虽趋于极端，又何乐而不为，何为而不至。

7　章士钊坐"过山车"和"海盗船"

章士钊发表过高见："好同恶异为社会种种罪恶之原因。"[3]他个性鲜明，年轻时求异的劲头远大于求同。试想，他长期从事政治活动，左右逢源，却非常任性，不肯加入任何政党谋求庇护，岂不怪哉！

清朝末叶，章士钊与革命家黄兴、宋教仁过从甚密，撰写文章《杀人主义》，满纸刀光血影。他还亲自策划暗杀行动，选址于上海租界内

1 陶菊隐：《政海轶闻》，第14、15页，《蔡锷》。
2 陶菊隐：《政海轶闻》，第15页，《蔡锷》。
3《杨昌济集》第1册，第496页，《达化斋日记》甲寅年（1914）五月二十八日。

金谷香番菜馆，协助义士万福华刺杀封疆大臣王之春[1]。他们牛刀小试，只可惜行动功败垂成。当年的通识是，未蹲过监牢的革命者不足以称为"完全的革命家"，章士钊被捕入狱，品尝了一番铁窗风味，修习了一期革命的"专业课程"，算是补足了资格认证的程序。

章士钊身陷缧绁，闲聊时，对囚友说，出了这张牢门，他只想去西湖边上开一爿小小的牛肉店，清风两袖，明月满怀，安心读点书，做点学问，此生足矣。待他获得营救，真的出了监牢，蛟龙得水，猛虎还山，他又与章太炎结伴，流亡东瀛，准备再过"矛头淅米剑头炊"的革命生涯。

章士钊投入革命洪流，奋不顾身，却始终保持着初始的"童子身"。这有点不可思议，章士钊有何必要刻意求取中立？他跟黄兴是刎颈之交，却不曾投身黄兴主持的华兴会；他与章太炎是莫逆之交，也拂逆了后者邀他入伙中国同盟会的至诚。大章（太炎）见小章（士钊）要牛脾气，他也使出蛮勇来，将小章关入黑屋子，逼其就范，要是后者不改变初衷，就这样饿他个肠子里面跑大车。可是饿了两天，小章仍旧抱定初衷，令大章徒唤奈何，只好网开一面。章士钊是个难得的人才，中国同盟会少了他，确实有遗珠之憾。于是大章一计不成，又生一计，请动在青山女校留学的"女菩萨"吴弱男去绚章士钊的牛鼻子。吴弱男才貌双全，是淮军名将吴长庆的孙女、"清末四公子"之一吴保初（字彦复）的女儿，顶呱呱的名门闺秀，中国同盟会会员，政审绝对过关。若干年后，李大钊赠白话诗给她，道是"暗沉沉的女界！须君出来作个明星"，可见这位弱男小姐并不比男儿弱。章太炎万万没有料想到，他再折一阵，章士钊以其雅量深致将吴弱男收入怀抱，她悦悦服服做了举案齐眉的孟光。

这桩逸事，好事者免不了添油加醋，但不宜将它归入胡诌之列，章士钊给出的正版是这样的：同盟会成立之初，他认为，"应以分工为务，量其才力，资其性分，缓急文武，各任所宜"，他建议"大队趋重实行，

---

1 王之春（1842—1906），字爵棠，号椒生。湖南清泉县（今衡南县）人。湘军将领出身，历任山西巡抚、安徽巡抚、广西巡抚，以贪庚著称。

小队容其攻苦"。其首选是做个小队成员，先精修学业，把英文、数学弄成入门水准。孙中山、黄兴却硬要拉章士钊进入大队伍，不许他自作主张开小差。当时，章太炎和孙毓筠同住东京新宿，他们受孙、黄二公之托，逼章士钊就范，"吾不署诺，则见诱禁闭一室，两日不放"[1]，没说饿肚子，更没扯上吴弱男女士。最终，黄兴出面帮章士钊解围，保证他"忠纯不二"，容许他自主选择，大家嘻嘻哈哈就放过了他。章士钊春风得意，站在自由立场上，想过问政治就过问政治，不想过问了，就给留学生教教古文，再将讲稿整理为《中等国文典》，于 1907 年在上海出版，一等收到稿酬，便携夫人离开扶桑，远赴英伦。

1912 年，章士钊受黄兴、于右任、陈其美力邀，买船归国，将阿伯丁大学的政治经济学课程抛掷脑后，回上海任同盟会机关报《民立报》主编，虽言庞责重，但自由空间不小。章士钊以非党人士身份主持党报，越俎代庖，风险蛮大。上任伊始，章士钊就重磅出击，发表社论《政党组织案》，硬生生端出"毁党造党说"，真是"语不惊人死不休"。嗣后，他又抛出更令人不可思议的"无元首论"，说什么应该废除掉大总统选举法，纯然由国内政、法、学各高级机关（如国务院、参议院、最高法院、北京大学）的首长轮流坐庄，执掌民国总统的权柄，每届任期一年，拈阄定夺。章士钊怪诞不经的政见引发了党人的非议。他还指出，当时各政党（主要指同盟会）纯属乌合麇集，毫无政治纲领，成事不足，败事有余，倒不如将各党派团体打破之后重新塑造，依据不同政见，主要是左、右两方面的政见，分成两党，携手参政，并肩治国。这样的高论与现实政治风马牛不相及。须知，政党一旦凝聚而成，即将众人的政治利益和经济利益牢牢捆绑在一起，谁会犯傻，去自破金身、自掘坟墓？就算党魁肯点头，他的同志也不会轻易答应。章士钊发表了一通不着边际的高论，结果遭到同盟会中激进派分子群起而诔之。同为民党言论机关，戴季陶主编的《民权报》、邓家彦主编的《中华民报》，都与《民立报》对垒笔战，这场内讧让全党看得满头雾水。胡汉民批评章

1　田伏隆主编：《忆黄兴》，第 128、129 页，章士钊《与黄克强相交始末》。

士钊："民国元年始由英归国，惭其落伍，遂标榜无党以自高。为《民立报》编辑，不特不尊重同盟会之政纲与党议，且时事讥弹，立异说，谓个人不党，当如是也。"[1] 外界的压力越来越大，为了不使老友于右任为难，章士钊主动请辞。

恰在此时，杨度为袁世凯站台，满世界搜罗奇才异能之士。彼此是湖南老乡，凡事好开口。袁世凯早年投靠过吴弱男的祖父、淮军将领吴长庆，得到其提携，恩公的孙婿是个人才，他当然乐意栽培和提拔，于是派出信使孙毓筠前往沪上，热忱欢迎这位不肯系马嚼穿牛绹的高手。礼遇之隆竟使章士钊受宠若惊，飘飘然，欣欣然，贸贸然，恍恍然，晕晕乎乎登上了袁世凯的龙船（实为贼船）。

章士钊自号"秋桐"，又号"孤桐"，有"高霞孤映，明月独举"之概，是个顶尖的聪明人，何至于鬼迷心窍，变易初衷，加入筹安会，参演劝进闹剧，图个身败名裂？1913 年 3 月 20 日，宋教仁在上海北站遇刺身亡。司马昭之心，路人皆知，袁世凯明明是幕后主使，却嫁祸于黄兴，造谣惑众，捏称"宋案"是黄兴与宋教仁为争当总理而发生内讧。章士钊见袁世凯睁着眼睛说瞎话，不禁大忿，顿时看清了袁世凯的险恶用心，且深知这位奸雄权术灵活、枪口狠准，谁要是不合作、不就范，不唯其马首是瞻，谁就可能喋血丧命。这种铲除异己的恐怖手段，他已熟能生巧，倒毙在其枪口之下的有吴禄贞、张振武、宋教仁等多位文武奇才。还有一事，袁世凯当众称呼章士钊为"自家人"[2]，后者"闻言大震"，赶紧扔弃北京大学校长的委任状，瞅准时机，金蝉脱壳而去。

1913 年夏，孙中山、黄兴发动"二次革命"，章士钊起草宣言书，出任讨袁军秘书长，离开上海，随黄兴前往南京。两三仗打下来，讨袁军兵力甚弱，援军甚孤，众心不齐，倾败即睹，简直如同雪菩萨掉进了滚水池。黄兴将章士钊支回上海，自己再次亡命东瀛。

1914 年 5 月，章士钊得到黄兴的资助，与陈独秀、谷钟秀创办政

---

1 《胡汉民自传》，第 116 页，《三十、随同总理游历武汉》。
2 吴长庆是袁世凯的嗣父袁保庆的结义兄弟，章士钊是吴长庆的孙女婿，所以袁世凯称他为自家人。

治刊物《甲寅》。此刊封面绘一只吊睛白额大老虎，所以人称"老虎报"。从此，章士钊骑"虎"难下。起初，《甲寅》揭橥反袁旗帜，苏曼殊和陈独秀倾力助阵。陈独秀的名篇《爱国心与自觉心》即发表在《甲寅》上。进步人士办进步刊物，口碑上佳。

1919年后，章士钊转换角色，由立场鲜明的自由主义知识分子变成令胡适惋惜的"开倒车者"，甚至沦为了令鲁迅鄙视的"落水狗"，从一个极端跨越到另一个极端，竟比坐过山车和海盗船还要容易，世人对此啧啧称奇。

二 甘居阵首，敢为人先

中国古人崇尚勇敢，分类法主要有两种：先看第一种，"夫水行不避蛟龙者，渔父之勇也；陆行不避兕虎者，猎夫之勇也；白刃交于前，视死若生者，烈士之勇也；知穷之有命，知通之有时，临大难而不惧者，圣人之勇也"[1]。再看第二种，"血勇之人，怒而面赤；脉勇之人，怒而面青；骨勇之人，怒而面白；神勇之人，怒而色不变"[2]。在史学家司马迁笔下，刺客荆轲是神勇之人，可从万千勇者之中脱颖而出。在文学家苏东坡笔下，留侯张良是大勇之人，究其所论说，大勇实则为神勇："古之所谓豪杰之士者，必有过人之节。人情有所不能忍者，匹夫见辱，拔剑而起，挺身而斗，此不足为勇也。天下有大勇者，卒然临之而不惊，无故加之而不怒。此其所挟持者甚大，而其志甚远也。"[3]这就对了，神勇者具有奇节和远志，喜怒无形，镇定自若。

湖南人素以勇敢著称，其勇敢程度如何？咸丰年间，"益阳有慰人子弟阵亡书云：'居今之日，除却杀贼，别无生路；除却阵亡，别无死法'"[4]，其语伉壮，足动人心。1924年2月23日，孙中山向驻扎于羊城的湘军将士发表演说，他特别提到革命战友黄兴在中越边境仅以两百号人、两百条枪发动钦廉起义，尽管众寡悬殊，但他们无所畏惧，与两万

1《庄子·秋水》。
2《汉魏六朝笔记小说大观》，上海古籍出版社1999年版，第38页，《燕丹子》卷中。
3《苏轼全集》中册，上海古籍出版社2000年版，第715页，《留侯论》。
4《莫友芝日记》，凤凰出版社2014年版，第25页，咸丰十一年三月廿九日。

清军血战到底。孙中山神情激奋，告诉大家："革命军就是用一个人去打一百个人，这样的战斗是非常的战斗，不可以常理论。象这件不可以常理论的事，还是你们湖南人做出来的。"[1]湖南人以一敌百，扎硬寨，打死仗，这种超凡的胆气即源自神勇。

湖南人喜干大事，好立奇功，其驱动力从何而来？一是为了拯救百姓于水火，罗泽南如是说："茫茫堪舆，赋与性真。顶天立地，惟赖斯人。颠而不扶，危而不持。保全此身，将欲何为。氓之蚩蚩，谁溺谁饥。抚之翼之，护此群黎。"[2]二是大胆追求生前功和身后名，左宗棠如是说："自粤寇起，海内多故，吾湘以健斗称，事功雄天下，一时陟方面、拥节麾多憔悴专壹之士，无所凭藉，虽乘时建立者，所自致欤，其亦有所本也。"[3]

湖南人的精神颇为激进，自强不息是一面，舍我其谁是另一面，与道家精神中的"不敢为天下先"[4]和"不为福先，不为祸始。感而后应，迫而后动，不得已而后起"[5]完全抵牾。湖南人甘居阵首，敢为人先，一贯如此。"我不知战，但知无走"[6]，这种稀罕的特质可谓由来久矣。东汉末年，董卓作乱，长沙太守孙坚率义兵勤王，各路诸侯骑墙观望，唯独孙坚率领的长沙子弟兵博得敢战之名。唐朝诗人吕温赞誉道："忠驱义感即风雷，谁道南方乏武才？天下起兵诛董卓，长沙子弟最先来！"[7]勇者奋力争先，善后是其薄弱点。曾国藩、左宗棠、胡林翼暮年均以善后为忧，就因为湖南人争先性急，罔顾后患。

1《孙中山全集》第9卷，第501页，《对驻广州湘军的演说》。
2《罗泽南集》，第41页，《马上铭》之一。
3《左宗棠全集》第13册，第298页，《新宁刘君墓表》。
4《老子》六十七章。
5《庄子·外篇·刻意第十五》。
6《曾国藩全集》第14册，第155页，《林君殉难碑记》。无走：不临阵脱逃。
7《全唐诗》第11册，中华书局1960年版，第4166页，卷三百七十一。

1 曾国藩冒犯天威，因祸得福

咸丰元年（1851），奕詝继位伊始，照例顺天应人，向满朝文武征求诤言，原本只打算走一走过场，善体上意的大臣必将见机出列，以"圣朝无阙事，自觉谏书稀"[1]做个总结，便皆大欢喜。孰料曾国藩受金兰之交刘蓉、郭嵩焘的撺掇和推动，竟然冒犯天威，递上《敬陈圣德三端预防流弊疏》，直陈咸丰皇帝有三个弊端"不可不预防"：其一是"琐碎"，过于苛察；其二是"徒尚文饰"，不实事求是；其三是"厌薄恒俗而长骄矜之气"，刚愎自用。奏章本身举例要而不烦，思维缜密，没有破绽，但臣子翻腾皇帝的糗事已触犯大忌，竟然还打出赤裸裸的差评，无异于挺身踩虎尾、撄龙鳞，这就得看看他祖宗十八代积累的阴德厚不厚了。咸丰皇帝敬佩老祖宗乾隆皇帝富若山海的"诗才"，也想做个天子诗人，不说一生留下四万首诗，留下一万首也不错，他刚二十岁出头，臣工奏请刊布《御制诗文全集》便得到了他的首肯。曾国藩揪出这件事来，不说诗写得如何，只说这是"徒尚文饰"之举，就算真想刊刻《御制诗文全集》，也应晚几年再说。[2]

诸葛亮对"忠"的妙用早就有过断言："人之忠也，犹鱼之有渊。鱼失水则死，人失忠则凶。"[3]古人、近人为官，忠君主要有三条途径：其一，歌颂赞美君主，这类以口活、笔活邀赏的忠君者比比皆是，奸宄宵小往往掺杂其间；其二，逗君主开心，以微言使其恍然大悟，这类忠君者手法轻柔，拿捏得当，技术含量高，例如东方朔，幽默感强，以谐

---

1 唐朝诗人岑参诗篇《寄左省杜拾遗》名句。

2 同治二年八月，咸丰皇帝的《御制诗文全集》（共六册）精刻面世，一、二品大员皆获赠一部。彭玉麟在《谢赏文宗显皇帝御制全集恩折》中赞誉道："诗兼风、雅、颂，非韩、毛、齐、鲁所能诠；文跻夏、商、周，跻羲、轩、唐、虞而尚友。虹飞绕室，溯孔门绝笔之年；龙负渡江，是姒氏锡畴之后。遂使秘笈颁于天禄，宝书落于人间。"他把先帝的诗文捧上九霄，实乃官样文字，不得不尔。曾国藩亦在《恭谢御赐诗文折》中循例拍马："钦惟文宗显皇帝聪明天亶，圣敬日跻。见知闻知，绍道统于二千余岁。心法治法，契真源于三五六经。"相比而言，不算夸张太过。

3《诸葛亮集》，中华书局1960年版，第41页，《兵要》。

语、寓言启发君主，譬解的角度恰到好处，讽喻的力度妙至毫颠；其三，谏诤和开导君主，切谏者可能罹杀身之祸，这一派忠君者路数纯正，后果难测。曾国藩忠君，既不肯做马屁精，又不会做弄臣，既然甘居阵首，敢为人先，那就只能麻着胆子冒险直谏。

《韩非子·说难》中有段剧透，等于给那些爱进逆耳忠言的臣子敲响了警钟："夫龙之为虫也，柔可狎而骑也；然其喉下有逆鳞径尺，若人有婴之者，则必杀人。人主亦有逆鳞，说者能无婴人主之逆鳞，则几矣！"自古以来，因撄人主之逆鳞而丧命的臣子很多，比干剖心，伍子胥断头，都是显例；魏徵死后没多久，唐太宗下令仆碑，就算顶客气的了。曾国藩主动涉险，他四十岁，咸丰皇帝二十岁，从行事作风来看，倒是四十岁的廷臣更像二十岁的愣头青。

《敬陈圣德三端预防流弊疏》通篇直言不讳，措辞过于激切，惹得咸丰皇帝怫然不悦，雷霆震怒，"怒掷其折于地，立召见军机大臣，欲罪之"。幸亏大学士祁寯藻出面施救，用"主圣臣直"四字作金玉台阶，曾国藩的恩师季芝昌也及时出面为他讨恕求情，否则曾国藩刻意制造这起君臣之间的"追尾事故"，获严谴的概率会很高。

曾国藩获悉皇上震怒的内情后，惶悚不已。然而一个月后曾国藩居然因祸得福，奉上谕在王植到任之前兼署刑部左侍郎。趁此良机，他赶紧上谢恩疏自责："窃臣材本疏庸，识尤浅陋，无朱云之廉正，徒学其狂；乏汲黯之忠诚，但师其戆。荷鸿慈之曲被，极圣量之优容，清夜默思，果有何德，堪对君父！寸心自矢，要当竭愚以答生成。"[1]吃一堑，长一智，此后，曾国藩对自己冒进冒失的言行再三反省，代之以"进思退思，无荒无怠"，忠君也就自知分寸了。身为官员，不管你如何进止，臣妾之道才是生存之道，此道首在不可逾分，不可躐等，不可强聒，不可硬争。

为解家人忧虑，曾国藩在致诸弟的家书中还有相对轻松的说法："二十六日，余又进一谏疏，敬陈圣德三端，预防流弊。其言颇过激切，

1《曾国藩全集》第1册，第27页，《谢署刑部左侍郎恩疏》。

而圣量如海，尚能容纳，岂汉唐以下之英主所可及哉！余之意，盖以受恩深重，官至二品，不为不尊；堂上则诰封三代，儿子则荫任六品，不为不荣。若于此时再不尽忠直言，更待何时乃可建言？而皇上圣德之美出于天亶自然，满廷臣工，遂不敢以片言逆耳，将来恐一念骄矜，遂至恶直而好谀，则此日臣工不得辞其咎。是以趁此元年新政，即将此骄矜之机关说破，使圣心日就兢业而绝自是之萌。此余区区之本意也。现在人才不振，皆谨小而忽于大，人人皆习脂韦唯阿之风。欲以此疏稍挽风气，冀在廷皆趋于骨鲠，而遇事不敢退缩。此余区区之余意也。"[1]曾国藩的笔头轻松与心头恐惧双管齐下，但不得不说，这个头阵他确实打出了神奇的效果，《敬陈圣德三端预防流弊疏》成为了士林中广为传诵的名篇，朝野清流大加吹捧，单纯在名誉方面，他已经收割颇丰。

2 江忠源誓与庐州共存亡

咸丰元年（1851），大学士赛尚阿督师广西，奏调江忠源军前差遣，江忠源率楚勇出境作战，创近世之壮举。广州副都统乌兰泰忠勇善战，慷慨负气，与江忠源一见如故，深相引重，遇事有疑必先咨询，江忠源亦尽心赞画，屡战屡捷。官军攻打永安，楚勇表现优异，救出了被包围的"打虎将"开隆阿。其后，广西提督向荣以"围城缺一"的古法贻误战机，乌兰泰争之不得，江忠源生病，辞别乌兰泰，返回新宁。

咸丰二年（1852）春，太平军犯桂林，江忠源闻警，增募千人，偕刘长佑兼程赴援，未至，乌兰泰在太平桥中炮受伤而殁于军中。从此江忠源独领一军。广西全州蓑衣渡之役，楚军伐树塞河，鏖战两昼夜，用大炮轰毙南王冯云山，夺获敌船三百余只。江忠源屡献良谋，先是建议官军合剿，未获采纳；后是建议官军重点防守湘江西岸回龙塘一带，又未获采纳，遂眼看着敌军长驱北上，陷岳州，破武昌。江忠源在湖南军功最多，保卫省城长沙，剿平巴陵土匪，铲除浏阳会匪头目周国虞，斩

1《曾国藩全集》第 20 册，第 189、190 页，《致澄弟温弟沅弟季弟》。

杀征义堂死党成员七百人，解散胁从者万人。

咸丰三年（1853）正月，江忠源以道员授湖北按察使，湖广总督张亮基于兵事倚重于他，接连克复通城、崇阳、嘉鱼、蒲圻，擒斩甚多。朝廷知江忠源忠勇可恃，命其帮办江南军务，当晚，他就挑灯草写家书万余言，处分家事甚详悉，结尾处写道："吾所言止于此。自此以后，为国家任军旅讨贼，毋复以家事关我矣"。于是，江忠源上疏切论军事，共八条："严军法""撤提镇""汰冗兵""明赏罚""戒浪战""察地势""严约束""宽胁从"。其中，"严军法"乃重中之重："遇贼溃走，借词巧避者有诛。临阵不互相救援者有诛，不奉令而遽先撤队者有诛，堵御不力致贼窜逸者有诛。军令既严，士气自奋，讨贼之效庶可计日而待也。"[1]咸丰初年，军法疏松，将士泄沓，官军接连失利，一溃千里，此乃主因。

江忠源坚守南昌，所部仅一千五百人，南昌本地兵勇虽多至万余人，却无人娴习兵事。江忠源治军严，凡逃者必斩首以徇，于是尽皆听命。某日，江西巡抚张芾来商量事情，刚坐稳，随从立于左右，忽闻一声轰鸣，炮子呼啸而至，当场击碎一位随从的脑袋，穿壁而出。张芾大惊，数次催促南昌太守林福祥多置牛皮为障，屏蔽江忠源的住处，江公笑道："将军躲避炮子，还带兵干什么！"他令人立刻撤去牛皮。南昌城墙多处被轰塌，最宽处崩塌八十余丈，守军皆能守住缺口，以土囊堵实，放水灌注敌军所掘隧道。江忠源守南昌九十余日，屡次轰毁敌垒、凿沉敌船，乘风使用火攻，敌军自知难破坚城，卷旗而遁，江西省城终获保全。不久，朝廷擢拔江忠源为安徽巡抚，咸丰年间，江忠源是湘籍将帅中因军功优异实授巡抚的第一人。

江忠源疏请增兵万人，驻守淮南一路，结果湖广总督官文留其兵不尽遣还，他仅率所部两千人冒雨遄行，将士疲顿，他也患病，至六安，病情加剧。复有旨令楚军暂驻六安，俟兵饷齐集，相机进发。庐州知府胡元炜具禀告急，诡言庐州粮械极富，团勇多而得力，实则守具、糗

1《江忠源集　王鑫集》，第53页，江忠源《条陈军务疏》。

粮、军火一无所有。庐州地盘大，城墙只剩下断壁残垣，守城兵勇不足两千人，仅够守卫一座城门。江忠源明知自己被胡元炜诓至庐州，身陷绝境，但他身为安徽巡抚，有守土之责，何况他并不怕死，决意与庐州共存亡。

左宗棠撰《江忠烈公行状》，描写了江忠源殉难时的情形："知府胡元炜所募勇分守北城拱辰门，勇首徐淮，故县役，最无赖，勇多与贼交通。贼再穴攻水西门，城崩，公麾众拒之。贼分薄四城，拱辰门守者先逸，贼缘城上，城上兵与贼相搏竟夕。天且明，雾簌簌如雨。左右血刃拥公行，公手剑自刎，不殊。贼逼公，或强负公驰，公啮其臂，因堕地，拥至水关桥，公奋自投水死。所投处为古塘，时咸丰三年十二月十七日也。……公殁八日，公弟忠濬募人出公尸，部卒周昌发于古塘得之，面如生。解衣袭之，辗转贼中，卒负以出，归葬本邑某山。"[1]

3 罗泽南于危急时站得定

咸丰三年（1853）七月，罗泽南率湘军驰援江西，抵达南昌时，人困马乏，未及休整，就与太平军的围城部队激战于城下。"书生争奋搏寇，寇阳（佯）退，抄其后，军败，营官附生谢邦翰、童生罗镇南、易良干、罗信东战死，泽南收众入城。于是国藩闻之，以为湘勇果可用，虽败敢深入，官兵不如也。"[2]罗泽南援赣初战失利，但曾国藩看到了胜利的曙光，信心陡涨，湘勇敢深入敌阵，浴血拼杀，相比见敌不进、闻风而逃的绿营清军，实在是强得太多了。

咸丰四年（1854）五月，罗泽南进军岳州，敌手为天平军的虎将曾天养，湘军水师三营吃了败仗，形势对罗泽南不利。"泽南初合军，未尝出攻寇，寇以为怯。塔齐布数激挑泽南，泽南愈益闭垒。"[3]塔齐布是湘军中最早成名的大将，此前已取得过湘潭大捷，他多次"激挑"罗泽

1《左宗棠全集》第13册，第287页，《江忠烈公行状》。

2 王闿运：《湘绮楼诗文集》，第585、586页，《湘军志·曾军篇弟二》。

3 王闿运：《湘绮楼诗文集》，第592页，《湘军志·曾军篇弟二》。

南，就是希望罗军奋勇出击。罗泽南故意向敌军示怯，意在麻痹对方，厚养士气，等待最佳时机。一旦开壁大战，其部下个个都是出柙的猛虎，一场大捷令三军振奋。尽管曾天养是被塔齐布擒斩的，但罗泽南此战大显威风，"遂以勇略著闻"。

咸丰五年（1855）春，湖北官军屡败，武昌得而复失。罗泽南率军随曾国藩入南昌，驰援饶州，继援广信，连复数城。其时，江西军事不得要领，罗泽南上书曾国藩，多有建策，重点如下："九江逼近江宁，兼牵制武昌，故贼以全力争之。犯弋阳，援广信，从信水下彭蠡，抄我师之右；据义宁，守梅岭，从修水下彭蠡，抄我师之左。今两处平定，九江门户渐固，惟湖北通城等处群盗如毛。江西之义宁、武宁，湖南之平江、巴陵，终无安枕之日。欲制九江之命，宜从武昌而下；如解武昌之围，宜从崇、通而入。为今之计，当以湖口水师、九江陆师截贼船之上下，更选劲旅扫崇、通以进武昌，由武昌以规九江。东南全局，庶有转机。"[1] 此策的要领是据上游以控全局，曾国藩深以为然，遂命罗泽南所部五千人移师湖北会剿。其时，刘蓉在湘军大营帮忙，他谏说曾国藩："公所赖以转战者塔、罗两军，今塔将军亡，诸将可恃独罗公，又令远行，脱有急，谁堪使者？"曾国藩如实相告："吾极知其然，计东南大局宜如是。今俱困于此无益，此军幸克武昌，天下大势可为，吾虽困犹荣也。"罗泽南率军开拔时，郭嵩焘前去送行，表示担忧："曾公兵单弱，君远去，奈何？"罗泽南叹息道："天苟不亡本朝，曾公必不死，诸君无忧。"[2]

这年三月初二日，罗泽南挥师大破敌军，追击近武昌，城上枪炮齐鸣，弹如雨下，一弹击中其额。部下听说主帅受伤，阵脚稍稍松动，罗泽南带伤忍痛指挥全军。"血湿衣裾，犹力战，逾时而归，剧甚。日夜危坐不眠，与在营诸将议攻城方略。初五日，口占忠义祠楹联，授左右书之。初六日，病益甚，不能起，口喃喃念时事，无一语及其私。忽睁目指几席间，意欲作书。左右濡笔伸纸以进，先生仰卧书曰：'愿天再

---

1 赵尔巽等：《清史稿》第 39 册，第 11946、11947 页，卷四百七，列传一百九十四。
2 朱孔彰：《中兴将帅别传》，第 8 页，《曾文正公国藩》。

生几个好人，补偏救弊，何必苦限此蚩氓！’又书曰：‘乱极时站得定，才是有用之学。’初七日，神散气喘，自知不可为。适胡公来视，先生张目言曰：‘武汉，自古用武地，贼必死守，不力战，恐荆、襄、岳、鼎，均无干净土矣！’初八日早，汗出如渖，握胡公手言：‘武汉未克，江西复危，不能两顾。死何足惜？事未了耳！其与李续宾好为撑持。’言未毕而目瞑。”[1]

胡林翼在家书中描述了罗泽南从受伤至瞑逝的情状，切实可信。咸丰五年（1855）三月初二日，罗泽南率军从洪山追至武昌城下，歼敌五六百人。“城下枪炮密如雨点，罗山立马城外，左额中枪子，血流被面，衣带均湿，然犹驻马一时许，强立不移，贼亦不敢再出。罗山虽薄城受伤，然退驻营中，照常视事。兄闻讯后，亲往洪山看视其伤，伤深二寸，子入脑不出，虽延医为之诊视，而卒不救，伤哉！罗山以诸生办理湘乡团练，忠义至性，感动乡里，率其亲邻转辗湖南、江西、湖北，大小二百余战。所至之处，贼众辄闻风而溃，克大城二十，实为兄所倚为心腹者。此次受伤而没，兄为痛哭。当其易箦之际，坚握兄手，言危急时站得定，才算有用之学。今武汉未克，江西复危，力薄兵单，不能两顾。死何足惜！事未了耳。其与李续宾好为撑持云云，尤足令兄椎心。现已将其殉难情形请优恤，然而阿兄则仿佛失一左臂也。”[2]胡林翼自道锥心之痛，出于至诚，所述罗泽南临终语与梅英杰所著《罗泽南年谱》小有出入。

江忠源死后谥为忠烈，罗泽南死后谥为忠节，《清史稿》将二人合为一传，传末评论道：“湖南募勇出境剿贼，自江忠源始。曾国藩立湘军，则罗泽南实左右之。朴诚勇敢之风，皆二人所提倡也。忠源受知于文宗，已大用而遽殒。泽南定力争上游之策，功未竟而身歼，天下惜之。忠源言兵事一疏，泽南筹援鄂一书，为大局成败所关，并列之以存龟鉴。此大将

---

1 梅英杰等：《湘军人物年谱（一）》，第35、36页，《罗泽南年谱》。
2《胡林翼集》第2册，第990页，《致保弟枫弟》。

风规，不第为楚材之弁冕已。"[1] 江忠源、罗泽南不仅是战术家，而且是战略家，其军事思想对曾国藩、胡林翼的指导意义不小，作用甚大。

4　郭嵩焘欲唤醒铁屋内的酣睡者

郭嵩焘自觉其一生得意之处有三：一是说动了执意守孝的曾国藩墨绖从戎，二是说服了决心归隐的左宗棠改计出山，三是说转了负气出走的李鸿章重返曾国藩幕府效力。他三年抚粤，三年使西，都不算平生得意事吗？不算。抚粤三年，焦头烂额，他跟好友左宗棠彻底闹掰。使西三年，负谤国中，他被自己举荐的副使臣刘锡鸿构陷，弄得灰头土脸，不堪回首啊！然而在局外人看来，郭嵩焘敢为人先，出使英、法，在中国外交史上写下了开创性的篇章，其超前的卓识启发了后人，就算过程和结果不够愉快，毕竟这三年才是他一生中最具价值的时段。

光绪二年（1876），清朝政府决定为此前发生的"马嘉理事件"买单，派遣一位钦差大臣去欧洲谢罪，顺便留驻英国、法国为首任公使。当年，这个远涉重洋的差事并非抢手的香饽饽，谁得到它，就会遭致千夫指戳、万人唾骂，往坏处想，甚至有可能身败名裂。满朝文武官员莫不视远涉重洋为畏途，值此群情汹汹的当口，谁愿意充当天字第一号的冤大头？令朝野惊诧的是，名士郭嵩焘竟然挺身而出，自告奋勇，"以为时艰方剧，无忍坐视之理"，孰料他揽下这趟钦差，竟比聚众做江洋大盗还招人憎恨。郭嵩焘毕竟不是五丁大力士，就算他天生铁肩，也扛不住外界巨大的压力，于是他敲起了退堂鼓，三次告病，请求朝廷另寻替人。开弓没有回头箭，朝廷的成议岂能轻易更改？何况遍寻国中，替人好比替死鬼，不可多得。好友李鸿章出面劝驾，两宫皇太后亲切召见，勉励再三再四。苏老泉遗下名言："大丈夫生不为将，得为使，折冲口舌之间足矣！"[2] 有此热念，郭嵩焘的心潮又如同春江之水，漫过长堤。

1　赵尔巽等：《清史稿》第 39 册，第 11949 页，卷四百七，列传一百九十四。不第：不但。弁冕：魁首。

2　苏洵：《嘉祐集笺注》，上海古籍出版社 1993 年版，第 420 页，《送石昌言使北引》。

朝廷正式公布钦差大臣的任命后，举国哗然，在郭嵩焘的老家湘阴，保守派率先发难，群起而攻之，一副语意阴损的对联不胫而走，南北风传："出乎其类，拔乎其萃，不容于尧舜之世；未能事人，焉能事鬼，何必去父母之邦！"这副对联引经据典，列堂堂之阵，树正正之旗，煞有介事，却经不起推敲。晚清算什么"尧舜之世"？英国人也不是地狱恶鬼。

学者、文豪王闿运素以通达著称，他致书郭嵩焘，信中却不乏迂腐可笑之论、荒唐发梦之言："闿运以为人臣奉使，唯其所往。涕泣辞家者固非，慷慨请行者亦谬。唯是海岛荒远，自禹、墨至后，更无一经术文儒照耀其地。其国俗，学者专己我慢，沾沾自喜，有精果之心而并力于富强之事。诚得通人开其蔽误，告以圣道，然后教之以入世之大法，与之论切己之先务，因其技巧，以课农桑，则炮无所施，船无所往，崇本抑末，商贾不行，老死不相往来，而天下太平。此诚不虚此一使，比之苏武牧羊，介子刺主，可谓狂狷无所裁者矣。夫好异喜新者，人之情也。利玛窦之学在中土则新，在彼国则旧；公之学在中土则旧，在彼国则新。诚为之告以佳兵之不祥，务货之无益，火器能恐人而不能服人，马头利纷争而不利混一，铁路日行万里何如闭户之安，舟车日获万金不过满腹而饱。彼土人士心气已达，奢欲是同，其比之徐光启之见西儒，奚翅十倍倾仰而已，纵不即化，而后生有述。昔老聃之流沙，而胡皆为佛，即其效也。奉使称职，一时之利；因而传教，万世之福。"[1] 王闿运是晚清知识界的大头领，见解尚且这么不靠谱，其门生廖平批评他"头脑极旧""常识缺乏"，还真不算冤枉，那些比王闿运的认知水平更低的人该是如何看待郭嵩焘出使西洋，就可想而知了。

光绪二年（1876）冬，郭嵩焘携如夫人梁氏和随员登上英国邮轮，这一去就是两年。既然本国的文化精英不能理解他的使命，英国幽默杂志《喷奇》奉送见面礼，登出整整一版漫画，将他丑化成一只梳着长辫子的东方猴子，又有什么好大惊小怪的？

---

1 王闿运：《湘绮楼诗文集》，第 868、869 页，《致郭兵左》。马头：码头。

　　当年，只有办理洋务的大臣——直隶总督李鸿章、陕甘总督左宗棠、两江总督沈葆桢——深知洋务内情。左宗棠有句名言能令顽固的保守派无词以辩："东西有，中国不必傲以无；东西巧，中国不必傲以拙。人既跨骏，则我不得骑驴；人既操舟，则我不得结筏。"[1]所谓"东西"，指东洋和西洋。

　　郭嵩焘是硬着头皮的无畏者，也是动着脑筋的有心人，称之为成色十足的外交家，则更为恰当。"自南宋以来，控御夷狄之道，绝于天下者七百余年。老朽不才，直欲目空古人，非直当世之不足与议而已。"[2]他就是如此自信。光绪三年（1877），郭嵩焘基于"公使涉历各国，正当考求其益处"的慧识，将他出洋途中备述见闻和思考的日记整理成册，取名为《使西纪程》，抄写一份，寄呈总理衙门。此书在国内刊行后，立刻引起轩然大波，守旧派的头面人物们义愤填膺，口诛笔伐，虚拟的罪名是"用夷变夏"，实际罪名则是"有二心于英国，欲中国臣事之"。翰林院编修何金寿抗疏论劾，请旨销毁印版，将郭嵩焘撤职查办的叫嚣也是一浪高过一浪。当年舆情汹涌，千夫指斥，万众唾骂，皆自谓义愤填膺，不免令有识者啼笑皆非。

　　《使西纪程》对国外的政治、军事、科教和民俗多有赞语和好评，拟西国于唐、虞、三代之盛，为士论所不容，原在情理之中。曾国藩的弟子薛福成对洋务素无反感，也怀疑郭嵩焘揄扬西方太过，及至他本人出使英、法、意、比四国后，始叹郭嵩焘往日言之不诬。国人不明外情，视洋人为夷狄，郭嵩焘对此情形多有批驳。至于主战派践踏常识，快其口舌，"宁可覆国亡家，不可言和"[3]，郭嵩焘自然又要讲一箩筐道理。

　　光绪四年（1878），曾纪泽出使英、法之前，在国内仔细阅读了《使西纪程》。十一月初，曾纪泽乘船至香港，参观监狱后，在日记中写道："郭筠仙丈所记，无一字不符者。"[4]郭嵩焘的《使西纪程》错就错在

1《郭嵩焘：伦敦与巴黎日记》，第497页。
2 黄濬：《花随人圣庵摭忆》上册，第156页，《郭嵩焘以外交能手自负》。
3《郭嵩焘：伦敦与巴黎日记》，第66、67页。
4《曾纪泽日记》第2册，中华书局2013年版，第856页。

纪实性太强，它触怒和惹恼了迷梦未醒的天朝完美主义者。中立者也不太情愿向郭嵩焘输送同情。晚清大臣刘秉璋的三公子、作家刘声木论及《使西纪程》，就认为郭嵩焘欠缺深思，失之轻率："书初出，舆论大哗，贤士大夫更谓其欲废孔孟之道，以从天主耶稣。虽指斥不无太过，亦侍郎有以自取。凡人一生，不能无善恶，一国亦如是。若一概盲从，坐视数千年历代圣贤相传之良法美德废弃而不屑道，揣之事理，能乎不能？岂侍郎未之思乎！"[1]郭嵩焘何尝未思，但他的想法足够单纯，尽可能详尽地将自己的所见所闻所感所悟传送回闭目塞听的朝廷，教当路诸公不再坐井观天，但他没料想到那些观天者毫不领情。原本是大实话，在友人李慈铭看来，却是"极意夸饰"的胡说八道，断定"凡有血气者，无不切齿"，质疑"嵩焘之为此言，诚不知是何肺肝，而为之刻者，又何心也"。书生对牛弹琴，尚可相安无事，郭嵩焘唤醒铁屋子里酣睡的梦中人，引发公愤实所难免。

相比各类酷评家，铁笔御史们更加"深明大义"，他们一直惦记郭嵩焘，专等他愣头愣脑撞入罗网来。清政府所采取的折中手法耐人寻味，一方面笼络保守派，下令将《使西纪程》毁版，禁止流传；另一方面又安抚洋务派，令郭嵩焘继续留任，完成使命。及至郭嵩焘回国后，恭亲王想要郭嵩焘进京入总署帮忙，李鸿章也乐意给好友敲边鼓，郭嵩焘却敬谢不敏。他看清楚总署办洋务如同叶公好龙，虚头巴脑，不足有为。何况总署待郭嵩焘十分无礼，听任他独担恶名，以求官方获取解脱，还暗中庇护那些凶鹰恶犬，以快其搏击。郭嵩焘自揣愚直，决定"引身自远"。恭亲王是政客，郭嵩焘是学者；政客凭心机、权谋和手段玩转一切，学者根据事实作出判断，二者根本不是一路人。

光绪三年（1877），清朝政府公费派遣严复（字又陵）赴英国学习海军科目。严复经常去公使馆与郭嵩焘交谈，议论相得。"严又陵言：'中国切要之义有三：一曰除忌讳，二曰便人情，三曰专趋向。'可谓深切著明。鄙人生平所守，亦不去此三义，而以是犯一时大忌，朝廷亦加

---

1 刘声木：《苌楚斋随笔 续笔 三笔 四笔 五笔》下册，中华书局 1998 年版，第 1055 页。

之贱简，谁与知之而谁与言之！"[1] 忌讳太多则顾虑重重，办事效率低下；人情不便则忧心忡忡，社会关系复杂；趋向不专则目标模糊，只能瞎打误撞。郭嵩焘自谓"除忌讳""便人情""专趋向"三义尽得，却因此大触霉头，远涉重洋持节国外。"贱简"即派放个被人嫌弃的差事，可见当年公使并非美职。

在近代工业的发源地伦敦，郭嵩焘仿佛进入了一个跟现实世界全然不同的魔法世界，举凡政治、军事、科技、教育、商业、金融和风俗人情，全都是另一副面貌。他参观水晶宫，欣赏夜景之后，在日记中留下赞叹："街市灯如明星万点，车马滔滔，气成烟雾，阛阓之盛，宫室之美，至是殆无复加矣！"他以中国驻英、驻法公使的身份，成为巴黎万国博览会的嘉宾，西方科技之发达令他十分震惊。他访问牛津大学，对英国教育有了正面的接触和直观的认识。西洋学术昌明、人才激涌都是由于教育理念先进，格物致知，征实致用，相比之下，中国读书人习虚文、操八股，简直就如同梦游荒野鬼打墙。郭嵩焘认为，中国办新式学堂乃是最急迫之事。

郭嵩焘受李鸿章嘱托，订购英国的铁甲战船、水雷和枪炮，以巩固大清海防。为此，他考察了船厂、军火工厂。最令他兴奋而又震撼的事情则是出席英国海军检阅仪式和法国阅兵典礼，英国的海军、法国的陆军，军容之严整，武器之精良，都对他产生了视觉冲击力，使这位公使的内心掀天揭地。他决心深入表象，寻找西洋列国全面繁荣强盛的真因，盗回火种，振兴神州。

郭嵩焘主张与西洋各国通商，化干戈为玉帛，这就像是在旷野中疾呼高喊，纵然声嘶力竭，影响所及范围有限。李鸿章对人说过一番颇有见地的话，大意是：中国与欧美各国通商颇有益处，欧美各国求财不求气，难道他们宁愿杀鸡取卵、涸泽求鱼，把中国人榨干榨尽，不留一点残余？当年，讲常识竟比讲高深的道理更难，谁主张与洋人通商，谁就会沾上通敌卖国的汉奸嫌疑。

1《郭嵩焘：伦敦与巴黎日记》，第535页。

郭嵩焘思想超前，原因何在？他出生于湖南湘阴的富商家庭，别人固有的轻商偏见他没有。咸丰年间，郭嵩焘在湖南倡办厘金（商业税），解决兵饷无着的难处，可谓初试身手。同治元年（1862），郭嵩焘致书好友曾国藩，道是"用才各有所宜。利者，儒生所耻言。汉武用孔仅、桑弘羊，皆贾人，斯为英雄之大略"[1]，其重商思想呼之欲出。光绪八年（1882），郭嵩焘在家休养，观点更为鲜明，直言"商贾可与士大夫并重"，这个说法无疑是犯众的，连省城的老友都群起而攻之。左宗棠讲过一个故事：某富人新屋竣工，宴客时，将为首的工匠置于上宾位，塾师居其下，立刻招致众人的非议。中国人固然夸赞鲁班神乎其技，但这位国之大匠地位并不高，根本无法与至圣先师孔仲尼相提并论，工匠精神长期遭到压抑。若按照郭嵩焘"商贾可与士大夫并重"的逻辑，"工匠可与士大夫并重"的提法有何不妥？

郭嵩焘广见博闻，深思熟虑，发现欧洲诸国讲求实学，中国人理应取法"其强国富民之术，尚学兴艺之方，与其所以通民情而立国本者"。中国人只偏好洋人的坚船利炮，出重金购求，这无异于买椟还珠。

第二次鸦片战争后，被动挨打的清王朝其愤在色，其怯在心，外交上执行的是彻头彻尾的"鸵鸟政策"，郭嵩焘曾用十二字加以概括，即"一味蠢""一味蛮""一味诈""一味怕"。因为愚蠢而行蛮，行蛮不逞则使诈，使诈不成则跪地求饶。他认为，当局"不揣国势，不察敌情"，妄肇衅端，徒然"贻祸天下"。洋务派有求变图强之心，可是舍本逐末，只注重"造船制器"，对僵化偏枯的政教，对根子上的症结要么视而不见，要么讳疾忌医，不肯痛下柳叶刀，狠割而猛治。这样偏瘫的洋务，即使办得兴兴头头、热热闹闹，也办不出脱胎换骨、洗髓易筋的效果。中国的地利尽可发掘，人才尽可培养，没有与之适配的政教体制，无论朝野怎么折腾，都只是竹篮打水一场空。洋务派的领袖们对于大本大原不敢触及，对于政教风俗不敢变更，仅在细枝末节上修补点缀，又有何用呢？郭嵩焘苦苦寻思，终于找到了根源："推而上之，南宋诸君子及

1《郭嵩焘全集》第13册，第74页，《致曾国藩》。

明季议论，如弄空枪于烟雾之中，目为之眩，手为之疲，而终一无所见。明人之言有曰：'当国者如醉卧覆舟之中，身已死而魂不悟；忧时者如马行画图之上，势欲往而形不前。'南宋迄今八百余年，终无省览，皆所谓身死而魂不悟者也。"[1]然而郭嵩焘也心知肚明，用欧美的政教径直替代中国的政教，比换肾脏、换肝脏、换心脏的手术难度和风险要高得多，简直等于换头手术，当时的历史条件方方面面都有欠缺。

　　身为驻英、驻法公使，郭嵩焘有机会去近距离考察英国、法国、德国的政治、商业、科技、教育、学术和风俗人情，他参观了王宫、城堡、议会、大学、报社、医院、银行、船坞、炮台、军工厂、博览会、图书馆、博物院、照相馆、阅兵式和慈善机构。列强之强并非只强在船坚炮利，其方方面面皆生机勃勃。郭嵩焘参观的地方越多，思考的范围就越广，他以对比的方式来彰明中外治理之差异："圣人之治民以德，德有盛衰，天下随之以治乱。德者，专于己者也，故其责天下常宽。西洋治民以法。法者，人己兼治者也。故推其法以绳之诸国，其责望常迫。其法日修，即中国之受患亦日棘，殆将有穷于自立之势也。"[2]

　　英、法、德等西洋国家之所以强大，是因为君民兼主国政，使用明确的法治而非模糊的德治，因此民气得通，民情得达，民志得伸，民才得展，少抑郁挫伤之弊。郭嵩焘感慨系之，"西洋能以一隅之地"为"天地精英所聚"乃理所固然，倘若中国朝野人士不幡然醒悟，急起直追，革故鼎新，除残去害，则西洋愈强，中国愈弱，势所必然。"自西洋通商三十余年，乃似以其有道攻中国之无道，故可危矣"，郭嵩焘洞烛幽微，平心静气，勇于承认中国之"无道"（政治腐败），寻找病因，这才是先知先觉者真正的独醒之处。

　　在朝野名士的眼中，郭嵩焘始终是个异端。比如洋务派领袖们忙于造船制器，他却主张正本清源；朝野清流一致主战，他却认为在列强环伺的危局面前，"无可战之机，无可战之势，直亦无可战之理"，只可随机应付，切忌不顾后果，一味浪战；洋务派领袖们认为强国乃当务之

1《郭嵩焘：伦敦与巴黎日记》，第 998 页。
2《郭嵩焘：伦敦与巴黎日记》，第 627 页。

急，他却认为富民才是当前之要；朝野清流一致认为列强亡我之心不死，他却认为洋人以通商为治国之本，意在求利，我们不妨因势利导；洋务派领袖们主张工商业官办，他却主张工商业民营。他对关键问题的看法与各路"神仙"格格不入，难获谅解，以至于孤立无援。

郭嵩焘不以世间毁誉为进退，这一点他在书信中讲得透彻："……是以谤毁遍天下，而吾心泰然。自谓考诸三王而不谬，俟诸百世圣人而不惑。然其所以犯骂讥笑侮而不悔者，求有益国家也，非无端自取其声名而毁灭之以为快也。"[1] 他还在诗中唱出内心的最强音："流传万代千龄后，定识人间有此人！"这支响箭将他的大自信射向遥远的时空。

咸丰九年（1859），大帅僧格林沁奏请郭嵩焘去天津协办海防，郭嵩焘毫不含糊，发言献策如进药石，僧帅则对他的匡益多加驳斥。日后，僧帅屡经挫败，愈益看清了郭嵩焘的正直、勇毅和睿智，遂于稠人广座中对他赞不绝口，深愧当年自己未能知其人、纳其言、用其策。僧格林沁评价郭嵩焘，最要紧的是八个字："见利不趋，见难不避。"[2] 郭嵩焘的精神境界由此可见一斑。

5 刘坤一以身许国，力挽狂澜

曾国藩、左宗棠谢世之后二三十年间，持主见而不盲从、遇危难而能挺身而出的封疆大臣，排名于首位的并非李鸿章，而是刘坤一。刘坤一晚年形象很好：长身玉立，目光如电，白须清朗，手掌如朱砂，接人则和蔼之中时露刚正之气。他喜欢阅读《资治通鉴》，公务之余，会客之后，稍有闲暇，辄一卷在手。

戊戌（1898）之秋，维新变法宣告彻底失败，光绪皇帝载湉被慈禧太后叶赫那拉氏幽禁于瀛台，身体虚弱，心情沮丧。八月二十八日，两江总督刘坤一致电总署，请朝廷曲赦康梁，示宫廷之间本无猜贰。为了加重分量，刘坤一在幕僚张谱拟就的奏稿上加入这样一句话："伏愿我

1《郭嵩焘全集》第 13 册，第 339 页，《致朱克敬》。
2 黄濬：《花随人圣庵摭忆》上册，第 181 页，《郭嵩焘劝僧王循理而后战》。

皇太后、我皇上，慈孝相孚，尊亲共戴，护持宗社，维系民心。"[1] 当时，杀机四伏，刘坤一不畏太后嗔，敢作如是语，隐然为光绪皇帝保驾，其强毅笃实之度，古大臣之风，官场一人而已。须知当时，张之洞左顾右盼，连响屁都不敢放一个，生怕得罪了老佛爷。

己亥年（1899）腊月，慈禧太后召见穆宗毅皇后的父亲崇绮，此举极不寻常，遂从宫禁中传出太后决意废黜光绪皇帝而另立大阿哥溥俊的消息，一旦慈禧太后为穆宗（同治皇帝）立嗣，光绪皇帝的处境就相当危险，由此产生的政治冲击波势必震动国基。既然慈禧太后已拿定主意要策立大阿哥溥俊，连光绪皇帝的脉案都公布了（以此证明他病得不轻），溥俊在宫中恶心光绪皇帝（称呼他为皇叔）也恶心过许多遍了，这种邪门事为何只刮风不下雨？主要原因有两个：其一是张之洞以"才堪大用"力荐梁鼎芬于行在，至西安召对时，梁鼎芬历述本国臣民及其洋人倾服光绪皇帝的情形，对慈禧太后说："臣自南方来，闻洋人在上海已先议决，除杀端王外，尚有专条干涉立大阿哥事，倘至洋人提出时，伤我中国体面太大，以臣愚见，不如我们先自己料理。"[2] 慈禧太后私心里最害怕洋人追究她的罪责，听罢梁鼎芬的提醒，不禁连连点头，保全自身绝对是她心目中的头等大事，溥俊被废便不在话下。其二是两江总督刘坤一电奏时已对此事明确表态："经权之说须慎，中外之口宜防。"慈禧太后掂量一番后，知难而退，敲响了退堂鼓，于是"母子一心"之类的温语仍复出现在懿旨中。

据胡思敬《国闻备乘》揭秘，戊戌政变后，慈禧坚欲废立，荣禄屡谏而不听，恐怕同负恶名，表襮于朝野，便向太后献策："朝廷不能独立，赖众力以维持之。疆臣服，斯天下莫敢议矣。臣请以私意先觇四方动静，然后行事未晚。"慈禧太后表示首肯。于是荣禄以密电分别咨询八位总督，意思是太后将拜谒太庙，给同治皇帝立嗣，诸位不妨各陈己见。两江总督刘坤一对此不以为然，遂与湖广总督张之洞约定联署上章力争，张之洞始诺而中悔，反对废立的奏折已经发出，居然派人追回折

---

1 《刘坤一奏疏》第 2 册，岳麓书社 2013 年版，第 1545 页，《寄总署》。
2 王照口述，王树枏笔录：《德宗遗事》，中华书局 2007 年版，第 176 页。

弁，划掉了自己的名字，嗣后还仿效唐朝大臣徐勣"此陛下家事，何必更问外人"的软滑口吻，致电自家姐夫、军机大臣鹿传霖："……本拟即行密陈，因近日道路传闻，朝廷于此事将有举动，则为外臣者，于此等事自不宜妄言，且上意已定，更不必再言。"电文中，张之洞还有一语："此大事，臣下不敢知，但闻皇太后近来因大阿哥不好学，深不喜大阿哥而已。"[1] 张之洞为自己预留地步，无论慈禧太后怎么折腾，反正他不开罪。刘坤一见张之洞首鼠两端，颇为不屑地说："香涛见小事勇，见大事怯，姑留其身，以俟后图。吾老朽，何惮！"他毅然挺身独任，电复荣禄："君臣之义至重，中外之口难防。坤一所以报国者在此，所以报公者亦在此。"荣禄以刘坤一的复电入奏，慈禧太后"惧而止"。慈禧太后意欲废黜光绪皇帝，兹事体大，拂逆太后之意很可能会遭逢灭门奇祸，张之洞的得意弟子杨锐尸骨未寒，他肯定心有余悸，临危而胆怯，表现倒也真实。有趣的是，《国闻备乘》还将正剧之外的鬼把戏揭示出来，慈禧太后迷信正阳门外关帝庙的签和赵瞎子的卦，荣禄收到刘坤一的复电之后，不敢立刻上奏，就派人去关帝庙抽了一签，去赵瞎子那里卜了一卦。隔日，慈禧太后问道："外省复电何如？"荣禄回答："外电久不至，奴才亦时念之。昨诣关庙求签不吉，诣赵瞎子问卜又不吉，颇以为忧。"慈禧太后赶紧索看签文和卦批，大意都是"不可妄动，动则有悔"，太后默然。嗣后，荣禄方才进呈刘坤一的复电，废立之事遂无形瓦解。[2] 这样子更齐整，荣禄往铁血政治的锅底再掺入些装神弄鬼的狗血玩意儿，更能让人看清慈禧太后的政治水平。刘坤一勇毅，张之洞软滑，荣禄狡黠，他们不同的表现也都跃然纸上。

另据陈夔龙《梦蕉亭杂记》卷一所记，刘坤一的谏阻背后实有荣禄和李鸿章的助力。其时，李鸿章外放两广总督，行期已定，向京中诸公辞别，见荣禄容貌清癯，神色憔悴，便关切地问道："何忧之深也？"真人面前不打诳语，荣禄告诉李鸿章："南海虽边远，实一大都会，得君往，朝廷无南顾之忧。君行将高举远引，跳出是非圈外，福诚无量。

<hr>

1 《凌霄一士随笔》第 5 册，第 1791 页，《张之洞与大阿哥之废立》。
2 胡思敬：《国闻备乘》，中华书局 2007 年版，第 92、93 页，《刘张优劣》《荣相谲谏》。

而我受恩至渥，责备亦最严。近数日来，求生不能，求死不得，将何以教我？"随即荣禄出以八字密语："非常之变，恐在目前。"其言外之意似有特别之举。李鸿章不待听完下面的话，就大声阻止："此何等事，讵可行之！今日试问君有几许头颅，敢于尝试！此事若果举行，危险万状。各国驻京使臣，首先抗议。各省疆臣，更有仗义声讨者。无端动天下之兵，为害曷可胜言！东朝圣明，更事最久，母子天伦岂无转圜之望？是在君造膝之际，委曲密陈成败利钝。言尽于此。"[1] 荣禄闻言，悚然若失。翌日，他以李鸿章的"危词"（虑危之语）密奏慈禧太后，顿使一场大风波暗中平息。[2] 政治秘辛，深知其底细者极少，陈夔龙官至直隶总督，位尊寿长，博闻广见，其说法可信度不低。不管怎么讲，在废立这颗大雷行将引爆之际，刘坤一是冒险拆除导火索的三人小组成员之一（另两位成员是荣禄和李鸿章），这绝对没错。

有趣的是，变法之初，光绪皇帝一日数诏，雷厉风行，他心里最恼火的大臣是刘坤一，最喜欢的大臣是张之洞，杨锐得任军机章京，乃张之洞力荐所致。刘坤一以玩忽新政遭到明谕申饬，措辞极为严厉："于本年五六月间谕令筹办之事，并无一字覆奏。迨经电旨催问，刘坤一则借口部文未到，一电塞责。……受恩深重久膺疆寄之人，泄沓如此，朕复何望？倘再借词宕延，定必予以惩处。"[3] 谁也没料到，维新变法失败后，慈禧太后想废黜光绪皇帝，另立新君，暗中赞同的人倒是张之洞，明里反对的人却是刘坤一。刘坤一先谋国后谋身，先保君后保己，倘若光绪皇帝在瀛台上知悉此情，必定感慨知人不易吧。

庚子年（1900）五月十九日，正当朝廷纵容义和团在北方猛斗洋教士和二毛子时，刘坤一致电总署，独陈己见，措辞颇为激切，与朝旨大相抵牾："从来邪术不能御敌，乱民不能保国。外兵深入横行，各省会匪四起，大局溃烂，悔不可追。机变甚速，间不容发。"[4] 幕僚起稿完毕，

---

1 陈夔龙：《梦蕉亭杂记》，山西古籍出版社 1996 年版，第 22 页，《国体改革前纪闻》。

2《凌霄一士随笔》第 5 册，第 1790 页，《两江总督刘坤一》。

3《凌霄一士随笔》第 2 册，第 403 页，《刘坤一有守非张之洞所及》。

4《刘坤一奏疏》第 2 册，第 1561、1562 页，《寄总署》。

对刘坤一说："此奏关系甚大，国之安危系之，公之祸福亦系之。应发与否？事须慎重。"刘坤一思索顷刻，以手加颈说："好头颅准备赴菜市口耳！"即命译发电文。庚子年，最大的政治正确是站队义和团。当义和团攻打外国使馆，朝廷同日向十一国宣战，大臣许景澄上书慈禧太后，认为"攻杀使臣，中外皆无成案"，因此激怒慈禧太后，被定了个"任意妄奏，语多离间"的罪名，被处死于北京菜市口。刘坤一致电总署，措辞无所回避，已经做好了掉脑袋的思想准备。

庚子年（1900）夏，八国联军攻占大沽口，天津沦陷，慈禧太后和光绪皇帝仓皇失措，携两宫人员逃往西安，由于信息受到阻隔，太后、皇上一度下落不明，外界甚至谣传他们已经在逃亡途中驾崩。

其时，李鸿章奉命回任直隶总督，自粤抵沪，见义和团气焰方张，京城百姓一日数惊，大臣朝不保夕，事机凶险莫测，于是他决定暂留沪上，静观其变。刘坤一认为，大局业已遭到破坏，将来与各国媾和，非李鸿章出面不可。嗣后，刘坤一奏请朝廷授予李鸿章全权，以便与列强驻上海各总领事商量协议，得旨允行。李鸿章能够远避危机，终与列强达成和议，都是刘坤一顾全大局、妥善安排所致。

刘坤一敢断大事、敢决大疑、敢定大计，庚子年是他最高光的时期，率先发起东南互保，倡议与沪上各国领事签订保护中国东南部地区的条约，措国家于磐石之上。当年，各项外债以关税充抵，朝廷认为，既然已经与各国开战，就可以停止支付。吴淞海面兵舰络绎，此议若行，列强势必派兵占领各处海关，分扰沿海各省，这样一来，东南互保的局面将会遭到破坏。刘坤一抗疏力争，按照条约付还欠款，其他省份解款不够及时的，加上罚款，他全部负责代为解决。大信既已昭明天下，各国无所借口，李鸿章力主和议，乃得斡旋余地，相机进行。

政治真空时期危机四伏，刘坤一经办的军政事务颇为繁杂，可谓千头万绪，但他镇定自若，应付裕如。东南互保条约关系全国安危，一招不慎，就会满盘皆输。朝廷对形势屡有误判，向列强宣战，纵容义和团攻打使馆区，都是愚不可及的败招，倘若没有刘坤一这样睿智理性的大臣坐镇南方，大力补救，亡国之祸将无法避免。河山再造，刘坤一功不可没。章钰代东阁大学士陆润庠为刘坤一撰神道碑，无须谀墓，纯粹写实："公荷封疆重寄数十年，平时不以贤智先人，一当艰屯盘错之会，则言人所不敢言，为人所不敢为，成败利钝非所计，而惟知尊主庇民，自完其以身许国之素愿。"[1]

6 湘军猛将以推锋为能

湘军将士多以推锋为能，尤耻言持重，行军疾走如风，昼夜赴利，人皆视之为天将神兵。其中，塔齐布、罗泽南、李续宾、刘氏兄弟（刘腾鸿、刘腾鹤）、毛氏兄弟（毛英勃、毛英俊）、黄淳熙、荣维善、毕金科、彭毓橘、刘松山等名将皆身先士卒，冲锋陷阵，最终殒命沙场。

咸丰年间，湘军大将塔齐布[2]与罗泽南以善打硬仗并称为"塔罗"。塔齐布取得湘潭大捷后，由副将破格擢拔为提督，官居一品，时年三十八岁。塔齐布是旗人，却为早期湘军打造了金字招牌。"塔齐布之为将，杂用兵、勇，皆得其死力，虽号奸猾者，隶其部下，勇毅恒先人。每出战，部曲从者，度非骁劲敌十人已上，辄鞭之使还。尝独拒追寇，全军还营，而己一骑陷寇地，投宿民舍，老妪涕泣上食，为匿马稻秸中。明日按辔徐还，军中服其神勇。"[3]可惜的是，这位勇将在攻打江西九江时，顿兵于坚城之下，师老无成，愤然呕血而亡。

刘腾鸿[4]治军刁斗森严、凛不可犯，临战则勇居阵首、挺立如山，有名将之风。攻打武昌时，刘腾鸿以挑战的姿态独立城下，毫不躲闪，激怒守城之敌以他为活靶子，敌人连发十余炮未能命中目标，他用这种极端的方式激发士卒的勇气。咸丰七年（1857）秋，刘腾鸿攻打江西瑞州城，故技重演，因此殉难。刘腾鸿太过刚毅，于好谋而成之道用心不足，令人惋惜。刘腾鸿围瑞州时，屡次打败敌方援军，创造过以三百湘

1《凌霄一士随笔》第5册，第1783页，《两江总督刘坤一》。
2 塔齐布（1817—1855），字智亭。满洲镶黄旗人。官至提督。谥忠武。
3 王闿运：《湘绮楼诗文集》，第595、596页，《湘军志·曾军篇弟二》。
4 刘腾鸿（1819—1857），字峙衡。湖南湘乡人。湘军猛将。谥武烈。

勇战胜一万敌军的最高纪录。他围攻瑞州时，所部仅一千五百人，挖长壕围困守城之敌，前后一年，所挖壕沟、所筑堡垒堪比数万人之功。刘腾鸿中炮受伤后，不肯在营中养伤，继续猛攻不止。军士知腾鸿志在必克，个个不畏枪林弹雨，争相致死命。刘腾鸿再次中弹负伤后，流血如注，其胞弟刘腾鹤将他扶起，他勉强睁开眼睛说："城不下，无殓我！"闻者无不感泣，冒死登城，斩杀了大半守敌，除道开门，迎接刘腾鸿的遗体入城治丧。刘腾鸿勇冠三军，能得众人之忠心和死力。"腾鸿于诸将位最卑，名最重。求所为战略，无以异人。至于攻城，以力求必克，非将帅之道。然临死一言，而使士卒忘身殉己，若报私怨，以成其志，虽塔齐布、多隆阿莫能逮。腾鸿死，而所部称精兵，至今闻其名。凡曾从腾鸿战者皆服其勇，在湖南诸将中，名欲过李续宾矣。"[1]

在湘军体系中，苗族猛将田兴恕[2]显得有些特别。他十六岁从军，长沙保卫战时单身驾小舟夜烧敌营，被追杀，泅渡湘江而回[3]，此类壮举得到善化县知县王葆生和湖南巡抚骆秉章的赞赏。田兴恕乃一介武夫，却是天生的英俊男子，"美秀而文，一时有玉人之目。每临阵，则又雷奋飙举，横厉无前。年十八即握兵符，所至之处，万人空巷，环绕而观之。"其亲兵百人，号为死勇，他先给每人五十两银子，军粮超过常额一倍。应募者纷至沓来。面试时，田兴恕问道："汝不畏死乎？家中有何人，可割弃耶？"对方正应答间，他突然拔刀作势挥砍，若见对方原地挺立、纹丝不动，他就喜形于色，高声夸赞"是好男子"，赏银留人；若见对方躲闪退避，他就大声怒斥，逐出营外，其行径如同大盗。咸丰六年（1856），骆秉章听说江西万载县敌寇甚强，立即调遣田兴恕的部队驰援友军。田兴恕突阵敢战，自负神勇，心里小觑以书生领兵的刘长佑，虽归其统辖，却并不服帖。他与刘长佑的营官相遇，恼怒对方不下马，竟然一顿鞭打，而且当面责怪刘长佑驭下无方，刘长佑苦笑，道歉了事。在万载县，将领萧启江折节有礼，田兴恕乐意为他尽力。翌年，

---

1 王闿运：《湘绮楼诗文集》，第 624 页，《湘军志·江西篇弟四》。
2 田兴恕（1836—1877），字忠普。湖南镇筸（今凤凰）人。官至提督兼署贵州巡抚。
3 朱孔彰：《中兴将帅别传》，第 334 页，《田巡抚兴恕》。

婴哥岭之战，田兴恕恃勇而前，突阵深入，遭遇埋伏，所骑战马中枪而死，他的左手也受了伤。刘腾鸿驰救，两军并力鏖战，多有斩获。

湘军强盛时期，其分支之一的篁军尤以勇悍著称，田兴恕在篁军中威望高、升迁快，十八岁为篁军哨长，二十五岁即升为贵州提督，手握钦差大臣关防，兼署贵州巡抚，掌握黔省军政大权，美好前程可谓似火浇油，如花着锦。然而田兴恕缺乏深远识度和大局观，其后的表现令人瞠目。他在青岩、开州制造了两大教案，捕斩天主教教士和教民多人，枭首示众，法兰西公使向清政府提出严正交涉。同治四年（1865），朝廷受迫于西方列强不断施加的外交压力，将田兴恕革职，遣戍新疆。田兴恕上《谢罪折》，阳表忠心以自解，阴抱冤屈以自鸣，道是"各为其主，常怀犬马之诚；无礼于君，妄拟鹰鹯之逐"[1]，此语颇为时人传诵。左宗棠经营西北，奏留田兴恕防守甘肃秦州，雄风犹在，颇能御敌。在甘肃的那几年，田兴恕听从左宗棠的劝告，开始认真读书，他苦学不辍，把湘西苗民的韧劲发挥到了极致。此后不仅文墨清通，而且赋诗填词也不为难，其诗集《镇生诗草》不无可观。

同治十一年（1872），左宗棠奏请清廷，将田兴恕放归原籍。翌年，田兴恕回到家乡。他出钱聘请文人重修凤凰厅志，保存了许多史实，还续修了《田氏家谱》，兴建慰忠祠，参与一些公益活动。可惜他从猛将转变为儒将的路只走了一小半，就因创伤复发而死于盛年。

田兴恕是一位争议性很大的将领，骁勇善战是一方面，政治幼稚则是另一方面。曾国藩说："田兴恕得钦差，李世忠作帮办，天下安得平？"[2] 意思就是武将田兴恕和李世忠在地方上为所欲为、骄悍不法，朝廷重用他们，天下怎能太平。

最初，魏光焘[3]属蒋益澧麾下，接连收复贺州、柳州，解除省会桂林之围。在收服匪首黄三的过程中，魏光焘显露出临危不惧、胆气过人的大将之才。据魏光焘的回忆录记载，他仅带数人冒险去匪寨招降，当

1　朱孔彰：《中兴将帅别传》，第 335、336 页，《田巡抚兴恕》。
2　赵烈文：《能静居日记》第 1 册，第 366 页。
3　魏光焘（1837—1916），字午庄，别署湖山老人。湖南邵阳人。官至两江总督。

时，"贼怒目环视，刀皆出鞘，声隆隆然。余坦然以诚信晓以利害，独宿三日，以示不疑。卒得黄三率其众来降。犹记归营时，黄步队数万皆跪送。马队万余，左右排列"[1]。

光绪二十年（1894），中日甲午战争，北洋水师全军覆没，淮军全线溃败。朝廷决定重新起用湘军。可是湘军旧部将老兵疲，已非复昔日之勇，不宜北征。刘锦棠在湘乡接旨后不久病故，朝廷令魏光焘墨绖出征，由湖南巡抚吴大澂统领。魏光焘和李光久（湘军大将李续宾之子）、陈湜[2]、余虎恩募勇三千，共计六营，重组"武威军"，奔赴辽东御敌。一边是仓卒成列、准备不足的湘军，另一边是武器精良、训练有素的日军，未战而胜负已定。老君堂一战，湘军颇形踊跃，算是北征打得最好的一仗。陈湜横戈督阵，炮如雨坠，战火燃及须眉，他屹然不动。获胜之后，大家都佩服他胆大于身。[3]牛庄之战是近代湘军凄惨的谢幕，不仅输掉了面子，也输掉了里子，真是输得彻彻底底，湘人多年养成的不可向迩的虚骄之气、自负心理、自大意识至此而顿馁矣。这是可怕的挫折，又何尝不是难得的解脱。

魏光焘是湘军牛庄谢幕战的亲历者，多年后他痛定思痛，在其回忆录中写道："雪天冰地，兵勇喘息未定，适倭寇由辽阳纠集二万余众来扑。余督兵御之，血战竟日。余坐骑凡三易，究以众寡悬绝，援兵不至，死亡过半，且无精利枪炮，兵少械窳，力不能支，始退驻田庄台。"湘军将士把热血洒在北疆，徒有忠勇，只剩悲壮，这般难堪的谢幕虽为湘人始料未及，但揆以盛衰之理，并无太大的出入。

7 湘军水师将士迎着炮火而立

湘军陆师勇于推锋，水师也毫不逊色，甚至有过之而无不及。起初，湘军水师欲防御枪子和炮弹，使用过渔网、牛皮和浇水的棉絮等物，效

---

1 魏光焘：《湖山老人自述》。
2 陈湜（1832—1896），字舫仙。湖南湘乡人。官至江西布政使。
3 李伯元：《南亭笔记》，第303页，《陈湜之胆大于身》。

果不佳。鸟枪子如梧子大小，尚可抵挡住，抬枪子、劈山炮子，凡是比黄豆大的枪子炮弹，就毫无防御之法。既然炮子避无可避，湘军水师索性摒弃一切不用，直接以血肉之躯植立船头，可避者避之，不可避者听之任之，如此反复地练胆，湘军水师中的老兵就没有一个是胆小鬼。

咸丰七年（1857），内湖水师与外江水师合攻湖口，欲打通长江，扭转战局。内湖水师经过石钟山下，敌军布置巨炮扼守崖口，战况极为惨烈。王闿运笔下是这样描述的：

"九月，始复攻湖口。先是，玉麟军在江西岁余，无所得饷，借领火药亦靳之。时内湖军屡攻石钟、梅洲寇屯不下，闻外江军至，克期遣谍告九江围军合攻。丁亥，平旦，玉麟率全军分三队出湖，载福临江口发炮应之，寇并力拒湖内军，城洲两岸炮丸如雨。玉麟令三版先出，大船继之。寇度船所经直石钟山下，有石崖，高下与三版相当。即辇巨炮崖口，一发中前船，都司罗胜发毙。玉麟令回船，后者进，有死者复回船，后者迭进，伤死相继，莫敢退。或谏曰：'今驱士卒与飞火争命，非兵法也。'玉麟曰：'自水陆用兵于此五年，精锐忠勇之士毙命于此千数矣，湖北、江西以此被屠戮者数十万，每一念之煎心。且久困，若不破此险，无生理。今日固死日也，义不令士卒独死，亦不令怯者独生矣。'鼓而进之寇崖下。炮发火多，铜焦，炮者震死。船衔尾直下，出江与外江合军，欢动江水。于是沿江寇舟失势，所在掷火烧之，舟尽燔。而官军船为铁网牵缀，篙楫不利，岸上寇复聚火枪击水军。适会李续宾伏陆军，潜上湖口城背山，扬旗鸣角下，岸寇惊愕大溃，三军合屯。其夜城寇破走，洲上寇亦遁，获军火子药数十万，炮船八十余，悉解江西。"[1]

炮火之下，水师比陆师更为暴露，相当于活靶子，找不到任何掩体可以躲藏。彭玉麟堪称猛将中的佼佼者，他向全体部下高声喊话："今日固死日也，义不令士卒独死，亦不令怯者独生矣。"此言掷地作金石声，将士有进无退。鏖战之际，抱必死之心者未必死，怀偷生之念者未

---

[1] 王闿运：《湘绮楼诗文集》，第 665、666 页，《湘军志·水师篇弟六》。

必生，久已验证不虚。

杨岳斌胆魄过人，曾国藩夸赞他"每遇大警，不动声色"。他统领外江水师杀敌，乘长龙船，着银红缎开气袍，翠翎珊顶，望之鲜明如画。敌军燃炮轰击，飞弹掠肩，啸声清晰可闻，杨岳斌屹立如故，督师直捣敌垒，一鼓而平。事后，亲兵见其衣上有焦痕如线香所灼，杨岳斌将战袍叠好放入竹笥，传观亲友，以为躬亲矢石之征，见者无不啧舌。同治元年（1862）深秋，曾国藩回复杨岳斌："闻阁下曾坐舢板、竖五色旗遍历金柱关小河之内，四面炮子如雨，不知确否？以后务乞慎重，切不可有意冒险。"[1]

8 黄兴屡败屡战，逆转人心

批评的声音一直不绝于耳：黄兴领导的广州起义纯属盲动，以弱力撄强锋，致使革命精英一战而烬。黄兴徒有愚勇，仅凭一时血气，贸然发动自杀性质的攻击，致使革命干部队伍蒙受无法估量的损失。当时，箭在弦上，不得不发[2]，黄兴把革命者的信用[3]看得比革命者的生命更为重要。

五十二岁的革命家谭人凤坚请参加行动，因为出发前持枪走火而被黄兴留下。事后，他思考广州起义的意义，这样说："是役也，死者七十二人，无一怯懦士。事虽未成，而其激扬慷慨之义声，惊天动地之壮举，固已碎裂官僚之胆，震醒国民之魂。武汉闻风兴起，督抚纷纷逃遁，非即因此振其气，而夺其魄耶？宜令人景仰黄花岗，而慨想无既也。"[4]

黄花岗烈士集体发掘了中华民族的良心，以热血弘扬了浩然正气，这种精神力量一旦使天下人达成共识，其意义远远大于一城一池的攻

---

1 《曾国藩全集》第26册，第51页，《复杨岳斌》。
2 一部分军火已历经艰险运抵广州城南，不但不能运返，稍有不慎，足以殃及无辜。
3 海外华侨捐款，寄希望于广州发难，如有始无终，形同欺骗，不能见谅。
4 《谭人凤集》，第349页，《石叟牌词》之二十六。

取。清朝末叶，民气日益委靡，老百姓勇于私斗而怯于公战，经此一役，国人也许会扪心自问：何者为义？何者为勇？何者为雄？何者为烈？何者为国家？何者为私己？何者为民族？何者为个人？所有这些，何者为先？何者为后？他们受此雷击电劈似的一激灵，也许会有片刻的清醒与活跃，"铁屋"的地基将发生动摇。

广州之役，黄兴被射断两根手指，流血满身，幸得女中豪杰徐宗汉及时救助，才得生还。未等伤口完全愈合，黄兴就嘱咐宋教仁筹备广州起义失败检讨会，他在会上慷慨陈词："广州起义失败了，使我肝胆俱裂，五内俱焚，悲痛不能自己。……此役明知不可为而为者，迫于革命存亡绝续之交，战则虽败，革命精神不死，国魂光辉照耀古今，是所以坚持否决展期之说，宁死于战场，决不未战先溃。"

尽管宋教仁并未亲自参加广州起义，但他的认识足够深刻，总结也很精到："……但平心思之，此事究不得以为失败，盖失败一时而收效甚远也。何则？有此一番变动，遂生出三种观念：一、此番死难诸人，如此猛烈，可使一般人知同盟会非徒空谈，实有牺牲性命的精神；二、此番死义，多属青年，易激起人痛惜之心，而生倾向革命之热诚；三、政府对于此举毫无悔心，人愈恨旧政府而争欲推翻之。有此种种，故武昌一起，天下从风，岂偶然哉？虽谓诸烈士已成圆满无上之功，未为不可也。"[1]宋教仁无意计较一时之成败，着眼点是它深远的影响和巨大的震荡。

黄兴自嘲为屡败屡战的"常败将军"，却具有凌轹万古的劲气，是铁骨铮铮的汉子，即使被击倒一千次，只要还剩半口气，他就会挣扎着从血泊中第一千零一次爬起，高昂的头颅决不会低下。

辛亥革命前，孙中山一直认为，在珠江流域开展革命活动是上策；黄兴则把目光北移至长江中下游，更看好这一流域的革命资源，一旦义军攻克武昌或南京，即可震撼全国。1911 年 10 月上旬，他在一首七言律诗中表明了自己的观点："怀锥不遇粤运终，露布飞传蜀道通。吴楚

1《宋教仁集》下册，第 397 页，《黄花岗起义周年纪念会演说辞》。

英豪戈指日，江湖侠气剑如虹。能争汉上为先著，此复神州第一功。愧我年来频败北，马前趋拜敢称雄。"[1]没想到，他看好的"先著"，因为一名士兵擦枪走火而突然破局。

有人说，黄兴是上马杀贼、下马草檄的英雄；也有人说，黄兴只是半吊子的军事家，自他掌管兵枢以来，几乎无役不从、无役不败，这样吃败仗吃得太多了，自己都已惭愧得不行，三番五次引咎自责，要以死谢天下。作此酷评的人也不仔细想想，黄兴是在拿什么跟敌方硬拼和死磕？他率领同盟会众战友徒手搏虎，一回又一回，光是那份勇气，就足够令人敬佩了。在武昌，身为民军总司令，黄兴指挥了几场鏖战，其中汉阳保卫战尤为惨烈，他以初成之军对抗北洋大将冯国璋、段祺瑞等人统领的精练之卒，有赢有输，有胜有负，最终因为湘军第三协统领王隆中等将领抗命不从，擅离阵地，再加上新兵器械陋劣，作战经验欠缺，一而再、再而三地误事偾事，汉阳遂告失守。所幸袁世凯有养敌自资的私念，不想将革命党人赶尽杀绝，好留着他们做筹码，因此他勒令两位前线大将见好就收。要不然，急于立功封侯的"北洋之狗"冯国璋早就挥师攻占了武昌城。

武昌起义的发动使多米诺骨牌效应迅速形成，全国十一个省宣告独立。清朝日薄西山，气息奄奄，三分天下残剩其一，即便是这三分之一，也已摇摇欲坠，土崩瓦解之势不可逆转。

胡元倓[2]创办了长沙明德中学，于近代湖南教育贡献很大，口碑很好，黄兴受其邀请在明德中学教过体育。关于成败，胡元倓的视角新奇："辛亥革命事起，克强自武汉苦战力绌来沪。倓见面笑曰：'成功矣！'克强曰：'我败来，何此言？'倓曰：'君非军事学家，败乃常事。前者君一人革命，故难成功。自黄花岗事出后，全国人心皆趋向革命，自成功矣。'"[3]相比世俗功利的计议，胡元倓更重视人心和道义的认可，有此铺垫，事业才算夯实了地基。

1《黄兴集》，第71、72页。《和谭人凤》。

2 胡元倓（1872—1940），字子靖，号耐庵，晚号乐诚老人。湖南湘潭人。近现代教育家。

3 田伏隆主编：《忆黄兴》，第209页，胡元倓《题黄克强先生遗墨》。

三　屈蠖求伸，舍道用权

识时务者为俊杰，这是老掉牙的警言了。诚然，创业不易，成功更难，在危殆的形势下图生存，在逼窄的环境里谋发展，智者的法门不外乎八个字："屈蠖求伸，舍道用权。"

湖南人满血豪情，素以奋勇著称，其实运智并非其短板和弱项。改变一贯的行事作风和待人方式难度不小，但只要拿定了主意，愿吃亏、肯让步就行，真正难于登天的是从根本上改变自己的思维定式，以更大的格局、气量、眼界和胸怀应对眼前复杂的局面，判断何为可靠方向，选择何为可行路径，确定何为可达目标，一步行差则须九步纠错，又要看纠错的决心如何、执行力怎样。湖南人的性格劲直而倔强，拐弯和妥协均非其天然优势。

明朝初期，湘籍文臣刘三吾[1]"为人慷慨，不设城府，自号坦坦翁，至临大节，屹乎不可夺"，深受明太祖朱元璋信任，"一切礼制及三场取士法，多所刊定"。懿文太子薨，刘三吾建议立太孙朱允炆为储君，朱元璋欣然采纳此议。洪武三十年（1397），刘三吾膺任会试主考官，取中的全是南方贡士，北人不服，舆论大哗，朱元璋震怒。当时，南方已平定，北方未稳定，刘三吾衡文，只看文章质量，不搞地区照顾，全取南士，北士被剃光头，这个结果相当于猛抽北方人的耳光。刘三吾的大局观和政治敏感度过于薄弱，覆阅时，张信本当审时度势、改弦更张，

1　刘三吾（1313—1400），名如孙，以字行于世，自号坦坦翁。湖南茶陵人。官至翰林学士。

他却维持原议。一旦坐失转圜补救的良机，结果就悲惨了，张信、白信蹈等二十余名官员遭凌迟处死，南士获谴者甚众，刘三吾白首戍边，已属万幸。[1]朱元璋钦取北士六十一人，将南士悉数黜落。明太祖以北榜置换南榜，从一个极端转变到另一个极端，可谓力挽狂澜于既倒，这场政治秀取得了他所需要的极致效果，既安抚了北方人，又震慑了南方人。湘籍翰林学士刘三吾不识变通，毁掉了自己前程似锦的官宦生涯。

所幸近代湘贤曾国藩、胡林翼能够审时度势，及时收敛了圭角锋芒。他们屈蠖求伸，能忍常人所不能忍，屈常人所不能屈；他们舍道用权，并非毫无原则，一味从权，而是千方百计曲成其道。唯有杨度是理想主义者，当他发现自己的方向不可靠、路径不可行、目标不可达时，却未能舍己从人，与孙中山建立合作，兑现他襄赞共和的诺言。他自号"虎禅师"，参禅礼佛，甘心做个名士和清客，接受奉系军阀张宗昌、上海滩青帮帮主杜月笙的翼蔽，不免有点自暴自弃的意思。

1 曾国藩屈心抑志，避地求全

咸丰三年（1853），曾国藩在长沙办团练，难处多多，因为皇帝给他的职衔只是"帮同办理本省团练乡民搜查土匪诸事务"，与其丁忧前的贰卿（兵部侍郎）之职并不匹配，所以"筹兵，则恐以败挫而致谤；筹饷，则恐以搜刮而致怨"，处处束手束脚。此外，他与省城的官场人物要和谐相处，这也是一件难事。赵烈文便揭示了其中的症结，大意如下：曾督帅于咸丰二年（1852）冬奉旨督练乡勇，抵达省城后，三宪（抚台、藩台、臬台）都轻视他。督帅自告奋勇，请求剿匪除患，于是设局敦劝绅士、富家捐银，招兵买马。凡是百姓投诉遭到土匪劫掠的案子，督帅派人擒获强盗，立刻处决，总共杀掉数百人，乱民和暴民闻风丧胆。湖南境内的刑事案都归集到督帅的治所，州县长官无从过问。于是忌恨督帅的官员上下掣肘，专门针对他。[2]

---

1 张廷玉等：《明史》第 3 册，第 2103 页，卷一百三十七，列传第二十五。
2 赵烈文：《能静居日记》第 1 册，第 365 页。

在困境中，曾国藩的生存能力和办事能力太强了，捕杀盗匪、慑服乱民、审结大案要案，样样出色，这岂不是存心要抢走三宪（巡抚、布政使、按察使）和州县官员职权范围内的活计吗？连曾国藩自己都承认，他在省城所办的事情"强半皆冒侵官越俎之嫌"，因此布政使徐有壬、按察使陶恩培、提督鲍起豹合伙忌恨他，排斥他，打压他。湘勇是杂牌中的杂牌，只要他们结伴进城，就会遭到标兵的奚落、歧视和欺凌，小打小骂是家常便饭，曾国藩的仆从进城也必遭标兵欺负。湘勇中有倔强勇猛的狠角色奋起反抗，双方掐过几回死架，仇怨越积越深，到了水火不容的地步。王闿运在《湘军志·曾军篇弟二》中详细地描述了标兵要狠的情形，具体脉络是这样的：

长沙协副将清德很是骄横，他自认为武官不归文官统管，就算你是本省巡抚，照例不便干涉军营的操练事宜，可是塔齐布为讨好曾国藩，擅自操练士卒，败坏营制。湖南提督鲍起豹昏庸自喜，他听信清德的说法，扬言盛夏操练士兵纯属虐待军人，况且提督现在就驻扎在省城，他不传令士卒操练，谁敢任意妄为，必用军棍伺候。塔齐布闻令，既沮丧又惶恐，不敢坚持原议，地方官员都窃喜，以为这样一来，城里没人再敢多事了。提督府的标兵原本就轻侮受训的乡勇，现在有提督出面为他们撑腰，自然更加骄纵。

刚巧湘勇试射火枪，不慎击伤了营兵长夫，营兵被激怒了，立即吹号举旗列队攻击湘勇。城楼上的守军也都跳下来，市面上顿时惊恐喧哗。为了平息事端，曾国藩只好当众鞭打试枪者以示歉疚，标兵这才罢休。不久，辰勇与永顺兵发生私斗。辰勇是由塔齐布训练的。提督府的标兵更加傲狠狂怒，又吹号列队讨伐辰勇。于是曾国藩想到内斗没完没了，不治理标兵，官民会更加轻视他这位钦命的团练使。由于无法入营抓捕真凶，他就移牒到提督府，指名要缉拿那些行凶的标兵。提督鲍起豹心头火起，却假意应承："今天就按大帅的命令办，我派人将他们捆赴辕门。"满街的标兵气势汹汹。曾国藩想处死那些违法的标兵以正军法，又担心发生兵变，因此犹豫不决。营兵日夜在城中游行聚会，文武官员都闭门不肯出来调解，巡抚也是一副事不关己高高挂起的态度。于是标兵公然作乱，堵住曾国藩公馆的大门。公馆所在地是湖南巡抚署中练习射箭的地方，曾国藩料想营兵只不过在门外示威，不敢冲进公馆，他正在办公，营兵抢着兵器就杀了过来，见人就砍，逢人就刺，险些伤到曾国藩。情势危迫，曾国藩只好跑去拍打巡抚署的垣门，巡抚骆秉章问明原委，感到震惊，赶紧去府外向标兵道歉，把捆绑的人放走，对乱兵一概不予追查。布政使、按察使以下的官员都指责曾国藩的处置办法简单粗暴，以至于激成兵变。如此混淆是非，曾国藩的幕僚都气不能平，怒不可遏，认为应该将事实奏报朝廷。曾国藩叹息道："时事正处处棘手，臣子既不能消灭大乱，怎敢拿自己的这点屈辱去叨烦圣上？我宁肯避开这些乱兵。"当天，他就率领湘勇移驻衡州（今湖南衡阳）。

这次乱兵寻衅，曾国藩命悬一线。他居然隐忍下来，这就叫"打掉牙和血吞"。此时小不忍则乱大谋。他惹不起，躲得起。

曾国藩致书湖广总督、座师吴文镕，字字句句坦露心迹，未打诳语："国藩思据实入告，为臣子者不能为国家弭大乱，反以琐事上渎君父之听，方寸窃所不安；欲隐忍濡迹长沙，则平日本以虚声弹压匪徒，一旦挫损，鼠辈行将跳踉自恣，初终恐难一律。是以抽掣转移，急为衡州之行。"[1] 实力才是硬道理，当时，湘勇人少兵器差，斗不过标兵，曾国藩避其锋芒，堪称上策。他致书湖南巡抚骆秉章，语句则要冠冕堂皇得多："……是以抽掣来此，意欲再练劲旅，重养声威，不特欲护省垣，即国家大局，亦须臾未忘。"[2] 就这么回事：交情深，彼此推心置腹；交情浅，彼此虚与委蛇。

当时，曾国藩对骆秉章心存不满。朱孙贻（字石翘，又称石樵）从岳州战败逃回，在宁乡又吃败仗，逃奔了数次，骆秉章非但没有处分他，还对他信任有加，令他署理宝庆知府。曾国藩向家人倾诉道："是非之颠倒如此，余在省日日恼郁，诸事皆不顺手，只得委曲徐图。昨当面将朱石樵责备，渠亦无辞以对，然官场中多不以我为然。将来事无一成，孤负皇上委任之意，惟有自愧自恨而已，岂能怨人乎？怨人又岂有

1《曾国藩全集》第 22 册，第 195 页，《与吴文镕》。
2《曾国藩全集》第 22 册，第 197 页，《与骆秉章》。

益乎？大抵世之乱也，必先由于是非不明、白黑不分。"[1] 朱孙贻是湘军创始人之一，治理湘乡时拿出过顶好的成绩单。咸丰元年（1851），曾国藩听闻其剿匪的事迹后，在家书中夸赞道："朱石樵为官竟如此之好，实可佩服！至于铳沙伤其面尚勇往前进，真不愧为民父母。"[2] 然而彼一时也此一时也。正值用人之际，骆秉章看重朱孙贻过往的履历和才能，任命之前，与曾国藩沟通不够，的确是个问题。至于曾国藩明显感觉到骆秉章拆了自己的台，骂后者"是非不明、白黑不分"，应该是气头话。

"吾惟忍辱包羞，屈心抑志，以求军事之万有一济。"曾国藩是这么说的，也是这么做的。有时候，聪明人后退一步是为了前进十步百步。赵烈文提供了另外的解释：曾国藩好胜心很强，在京城任职时，好友梅曾亮是古文高手，何绍基是书法圣手，他"时时察其造诣，心独不肯下之"，拿定主意，博览群书，要超过他们每一个人。曾国藩在湖南抚署遭遇标兵威胁、险遭不测之后，被官场同僚欺侮、诽谤、嘲骂之后，其自尊心深受刺激和伤害，"因是发愤募勇万人，浸以成军，其时亦好胜而已"[3]。曾国藩好胜，但不盲目出招，他把一段弯路走成了直路，这很高明。

2 胡林翼化敌为友，和衷共济

"林翼貌英伟，目岩岩，威棱慑人。事至立断，无留难。"从《清史稿·胡林翼传》的概述来看，胡林翼既堪称猛人，又堪称能人。就连曾国藩都向进士同年毛鸿宾承认："弟治剧之才不逮胡宫保十倍。"所谓"治剧"，即治理丛杂繁重的事务，"治剧之才"也可视为化繁为简的才能。

胡林翼曾自书楹联："无欲则刚，有容乃大；虑善以动，强恕而行。"他很清楚，官场生态如何，官场文化如何。"世事洞明皆学问，人情练达即文章"，先须具备这样深刻的体知，为官才可如鱼得水，办事才能游刃有余。湖广总督官文是满族人，他姓"官"，的确很会做

<hr>

1 《曾国藩全集》第 20 册，第 226、227 页，《致澄弟温弟沅弟季弟》。
2 《曾国藩全集》第 20 册，第 202 页，《致澄弟温弟沅弟季弟》。
3 赵烈文：《能静居日记》第 2 册，第 1093、1094 页。

官，慈禧太后对他的忠顺印象深刻，恭亲王对他的乖巧青睐有加；他名"文"，却既无文韬，又无武略，他精于官场登龙术，一招鲜，吃遍天。胡林翼打心眼里瞧不起这号贪鄙的不倒翁，但地位决定态度，他是湖北巡抚，官文是湖广总督，纵然官文的口碑差，胡林翼也得忍气吞声屈居其下，督抚同城，权位不相下，彼此不拆台才好唱戏。起初，官文与胡林翼多有抵牾，前者没少给后者小鞋穿。换了别人，多半会结怨生隙，内耗、硬顶、窝里斗，胡林翼始则意气用事，终则以大局为重，主动与官文修和。

官、胡冰释前嫌，另有其人功不可没："咸丰五六年间，粤贼陷踞武昌汉阳，蔓及旁郡，蹂躏数千里。是时文恭由荆州将军改总督，凡上游荆宜襄郧诸郡兵事饷事悉主之。文忠驻军金口，进规武昌，凡下游武汉黄德诸郡兵事饷事悉主之。二公值湖北全境糜烂之余，皆竭蹶经营，各顾分地，文忠尤崎岖险阻，与劲寇相持，独为其难。督抚相隔远，往往以征兵调饷，互有违言，僚吏意向，显分彼此，抵牾益甚。文恭于巨细事不甚究心，多假手幕友家丁，诸所措注，文忠尤不谓然。既克武昌，威望日益隆，文恭亦欲倚以为重。比由荆州移驻武昌，三往拜而文忠谢不见也。或为文恭说文忠曰：'公不欲削平巨寇耶！天下未有督抚不和而能办大事者。且总督为人易良坦中，从善如流，公若善与之交，必能左右之，是公不翅兼为总督也。合督抚之权以办贼，谁能御我？'文忠亟往见文恭，推诚相结纳，谢不敏焉。文恭有宠妾，拜胡太夫人为义母，两家往来益密，馈问无虚日，二公之交亦益固。文忠于是察吏筹饷，选将练兵，孳孳不少倦，文恭画诺仰成而已，未尝有异议。每遇收城克敌，及保荐贤才，文忠辄阴主其政，而推文恭首尸其名。朝廷以文恭督湖广数年，内靖寇氛，外援邻省，成功甚伟，累晋大学士，授为钦差大臣，宠眷隆洽。文恭心感文忠之力，而文忠亦益得发舒。凡东南各省疆吏将帅之贤否进退，与大局一切布置，每有所见，必进密疏，或与文恭会衔入告。文忠所引嫌不能言者，亦竟劝文恭独言之。讦谟所定，志行计从。人谓文忠有旋乾转坤之功，不仅泽在湖北也。"[1]

湖南宝庆府知府、满人魁联给两边出主意，目的只有一个：使湖广总督官文和湖北巡抚胡林翼和衷共济："当武汉初复，文忠由湖湘，文恭由襄汉，分为两岸。麾下文武各有所主，议论颇不相下，两公遂成水火之势。文忠一日具疏参文恭十二事，先遣人示意请改，文恭闭不纳。时前宝庆守魁联荫庭被议随营，周旋两府间甚洽，因诣文恭言曰：'今天下大事专倚湘人，公若能委心以任，功必成，名必显。公为大帅，湘人之功皆公之功，何不交欢胡公，而为一二左右所蔽乎？某请往说胡公，使下公。'旋又过文忠言曰：'官公忠实无他肠，友谊极重。公若与结好，凡事听公，决无后虑。若必劾去易能者，未必悉惟公所为，公其思之。'两公甚然其言，前隙遂释。魁又促文恭先过文忠布心腹，于是结为兄弟，家人往来如骨肉焉。文忠知文恭用财欲泰，而丁漕税厘盐课皆兵饷所指，不能给私，乃以荆州道竹木税一项专归督院派员，于新堤设局征收，由督院报部支销，所谓新关者也。文恭得此，亦感文忠之厚云。"[2]官文死后谥文恭，胡林翼死后谥文忠，作者示敬，故以谥号称呼他们。

官胡之交乃是战乱时期的势利之交，胡林翼肯分利给官文，官文就肯分权给胡林翼，无非各取所需，两人维持表面的尊重，湖北的政务、军事就能走上正轨，运转顺畅。魁联是个出色的说客，有战国纵横之士游说的水准，实为恰当的媒介，功不可没。

在《湘军志》中，王闿运写到胡林翼主动与官文修和，可谓要言不烦："方南北岸之分军也，督抚未相见，将吏各有所统，颇构同异。官文以将军受任，拘于满、汉。论者复为林翼陈杨霈、崇纶故事，林翼叹曰：'师克在和，此何时哉！'既渡江见总督，下令僚属曰：'督抚相见，前事冰释，敢再言北岸将吏长短者，以造言论罪！'官文闻之大欢。林翼又以盐厘月三千金充督府公费，两人约为兄弟，故军政吏治皆林翼主稿，官文画行。有言巡抚权重者，一无所听，而巡抚亦谨事总

---

1 薛福成：《庸庵文编》，卷四，《书益阳胡文忠公与辽阳官文恭公交欢事》。
2 徐宗亮：《归庐谭往录》，卷一。

督，推美受过。湖北富强基于此。"[1]

咸丰九年（1859）十月中旬，曾国藩回复冯卓怀，信中写道："鄂中自瞻不暇，敝军仍有穷乏之虞。所幸官、胡两帅，倾诚相与，饥饱与共，无复昔年龃龉情态耳。"督抚能化敌为友，和衷共济，受益者可不只是两湖的广大军民。

官文丧妻后，如夫人专宠于闺阃，积年而成河东狮吼之势。官文为了讨好她，大办生日宴，僚属均前往贺寿。有位新到任的按察使为人耿直，一见官文给小老婆做生日，暗呼晦气，朝廷命官岂能如此降格？他索回手本，匆匆告退。官文的如夫人被当众折了面子，羞怒交加。

胡林翼知悉内情，督抚讲和在此一举。他路遇退场的臬司，听完对方撤轿的原委，未予置评，仍径直前往官文邸宅贺寿。走了臬司，来了巡抚，官文的如夫人不仅将折掉的体面悉数挣回，还赚到不少盈余，心下自然感激胡林翼的侠义救场。没过多久，官文的如夫人就主动拜胡林翼的母亲为义母，而且如愿以偿地做了官文的正室。

此后，胡林翼在军政方面想要有所兴革，估计官文会掣肘，就先跟义妹打声招呼，让她大扇枕边风。她也乐得胳膊肘往外拐，经常在官文的耳畔聒噪道："你懂得什么打仗行文！你的才能识见哪一点比得上我胡大哥，不如依着胡大哥怎么办便怎么办罢！"[2]一来二去，官文也乐得做个甩手掌柜，"引羊脂玉巨碗斟酒，偎红倚翠，借以消遣。军报迭至，公辄麾之曰：'告胡抚台可也！'"[3]

胡林翼在湖北巡抚任上大有作为，"裙带路线"令人赞弹两难。当时的国情和政情如此，大丈夫要建功立业，枉尺直寻，宜有可为，不必拘泥于细行琐德，有时还得参用旁门左道才行。正人君子洁身自好，不愿干"曲线救国"的活儿，就注定了只能独善其身，欲兼济天下，则难乎其难。

---

1 王闿运：《湘绮楼诗文集》，第 605、606 页，《湘军志·湖北篇弟三》。

2 《凌霄一士随笔》第 4 册，第 1599、1600、1601 页，《胡林翼交欢官文》《再记胡林翼官文交谊》。

3 易宗夔：《新世说》，第 233 页，《官文耽酒不问军事》。

　　胡林翼有忍耐性，有大局观，若将他放在秦末的淮阴街头，他也能像韩信那样甘受胯下之辱。中国正派的智者主要分两拨儿：一拨儿只愿自洁，口口声声宣称"大丈夫可杀不可辱"，存的是避世之意；另一拨儿则勇于自污，"我不入地狱，谁入地狱"，存的是救世之心。我们很难简单地评定谁高明谁不高明，谁高尚谁不高尚。从操作的难度来讲，后者显然更不易握准分寸。

3 杨度坚持君主立宪，所托非人

　　1905 年左右，杨度主掌中国留日学生总会，与孙中山、黄兴等人私交甚好，起先正是他促成了两位革命巨子的合作。孙中山在横滨永乐园设宴，与杨度辩论终日，各抒己见，畅所欲言，现场气氛活跃。"皙子执先生手为誓曰：'吾主张君主立宪，吾事成，愿先生助我；先生号召民族革命，先生成功，度当尽弃其主张，以助先生。努力国事，期在后日，勿相妨也。'皙子回车，喟然叹曰：'对先生畅谈竟日，渊渊作万山之响，汪汪若千顷之波，言语诚明，气度宽大；他日成功，当在此人，吾其为舆台乎？'"[1]"舆台"是古代等级社会中最为低下的奴隶阶层，后泛指地位卑贱的人。杨度很可能自始就预感到孙中山会成功，自己会失败。

　　值得探究的问题是，杨度适合从政吗？别人说东道西未必靠谱，其师王闿运阅人无数，目光如炬，是看得很准的。早在杨度留学日本时，王闿运即指出杨度的毛病有五：其一，名利熏心，"以慕名之心，转而慕利"；其二，利用恩师，用完即丢，"依我以立名，名粗立则弃予如遗矣"；其三，无定性，"随风转移"；其四，无定见，"今日师日本，明日即可攻日本。师之而日本不得其益，攻之而日本不受其损"；其五，缺乏人格魅力，"彼无名利以招致人，则不能有党徒"[2]。王闿运认为杨度利用他人追名逐利，脚底无根而不能自立，这个负评太要命了，以

1　刘禺生：《世载堂杂忆》，中华书局 1960 年版，第 207 页，《永乐园杨皙子输诚》。
2　王闿运：《湘绮楼诗文集》，第 1051 页，《与陈郎》。

杨度日后舍道从权的表现来看，大致不差。

1908 年，摄政王载沣欲置袁世凯于死地，未能如愿，但还是强行将袁氏开缺回籍。其时，袁世凯失势，树倒猢狲散，门前冷落鞍马稀，别人拍屁股走开了，杨度却专挑这个特殊时期大烧冷灶。他先是与严修同往前门车站为袁世凯送行，日后一有闲暇就跑到河南彰德洹上村给袁世凯通风报信、出谋划策，此举博得了袁世凯的好感。

袁世凯欣赏梁士诒的经济之才和杨度的宪政之才。光绪二十九年（1903），清政府设立"经济特科"，主考官张之洞爱才惜才，将梁士诒、杨度擢拔为一等第一名和第二名，相当于殿试状元和榜眼。然而梁士诒的姓名太刺眼，顽固保守的后党左看右看，横看竖看，看出老大的忌讳来（这帮家伙观世界大势仅用鼠眼，找茬子却善用鹰眼）：吓，竟然是"梁头康脚"。梁士诒与梁启超同姓，是"梁头"；康有为原名祖诒，他名士诒，是"康脚"。慈禧太后深恶康、梁，颁下明谕：此次经济特科"选士不严，品流庞杂"，着令推翻重来。就这样，梁士诒落了榜，杨度也遭受池鱼之殃。从此，杨度就认定梁士诒是他仕途上的头号克星，沾上梁士诒就等于沾上霉运。

1913 年 8 月，熊希龄组织名流内阁，欲延揽杨度为交通总长，然而这一美职被梁士诒视为盘中禁脔，不容他人染指，袁世凯则认定杨士琦"必孚人望"[1]。杨度不能到位，熊希龄过意不去，请杨度屈就教育总长一职，权当给老朋友撑台面，杨度视教育部为闲曹，不屑一顾，他答复道："帮忙不帮闲。"[2]这句话语带双敲，因杨度八年前帮熊希龄渡过一回大难关，为他捉刀撰写考察西洋宪政的系列报告，现在熊希龄竟以"冷猪肉"酬谢故人，难怪杨度愤愤不平。

杨度将野心勃勃的袁世凯视为堪与德皇威廉一世、日本明治天皇比肩的有为明君，而他要效仿铁血宰相俾斯麦、伊藤博文，成就一番伟业。有一天，袁世凯与杨度单独议事，突然兴起，想出一道摸底测验题，他以垂询的语气问道："阁下睿智英明，知深虑远，请问，立国之

---

1 陶菊隐：《政海轶闻》，第 32 页，《徐世昌》。

2 陶菊隐：《政海轶闻》，第 17 页，《熊希龄》。

道，帝国、民国两种国体，何者最适合我泱泱华夏？"杨度略一思忖，便语气凝重地回答："民主共和是世界潮流所趋，国家主权属于人民全体，乃为不可争议的定数。但以中国国情而论，民智未开，政治失衡，建设落后，比之西方，差距何止百年。不过为政在人，有贤能之政府，就有国富民强之希望，帝国、民国谁为是，谁为非？总归一句话：'事在人为。'"嗣后袁世凯拿定主意，取消民国议会制，重返帝制老路。杨度既通晓中国传统的帝王术，又了解东洋、西洋的君主宪政，眼下足资利用。

君主宪政与民主宪政并无高下优劣之分，关键在"宪"不在"主"。以四大列强作对照，英国的君主宪政优于法国的民主宪政，美国的民主宪政又优于德国的君主宪政。杨度认为，立宪好处多，以下几个方面尤为重要：限制军人跋扈；开启民智；约束国家元首的独断专行；摒绝政府违反民意的卖国行径。唯有"宪政"堪称猛药，可以直抵病灶，铲断中国四大顽疾的病根。

1911 年 11 月 15 日，杨度代表君主立宪党，汪精卫代表民主立宪党，联合签署《国事共济会宣言》，他们特别声明："……以保一君主为目的而使全国流血，君主立宪党所不忍出也。以去一君主为目的而使全国流血，民主立宪党所不忍出也。"[1]何去何从？须诉之于国民公意，他们要求发起国民会议，以国民之公意决之。这说明当时南北双方关心的并不只是君主的去和留，还关心民意的赞成与否。问题就在于：谁又拿得准当时真实的民意是什么？就算有如此明确的民意，以袁世凯为代表的北方强梁们会尊重它吗？

民国初年，帝制的先声并非由杨度首发，首发者是美国行政法学专家、总统府顾问、中国通古德诺，他卸任归国前，袁世凯问他有何临别赠言，古德诺说："言之幸勿见罪。贵国人民程度远逊欧美，躐等以行共和之制，是何异削足适履也。以吾观之，如改行君主政体，亡羊补牢，犹未为晚。"[2]此言恰得袁世凯之意而道之，于是后者开出五十万元

1《杨度集》第 2 册，第 537、538 页，《国事共济会宣言书附简章》。
2 陶菊隐：《政海轶闻》，第 3 页，《春云渐展》。

润笔费，请古德诺撰写《共和与君主论》，发表在北洋政府控制的《亚细亚报》上。古德诺是美国学者，他的话自然具有足够的"说服力"，如果他认为共和制度不像君主制度那么适合中国国情，别人也很难驳倒他。古德诺认为，在民智卑下的国家建立共和制，无异于开启乱源，南美、中美诸国兵连祸结，政局长期动荡，就是这个原因。一个人花粉过敏，还是远离鲜花为妙。一言以蔽之，从国民的历史习惯、社会经济状况和列强的关系等角度来看，中国的立宪政治更适合君主制，而不是共和制。

杨度分析当时中国各个政治集团和军事集团的实力，孙中山领导的同盟会和其后身国民党虽有抬头伸脚的地方，却徒有大志而无军队；四方割据的军阀虽有抬头伸脚的空间，却徒有军队而无大志；唯独袁世凯既握有北洋系重兵，又具有一统天下的大志，更有广阔的政治舞台，杨度选择铁腕强者寄托自己的政治理想，单纯从操作原理来看，没毛病。

1915 年 2 月，杨度为媒介，袁世凯的长公子袁克定在私宅宴请梁启超。酒酣耳热之际，杨度询问梁启超："假设改共和为君主立宪，不知道外间会怎么说？"他讲这话，意在套取口风。梁启超立刻听出了弦外之音，佯装酒醉，用"只问政体不问国体"一语搪塞过去。

1915 年 4 月，杨度撰成《君宪救国论》，采取答客问的方式阐明自己的观点。危言足以耸听："由今之道，不思所以改弦而更张之，欲为强国无望也，欲为富国无望也，欲为立宪国亦无望也，终归于亡国而已矣！……中国国民好名而不务实，辛亥之役，必欲逼成共和，中国自此无救亡之策矣！"杨度讨厌暴力革命，故而放言君主立宪可使国家培元固本，避免流血。此文卒章明其志："非立宪不足以救国家，非君主不足以成立宪。立宪则有一定之法制，君主则有一定之元首，皆所谓定于一也。救亡之策，富强之本，皆在此矣。"[1]梁启超对杨度的高论不以为然，他正色相告："此何时，此何事，项城又何人，而可如是其轻且易耶？"

梁启超离开北京，住在天津，他发表《异哉所谓国体问题者》，抨

---

[1]《杨度集》第 2 册，第 563—570 页，《君宪救国论》。

击君主立宪制，为民主共和制辩护。据张一麟《袁幕杂谈》所记，"杨度往津，劝任公毁其《异哉所谓国体问题者》一文，任公不允，斥之甚厉，面赤而退"。两位好友从此站在互相敌对的立场上。梁启超秉承古人风义，写信给杨度，道是："吾人见虽歧，私交弥笃。今后各行其是，不敢以私废公，亦不必以公害私。"[1] 然而政客非比常人，公与私很难撇得泾渭分明，越是声称不绝交，就越是绝交。

1915 年 8 月 14 日，杨度串联孙毓筠、李燮和、胡瑛、刘师培和严复，发起成立筹安会。筹安会宗旨名为"筹一国之治安"，道是"惟穷乃变，惟变乃通，计惟有去伪共和，行真君宪……庶几人民有发育之望，国家有富强之机。……本会以为谋国之道，先拨乱而后求治。我国拨乱之法，莫如废民主而立君主；求治之法，莫如废民主专制而行君主立宪"[2]，究其实，筹安会的宗旨不过是替袁世凯"制造民意"[3]。名士刘禺生嘲讽道："吾初闻筹安会之名义，因不禁欣然色喜曰：'运筹帷幄，可望久安长治矣。'既有筹安之名，必副筹安之实，是筹安当保太平也，夫岂尽推翻共和之议哉！吾继知筹安会之内容，又不觉喟然长叹曰：'一筹莫展，从此民无安枕矣。'未享筹安之福，先遭筹安之殃，是筹安适以扰乱也，何竟有恢复帝制之举哉！筹安会诸君乎，非今之所谓民贼而何？"[4] 刘禺生失望之后转而怒骂，杨度在唾沫池中游泳，想的是赶紧上岸。

杨度为袁世凯称帝积极造势助攻，除了"公心"激发，也有私念作祟。他常在八大胡同厮混，迷恋名妓小赛花，开销不菲，他想为小赛花赎身，老鸨索价极高。杨度急于筹措一笔大钱，苦无正当名目。袁世凯想做皇帝，此事经梁财神从旁点拨，杨度脑洞大开，一座金矿就在眼前。筹安会相当于筹款会，开办经费十万元，后来又有大笔追加，实际到账二十五万元。由于杨度擅自挪用筹安会经费，几位重要成员颇形不满，阋墙之声随即泄漏，其初始的组织活力便日渐衰减了。杨度既被宪

1 陶菊隐：《政海轶闻》，第 6 页，《梁任公一鸣惊人》。

2 《杨度集》第 2 册，第 593、594 页，《筹安会第二次宣言》。

3 陶菊隐：《政海轶闻》，第 7 页，《梁任公一鸣惊人》。

4 刘成禺：《洪宪纪事诗本事簿注》，第 307 页，《八股命题〈筹安会〉》。

政迷眼，又被财色迷心，到底是"爱国"多，还是"爱帼"多，或是二者平分秋色，明眼人自可掂量。

筹安会成立不久，京城人士参照汉、晋以来献符佐命帮闲之臣，照葫芦画瓢，给"六君子"各取隐名：杨度是"莽大夫"，拟之为作赋投阁的扬雄；刘师培是"国师"，拟之为学不类父的刘歆；孙毓筠是"斜侯"，其头偏斜，字曰少侯；严复是"短主簿"，他善谈名理，风度酷似东晋权臣桓温帐中的矮个子主簿王珣；胡瑛是"成济"，他反噬革命党，如同成济当年反戈一击伤害高贵乡公；李燮和是"李龟年"，昔日吴淞炮台司令，跟风唱旧曲，大有江南落花时节之慨。隐名极尽嘲讽之能事，"筹安六君子"抱团找骂，闻之惶恐不安。

筹安会为虎作伥，做了不少糟心事，其中有一桩，他们组织人手编印了两本恶意诋毁孙中山和黄兴的书籍，一本是《国贼孙文》，另一本是《无耻黄兴》。筹安会意犹未尽，还排演了一台肆意丑化孙中山的京剧《新安天会》，用古怪精灵的孙悟空影射孙中山，用肥步蹒跚的黄风大王影射黄兴，用头戴李花的独木将军影射江西都督李烈钧。此剧极尽奚落之能事，嘲笑孙中山流亡海外，诱骗华侨，一事无成，顾影自怜，高唱一曲《怀乡自叹人》。[1]

当年，杨度借重其师王闿运的盛名，为自己捞取政治资本，擅自在劝进书上代为签名，实违其师之本愿。在大是大非上，王闿运并不含糊，他指出，杨度为袁世凯称帝寻求民意支持，于理不合，逻辑不通："谤议发生，知贤者不惧，然不必也。无故自疑，毫无益处，欲改专制，而仍循民意，此何理哉？……若先劝进，则不可也。何也？总统系民立公仆，不可使仆为帝也。"[2] 同时，王闿运致书袁世凯，婉劝大总统打消称帝执念："……但有其实，不必其名。四海乐推，曾何加于毫末？"[3] 那当口，袁世凯一门心思只想过足皇帝瘾，如鸦片烟鬼腾云驾雾，哪里听得进老先生的逆耳之言。

---

1 刘成禺：《洪宪纪事诗本事簿注》，第83、84页，《新天安会》。
2 王闿运：《湘绮楼诗文集》，第1134、1135页，《与杨度》。
3 王闿运：《湘绮楼诗文集》，第1135页，《与袁大总统》。

　　袁世凯从称帝到退位，满打满算八十三天，洪宪王朝便脐风夭亡。有趣的是，袁世凯死后，戏剧家刘艺舟出狱，编写了京剧《皇帝梦》（又名《新华宫》），自饰袁世凯，在汉口满春戏院演出，异常轰动。其中有一场戏，袁世凯穿着窄袖龙袍出台，嘎着嗓子唱西皮："孤王酒醉新华宫，杨皙子生来好玲珑。宣统退位孤的龙心动，哪怕他革命党的炸弹凶……"戏中，大太子袁克定被祖宗袁甲三的魂魄附了体，疯疯癫癫，举拳欲打袁世凯，责备他既不该残杀党人，私通外国，也不该得陇望蜀，做了总统，还要做皇帝，闹腾得众叛亲离，乌烟瘴气，眼看着去死不远了。袁世凯再三分辩，说是身边人为了升官发财，纷纷劝进，想方设计架弄他。[1] 筹安会首领杨度自立人设为帝王师、近代中国头号宪政理论家，但朝野间普遍认定他是袁世凯身边八面玲珑的马屁精，刘艺舟的京剧《皇帝梦》塑造诸公形象，基本面乃是顺应社会共识。杨度冤不冤？当然有点冤，但在成王败寇的大环境、大语境下，既然洪宪皇帝已从云霄陨落尘泥，杨度的人设随之崩塌，就没什么可大惊小怪的了。

　　据时人所记，袁世凯抱恨归西时，大呼："杨度误我！"这一传闻传播开去，竟逼得"通缉犯"杨度现身江湖，撰联为自己申辩："共和误民国，民国误共和？百世而后，再平是狱；君宪负明公，明公负君宪？九泉之下，三复斯言。"[2] 读者揣度杨度联语中隐含的意思，竟是袁世凯有负君主宪政，君主宪政未负袁世凯；换言之，他杨度不曾误人，倒是他亲手设计的政治蓝图被袁世凯涂改得面目全非。杨度心中郁积着一股不平之气，君主宪政何尝不可为，英国是首个实行君主宪政的国家，富强有目共睹；日本实行君主宪政，不足一百年就成为强国，也是人尽皆知的事实。但杨度看走了眼，袁世凯只打算披一件宪政的外衣，继续做独裁者，让他效仿英国国王和日本天皇那样做国家象征，形同虚设，如何肯依？就算他肯依，北洋军阀个个图求鸿运，"皇帝轮流做，明年到我家"，他们也不愿看到传国玉玺变成萝卜图章。这些军阀恣睢

1《梅兰芳文集》，中国戏剧出版社 1962 年版，第 202、203 页，《戏剧界参加辛亥革命的几件事》。

2《杨度集》第 2 册，第 611 页，《挽袁世凯联》。

暴戾惯了，要他们尊重宪法、议会、公理、民意，还不如教一群骆驼穿过针眼。

杨度与蔡锷交情不浅。1916 年秋冬，蔡锷患喉癌就医于东瀛，去世之前，他留下遗书一通，自曝其志，兼为杨度恳求国人谅解和宽容："本人少年时，羡东邻强盛，恒抱持军国主义。是项主义，非大有为之君，不足以鞭策而前，故政体孰善，尚乏绝端之证断。后因袁氏强奸民意，帝制自为，逞个人篡窃之私，不惜以一手掩饰天下人耳目，爰伸正谊，以争国民人格。湘人杨度，曩倡《君宪救国论》，附袁以行其志，实具苦衷，较之攀附尊荣者，究不可同日语。望政府为国惜才，俾邀宽典。"[1]北洋政府认为杨度甘冒天下之大不韪，非通缉不可，蔡锷的遗书便隐而未发，甚至未收入其遗集。

久居于溷秽之地，意欲自洁其行，德艺双馨，怎么可能？杨度枉读西方政治学经典名著，却陷身于奥吉亚斯牛圈，久久不能自拔，就连其恩师王闿运也大摇脑袋，称这位得意门生急功近利，过于戆直，是"自谓不痴"的书呆子。陶菊隐著《北洋军阀统治时期史话》，其中揭秘，袁世凯骂杨度是蒋干。蒋干盗书，中了周瑜的反间计，是个害主偾事的大笨蛋，袁世凯对杨度的终评竟这么差。

1916 年 4 月 10 日，杨度愤然辞去参政院参政一职，辞呈傲气十足，大话一堆："度备位参政一年于兹，虽勉竭其微忱，究无俾补于大局。世情翻覆，等于瀚海之波；此身分明，总似中天之月。以毕士麦之霸才，治墨西哥之乱国，即令有心救世，终于无力回天。流言恐惧，窃自比于周公；归志浩然，颇同情于孟子。所有辞职缘由，理合呈请大总统钧鉴。"[2]杨度自命不凡，面子大，胆子更大，异域名相俾斯麦被杨度拉来作比，无辜受谤的周公被杨度拉来作比，"吾善养吾浩然之气"的孟子也被杨度拉来作比，然而比拟不伦，徒然沦为笑谈。

袁世凯葬于河南彰德洹上村，杨度曾去祭扫过，袁克文感慨而赋诗："朱三不是纵横才，死傍燕台事可哀。独有杨家老招讨，清明犹为

---

1 陶菊隐：《政海轶闻》，第 14 页，《蔡锷》。

2《杨度集》第 2 册，第 609 页，《辞参政院参政呈文》。

上坟来。"倘若据此即称赞杨度与袁世凯是生死交情，就扯淡了。

洪宪王朝土崩瓦解之后，杨度背负"帝制余孽"的骂名和"帝制祸首"的罪名，黯然南归，遭到段祺瑞临时执政府的海捕通缉。昔日的好友如避瘟疫，有的还主张对他严惩不贷。杨度总算明白了，彼落井下石者，固即昔日握手出肺肝相示者也。宠姬小赛花见杨度亡命天涯，前程已毁，便弃他而去，乐得回归风尘，重张艳帜，管领宣南风月。鲁男子柳下惠坐怀不乱，杨度绝对学不来，至于"不羞污君，不卑小官"，尚可应付。杨度一度在"狗肉将军"张宗昌手下屈就参议之职，张宗昌驻节济南，每当有大稿件要作，就说"此必杨度"。于是那些椎鲁不文的马弁就大声传呼："喊杨度！"杨度面上无光，头皮发紧，但寄人篱下，无可奈何。自命为"无双国士"，却见侮于舆台厮养，其心理落差之大，可想而知。

1917 年，杨度静观辫帅张勋和保皇党领袖康有为捣腾的复辟闹剧，通电谴责，指出张勋与康有为之流"其误有四"：改国号，改阳历，设官遍地以慰利禄之徒，复古守旧如陈列尸。"凡所设施，皆前清末叶不敢为而乃行之于今日共和之后，与君主立宪精神完全相反。如此倒行逆施，徒祸国家，并祸清室，实为义不敢为。……所可痛者，神圣之君主立宪，经此牺牲，永无再见之日。度伤心绝望，更无救国之方。从此披发入山，不愿再闻世事。"[1] 嗣后，军阀曹锟帮杨度解除通缉令，杨度成为其幕僚，寄望曹锟保荐他为北京大学校长，却因各方反对而心愿落空。杨度晚期有较大的醒悟，参加过"反帝大同盟""中国互济会"和"中国自由大同盟"，出面营救过《京报》主笔邵飘萍、北大教授李大钊。他古道热肠，为了援助死者的遗属，卖掉自己名下的一座四合院。及至晚年，杨度混迹江湖，厕身洋场，颇为落拓，做过"上海闻人"、青帮帮主杜月笙的清客，既无真体面可言，也无大快意可道。他撰写《杜氏家祠记》，夸誉杜月笙为亦儒亦侠的人物，更被人怀疑为食人之禄，忠人之事[2]，纯属嘴软、手软的昧心之言。因此有人以怜悯的语气评价他："其才可惜，其遇可哀。"

1《杨度集》第 2 册，第 616、617 页，《反对张勋复辟公电》。
2 杜月笙每月赠送杨度银洋 500 元。

杨度的感怀诗值得留意:"茶铛药臼伴孤身,世变苍茫白发新。市井有谁知国士?江湖容汝作诗人。胸中兵甲连霄斗,眼底干戈接塞尘。尚拟一挥筹运笔,书生襟抱本无垠。"[1]这是安慰自己,还是鞭策自己?杨度偶尔的激昂见于诗歌,社会性死亡则是他逃不过的宿命。

湘籍学者李肖聃做过杨度的秘书,教过其幼子,熟悉杨度的为人行事,他对杨度的评价是:"核其平生,盖窥时势以建功名者。日本有贺长雄,谓度有战国策士之风,岂不然哉!"[2]杨度既修习中国帝王学,又修习西洋宪政,其纵横术远逊于苏秦、张仪,诗人的浪漫气质能降低阴谋家的成色,他做不到极狠极坏,反而被极狠极坏的人耍了猴。

1《杨度集》第2册,第661页,《奉和虔谷先生》。

2《李肖聃集》,第178页,《杨度别传》。

四　造命讲狠，改运通玄

近代湖南流传过一则笑话：道光年间，湘乡某甲潜心研究麻衣、柳庄相法，长达十余个春秋。一日，他的困惑达到了临界点，向友人吐实："比年以来，所见村夫牧竖，多文武大吏状貌，安得如许官职位置若辈？"[1] 因此他自疑所学不精、相术不验，便将所有看相算命的书籍塞进灶膛，付之秦火。及至咸丰初年，洪秀全、杨秀清从广西暴起，太平军击溃绿营，所向披靡；曾国藩号召书生，编练湘勇，湘乡县的村夫牧竖纷纷效命驰驱。由于荐剡累累，湘乡籍文武大员层出不穷，挂一品、二品衔，穿黄马褂、戴红顶子的比比皆是，"无数英雄挤破门"，"今日羽林郎，昨日卖菜佣。跃马大道上，煜煜何熊熊"。湘乡才子刘蓉的描写笔笔到位："旧时凿井耕田之子，椎牛屠狗之夫，皆高牙大纛，美衣华屋，以自豪于乡里。"[2] 据《湘乡县志》明确记载，晚清时期，湘乡县获封爵位者多达九百三十七人，超过不少省份在整个清朝获封爵位的人数。如此看来，湘乡县某甲相法不谬，已经颇具心水。

湖南人看待命运，采用二分法：一半操之在天，出生时家境贫富、国势强弱、地理好坏，此宿命也，我无能为力；另一半则操之在我，努力与否、进取与否、行善或作恶，我自有决定权。罗泽南贫居乡下时，致书好友谢春池，对命运作出了令人信服的解说："……故气数之命，操之自天，人所不能强也。义理之命，予之自天，操之自我，我欲为

1 徐珂编撰：《清稗类钞》第 8 册，第 4637 页，《相村夫牧竖》。
2 《刘蓉集》第 2 册，第 239 页，《与瑟庵从弟》。

之，天不得而限之。"[1] 庖丁解牛时，但凡骨节之间尚有罅隙，他就能游刃有余，创造属于自己的绝艺和奇迹。湖南人也具备这样的灵活性，在夹缝中求生存的能力非常强。

思想家洞察幽微，往往一语中的："多数人生活在平静的绝望之中。所谓听天由命，不过是习以为常的绝望。"[2] 近代湖南人造命讲狠，改运通玄，就是不甘心被"习以为常的绝望"拖入黑暗洞穴，遭到这头怪物的啃咬和吞噬。

1 讲狠造命，抱团取暖

道光十三年（1833），胡林翼二十岁刚出头，致书堂弟胡枫翼，畅谈人生："吾人生于两仪之间，果何为乎？兄常冥冥以思，而苦未能得解。然人生决不当随俗浮沉，生无益于当时，死无闻于后世，可断言者也。惟然，吾人当求所以自立，勉为众人所不敢为、不能为之事，上以报国，下以振家，庶不负此昂藏七尺之躯。"[3] 这番话颇能励志，具体应该如何做？胡林翼没明说，明说的另有其人。

咸丰八年（1858）初，曾国藩致书九弟曾国荃，向他解释何为强毅，以及强毅与刚愎的区别所在："至于强毅之气，决不可无，然强毅与刚愎有别。古语云'自胜之谓强'。曰强制，曰强恕，曰强为善，皆自胜之义也。如不惯早起，而强之未明即起；不惯庄敬，而强之坐尸立斋；不惯劳苦，而强之与士卒同甘苦，强之勤劳不倦。是即强也。不惯有恒，而强之贞恒，即毅也。舍此而求以客气胜人，是刚愎而已矣。二者相似，而其流相去霄壤，不可不察，不可不谨。"[4]《淮南子》教人"名

1《罗泽南集》，第87页，《寄谢大春池书》。

2 亨利·戴维·梭罗（Henry David Thoreau）：《瓦尔登湖》，作家出版社2020年版，第6页。徐迟的译文与此稍有出入："人类在过着静静的绝望的生活。所谓听天由命，正是肯定的绝望。"

3《胡林翼集》第2册，第951页，《致枫弟》。

4《曾国藩全集》第20册，第323、324页，《致沅弟》。

可务立，功可强成"[1]，可见自强不息是王道，毅力不可或缺。

论强毅，曾国藩堪称表率。咸丰九年（1859）冬，李榕（字申夫）从湖北黄州公干完毕，返回江西南昌湘军大营。两人交换对时势的看法，曾国藩说：眼下难处大，苦处多，必须竖起骨头竭力撑持才行。三更时，他睡不着，披衣起床，点灯磨墨，撰写了一副对联，上联是"养活一团春意思"，下联是"撑起两根穷骨头"。苦人决意挣脱苦境，逃脱苦牢，精神就不可自行垮掉。只要把"一团春意思"养活了，把"两根穷骨头"撑牢了，就算距离希望依旧遥远，也终有靠近它的那一天。对于绝境求生，胡林翼打过一个比方："天下事，成败利钝，早已了然于中矣。……有一二几希之望，仍不如尽力干去。譬之大海遭风，已知万无可救，然苦无岛屿可望，行固不得活，不行亦必不得活也。"罗泽南有一首诗，与胡林翼的想法吻合无间："巨浪立沧海，危石飞绝壑。欲行即便行，任他风头恶。"[2]英雄所见略同，这些见解得自践行和感悟，尤为切实。

左宗棠堪称造命的高手和集大成者，他的心得体会见诸文字，颇有可观："余维利害死生之际，庸人畏避而不敢前，且或托为明哲保身，以文其懦；独慷慨仗节之士，义愤所激，其事之克济与否举非所知，而必不肯淟涊韬晦以求免其难，夫亦尽吾心之所安而已。"[3]世上无难事，只怕有心人，只怕尽心尽力者，有时候，连死神都对这种豁出一切的拼命三郎刮目相看。

"多事之秋，得一人则重于山岳，少一人则弱于婴儿。"[4]一个群体齐心合力，抱团取暖，相比个人艰难造命，其优势格外明显。看看湘军的组织结构，就更加容易明白了。以忠义相号召，以礼法别尊卑，一营之中，指臂相连，弁勇视营哨，营哨视统领，统领视大帅，皆如子弟视父兄，这种紧密的宗法关系，既可以保证湘军对大帅曾国藩的绝对忠诚，

---

1 刘文典：《淮南鸿烈集解》下册，中华书局1989年版，第648页，卷十九《修务训》。
2《罗泽南集》，第44页，《欲行》。
3《左宗棠全集》第13册，第257页，《善化张氏笃光堂题额跋尾》。
4《曾国藩全集》第22册，第139页，《与刘长佑江忠济》。

又因为集体能动性导致"核聚变"，可以将个体造命的效率提升若干倍。

诚然，乱世之中，做孤胆英雄并非最佳选择，成功的概率较低，唯有将个体融入集体，才能事半功倍。湘军由湖南子弟抱团组成，曾国藩订立营制，确定营规，强调"彼此相顾""败则相救"的总原则，倘若谁背道而驰，就会被视为害群之马。说到败则相救，湘军名将李续宾堪称表率。每当临阵之际，李续宾顾全大局，专以解围救败为己任。遇弱敌则让人，遇悍敌则自当。将强兵分给别人，将弱兵留给自己，等到手下的弱兵转变成了强兵，又另带新营。

咸丰十一年（1861）十一月，杭州沦陷，太平军分兵进犯徽州。湘军将领张运兰此前已告病回家，其弟张运桂领军守城，湘军将领朱品隆、唐义训回师赴援。朱、唐二将常合驻一地，积不相能，互不买账，及至一同驰援，嫌隙扩大。朱品隆抵达城下，与敌交战，队伍快要顶不住了，唐义训居然按兵不救。曾国藩听说此事后，不禁勃然大怒，谴责唐义训："湘军之所以无敌者，彼此相顾也。湘军将虽有仇，临阵未尝不相援，故有晨参商而夕赴救者。私怨，情也；公事，义也。尔独不闻知乎？朱镇危急，三促出军而不肯应，是乱湘军之制，而湘军由此败坏也。不急改者将谁容汝！吾行军十年，视将士如子弟，至于执军法以诛败类，必有余矣。"[1] 曾国藩又用专函向朱品隆问明原委。唐义训、朱品隆"惭惧相悔谢"，同时上书请罪，自此以往和睦相处，友好相待。于是在一个月内湘军连打七场胜仗，解除了徽州之围。

2 曾国藩"打脱牙和血吞"

同治五年（1866）腊月十八日，曾国藩致书胞弟曾国荃，大意是：李申夫曾说我怄气时从不告诉别人，一味忍耐，徐图自强，他引用谚语"好汉打脱牙和血吞"来形容。这正是我平日咬牙立志的口诀，不料被申夫看破。庚戌年、辛亥年间，我被京师权贵唾骂；癸丑年、甲寅年

---

1 王闿运：《湘绮楼诗文集》，第639、640页，《湘军志·曾军后篇弟五》。

间，我被长沙官员唾骂；乙卯年、丙辰年间，我被江西官员唾骂；以及岳州之败、靖江之败、湖口之败，打脱牙的时候好多，没有一次不是和血吞下。这次贤弟的部将郭松林打了败仗，丢掉了三座县城，也颇有打脱门牙的迹象。来信总是怪怨运气不好，便不似好汉声气。唯有一个字不讲，咬定牙根，徐图自强，才叫功夫。[1]曾国藩有个大优点：常谅人过而不讳己败。他一生受过很多挫折，吃过不少败仗，全都如数家珍，不怨天不尤人，总是从自己身上找败因。当年，曾国荃任湖北巡抚，捻军入境后，这位攻城大内行实为野战大外行，以湘军步兵围追堵截捻军骑兵，深陷失败的泥潭难以自拔，声誉顿减尚在其次，看不到胜利希望而产生的焦虑情绪令他郁闷不堪、沮丧不已。曾国藩屡次罗列自己受挫和失败的经历，目的只有一个，那就是帮助老弟找回造命的自信心，挺过难关，走出失利的阴影。

同治六年（1867）三月十二日，曾国藩像翻晒旧衣旧被一样，把自己的糗事晾挂在家书里，告诉胞弟曾国荃，丢面子没什么大不了的，吃败仗也没什么大不了的，知耻者勇，自知者明，自胜者强。曾国藩历数自己三十五年来吃过的"四堑"，无一不是旧伤疤和奇耻大辱：其一，壬辰年（1832），他参加湘乡县试，学使廖某悬牌批评他"文理欠通"，发充佾生[2]。其二，庚戌年（1850），曾国藩任侍讲，他在备课本上画了一幅图，丑陋不堪，同僚莫不冷笑而鄙薄之。其三，甲寅年（1854），曾国藩在岳州和靖港打了败仗后，寄居在长沙城南高峰寺，湖南全省官员、绅士对他鄙夷不屑。其四，乙卯年（1855），湘军在九江战败，他厚着脸皮赖在江西，还参劾了江西省的巡抚和按察使。丙辰年（1856），湘军被太平军围困在南昌城内，腾挪不得，江西官员、绅士根本瞧不起他，将他视为窝囊废。曾国藩告诉曾国荃："吃此四堑，无地自容。故近虽忝窃大名，而不敢自诩为有本领，不敢自以为是。俯畏人言，仰畏天命，皆从磨炼后得来。"[3]曾国藩造命讲狠，是对自己特别狠，他揭自

1《曾国藩全集》第 21 册，第 470 页，《致沅弟》。

2 佾生：考秀才虽不合格但成绩尚可，获选充任孔庙中祭祀乐舞的人员。

3《曾国藩全集》第 21 册，第 488 页，《致沅弟》。

己的短处，从不手软。这才叫作大自信，不藏着，不掖着，不遮丑，不掩过，不讳败，越是坦诚地面对过往，就越能清醒地面对现实。

同治六年（1867）春，曾国藩的表弟彭毓橘在湖北黄州六神口阵亡，所部死伤大半，多为湘乡子弟兵。彭毓橘追随曾国荃数年，是其麾下有名有数的悍将，安庆之役和金陵之役，他都立过大功。曾国藩担忧老弟眼下处处走背运，会愤郁伤身。他致书曾国荃，抚慰有加，一句劝告落在实处："吾生平长进全在受挫受辱之时。务须咬牙励志，蓄其气而长其智，切不可荼然自馁也。"[1] 诚然，造命者要善于长记性、长悟性，志士受挫受辱之时，会体验莫大之刺激，振作则能变强。

3 湘军将士太过讲狠，难免造孽

《孙子兵法》有言："上兵伐谋，其次伐交，其次伐兵，其下攻城。"曾国藩屡次感叹攻坚之难，暗损精锐之多。湘军名将塔齐布以勇锐著称，顿兵于九江城下，久攻无果，因愤郁吐血身亡。湘军名将鲍超野战无敌，攻克赤冈四垒时，却付出了惨重的代价。攻坚城，打死仗，若论耐性、韧劲和本领，在湘军将领中，曾国荃绝对是首屈一指的人物，如果他甘认第二，就无人敢认第一；他的江湖绰号叫"曾铁桶"，可谓滴水不漏。多隆阿攻克庐州，鲍超攻克宁国，算得上很厉害了，但相比曾国荃的神作——攻克安庆和金陵，不过小巫见大巫。曾国荃的功勋多少被低估了，大概是曾国藩存心帮他做了减法。安庆位于长江北岸，其军事重要性在于：向西可威胁湖北，向西南可威胁江西，向北可扫荡中原腹地，向东南可扼守长江下游。必须拔掉这颗"钢钉"，湘军才能在南方战事中处于主动地位，否则其拊背的威胁如影随形。

安庆乃四战之区、兵家必争之地，湘军夺取此城，则如釜底抽薪，金陵之势必孤，太平军再想杀回武昌，动摇全局，就难上加难，可能性微乎其微。拥有安庆做后盾，湘军陆师和水师联成一气，胜算将成倍增

1《曾国藩全集》第 21 册，第 486 页，《致沅弟》。

长。因此就算清军江南大营崩溃，形势急剧恶化，曾国藩仍以"安庆不得，终无克复金陵之理"，说服了胡林翼，继续围困安庆，不撤湘军一兵一将。曾国荃在安庆城外苦练铁桶功，火候已有七八成，"遏集贤关悍寇，相持百日，坚忍以待其敝"。胡林翼赞叹道："虽条侯用兵，不是过也！"[1]

由于水陆两路补给线被湘军切断，安庆城内的太平军陷入了守城就是等死、突围就是找死的绝境。咸丰十一年（1861）七月中旬，太平军援军抵达石牌，进扎集贤关，稍事休整，便于七月二十日后连续扑击东门外长壕和西北长壕。他们每人手抱一捆稻草，将稻草扔入又宽又深的壕堑，顷刻间即可填平沟壑，但湘军用猛烈的炮火压制他们，弹如雨下，血肉横飞。太平军前仆后继，连续扑向壕沟十二次，结果尸积如山。彼此阵亡的人数悬殊，湘军大炮、小炮倾泻的火药共计十七万斤，铅子多达五十万斤，你尝试想象一下战场的惨状，会是什么样子？太平军援军困处一隅，眼看着守卫安庆城的友军弹尽粮绝，却爱莫能助。

到七月底，湘军在北门挖成地道，深夜四更，攻破安庆西北门，嗣后从地道里引爆火药，城墙倒塌，大队人马蜂拥而入，守城的太平军大半饿倒，无力抵御，被杀凡一万多人。"男子髫龀以上皆死，各伪官眷属妇女自尽者数十人，余妇女万余，俱为兵掠出。房屋贼俱未毁，金银衣物之富不可胜计，兵士有一人得赤金七百两者，城中凡可取之物扫地而尽，不可取者皆毁之，坏垣掘地，至剖棺以求财物。惟伪英王府备督帅行署，中尚存物十七，余皆悬磬矣。贼绝粮已久，通城惟伪目张朝爵私藏米五石余于屋顶，余处信无颗粒。人肉价至五十文一两，割新死者肉亦四十文一两。城破入贼居，釜中皆煮人手足，有碗盛嚼余人指，其惨至此。"这段文字见诸赵烈文的日记，城破之后，作为曾国藩派遣的观察员，他目睹了城中的惨状，因此他的描写堪称客观真实，毫不夸张，他自始至终都没有打算为湘军隐讳什么，包括湘军大将鲍超和曾国荃共计斩杀太平军降将降卒近两万人，平民死亡一万多人。他在同一天

---

1 朱孔彰：《中兴将帅别传》，第116页，《曾忠襄公国荃》。条侯：西汉名将周亚夫，以持重著称。

的日记结尾写道："军兴以来,荡涤未有如是之酷者矣!闻收城之日,五鼓攻陷,杀戮至辰巳时,城中昏昧,行路尚须用烛,至今阴惨之气犹凝然不散,尸腐秽臭,不可向迩。嗟乎!无边浩劫谁实酿成,闻之非痛非悲,但觉胸中嘈杂难忍而已。"[1]

战争年代,一方坚决要为争夺功利而造命,另一方就势必会失守功利而丧命。造命者太过讲狠,就难免造孽。

曾国荃统领湘军吉字营攻打金陵城两年有余,吃尽了苦头,受尽了挫折,将士伤亡病故近万人。同治元年夏日疫病,军中每天病死三十余人,闻者莫不心悸,经数次补充兵员,不断挖掘地道,最终收复了这座六朝古都。对于当年湘军攻坚之艰苦,曾国藩有实打实的描写:"诸将枯瘠,神色非人",可怜,此其一;挖地道者"篝火而入地,崖崩而窟塞,则纵横聚葬于其中",可悲,此其二;太平军对付挖地道者,"熏以毒烟,灌以沸汤,则趫者幸脱,而惷者就歼",可悯,此其三;"神策门之役,城陷矣而功不成;龙膊之役,功成矣而死伤亦多",可叹,此其四。[2]这样的恶仗总共打了两年多,湘军将士的拼命指数绝对爆表。"赖将士各怀愤怒,如报私仇",一字不假。

近代名记者李抱一记述旧闻:湘军攻破金陵城后,将领陈湜(字舫仙)负责把守汉西门。从东北方向入城的湘军大开杀戒,见人就砍头,不留活口,唯独陈湜灵泛,他敞开汉西门、水西门,放人出城,不过他只准许逃命者脱身,值钱的金银细软悉数留下,因此陈湜兵不血刃就发了大财,在湘军中独称巨富。至于其好生之德,还换来了大福报:多年后,陈湜的两个儿子被劫匪绑票,居然绝处逢生。[3]乱世苟活不易,强狠者掠夺他人财物往往等同于剥夺他人性命,陈湜的"好生之德"理应大打折扣才对啊!

当年,赵烈文在曾国荃麾下担任首席文案,对于眼皮子底下发生的一切知之甚详,他在日记中据实记录,毫无讳恶掩丑、美化湘军将士的

1 赵烈文:《能静居日记》第 1 册,第 355、356 页。
2《曾国藩全集》第 14 册,第 166 页,《金陵湘军陆师昭忠祠记》。
3《李抱一文史杂著》,湖南人民出版社 2009 年版,第 290、291 页,《陈舫仙遗事》。

嫌疑。

同治三年（1864）六月十七日，破城之后第一天，赵烈文递上条陈，建议曾国荃采取四项紧急措施：一是"请止杀"，二是"设馆安顿妇女，毋使尽遭掠夺"，三是"立善后局"，四是"禁米麦出城"。曾国荃"允后三条，缓前一条"。曾国荃统领湘军主力，打一场偌大的恶仗，而且打了两年多，居然未曾拟定攻破坚城之后的预案，A 方案、B 方案全都没有，更别提 C 方案、D 方案。"时城中伪天王府、忠王府等尚在，余王府多自焚，贼呼'城中弗留半片烂布与妖享用'。官军进攻，亦四面放火，贼所焚十之三，兵所焚十之七，烟起数十道，屯结空中，不散如大山，紫绛色。亭午，二伪府皆烧。"双方都在城中放火，太平军占比十分之三，湘军反而占比十分之七，遭殃的主要是城中的老百姓，数座王府和大片民居均付之一炬，这座六朝古都也就在两三天之内被焚为了半城瓦砾半城死尸的废墟。

六月十九日，破城之后第三天。"城中贼至今犹多据守者，四伪府官军至者多为所害。缘贼自问必死，设守颇密，而官军图利获，多散行也。今日调大队往攻，尚未得捷。嘉字营武赞臣来候，言及城中事，搜曳妇女，哀号之声不忍闻。"善后事难办，曾国荃委任的善后总办彭毓橘、陈湜、彭椿年、易良虎等文武官员都不愿接手这个极易得罪人的苦差事，"并诋之为不识时务"，最后由赵烈文邀请黄少昆主理善后事宜。"是日文案委员有至城，见人幼子甫八岁，貌清秀，强夺之归，其母追哭数里，鞭逐之。余诸委员无大无小争购贼物，各贮一箱，终日交相夸示，不为厌。惟见余至，则倾身障之。文案宋君生香喟然曰：'此地不可居矣。'"搜曳妇女、抢夺儿童、搜刮财物，湘军卒伍这么干，文员也这么干，军纪无从谈起，人道惨遭践踏。曾国荃深悉部下的心理变化，他奉行的事理逻辑是：将士跟着他吃了太多苦，受了太多罪，现在该是补偿他们的时候了，至于全城百姓的死活，他暂时顾不上。

身为湖湘雄杰，谭嗣同义正辞严，不肯为湘军讳恶："顷来金陵，见满地荒寒气象。本地人言：发匪据城时并未焚杀，百姓安堵如故。终以为彼叛匪也，故日盼官军之至。不料湘军一破城，见人即杀，见屋即烧，子女玉帛扫数悉入于湘军，而金陵遂永穷矣！至今父老言之，犹深愤恨。”[1]谭嗣同还痛下手术刀，狠狠地批判道：“……奈何湘军乃戮民为义耶？虽洪、杨所至，颇纵杀，然于既据之城邑，亦未尝尽戮之也。乃一经湘军之所谓克复，借搜缉逋匪为名，无良莠皆膏之于锋刃，乘势淫掳焚掠，无所不至。卷东南数省之精髓，悉数入于湘军，或至逾三四十年无能恢复其元气，若金陵其尤凋惨者矣。中兴诸公，正孟子所谓‘服上刑者’，乃不以为罪，反以为功，湘人既挟以自骄，各省遂争慕之，以为可长恃以无败。”[2]“中国之兵，固不足以御外侮，而自屠割其民则有余。自屠割其民，而方受大爵，膺大赏，享大名，晌然骄居，自以为大功者，此吾所以至耻恶湘军不须臾忘也。”[3]曾国荃将“止戈为武”的古训抛之脑后，纵容部下烧杀淫掠，在中国近代史上留下了极不光彩的一笔。

六月二十一日，破城之后第五天。“是日城中火渐灭，犹一、二处未熄，尸骸塞路，臭不可闻。中丞令各营掩敛其当大路者，曳至街旁草中，以碎土覆之，余皆不问。”湘军将士在城中掘地三尺，遍挖陵墓和地窖，搜寻金银珠宝。赵烈文将实情告知曾国荃，九帅“饬弁往查”，只不过做做样子。

六月二十三日，破城之后第七天。“计破城后，精壮长毛除抗拒时被斩杀外，其余死者寥寥，大半为兵勇扛抬什物出城，或引各勇挖窖，得后即行纵放。城上四面缒下老广贼匪不知若干，其老弱本地人民不能挑担，又无窖可挖者，尽情杀死，沿街死尸十之九皆老者，其幼孩未满二三岁者亦斫戳以为戏，匐匍道上。妇女四十岁以下者，一人俱无，老者无不负伤，或十余刀，数十刀，哀号之声达于四远，其乱如此，可为发指。中丞禁杀良民，掳掠妇女，煌煌告示，遍于城中，无如各统领彭毓橘、易良虎、彭椿年、萧孚泗、张诗日等惟知掠夺，绝不奉行。不知何以对中丞？何以对皇上？何以对天地？何以对自己？又萧孚泗在伪天

1《谭嗣同全集》(增订本)，第466页，《上欧阳中鹄》之十。

2《谭嗣同全集》(增订本)，第345页，《仁学》之三十五。

3《谭嗣同全集》(增订本)，第346页，《仁学》之三十六。

王府取出金银不赏，即纵火烧屋以灭迹。伪忠酋系方山民人陶大兰缚送伊营内，伊既掠美，禀称派队擒获，中丞亦不深究。本地之民一文不赏亦可矣，萧又疑忠酋有存项在其家，派队将其家属全数缚至营中，邻里亦被牵曳，逼讯存款，至合村遗民空村窜匿，丧良昧理，一至于此，吾不知其死所。"虐杀老幼，劫取金银，淫掠妇女，这岂不是盗匪才干得极欢的坏事吗？湘军却在金陵城内干得更加出色，尽管曾国荃派人在全城各处张贴了煌煌告示，但只是装模作样，其部下将士个个心照不宣。如果曾九爷真想严明军纪，杀几个触犯军令的将领，效果势必大不相同。最离谱的是：方山村民陶大兰将李秀成缚送到萧孚泗营中，非但没有获赏，竟然还遭到萧孚泗的刑讯讹索，要方山百姓交出李秀成存放的金银财宝，弄得村民背井离乡，四处逃匿。赵烈文义愤填膺，记录下这些丧尽天良、违背常理的细节，可明见以萧孚泗为代表的湘军贪将残暴的面目。

同治三年（1864）七月初五日，赵烈文对克复金陵一役作出小结："所恨中丞厚待各将，而城破之日，全军掠夺，无一人顾全大局，使槛中之兽，大股逃脱，幸中丞如天之福，民人得忠酋而缚之，方得交卷出场，不然，此局不独无赏，其受谴责定矣。"[1]赵烈文使用了"全军掠夺，无一人顾全大局"的字样，可见他对湘军失望之深。

曾国荃攻克金陵，本是大功一件，但他虎头蛇尾，险些把一手好牌打得稀烂，若不是方山百姓捉住忠王李秀成，他将很难"交卷出场"。

4 刘坤一恩怨分明，与神较劲

据王伯恭《蜷庐随笔》所记，晚清封疆大臣刘坤一早年乡试时被主考官黜落，科场功名止于秀才，"以为终身之恨"。他对推挹其考卷的考官黄令十分感激，对黜落其考卷的主考官则痛恨不已、耿耿于怀。二十年后，刘坤一官至江西巡抚，那位主考官由知府保送道员，在江西省候补，正充任要职。刘坤一上任后，首先撤掉他的差事，命令他听候察

看，不许远离。刘坤一听说黄令久已罢官回家，于是准备船只，派人将他接到省城。相见时，刘坤一执弟子礼，很恭敬，而且聘任他为全省大小书院掌教。黄令力辞，因为事务繁重，不是他一手一日所能办妥。刘坤一说："先生自可让门人子弟代为评阅，不必事事躬亲劳累。"黄令屡次为那位主考官说情，刘坤一表态："门生向来恩怨分明。现在并没有罢他的官，只是让他闭门思过。"刘坤一任江西巡抚十年，那位主考官"竟以忧悴卒"。黄令年近八十才去世。刘坤一做两江总督后，还时不时与黄令通信问候。[1]

刘坤一办大事极有担当，气量不窄，说他为这种科举旧事纠结二十年之久，甚至借机对主考官施压，可信度不高。须知，刘坤一早年触犯法令，南昌知府许本塮差点杀掉他，日后刘坤一膺任江西巡抚，不仅没有为难许本塮，还待他格外温和，无奈许本塮惧怕获罪，心不能安，终于辞职而去。[2]

另有一桩轶事，倒是能见出刘坤一不怒而威的本色。江西民间崇拜许真人，庙祀崇隆，凡祷雨求晴，皆于是乎在。同治年间，刘坤一任江西巡抚，其时刘秉璋任藩司，天干物燥，两次求雨未得，复来第三次求雨。老百姓群聚于庙廊左右，当刘坤一举步将入庙门时，众人哄然哗笑，都认为刘巡抚求雨之心未诚，不能感动天心，立刻沛洒甘霖。其实历来求雨民众都有此妄意猜测的恶习，并非独独针对刘坤一。刘坤一在庙内坐定之后，忽然询问各位司道官员："许真人庙正厅何以用黄瓦？"刘秉璋答道："不知当时何人，造庙时如此，想亦不能逾于国家定制。"刘坤一说："祷雨至今未降，必揭去其黄瓦方可。"众人闻言，愕然相顾，不知如何回应。刘坤一接着说："我求雨不得，市人笑我。神主不降雨，罪过不更大乎？"众人这才恍然大悟，巡抚所言乃有感而发、有为而发，这回大家不再面面相觑，而是个个莞尔，品咂其中的妙味。求神神不灵，应该怪谁？不应该怪谁？平日谁仔细思忖过这个问题？刘坤一的狠劲只露出软绵之下的针尖尖，大家都明白过来，尸位素餐的究竟

---

[1] 王伯恭：《蜷庐随笔》，台北文海出版社影印本，第41、42页。
[2]《凌霄一士随笔》第3册，第998、999页，《刘坤一轶事》。

是谁，辜负成千上万香客的又究竟是谁。许真人有灵，不打尿颤才怪。

5　困惑风水，迷信地仙

国人迷惑于风水之说，由来已久，理学大师朱熹亦未能免俗。唯独王夫之卓绝有识，蔑视迷信，极力排摈五行、术数之说，观其论京房、崔浩、邵雍、蔡元定，皆力持正论，不稍假借。

湘中名士刘蓉对南方人迷信风水地仙有一个综合分析：形家的堪舆说起始于汉朝，盛行于唐朝、宋朝之间。秦朝以前，儒者从不研究也从不讲究这套玄学。上古的圣贤绝大多数生于北方，土壤厚实，地势高亢，没有泉水、蝼蚁扰害阴宅，营葬者只须谨于礼数就可万事大吉。长江、淮河以南的地区情形则大不一样，士子要安葬长辈亲人，往往小心翼翼，必须慎择佳壤，即便如此，犹惧不当。假如周公、孔子生于江淮以南，也不能举形家之说而废除。事实上，风水宝地无法靠智力巧取，往往要靠祖上数代积德行善才能遇着。[1]刘蓉的这个分析足够圆活，但它令人抓狂。如果德能旺地，地又能旺人，那何必附加许多精细的讲究？既然风水宝地可遇不可求，为何求之者如饥似渴？刘蓉的说法未能形成逻辑闭环。

魏源是湘籍大名家，于书无所不窥，他认真研究过堪舆学，对自己鉴识风水宝地的眼力充满自信。道光二十八年（1848）清明节前后，魏源将父亲魏邦鲁的遗骸从江苏宜兴县西南张渚镇大贤山迁葬至上元县蛾眉岭。嗣后，他又将母亲陈氏的遗体安葬于句容县北龙潭镇的莲山上。偶然在附近觅得另一块吉地，竟不惜耗钱耗力耗时，将祖母匡氏的棺椁从邵阳迁移到句容来。风水宝地的作用如何？咸丰年间，魏源因"迟误驿报""玩视军机"被革职，晚年心灰意冷。凭仗风水祈福可谓茫如捕风，魏源的直系子孙也未见谁兴旺发达。魏光焘是其族侄孙，做过左宗棠的部下，在刘锦棠之后做过新疆巡抚，还做过两江总督、总理各国事

---

[1]《刘蓉集》第 2 册，第 214 页，《刘母朱孺人墓志铭》。

务大臣，但他官运亨通肯定不是靠魏源善卜阴宅得来。

何绍基是曾国藩的好友，凡事认真，不肯马虎。他中年失怙，于道光二十年（1840）护柩回湘，决意寻获一块风水宝地，安葬父亲文安公[1]。他不惮烦劳，煞费苦心，钻研唐代风水师杨益的《疑龙经》《撼龙经》。心里有了谱，何绍基便与同道友人李载庵结伴出行，手捧罗盘，走遍长沙县东西南北四乡，最终择定长沙河西九子岭，安葬父亲文安公的楠棺。何绍基亲书墓志铭，烧制成两块瓷板，置于墓穴中。他还撰写了一篇《梦地记》，叙述整个择地过程，不可思议的是，最终相中的那块风水宝地竟先期出现在他的梦境中。同治十年（1871）四月初六日，曾国藩致书金藻，道是"何贞翁挈眷东游，徜徉山水，江浙名流，迎迓恐后，诗兴郁勃，子肖孙贤，春意盎然，将来年寿殆不可量，令人健羡"[2]。何贞翁即何绍基，何家"子肖孙贤"，莫非立竿见影，这么快就彰显了风水的好处？

信运气者必信风水。有趣的是，曾国藩迷信运气，却屡引祖训"不信地仙"之语昭告子弟，实则他本人一直信比疑多。

道光二十一年（1841）秋，曾国藩邀湖南老乡王继贤（字翰城）一同看房子。王继贤在圈内有"风水大师"的名头，他认定曾国藩冬天不宜住棉花六条胡同的房子，讲了些风水上的道理。曾国藩"不免为所动摇"，决定另寻住宅，这说明曾国藩是相信风水的。道光二十八年（1848）正月，曾国藩致信同年好友、茶陵人陈源兖，有一段关于墓地风水的文字："年伯母葬地不必汲汲（总在今年卜葬，早晚无妨），要须妥善，乃无后悔。善化有言梅里者，闻亦精此而无流弊，何不一求之？所最要者，但求安先人之体魄，而无毫发富贵之见者，存此人子心根上工夫，当与鬼神相质证者。此宜时时自省。与君至交，不敢以常言告也。"陈源兖葬母后，写信告诉曾国藩，慈母佳城有沙水环抱，无陵谷之患。曾国藩细览来鸿，颇感欣慰。

道光二十五年（1845）夏，曾家多人患热毒、生疮疡，曾国藩写信

---

1 何凌汉做过户部尚书，死后谥文安。

2《曾国藩全集》第 31 册，第 481 页，《复金藻》。

回家："闻四弟言家中连年生热毒者八人，并男共九人，恐祖坟有不洁净处，望时时打扫，但不可妄为动土，致惊幽灵。"[1]曾国藩将夏天易发的病毒与祖坟风水直接挂钩，这个脑洞开得有点大。

道光二十七年（1847）六月初，曾国藩被破格提拔为礼部侍郎，连升四级。他写信回家报喜，不忘交代："祖母大人葬后，家中诸事顺遂，祖父之病已好，予之癣疾亦愈，且骤升至二品，则风水之好可知，万万不可改葬。若再改葬，则谓之不祥，且大不孝矣。"[2]这还叫不信地仙吗？由此看来，有好事，有坏事，曾国藩都信风水，只有平淡度日才不去想它。

道光二十九年（1849）三月下旬，曾国藩写信给诸弟，更坐实了他迷信风水："九弟生子大喜，敬贺敬贺。自丙午冬葬祖妣大人于木兜冲之后，我家已添三男丁，我则升阁学，升侍郎，九弟则进学补廪。其地之吉，已有明效可验。我平日最不信风水，而于朱子所云'山环水抱''藏风聚气'二语，则笃信之。木兜冲之地，予平日不以为然，而葬后乃吉祥如此，可见福人自葬福地，绝非可以人力参预其间。"[3]曾国藩津津乐道，把家中各种喜事吉事都与祖坟的风水联系在一起，以"福人自葬福地"来做总结。这说明，他并非不相信风水地仙，只不过不肯费力营求罢了。

咸丰三年（1853）九月，曾国藩写信给湖广总督、座师吴文镕，详细报告近况，信中有这样一段话："国藩以去秋差次闻讣旋里，其时长沙之围未解，乡里讹传，草木皆怖，仓皇葬母于居室后山。风水之说，慎终之礼，诸多未讲，只积罪疚。"[4]葬母未讲风水，他心里久久过意不去。那年月，讲风水才是正常的，不讲风水就太奇怪了。

咸丰九年（1859）八月中旬，曾国荃回湘乡改葬父母，特意寄了一块穴土给兄长。曾国藩在九月初二日的日记中描述道："看土似石非石，

1《曾国藩全集》第 20 册，第 111 页，《禀父母》。
2《曾国藩全集》第 20 册，第 133 页，《致澄弟沅弟季弟》。
3《曾国藩全集》第 20 册，第 165 页，《致澄弟温弟沅弟季弟》。
4《曾国藩全集》第 22 册，第 194 页，《与吴文镕》。

色似朱非朱，不燥不润，应尚安吉也。"精细考量土质，可见他用心周至。这块吉地原属夏家，曾国荃花高价购得，但动工时开穴太大，侵及紧邻的洪家地面。洪家为此扰攘，索取重金。曾国藩得悉此事后，在腊月初十日的日记中发表了自己的看法："大抵吉地乃造物所最闷惜，不容以丝毫诈力与于其间。世之因地脉而获福荫者，其先必系贫贱之家，无心得之，至富贵成名之后，有心谋地，则难于获福矣。吾新友中，如长塘葛氏阮富后则谋地，金兰常氏既贵后而谋地，邵阳魏默深既成名后而谋地，将两代改葬扬州，皆未见有福荫，盖皆不免以诈力与其间。造物忌巧，有心谋之则不应也。"曾国藩的观点很有意思，吉地多由贫贱者于无意间得之。已发了大财的葛家，已做了大官的常家，已出了大名的魏家，刻意谋求吉地佳壤，反而无效应，因为上天反感诈谋和巧取。他的这个说法无异于当头一棒，敲碎了富贵人家世袭罔替的美好梦想。

胡林翼原本对风水不太措意，咸丰八年（1858），胡母病逝，他回到益阳，视察父亲胡达源的墓地，有水啮的痕迹，既悲恸，又自责，急寻佳壤改葬，却因三河之役震荡全局，朝廷强令他墨绖从戎，他未能办妥改葬事宜就返回了湖北。咸丰十年（1860）二月初，曾国藩写信告诉家中的四弟、九弟："陈作梅极善看地，余请其二月至家。……作梅有道之士，深于《易经》，医理亦精。"陈箫字作梅，是曾国藩的幕僚。这年闰三月，曾国藩请陈箫给郭嵩焘家看风水，随后写信给郭崑焘，要他敦劝陈箫去益阳走一趟，为胡林翼的父母另寻上好的合葬墓地。曾国藩担心陈箫归志勃发，会令胡林翼失望。其后数日，陈箫的家乡溧阳失守，曾国藩瞒住这个消息，没有写信告诉他，"一则欲其至益阳少与勾留，一则告之无益，适以扰其心耳"，胡林翼对此处理办法当然是领情的。翌年，曾国藩回复胡林翼，则有异词："作梅学道多闻，而其医理、地理，侍却不甚佩服，以其高妙而稍稍蹈空也。"曾国藩向胡林翼推荐陈箫，到头来他倒犯了嘀咕，这算哪码子事？后来，陈箫家老的小的接连死掉好几口人，曾国藩慨叹道："作梅善人，而家运极坏，有人所难堪者。"陈箫连丧二子，他到处给别人看风水，自家的风水倒没能顾上？有一种说法是，风水大师把好地看走了，造化之神必定要降灾殃祸患于他名下。早在道光二十三年（1843）六月的家书中，曾国藩就劝阻其小舅子欧阳凌云帮人看地，他说："地仙为人主葬，害人一家，丧良心不少，未有不家败人亡者。"后果到底有没有这么可怕？

同治四年（1865）秋，曾国藩前往安徽凤阳府城外参观明太祖朱元璋的祖坟，日记中有明确记载："罗围之内南北约三十里，东西约四十里，大致则浑圆，非椭圆也。……登坟一望，四面之山十余丈、廿余丈者，皆若俯出其下，天光极为圆聚，信异地也。"[1]明朝祖陵是朱元璋称帝后圈定和扩充的，风水之说其实勉强。同治五年（1866），道员王勋向曾国藩呈递《湘乡县治亟宜创造城垣禀》，曾国藩批复道："湘乡本无城池，相安已久。忽欲办此数百年未有之事，本部堂不甚以为然。同治元、二年间，曾议于安庆建立贡院。业已买地平基，购木簰，开砖窑，费钱三万余矣。以其为向来所无，恐风水不利，卒未敢主张办成。今本邑正盛之际，不知修城是否有碍风水？本部堂亦不敢主张也。"如此重视风水，仅言习俗易人，未免简单了些。凡所兴建，都是从无到有，曾国藩以"向来所无"为由，不同意王勋在湘乡建城；安庆贡院则备料已齐，花费不菲，他仍然不肯兴造，担心的就是一旦风水遭到破坏，运气就会转移。

曾氏族谱注明曾国藩是宗圣曾参的第七十世孙。同治五年（1866）六月初八日，曾国藩去山东嘉祥南武山拜谒宗圣庙，他对此行郑重其事，记载甚详。曾参墓发现很晚："明成化初，山东守臣奏：嘉祥县南武山有渔者陷入一穴中，得悬棺，有石镌'曾参之墓'。弘治十八年，山东巡抚金洪奏请建享堂、石坊，即今林也。"有趣的是，曾国藩当起了风水先生："余观山石顽犷，地势散漫，不似葬圣贤者，殊以为疑。"其实，曲阜的孔林气象万千，是因为历代修造所致，并非天然如此。

同治年间，湖北巡抚曾国荃率性触犯顶层权贵，参劾恭亲王的亲信胡家玉和树大根深的湖广总督官文，再加上本省境内剿捻不断吃下败仗，一时间焦头烂额。曾国藩写信提醒九弟，湖北巡抚衙门风水太差，

1《曾国藩全集》第18册，第202页，日记同治四年七月二十三日。

于主官不利，至今十余任，非死即败，先是劝老弟驻扎在黄州，或德安、襄阳，后又劝他移居贡院，那里地势高敞，面对两山若阙。巧合的是，城内的火药库爆炸，全城百姓近千人身亡，伤者更多，被摧毁和损坏的民居不计其数，贡院也被震塌了。这种祸事，同治元年春在江西南昌也发生过一次，火药被焚七万斤，震损皇殿贡院及民间房屋不少，伤毙数百人。如此一来，曾国荃在湖北巡抚任上未能久安其位，单从风水方面寻找原因，确实能偷不少懒。

同治七年（1868）夏，扬州绅士呈递公函给两江总督曾国藩，请求官方拨款重修甘露寺铁塔，说是修复这座废毁于战争的唐朝铁塔，必能保佑商民出行大吉。曾国藩的回复颇为睿智："甘露寺铁塔镇伏海潮，形家厌胜之法，事或有之。阁下议及兴修，欲于运库存修金山项下先行借款，亦未始不可行。惟风水之说，鄙人向不深信。虽万历间偶应童谣，究非至理。李卫公未建此塔以前，数千岁未必年年皆水，则从今不修此塔，以后数千岁亦可决其未必年年皆水矣。若云以壮观瞻，则俟两郡物力稍丰，再行筹办，似不为晚。"[1] 单从这个回复来看，曾国藩对道家法术是存疑的，道家法师自称能禳灾祓邪，连海潮也可改变。曾国藩不肯信他，主要原因还是战后恢复期公款支绌，不可开此先例。

同治九年（1870），左宗棠在陕西、甘肃平乱，正室周诒端在长沙病故，由四个儿子合力经办丧葬事宜。左宗棠在家书中多方指点，谈及阴宅风水，总对"情理"二字两面兼顾，不必刻意求吉壤福地，先看同治九年七月初二日的家书："玉池山一带数十里山脉均来自平江，在湘阴县东数十百里，逆湘水而上。此一带山势稍厚，枝脚亦多，得地较易。但得平稳夷旷之区，可避五患，即佳壤也，不必深求（愈求精愈致误，必然之理，倒是葬坟要紧）。将来亦不必丰碑大冢，致遭异患。吾前过北邙，仅见白杨数树，碑碣俱无。渡渭而北，见陵墓尤多，陪葬大冢亦复累累在目。然皆禾黍高低、牛羊践履而已。千百年陵谷变迁，圣贤仙佛均不可复问，几见体魄之长存乎？"[2] 这样通透洒脱的见解，当

1《曾国藩全集》第30册，第421页，《复扬州绅士公函》。
2《左宗棠全集》第13册，第135、136页，《与孝威等》。

时实非庸陋者所能发。同年闰十月十六日，左宗棠又在家书中教导孝威、孝宽："吾生平于风水、选择两事不甚信，然不谓其无是理，只是人家气运所致。当其将盛，自能遇着好地好日；当其将衰，自遇着凶地凶辰。此中自关天事，非人所及。至人子为其亲谋，总必求心之安而后止，固不可以亲之体魄为求荣市利计，然亦何忍以亲之体魄置诸凶砂恶水中也。"[1]究竟是风水决定气运还是气运决定风水，左宗棠认为是后者。待到周夫人改葬时，左宗棠虑及自己百年后与之合葬，又在家书中叮嘱儿子："得地既如此之难，我意但求平冈干净处所可免水蚁者营葬即是，不必讲堪舆也。""堪舆家言断不可信，而水蚁宜避，虽达观者不得无动于中。"如此看来，为了选中上好的阴宅，魏源、何绍基与曾国荃大费周章，确实是过犹不及；左宗棠的见解较为通脱，思想也较为开明。于水、蚁两项之外，曾国藩认为还应求免"凶煞"，他是这样讲的："地者，鬼神造化之所秘惜，不轻予人者也。人力所能谋，只能求免水、蚁、凶煞三事，断不能求富贵利达。明此理，绝此念，然后能寻平稳之地。不明此理，不绝此念，则并平稳者亦不可得。"[2]如此看来，在风水方面妄求者多，他们费心费力往往过犹不及。

　　风水总像一团疑云，笼罩在大人物的头顶。光绪七年（1881），左宗棠以长信回复杨昌濬，其中一节涉及风水："曾沅帅近又抱丧明之戚，前疏请开缺，有旨赏假三个月，恐未必能来。曾氏后嗣迭遭此惨，或言风水所致，未必无因，令人难以为怀。"[3]所谓"丧明之戚"，即丧子之戚，左宗棠将它归因于风水，曾家子孙殇亡者确实有点多，这是现成的归因法，以风水求发达毫无把握，让风水背锅则轻而易举。

　　湖南人造命讲狠，改运通玄，以今人的眼光看来，前者未免有些用力过猛，后者则不乏黑色幽默的冷峭趣味。

1《左宗棠全集》第13册，第137页，《与孝威孝宽》。
2《曾国藩全集》第20册，第408页，《致澄弟沅弟季弟》。
3《左宗棠全集》第12册，第663页，《答杨石泉》。

曾国藩题英雄独立图，藏长沙博物馆

平生未見先生笑　今日
拈花喜於盂池傚香催
桃泥穩似闆河於己澄清
自題拈花微笑圖
時戊午之秋　雪汀

◎ 陶澍画像，藏安化县文物所

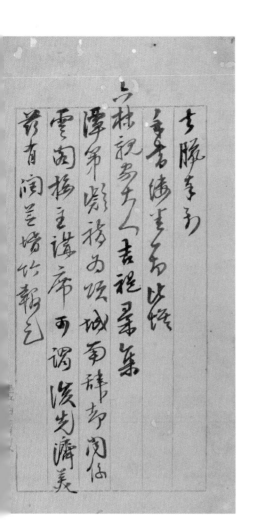

陶澍书札，藏湖南省博物院　　　　　　　　　◎ 陶澍手书对联，藏安化县文物所

◎ 曾国藩画像，藏湖南省博物院

不使吾之嗜好战胜主气躯命而已

至於倔强二字却不可少功业文章

皆须有此二字贯注其中否则柔

靡不能成一事孟子所谓至刚孔子所

谓贞固皆倔强二字做出吾兄弟

皆宜　毋德居多甚好需○正在倔

疆若能去忿慾以养体倔强以属

志则日进矣疆兵皆彭编五营想已

成军郴桂○勇究竟何如孙深迪○系○

平庸渐金可以告　慰刘豹○堂○信

近好　兄国藩手草　正月廿

抄阅顺问

◎ 曾国藩家书，藏湖南图书馆

◎ 左宗棠画像，藏湖南省博物院

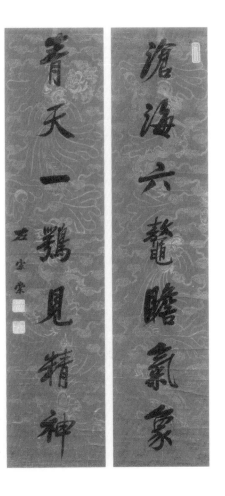

◎ 彭玉麟画像，藏湖南省博物院

與吾寫弟閣下昨接

来函聆悉

勳猷懋績巡視下游

起居興嘉至以為慰　弟今春病血

正月初六吟至二月望浚始止而筋骨

疼痛君邊爲甚至不能行者廿省

俗日精神日衰百氣四年翁一年

老病頹唐可憎可鄙也室宇如之時際

艱難竟无補救塊懷尤深不敢以

疾辭鬼力於三月曾由魚越程東下

楊昌保右於月之十日到吾沙尋

弟自蘇返棹蜀可暖暖撥石鐘山下

重敘一切途頃如之瑞僕

勉狀不莹馳念尾雲

◎ 胡林翼画像，藏湖南省博物院

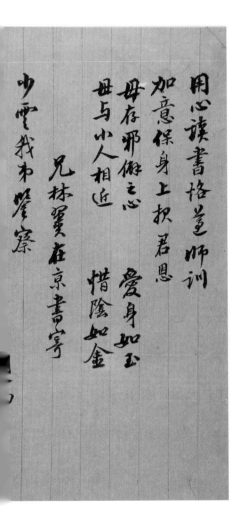

用心读书恪遵师训
加意保身上报君恩
母存邪僻之心　爱身如玉
毋与小人相近　惜阴如金
　　　兄林翼在京书寄
少雲我弟鉴察

翠亭滿兄先生正

華寫舊窗鍾王點畫

詞揮雪案班馬文章

咏芝胡林翼

◎ 林翼致陶桄书札，藏湖南图书馆　　　　　　　◎ 胡林翼手书对联，藏湖南省博物院

◎ 杨岳斌画像，藏湖南省博物院

之事人品犬極端正曰左　年多少歲曰四十七歲
上曰再過兩年五十歲精力衰矣趁此時年力尚疆可
以一出任事也莫自己遭蹋竟得一勒々他日正也曾勒
過他々祇因性剛不能隨同故不敢出數年來卻日在
有辦事現在湖南四路征剿　貴州廣西籌兵籌餉
為係左　之力
上曰聞渠意想會試曰有此語曰左　何必以進士為榮
文國章報國与建功立業而得執為他有如許才

初三日再

各對　養心殿西煖閣
溫諭移時間曰汝可識左　曰自小相識
上曰自然有書信來往曰有信來往曰汝寄左　書可
以吾意諭知當出為我辦事左　所以不肯出係何原
故吾想係功名心淡曰左　亦自展賦性剛直不能与世合
在湖南辦事與撫臺　性情執合彼此不肯相離
上曰　才幹是怎樣曰左　才極大料事明白□□吾不了

時危安石起東山　何必周驅
向東山去東山我　高揖天隨
光溫石雨無預此人下隔萬
重雲遙指先生高臥廬嶂
卯幾此傍雲山官　卻陽雲山嶠
此雲洞妙四互　石牽讀筆頃此畫畫時
鶯如吾家有雲夢雨雲砌起
晴雲舄舄男雲陰百態新
人心如雲陰尤怖吾
□新仁兄大人囑正書　郭光焘

◎ 何绍基画像，藏湖南省博物院

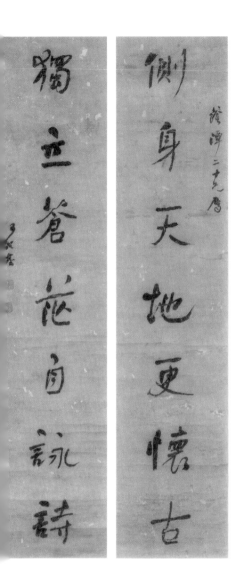

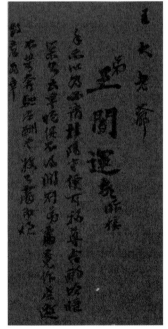

绍基手书对联，藏长沙博物馆

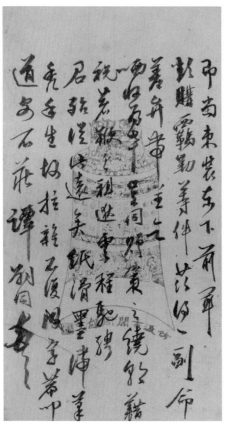

◎ 谭嗣同书札，藏湖南省博物院

◎ 蔡锷手书对联，藏湖南省博

◎ 黄兴手书对联，藏湖南省博

第三编 湖南人的道德境界

取义争先，虽千万人吾往矣；

求才恐后，纵二三子谁疑哉！

——作者题记

一 疾恶如仇,除恶务尽

"白璧不可为,容容多后福。"[1]看风向,随大流,明哲保身这套常规操作,湖南人不太擅长。湘人性情刚烈者众,疾恶如仇,除恶务尽,这套非常规操作倒是干得挺欢。每遇恶徒恶行,湘人最是见不得,受不了,忍不住,容不下,非出言、出手不足以消气,有时候用力过猛,就会弄出大动静来。

曾国藩撰联称赞彭玉麟,上联是"烈士肝肠名士胆",下联是"杀人手段活人心"[2]。联语包含大乘佛谛,"菩萨心肠"是前提,"霹雳手段"是后续,倘若杀了一人,能救众人,则"杀机沸天地,仁爱在其中",属于无可指责的菩萨行。湘军名将王鑫也撰写过一副意味深长的对联:上联是"行道无违,积德莫非积福",下联是"杀人有当,大悲亦是大慈"。何谓"杀人有当"?即指除暴安良,惩恶扬善。

北宋政治家范仲淹任参知政事时,每见州、县官吏贪墨污渎,即用毛笔勾去其姓名,僚友富弼宅心仁厚,辄不免为之叹息:"又该有一家人要哭啦!"范仲淹应声答道:"一家哭何如一路哭!"范公还算宽仁,只是将贪官污吏一一撤职查办,武健大帅彭玉麟巡视长江,手持尚方宝剑督察沿途的文官武将,其中有些人劣迹斑斑,就难逃身首异处的下场。

乱世、浊世最考验人心,高官洁身自好已属难能可贵,倘若谁既有胆量又有手段为地方除恶,为百姓申冤,必定在民间大受欢迎,获称

---

1 范晔:《后汉书》第 7 册,第 2015 页,卷六十一,列传第五十一。
2 此联究竟是不是曾国藩所撰,待考。

"怒目金刚""低眉菩萨"。就算彭玉麟快刀猛切了一些罪不至死的文武官员，手段狠辣，程序简单，但他意在严惩邪恶、贪腐分子，朝野正士亦不忍厚责于他。

近代湘人疾恶如仇，除恶务尽，容易跨越界线，比如杀俘戮降，就长期遭到质疑和非难。

1　黄盖烧赤壁，除奸吏

黄盖[1]年少即成孤儿，寄人篱下，备尝艰辛，但他志向高远，"虽处贫贱，不自同于凡庸"。曹操率大军南征时，黄盖在周瑜麾下带兵，他向周都督献上火攻之计："今寇众我寡，难与持久。然观操军方连船舰，首尾相接，可烧而走也。"周瑜点头赞同，于是黄盖领命执行。他凑齐艨冲战舰数十艘，填满稻草和柴薪，灌注油脂，外面用帷幕遮裹得严严实实，桅杆上悬挂主将的军旗，大船后面拖着小船。周瑜事先派人给曹操送去降书，骗得曹军上下一团欢喜，个个麻痹大意。待东吴的艨冲战舰靠近时，曹军将士引颈观望，谈笑风生。黄盖需要的就是这种现场效果，东吴水兵悄悄地溜入小船中，数十艘大船同时点火，火趁风势，烈焰张天，直烧得曹军士卒鬼哭狼嚎，岸上的营垒受到波及，也很快葬身于火海之中，被烧死、淹死的人马不计其数。经此惨败，曹军元气大伤，战力锐减，退保南郡后，丧气北还。只有狠人才能想出狠办法，黄盖火烧赤壁，以弱胜强，从献计到执行一气呵成，这个战例堪称完美。在中国古代史上，"纵火高手"不乏其人，项羽纵火焚毁阿房宫，董卓纵火焚毁长安城，造成巨大的破坏，逃不脱严厉谴责和负面评价，唯独黄盖带队火烧赤壁，成为了千古美谈，在战争史上留下了浓墨重彩的一笔。《三国演义》第四十六回的回目是"用奇谋孔明借箭　献密计黄盖受刑"，罗贯中特意添加了苦肉计的桥段，"周瑜打黄盖，一个愿打，一个愿挨"，这就叫加料不加价，超足的戏份赚得读者超多的欢喜。

1　黄盖（生卒年不详），字公覆。湖南永州人。官至偏将军、武陵太守。

　　黄盖貌似粗人，实则心细如发，打仗他在行，惩贪他也有一套好办法。当年，越地山贼土匪众多，可以说，哪个县匪患难除，孙权就派遣黄盖去当守令。他任石城守令时，发现胥吏不是善茬，就从中选拔两个助手，让他们管理衙门事务。黄盖打开天窗说亮话："本人德薄，打仗马马虎虎，行文批牍难以称职。如今贼寇尚未剿平，军务缠身，衙门里的公务我就全权委托二位，有劳你们督导、管理，若有奸欺之事发生，我终归不会动用鞭杖捶楚，二位务必费心，千万不要做众人的坏榜样。"起初，两位助手慑于黄盖的威严，还算尽心竭力，时间长了，他们见黄盖从不圈阅文书，就动了趁机多捞好处的心思。其实黄盖并没有做甩手掌柜，他时不时明察暗访，已拿到两位助手贪赃枉法的证据。某日，黄盖把胥吏全部请来喝酒吃肉，席间他突然诘问两位助手为何有负所托，证据面前，他们理屈词穷，赶紧跪下叩头，求饶服罪。黄盖说："我有言在先，对二位不会动用鞭杖捶楚，绝不食言。"结果黄盖下令将二人直接推出辕门，砍头了事。全县官员无不震栗，他们见过脆的，没见过这么脆的；见过狠的，没见过这么狠的，从此奉公守法就成为了他们的新常态。[1]

2　潘濬公清割断，节概梗梗

　　东吴大将吕蒙偷袭荆州得手后，孙权召降纳叛，笼络人心，归附者众，只有治中从事潘濬[2]称疾不见。孙权派人用行军床把潘濬强行抬进州府中，潘濬伏床不起，涕泪横流，哀咽不能自胜。孙权慰劳道："承明，你是识古的通人，肯定知道，观丁父是鄀地的俘虏，楚武王任用他为军师；彭仲爽是申地的俘虏，楚文王任用他为令尹。这两人，都是楚国的先贤。起初都被囚禁，后来都被擢用，成为楚国的名臣。如今贤卿孤行己意，不肯屈服，莫非怀疑我的气量不如古人？"孙权说完这番话，立刻叫亲近的随从用长巾揩净潘濬脸上的涕泪，潘濬见孙权以诚相

1　陈寿：《三国志》第 5 册，第 1284、1285 页，卷五十五，《吴书》十。
2　潘濬（？—239 年），字承明。湖南汉寿人。官至吴国太常。

待，就不再矜持，下床拜谢。潘濬恢复原职，凡是荆州的军政要务，孙权都向他咨询。

潘濬具备卓识，性情颇为刚烈。吴国校事吕壹一度深得孙权信任，操弄权柄，竟然借题发挥将丞相顾雍、左将军朱据办成铁案，这个动静可不小。有趣的是，黄门侍郎谢厷一语点醒梦中人："你把顾公捋了，丞相一职必定由潘濬接替，潘濬一向对你切齿痛恨，只因留守武昌，不能就近为难你，要是他今天接替顾雍，明天就会对你下毒手。"吕壹闻言大惧，赶紧释放顾雍、朱据，消除此案的影响。吕壹没料到此案虽已撤销，潘濬仍然请求返回建业（今南京），他劝吴主孙权斥退吕壹，近贤臣远小人，孙权未明确表态。于是潘濬邀请百僚聚会，打算亲手处决吕壹，豁出自家性命，为国除害。吕壹倒是蛮警觉，深知赴会凶多吉少，便称病躲起来。潘濬的多次劝谏还是起到了应有的作用，孙权渐渐疏远了吕壹，吕壹终归没能逃脱脑袋搬家的下场。

孙权未曾效仿其父孙坚、其兄孙策上阵杀敌，但他喜欢打猎，射雉尤其上瘾。潘濬回建业述职，劝谏孙权尽可能别去打猎，以免浪费时间、精力，贻误国事。孙权讪讪地说："自从上次与爱卿分别后，我只是偶尔外出，这方面的兴趣早已不再像往日那样浓厚了。"潘濬意犹未尽，把忠告讲得更加明白："天下未定，主公日理万机，射雉不是急事，何况弦绝括破皆能为害，请主公特意为臣含忍，将此不急之务搁置一旁。"潘濬出宫时，看见一顶用野鸡毛做的羽盖还在使用，就亲自动手将羽毛拔下扔弃。孙权从谏如流，从此减少外出，不再射雉。

以雄猜而言，孙权不及曹操，但要他充分信任一位半路归附的降臣，还是有难度的。潘濬是个特别的例外。当年，有间谍坚称潘濬已派遣密使联络其舅父、蜀国大臣蒋琬，打算投奔蜀汉。武陵太守卫旌获讯后不敢懈怠，立刻上表密报吴主孙权，孙权却断定"承明不会做这种事"，为此孙权免去了卫旌的官职。事实证明，他的判断非常准确。[1]

---

1 陈寿：《三国志》第 5 册，第 1397、1398、1399 页，卷六十一，《吴书》十六。

3 周行逢执法如山，手段狠辣

在周行逢眼中，法比天大，他执法如山，行法太过残酷，杀人不眨眼，如此心狠手辣，难免受到儒生的诟病。有一回，周行逢的部下密谋作乱，他先已知情，却佯装被蒙在鼓里，从容召宴，似乎毫不设防，哪晓得酒至半酣，即有一群壮士按剑登场，将十余位叛将悉数拿下，斩首于辕门之外。周行逢料事如神，出手如电，境内无不闻风畏服。军人惧怕周行逢，老百姓也惮之如虎，谁若犯法，他绝不轻饶，就算对方罪不至死也会脑袋搬家。女婿唐德家财万贯，吃闲饭吃腻了，想跻身官场抖抖威风，周行逢对唐德说："就你那点能耐，做官勉为其难。我为你开个后门不费力，可你得记住一条，手脚必须干净，头脑别犯糊涂，要是你贪赃枉法、渎职偾事，我照样杀无赦！"听岳丈这么一顿吓唬，女婿再也不敢提拎满壶"温水"了。

周行逢的妻子严氏贤明善良，屡次劝导夫君以好生之德珍惜人命，她说："善与恶是人之常情，就算你疾恶如仇，除恶务尽，怎能全都视若草芥，一杀了之？"周行逢怒怼一句："男主外，女主内，这是外面的大事情，妇人头发长见识短，不晓得利害，只知道瞎操心！"严氏实在看不过眼了，就向周行逢撒了个谎："大人官高禄厚，家里的佃农都不尽力种田了，听说他们仗势欺人，我要去乡下走一趟，该管教的还得管教。"严氏到了乡间，住下来就不肯挪窝，荆钗布裙，自得其乐，诸事清简，只管督促佃户送粮进城。周行逢慌了张，亲自跑到乡下劝夫人回心转意，他说："我贵为节度使，夫人又何必负气住在乡下，过这种清苦日子？"严氏当然不会错过这个机会，立刻开导夫君："大人还记得自己当小小户长的时候吗？农民交租交晚了，你受到连累，要吃受长官的鞭打。如今大人显贵了，应该体谅民间疾苦才对，怎么反而忘本了呢？"周行逢心中泛起了愧意，但碍于面子，不好当众认错。他仍要强邀严氏回府，众女眷簇拥严氏上肩舆，严氏执意不肯返城。她说："大人治军治民，用法太过严酷，迟早会丧失人心。我不肯住在城里，是怕祸乱一旦爆发，无处逃生；住在乡下，保命的法子总会多一些，就算遇害，死相也会好看一点。"为了打破僵局，接走夫人，周行逢只好向严氏保证今后慎用严刑酷法，不再轻易杀人。[1]

周行逢手段狠辣，但他的夫人严氏心地善良，这就形成了两极对称，最终达成中位平衡。

4　刘蜕疾恶如仇，不避权贵

唐懿宗咸通二年（861），刘蜕任右拾遗，令狐滈被委任为左拾遗。令狐滈是已故宰相彭阳郡公令狐楚之孙、前宰相令狐绹之子，他骄纵不法，行为不检，中外为之侧目。令狐滈有个诨名，叫"无解进士"[2]，未拔解（未获举子资格），未参加过礼部考试，即擢为进士，他在祖荫下躺赢。

别人惮于令狐家的权势，敢怒不敢言，刘蜕却无所畏惧，上《论令狐滈不宜为左拾遗疏》[3]，直指令狐滈的斑斑劣迹：他倚仗父势，招权纳贿，"凡四方节镇，价同交关；三署官司，精专与夺"；他品行不端，败坏官场风气，"潜行游宴，颇杂倡优；鼓扇轻浮，以为朋党。筹谋日夜，聚蚊如雷；变化施张，赤地成海。天下侧足，有识寒心"。此疏末段发力，刘蜕亮出鲜明的态度，自己坚决不与令狐滈这种纨绔子弟同列为官。刘蜕的文字理路清晰，颇为精爽："臣于滈家本无嫌疊，于陛下则是职司。谋其身则身轻，举其职则职重。不然，臣何故结冤权豪之族，轻践危亡之机？白日所临，赤诚可见。况物如脂腻，近则污人；官若薰莸，固难同器。誓以愚见，义不比肩。干冒圣聪，乞回成命。"唐懿宗并非圣主明君，他明显偏袒令狐家；刘蜕犯颜直谏，被贬为华阴令。刘蜕保持素节，风裁矫矫，不肯与纨绔子弟令狐滈同列为官，同流

1　欧阳修：《新五代史》第 3 册，中华书局 1974 年版，第 831、832 页，卷六十六，楚世家第六。

2　《唐人轶事汇编》第 3 册，上海古籍出版社 2016 年第 2 版，第 1318 页，马永易《实宾录一》。

3　《全唐文》第 8 册，中华书局 1983 年版，第 8252 页，卷七八九。

合污，竟以"官若薰莸，固难同器"为譬，意思是：有些官员如同香卉，有些官员如同臭草，二者气味迥异，难以相容。刘蜕眼睛里容不下沙子，湖南人耿介倔强的性情在他身上彰显无遗。

5 谭世勣乐为方正之士、忠直之臣

宋徽宗赵佶在位期间，搜刮民财，贪图享乐，政治日益腐败，奸臣得乘其隙，大行恶道，"六贼"（蔡京、童贯、王黼、梁师成、朱勔、李邦彦）把持朝政，民怨沸腾，边防危急。许多官员欲巴结蔡氏父子，不得其径而通，不得其门而入，湘籍官员谭世勣[1]却是个典型的例外。蔡京之子蔡攸主管秘书省，书局官员莫不趋之若鹜，马屁精各展绝活，取贵仕如拾草芥。"近水楼台先得月，向阳花木易为春"，这种官场登龙术明眼人个个看得懂，用得灵，无师亦可自通。谭世勣时任秘书省正字，竟不求闻达，甘心做方正之士，"独坐直庐，翻书竟日"。除开公事会面，私底下从不逢迎趋奉，更别说摇尾乞怜。梁师成是宋徽宗宠信的大宦官，翻云覆雨，矫旨行事，人称"隐相"，权势胜过宰相，连蔡京、蔡攸父子都得觍颜谄附他，不敢有丝毫开罪。有位官员是梁师成的座上宾，与谭世勣为邻，数次暗示道："梁大人乐意与公交往。"攀结权贵，别人求之不得，谭世勣却不愿跟贼臣套近乎，一再回避，拒不搭理。谭世勣振衣高冈，濯足清流，多年未能升官。后来，他到吏部办公，某幸臣妄引恩泽给儿子谋取官职，谭世勣不肯通融，手下说这种事情早有先例，他驳斥道："岂当以暂例破成法！"

谭世勣文才出众，被擢为中书舍人，成为近臣，为朝廷起草诏令。他痛心于国势衰弱、朝臣颓唐、皇上惑溺，上书陈说六事，"谨命令""惜名器""广言路""吝赐予""正上供""省浮费"，此举又为当路诸公所嫉忌。

宋徽宗禅位后，谭世勣主管龙德宫，请求辨正国史中对宣仁高太后

---

[1] 谭世勣（1073—1127），字彦成。湖南长沙人。官至给事中兼侍读。

的诽谤，述钦圣向太后的遗旨恢复瑶华宫郭皇后（宋仁宗废后）的名分，大享神祖仍用故相富弼侑食，释奠先圣时不应当用故相王安石配祭。这些建议都得以实行。

靖康元年（1126）七月，彗星出自东方，大臣都说这是四方夷狄将要衰败的征兆。谭世勣面奏宋钦宗赵桓：“天垂异象可畏，应当修德以应天变，不宜迷惑于群臣的阿谀奉承。”谭世勣升任给事中兼侍读。某日，宦官在殿门吵闹争执，钦宗下令罚款处理。谭世勣认为宦官无礼，处罚太轻，他上疏直言：“童贯小恶不惩，将驯至大患！”童贯是宦官头目，权势煊赫，作恶多端，谭世勣直斥其名，奏章入宫，同列为之侧目。

金兵南下，攻守两难。谭世勣建言：“守边为上策；今边不得守，守河则京畿自固，中策也；巡幸江、淮，会东南兵以捍敌，下策也。”金兵渡过黄河后，谭世勣又请求朝廷派遣大将秦元率领所部京畿保甲，分护都城汴梁的城门，使兵势紧连，首尾相援。此议再度被当道者否决。徽宗、钦宗被掳北行，谭世勣随侍，他劝说金军统帅勿做害百姓、害天良之事，“词意忠激，金人耸听”。张邦昌建立伪政权，欲令谭世勣与李熙靖掌管学士院，两人皆称疾卧床不起。谭世勣忧伤而死，年仅五十四岁。有道是，为靖康年间忠臣易，为政和年间直臣难。谭世勣既是政和年间的直臣，又是靖康年间的忠臣。[1]

6　胡颖扫除怪力乱神

南宋绍定三年（1230），胡颖[2]的舅舅、名将赵范讨伐李全，胡颖应邀入其幕府。赵范击败李全后，胡颖献俘于朝，受赏补官。胡颖立下了军功，仍然不弃儒业，于绍定五年进士及第。

在古代，地方官员普遍面临这样的困局：老百姓胆小蒙昧，崇拜泥胎木偶，畏惧怪力乱神，训之不悟，禁之不绝，愈穷愈迷信，愈迷信愈

1　周圣楷编纂，邓显鹤增辑：《楚宝》上，第160、161页，卷第五·名臣二。

2　胡颖（生卒年不详），字叔献，号石壁。湖南湘潭人。官至广东经略安抚使。

蠢。胡颖生性刚烈，为官清正，所到之处，摈斥邪佞，尤其痛恨别人谈论神奇怪诞的事物，他致力于移风易俗，总共拆毁淫祠千余所。当时，衡州（今湖南衡阳）有一处神祠以有求必应著称，民众趋之若鹜，本地官员也常去奉香。胡颖下令将神座撤去，为了证明神灵纯属虚妄，根本没有本事降下祸殃，他将这所神祠改为来谂堂，安置慈母居住其中。他对道州教授杨允恭说："夜间我常在昔日的神祠中静坐，观察室内的影响，没见到过任何怪异现象。"杨允恭的回应堪称绝妙："以为无则无矣，从而察之，则是又疑其有也。"胡颖细细玩味杨允恭的这句话，心服口服。

胡颖任广东经略安抚使，遭遇到更厉害的蛇神挑衅。潮州某寺有一条大蟒蛇，以神异耸动遐迩，信奉者络绎不绝。此前，潮州知州离任，未专程去寺中向蛇神辞行，本地人已经心存疑虑和恐惧。没过多久，潮州大旱，民众归咎于前任知州对蛇神失敬，造成如此严重的灾情。刚刚履新的知州迫不得已，入寺敬拜蛇神，见到大蟒后，惊悸致疾，一病不起。胡颖抵达广州后，听说此事，立即命令潮州某寺的僧人将大蟒抬过来。这条黑蟒其大如柱，放置在竹笼中。胡颖当众警告它："你若真是蛇神，法力无边，就在三天之内展示本领，要是过了三天你仍不能呼风唤雨，惊世骇俗，就休怪我手下无情！"三天过去了，大蟒仍蟠屈在竹笼中，与寻常的蟒蛇相比，蠢蠢然并无差异。于是胡颖下令杀死这条大蟒，毁掉潮州的那座寺院，并且处罚那些借此敛财的僧人。

胡颖"为人正直刚果，博学强记，吐辞成文，书判下笔千言，援据经史，切当事情，仓卒之际，对偶皆精，读者惊叹。临政善断，不畏强御"。在浙西任职时，荣王府有十二人行劫，胡颖先斩后奏，一个也不轻饶。他执法如山，不怕得罪王爷，这得有多大的胆魄才行？某日，轮到胡颖述职，宋理宗赵昀想起浙西的这宗案子，皱紧眉头说："闻卿好杀。"胡颖的回答无懈可击："臣不敢屈太祖之法以负陛下，非嗜杀也。"[1]宋理宗满心底不悦，却找不到一个像样的理由责备他，只好默不吱声。

---

[1] 脱脱等：《宋史》第36册，中华书局1977年版，第12479页，卷四百一十六，列传第一百七十五。

7　彭玉麟具有菩萨心肠、霹雳手段

　　咸丰四年（1854）四月十二日，曾国藩在奏折中赞誉道："六品军功附生彭玉麟，书生从戎，胆气过于宿将，激昂慷慨，有烈士风。"[1]湘军水师创立之初，彭玉麟只是营官，因屡建功勋，升为水师统领。

　　彭玉麟督战，红旗所到之处，将士无不奋勇争先，他本人立于船头，在枪林弹雨中指挥若定，足以激励胆小者。他要将湘军水师十八营整合成一支纪律严明的劲旅，不树"杀威"不行。

　　一将功成万骨枯，此言不虚。彭玉麟血战江南，究竟杀了多少人？仅九洑洲一役，湘军水师就歼灭敌方守军一万余名。然而从未有谁像指斥曾国荃那样指斥彭玉麟为"屠伯"。曾国荃所统领的吉字营攻克安庆城后，一次性杀害已缴械投降的太平军将士一万多人；攻克金陵城后，又一次放任将士烧杀淫掠，弄出半城死尸半城瓦砾的局面。彭玉麟强烈愤慨，于咸丰十一年（1861）冬间、同治三年（1864）冬间两次致书曾国藩，力请后者大义灭亲。曾国藩明显袒护曾国荃："阁下于十一年冬间及此次皆劝鄙人大义灭亲，舍弟并无管、蔡叛逆之迹，不知何以应诛？不知舍弟何处开罪阁下，恨之若是？……痛诋吉中营者，以阁下为最。……若如阁下之所诋，则安庆、金陵之绅民必痛恨吉中营入骨髓矣。"[2]彭玉麟应该是对曾国荃滥杀的屠伯行径忍无可忍，与两人私交如何关系不大，只有一个缘由：彭玉麟杀人，讲原则，讲人道，屠杀手无寸铁的俘虏、降卒和平民，这种残忍事他干不出来。

　　同治十一年（1872），曾国藩去世后不久，朝廷鉴于长江水师军纪日益败坏，征召彭玉麟出山，任命他为首任长江巡阅使[3]，每年巡视长江水师一次，"得专杀戮，先斩后奏"，实为钦差大臣，对长江两岸数省的

1《曾国藩全集》第 1 册，第 162 页，《会奏湘潭靖港水陆胜负情形折》。

2《曾国藩全集》第 28 册，第 216、217 页，《复彭玉麟》。彭玉麟写给曾国藩的这两封信已佚，遍寻未获，详细内容不得而知。曾国藩的回信谈及此事，亦语焉不详。

3 当年，朝廷还委任杨岳斌为长江巡阅使，杨称病辞职，所以彭玉麟得专其职权。

军政皆可置议，惩治贪赃枉法的军官和地方官，原本就是其职责所在。彭玉麟上任伊始，即着手调查，劾罢营哨官一百八十二人，可谓重拳出击。此后十余年间，"玉麟所至，则江、湖肃然改观"。经他查办，处决了一大批不法之徒，沿江百姓称他为保佑平安、伸张正义的"江神"。由于彭玉麟刚正严明，朝廷还委托他查办了南方数省多桩大案要案。后来，彭玉麟巡江形成规律，"一岁自上游本籍衡州出巡至江浙度岁，一岁自下游江浙出巡至衡州度岁"，他在西湖边筑室三楹，亦名退省庵。

彭玉麟铁面无私，真能做到大义灭亲，他有位外甥在其辖区内任知府，由于贻误军机，他二话不说，下令处斩。为此，他撰写挽甥联一副："定论盖棺，总系才名辜马谡；灭亲执法，自挥老泪哭羊昙。"[1]羊昙是东晋宰相谢安的外甥。此联大有白头人哭黑头人之慨，但哭归哭，痛归痛，法不容情，毫无商量余地。

李鸿章的侄儿李秋升横行于合肥城，欺男霸女，肆意妄为，地方官睁一只眼，闭一只眼，不敢过问。可是他的运气还是差了一丁点，偏偏撞在彭玉麟的刀口上，直撞得身首分离。彭玉麟查得实情，不动声色，主动邀请李家恶少到巡江船上来"聊聊天"，后者有恃无恐，一向胆肥，并未察觉此行有何不祥。两人见了面，行过礼，彭玉麟的语气颇为温和："有人状告你霸占民妻，果真有这种事体？"李秋升油嘴滑舌地回应："这种事都算不上什么事，还劳彭伯问起。"彭玉麟闻言，勃然大怒，下令痛加鞭笞，皮鞭吃肉不吐渣，直把李家恶少抽得一佛出世，二佛升天。安徽巡抚闻讯，风疾火燎，乘轿赶来求情，彭玉麟开栅迎客，密令手下速将李秋升拉到船尾斩首。巡抚还在舱中字斟句酌，恶少业已命赴黄泉。事后，彭玉麟致书李鸿章，轻描淡写："令侄坏公家声，想亦公所憾也，吾已为公处置讫矣。"他给了李鸿章台阶下，后者直恨得咬牙切齿，还得回信道谢！

长江两岸的军官若恣意枉法、鱼肉百姓，稍不留神，即成彭玉麟刀下之鬼。安庆候补副将胡开泰召娼杀妻，被彭玉麟一刀切掉了狗头；湖

1《彭玉麟集》中册，第230页，《挽甥》。

北总兵衔副将谭祖纶诱劫朋友张清胜的发妻刘氏，还杀人灭口。谭祖纶与州、县官员沆瀣一气，连湖广总督都暗中袒护他。彭玉麟趁湖广总督监临乡闱，出其不意，果断切掉谭祖纶的狗头以正军法，令一军大惊，也令江岸上数万名围观的老百姓拍手称快。[1]此外，一些衙署的贪官和关卡的悍吏，也都入选了他快刀切瓜的名单。平日里，彭玉麟穿便服，踏芒鞋，戴草帽，素巾布袍，既不鸣锣，也不开道，仿佛从天而降。各处的官吏听说彭玉麟来了，都不知该如何款待和迎接，人人惴栗不安，心惊胆战，彼此朝夕提醒："彭宫保到了！"言外之意是：各安本分，免生事端，夹起尾巴，好好做人，要不然，吃饭的家伙可就难保了！

就是这样一位众人眼里的"霹雳金刚"，也有他的软肋。晚年，彭玉麟住在西湖退省庵，闲暇时，他到处转悠，以为草笠短褐，无人识面。殊不知，久而久之，周边的妇孺都已认出他就是彭宫保。有一天，彭玉麟穿街过巷，一位妇女正在楼上晒衣，不慎弄掉晒衣竿，正好击中彭玉麟。彭玉麟抬头大声呵斥。女子见是彭宫保，又惊又怕，猝生一计，回应道："看你形状，像是兵爷，所以在这里恃强凌弱。你知不知道，彭宫保就住在杭州城，他是天字第一号的大清官，我要是去告状，看你进不进班房！"彭玉麟闻言，转怒为喜，从容离去。"故君子可欺以其方，难罔以非其道"，此女具有应变的急智，秒过难关。

8 刘蓉憎邪曲，重节操

近代学者刘蓉有诗："壮岁传经尚激昂，早烦庭训决行藏。名山或许千秋业，瀚海终非一苇杭。疾恶范滂嫌已甚，忧时郭泰果无方。慈颜寂寞今黄土，回首湘山泪数行。"刘蓉年轻时优于经学而有应世之志，其父多加告诫，此诗有跋语，这样写道："先赠公尝语小子曰：'尔无应变之才，而疾恶已甚，将不能有为于世。惟努力穷经，或尚有著作传

---

1 葛虚存：《清代名人轶事》，第 99、100 页，《彭宫保轶事》。

于后耳。'每诵遗言，辄为陨涕。予小子之不才，先公早决之矣。"[1]刘蓉以"养晦"自名其堂，请曾国藩作记，他多年苦学，不求闻达，却在四十五岁时受聘出山，辅佐骆秉章镇蜀。刘蓉升迁甚速，但终因疾恶得罪了阴邪御史蔡寿祺，遭其构陷，诬为"夤缘"（巴结恭亲王奕䜣），被弄得一身腥膻。

同治四年（1865）四月初二日，刘蓉上疏自陈，辩解道："……臣虽至愚极陋，无足比数，然幼承庭训，颇识礼义之归。壮游四方，雅以志操相尚，砥名砺节，垂四十年。其于希荣慕禄之情，降志辱身之事，往往不待禁戒而自绝于心。盖当隐微幽独之余，所为兢兢矢慎，其自治尚有精于此者。而此特其粗节，故不待力排深屏而后能自克也。使蔡寿祺讦臣智术浅短，非救时之长才，谋画阔疏，无虑变之远略，自膺巨艰，未效涓埃，臣将内顾怀惭而无以自解。使讦臣尸居高位，未翕黎庶之情，谬抚名邦，莫振颓敝之俗，负圣君之殊遇，窃处士之虚声，臣且将愧汗悚惶而莫知所措。至欲舍事功而诬其名节，构蜚语以毁其素行，则臣洁白无滓之操，坚贞不屈之志，昼不歉于旦明，暮无惭于梦寐，方寸之地，皎如白日，确然有以自信而不疑。……夤缘之谤，将何自来？而蔡寿祺肆口诋呵，遽至如此，其为诬罔，不辩可明。"[2]尽管刘蓉的奏疏堪称雄辩，无懈可击，但他被恶狗疯狂咬过了，身上留下了永久的伤疤和致命的病毒。当代学者杨坚评论道："综观刘蓉一生的为人行事，他的性格方正刚严。对自己，出处行藏，一丝不苟；对别人，直道而行，邪曲难容，甚至疾恶如仇。这种人只宜在书斋里埋头做学问，出而问世，则周旋应接，实非所长。"[3]诚哉斯言，湘人气性刚方，疾恶如仇，除恶务尽，往往会给自身带来许多灾厄和磨难，但他们只求无愧，永不言悔。

1《刘蓉集》第 2 册，第 289 页，《同治乙丑四月二十三日为予五十初度之辰，怅触平生，感而有赋，率成七言近体八章》之二。

2《刘蓉集》第 1 册，第 235 页，《明白回奏恳赐查办疏》。

3《刘蓉集》第 1 册，第 7 页，杨坚《前言》。

9 湘军将帅以道德勇气杀俘戮降

咸丰八年（1858），左宗棠专主湖南巡抚衙门戎幕，写信回复湘军将领赵焕联，涉及杀降："先次降人闻杀，此次降者多逃去，亦意中必有之事。若江西上游诸公将所解精锐者坑之，岂不爽快？抗拒频年，到头仍可免死，谁不思作贼乎？妇人之仁，但见杀降之不可，不知良善之受其荼毒者已多也。"左宗棠认为杀降能起到阻吓和惩治作用，不杀降乃是妇人之仁，有害无益。这种认识纯粹囿于功利主义的窠臼，毫无人道主义精神的基因。后来，左宗棠统领楚军作战，很少杀害降兵降将，实则于伤天害理和妇人之仁外还可另寻处置办法。

咸丰十年（1860），左宗棠回复四川总督骆秉章，核心内容为如何处置降卒："降卒数千，颇难处置。老弱资遣归籍，择其骁桀分置各军，此一办法。否则，开造籍贯清册，咨原省安插；其现被贼踞地方，无家可归者，即咨送原省各军营分别遣留亦可，有利无害。否则，聚群不逞之徒于一方，转瞬仍为盗贼，不但远忧，且有近患。……散则势孤，不能为变，临以大军，则易钤束，反资其力也。"[1]翌年，楚军就收容了几百名降卒。左宗棠写信给湘军将领刘长佑，想法、办法齐出："此辈原系裹胁而来，既能为贼，亦可杀贼。况以数百附入数千军中，纵令逆志复萌，亦无难立置之法。与其聚而为贼，何若令其散而不能为贼，且可得其死力也。"后来，他还有更形象的说法："鬼有所归，乃不为厉。"平定陕甘乱局时，左宗棠也杀过降将，却并未招致诟病和指责，比如他凌迟马化龙，磔杀文禄，原因是这两位敌酋反复无常，宽恕则叛，穷蹙则降。左宗棠统率楚军后，一改其专主湖南戎幕时的主张，不复以滥杀降卒为功绩，以草菅人命为儿戏，他有个不太好公开强调的理由：为子孙多积点阴德。即便如此，将帅有所敬畏总比无所顾忌要强。湘籍领兵大将真正不杀降的少之又少，刘长佑堪称典型的仁者，"公带兵十数

1《左宗棠全集》第 10 册，第 377 页，《答骆籲门中丞》。

年……自非攻城对仗，于贼不轻杀一人。仁心仁闻，人知之，贼亦知之"[1]，这就太难得了。

当年，兵连祸结，官军滥杀平民，实亦难辞其咎。临阵之时，官军奋勇冲杀，唯恐歼敌不多；收队之后，往往托词搜捕，滥杀无辜，焚烧村寨，迫使壮丁无家可归，无法谋生，除了做贼，别无活路。左宗棠多次强调古人的成说"杀人之中亦有礼焉"，感叹道："武人但知焚烧杀戮以逞其威，不顾大局，比比皆然！"

咸丰十一年（1861）夏，鲍超攻破太平军援军刘玱林部，"降者四千余，疑其内应，尽杀之"。同期，湘军攻克安庆，降兵降将逾万人。曾国荃忧心忡忡，询问麾下猛将朱洪章："悍贼太多，如何处分才可杜绝后患？"朱洪章胸有成竹，应声而答："唯有斩尽杀绝，才能高枕无忧！"曾国荃说："降匪扎堆，稍有风吹草动，就会哗变，军中动手，很难做到神不知鬼不觉。"朱洪章立刻献计："派人缓开营门，谎称发放遣散费，每次唤进十名逆匪，半天即可砍完。"曾国荃心知此计可行，就对朱洪章说："大开杀戒，我于心不忍，这个差事就交给你办了。"事后，曾国荃写信给大哥，说自己杀人太多，自觉罪孽深重，懊悔不已。曾国藩当即回信呵责道："既已诛灭，断无以多杀为悔之理！"此前，曾国藩已叮嘱过九弟："克城以多杀为妥，不可假仁慈而误大事。"曾国荃在安庆杀人太多，尸骸堆积成山，由于处置不当，引发了一场瘟疫，不少湘军士兵染病身亡。

咸丰十一年（1861）八月十三日，赵烈文将自己在安庆城内的所见所闻记入日记："闻收城之日，五鼓攻陷，杀戮至辰巳时，城中昏昧，行路尚须用烛，至今阴惨之气犹凝然不散，尸腐秽臭，不可向迩。嗟乎！无边浩劫谁实酿成，闻之非痛非悲，但觉胸中嘈杂难忍而已。"[2]

起先，曾国藩对于杀人如麻也深感不安，但他很快就找到了心理解脱的途径。咸丰十年（1860）六月初十，他写信给九弟曾国荃，道是："吾辈不幸生当乱世，又不幸而带兵，日以杀人为事，可为寒心，惟时

1《刘长佑集》第 2 册，第 1161 页，刘坤一《荫渠先生事略》。

2 赵烈文：《能静居日记》第 1 册，第 356 页。

时存一爱民之念，庶几留心田以饭子孙也。"为捍卫名教而杀人，为忠君爱民而杀人，这使他拥有了足敷所用的道德勇气。然而多年之后曾国藩的嫡长孙曾广钧感叹道："仁义之师所以无敌于天下者，恃我之不杀也。故《易》曰：'神武不杀。'"[1] 爷爷尚须狡辩，孙子却直接唱反调，这很有意思。

　　曾国藩对清代学者、思想家王夫之推崇备至，誉之为湖湘大贤。王夫之在《宋论》中探讨过"受降"的问题："古有云：'受降如受敌。'非但行阵之间，诈降以诱我而覆我也。果于降而无以驭之，示以瑕而使乘，激其怨而使愤，益其骄而使玩，其祸皆深于受敌。受敌而不竞，一败而止，屡败而犹足以振，患在外也。受降而无以驭之，则患在内而无以解。"[2] 王夫之强调"受降之祸深于受敌"，曾国藩谨记此言，他赞许曾国荃和李鸿章屠杀降兵降将，为的就是防大患于未然。"仓促间骤增百万之众，无以服其心。以赏则快望无餍，以威则既视不慑，虽有智者，无以善之矣。故言受降如受敌。"曾国藩的幕僚、弟子赵烈文将此语记入《能静居日记》，可见这位颇具史识的名士也深以受降为难。

　　关于杀降，王夫之在《读通鉴论》中还有一个相对圆通的看法，他认为，"杀降者不仁，受其降杀之不信"，这固然是古代仁人君子的格言，但具体情况还得具体分析，如果"不揆其时，不察其故，不审诸顺逆之大义，不度诸好恶之公心"，一味恪守古代仁人君子的准则，就会受到蒙蔽，"仁蔽而愚，信蔽而贼"，后果不堪设想。他提醒胜利者，加害以下四种投降者是不道德的：第一种是敌方倒戈的将士；第二种是虽为胁从却能够自拔的人；第三种是并非铁下心来干坏事的人；第四种是除了求生的念头之外别无恶意的人。在这四种人中，若有优秀人才，理应录用，给他们洗心革面、赎罪立功的机会。然而有两种人非杀不可，一是逆首，二是反覆无常的乱人。王夫之说："杀一二人而全天下，仁也；杀无恒之人以行法，信也。"实施仁、信，并非不杀人，而是绝不胡乱杀人。

1《谭嗣同全集》(增订本)，第 466 页，《上欧阳中鹄》之十。
2 王夫之：《船山全书》第 11 册，岳麓书社 1996 年版，第 73 页，《宋论·李继捧之降》。

二　小德出入，大德严谨

同治年间，捻军在江北、河南一带驰骤，如入无人之境。钦差大臣曾国藩主张分兵堵截，直隶总督刘长佑主张合兵围剿，幕僚将奏章拟好了，对刘长佑说："此疏与曾公意见分歧，怎么办？"刘长佑说："只看事理如何，其他不用顾虑。"曾国藩见到奏疏，并未生气，反倒是非常认同刘长佑对敌情、敌势的精准分析。刘长佑得悉曾国藩的态度后，感慨系之："涤翁于此乃毫无芥蒂，良由做过圣贤工夫来也。"[1]德厚者量宏，刘长佑善于度人，因此心里早有把握。

胡林翼中年以后患咯血症，曾服用名医王远仲配制的草药而痊愈。他治兵于黄州，军情紧急，过度劳累加上过度焦虑，咯血症复发。幕僚建议把王远仲接来，胡林翼说："安可因己求生，置人危地！"[2]嗣后，其咯血症日益加重，一代名臣尚处盛年，不幸殁于军中。

大德无隐，处处可见，亦处处可用，成功者在此，感人者亦复在此。

1 吴猎谏昏君，诔庸帅

一个人起点高，傅翅能飞翔。年轻时，吴猎[3]入读岳麓书院，师从学者张栻，继而向大师朱熹问学，亲炙其教益。吴猎爱读《孟子》，主

---

1 徐珂编撰：《清稗类钞》第 7 册，第 3396 页，《曾文正毫无芥蒂》。

2 徐珂编撰：《清稗类钞》第 7 册，第 3395 页，《胡文忠不欲置人危地》。

3 吴猎（1130—1213），字德夫。湖南醴陵人。官至四川安抚制置使兼知成都府。谥文定。

张"民为贵"，在政治上强调"民惟邦本，本固邦宁"，赞成抗金，反对议和。张栻经略广西，檄调吴猎摄静江府教授，并将他推荐给后任刘焞。吴猎辅佐刘焞剿匪捕盗，赏劳诛罪，多有成功。

吴猎做过常州无锡知县，因陈傅良举荐，朝廷召试后，用为秘书省正字。宋光宗赵惇借口患病，很久都不去重华宫觐见太上皇赵昚，吴猎上疏进谏，措辞切直："今慈福有八十之大母，重华有垂白之二亲，陛下宜于此时问安上寿，恪共子职。"他还向宰相留正进言，请求召回朱熹、杨万里。

当年，"过宫事件"是个大漏洞，由宫廷的亲情危机引发了国家的政治危机。宋光宗赵惇是多疑善猜的糊涂虫，偏偏娶了狠辣刁蛮的悍妇李凤娘做皇后，李氏好耍弄心计、搬弄口舌，高招不多，大招不断，不仅干涉策立太子这样的国事，挑拨宋孝宗与宋光宗父子不和，还因妒性爆发斩断宫女玉手，折腾得宋光宗患了心脏病。这场明争暗斗迫使群臣挑边站队，大臣陈傅良因为劝谏宋光宗顾惜孝道、消解积怨无果，气馁之余，打算辞官解职，远离朝廷。吴猎责备道："如今安危之机判然可见，未听说有魏国辛毗牵裾、汉朝朱云折槛那般切言极谏之士挺身出现于朝堂。公不于此时有所奋发，为士大夫倡导，自顾洁身而去，于国家有何益处！"陈傅良闻言大惭，改容谢过。

宋宁宗赵扩即位后，吴猎膺任监察御史。赵扩催促内臣装修皇宫，吴猎进谏道："寿皇破汉、魏以来之薄俗，服高宗三年之丧，陛下万一轻去丧次，将无以慰在天之灵！"当时，宋宁宗的祖父宋孝宗驾崩，他热孝在身，依礼不可享乐，此外，其父宋光宗赵惇重病不起，他即位之后，未去探视。吴猎当面指出新皇帝两处大错，忠言相当逆耳。宋宁宗视理学为伪学，严令禁止，吴猎认为这是弊政即将集中发作的苗头，于是直言痛击要害："陛下临御未数月，今日出一纸去宰相，明日出一纸去谏臣，昨又闻侍讲朱熹遽以御札畀祠，中外惶骇，谓事不出于中书，是谓乱政。"宋宁宗年轻气盛，哪能忍受臣下面斥其非？吴猎议驳史浩谥，又请以张浚配享永阜陵，议皆不甚合辙，不久即被劾罢。

吴猎师从张栻，抗金主将张浚是张栻的父亲，吴猎对师祖推崇备至："艰难以来，首倡大义，不以成败利钝异其心，精忠茂烈，可贯日月、动天地，未有过于张浚者也。孝宗皇帝规恢之志，一饭不忘。历考相臣，终始此念，足以上配孝宗在天之意，亦惟浚一人耳。"[1] 张浚三次被贬谪至永州，父子二人皆与湖湘深结缘分。吴猎谠直，但吹捧张浚未免过头。朱熹批评张浚还算客气："张魏公才极短，虽大义极分明，而全不晓事。扶得东边，倒了西边；知得这里，忘了那里。"后世论者则毫不留情，明人张燧批评张浚、张栻父子把持舆论，门生弟子满朝，"素轻锐好名，挥金如土，视官爵如等闲"，竟"无一人敢言其非"。张浚丧师辱国，居然还能获得广泛赞誉，原因何在？"为有南轩下笔难"，张栻（号南轩）及其徒子徒孙不仅为张浚洗净了污地，还筑好了花坛。吴猎为人正直，尚且违心吹捧张浚，即此可见一斑。

吴猎起复之后，做过户部员外郎，总领湖广、江西、京西财赋。他还躬亲战阵，抗击金兵，守卫竟陵，解襄阳之围。晚年，吴猎由刑部侍郎迁四川安抚制置使兼知成都府，其政平和，其治不苛，蜀人思其政，感其恩，画像立祠，祭拜如仪。[2]

2 赵方报国以忠，爱人以德

据元代文人刘一清笔记《钱塘遗事》描述，赵方[3]相貌极古怪，"两眼高低，一眼观天，一眼观地。人皆望而畏之，不敢仰视"。赵方镇边数年，一尘不惊，金人称呼他为"赵爷爷"。赵方任京湖制置使兼知襄阳府时，侦察到金军有大举南侵的意图，于是下达防守中原的命令。某日半夜里，赵方叫醒两个儿子赵葵、赵范，对他们说："朝廷和战之说未定，观此益乱人意，吾策决矣，惟有提兵临边决战以报国耳！"于是他抗疏主战，把握时机，赢得了战略上的主动权。在襄阳防守战和枣阳保卫战中，赵方批亢捣虚，指挥若定，众将得力，大挫金军。

---

1 周圣楷编纂，邓显鹤增辑：《楚宝》上，第167页。卷第五·名臣二·增辑。

2 脱脱等：《宋史》第35册，第12085—12088页，卷三百九十七，列传第一百五十六。

3 赵方（？—1221），字彦直。湖南衡山人。官至端明殿学士、正议大夫。谥忠肃。

　　《宋史》对赵方赞誉有加："方起自儒生，帅边十年，以战为守，合官、民、兵为一体，通制、总司为一家。持军严，每令诸将饮酒勿醉，当使日日可战。淮、蜀沿边屡遭金人之祸，而京西一境独全。尝问相业于刘清之，清之以'留意人才'对。故知名士如陈晔、游九功辈皆拔为大吏，诸名将多在其麾下。若扈再兴、孟宗政皆起自土豪，推诚擢任，致其死力，藩屏一方，使朝廷无北顾之忧。故其没也，人皆惜之。"[1]

　　淳熙八年（1181），赵方从落第到登第，命运反转，实因辛弃疾秉公查卷，阅读了赵方的礼记卷后，赞叹道："观其议论，必豪杰士也，此不可失！"[2]赵方乡试中选后，第一件事就是去拜访辛弃疾，彼此投缘，流连三日，剧谈抗金方略。辛弃疾畅怀之余，告诉夫人范如玉："近得一佳士，惜无可为赠。"范夫人说："我有绢十端。"于是辛弃疾以绢为赠礼，而且写了好几封荐书，赵方极为感动。辛弃疾去世后，赵方膺任荆湖制置使，辛弃疾的儿子恰好在其麾下。辛公子以为赵方会念及旧情，给予提携，没想到，赵方对他反而更加严格，辛公子受不了，与母亲相对而泣。三年任期满了，辛公子去辞别上司，赵方挽留他多待一天。于是赵方大开宴席，辛公子和他的母亲是座上宾，赵方举起酒杯对范如玉说："三年来，我并非有意薄待令公子，我受辛公厚恩，担心公子依恃这份旧情不能留心职务。如今我已准备妥当，公子进京赴各监司走动，七封荐书已写好，自当奉上川资，请直接去有司改官。"至此，辛家母子才知赵公爱人以德，并未忘记旧情。[3]

3 赵葵巧于为将，拙于为相

　　年少时，赵葵[4]随父亲赵方在襄阳守边，赵方很器重这个儿子，授权他督办军中饮食供养。赵方犒赏将士，时或恩不偿劳，将士多有抱

1 脱脱等：《宋史》第35册，第12206、12207页，卷四百三，列传第一百六十二。

2 《长沙野史类钞》上部，第209页，姜南《半村野人闲谈》。

3 《宋人轶事汇编》第5册，上海古籍出版社2015年版，第2534、2535页，刘一清《钱塘遗事》卷三。

4 赵葵（1186—1266），字南仲。湖南衡山人。官至右丞相兼枢密使。谥忠靖。

怨，有一回，已露出兵变的苗头。赵葵年仅十二三岁，机警过人，他及时察觉到危险，立刻大声疾呼："此朝廷赐也，本制置司别有赏赉！"真是神了，"军心赖一言而定"[1]。

文武之道，并行不悖，赵方聘请名师教导子弟，日后成为名相的郑清之就是赵氏兄弟的塾师。边防若有警报，赵葵即与诸将一起迎击来犯之敌，骑马驰骋，深入死战；诸将生怕京湖制置使的公子有个闪失，总是拼命相救，屡次因为这样的缘故奏捷获胜。

从嘉定十年（1217）至嘉定十三年（1220），赵葵随父赵方参加抗金战役，受命与都统扈再兴攻打金兵必守之地。高头鏖战，赵葵率先锋奋击；泚河大捷，赵葵与杨义等将领联合进攻，"俘斩及降者几二万，获万户而下十数人，夺马八百，逐北直傅城下而还"。由此可见，他年纪轻轻，已有宿将的本领。

嘉定十四年（1221），金兵进犯蕲州，赵葵与其兄赵范进攻唐州、邓州，出师前，赵方对两个儿子说："不克敌，毋相见也！"赵葵最为人所称道的本领就是以少击多，他与杨大成率十四骑与数百金兵力战，不仅不落下风，而且"连破之"。他还挑选敢死队员数十人，冲溃金军的铁桶阵。赵葵带兵，尚谋略，更尚勇猛，一虎巡山，不畏群狼，这就是他的定见，其选士可谓精益求精，其用兵可谓遇神杀神。

绍定元年（1228），赵葵知滁州，察觉归附南宋的将领李全包藏祸心，大造船只，其奸谋很可能是"浮海以捣腹心"。其时，奸相史弥远主掌兵马，一味求和，不惜卑躬屈膝。赵葵致书史弥远，强调"人心解体，万事涣散"乃是不可胜讳的社稷之忧，揭露李全决非忠臣孝子的真面目，希望史弥远虑及国势，"翻然改图，发兵讨叛"，指出利害关联是"淮东安则江南安，江南安则社稷安，社稷安则丞相安，丞相安则凡为国之臣子、为丞相之门人弟子莫不安矣"，以此打动史弥远。赵葵还向朝廷示警，李全叛迹已彰，"更从隐忍，则将何以为国"。他愿报国恩，负讨贼重任。此事幸得赵家兄弟的恩师、参知政事郑清之全力赞决，赵葵率军讨

---

1 脱脱等：《宋史》36 册，第 12498 页，卷四百一十七，列传第一百七十六。

伐李全，于绍定四年（1231）正月，在扬州杀掉叛将，立下大功。

宋人周密的笔记《齐东野语》每每以谐趣悦人。宋宁宗一度有志北伐，恢复故国河山，赵葵得以分委边务。赴镇之日，朝廷官员置酒饯行，安排的节目中恰好有杂技缘竿，曹西士即兴赋诗一首："又被锣声送上竿，这番难似旧时难。劝君着脚须教稳，多少傍人冷眼看。"[1] 其后，赵葵北伐果然受挫。

淳祐九年（1249），朝廷召赵葵入京，欲任命他为右丞相，消息一出，立刻有人以本朝惯例（宰相须用读书人）阻断其升迁之路。赵葵心知政敌环伺左右，拂人意事刚开头，于是他上表辞去相位："霍光不学无术，每思张咏之语以自惭；后稷所读何书，敢以赵抃之言而自解。"[2] 赵葵离开临安，疾驰而归，题小令《南乡子》一阕于粉壁间："束发领西藩，百万雄兵掌握间。召到庙堂无一事，遭弹。昨日公卿今日闲。拂晓出长安，莫待西风割面寒。羞见钱塘江上柳，何颜。瘦仆牵驴过远山。"[3] 赵葵任湖南安抚使、潭州知州，推心爱民。闲暇时过岳麓书院，山长刘某年纪稍长，让座，行礼道："请相公主席！"赵葵摇手作答："这里说甚么相公？"竟就座于客位，饮酒尽欢而去。[4]

4 皮龙荣打狗不看主人面

文天祥对皮龙荣[5]的评价非常高，"晏殊之学问，杨亿之文章，仲淹之声名，器之之气节"，四人皆为北宋名臣，其中，刘安世字器之，尤以刚正著称，以直谏闻名，人称"殿上虎"，奸臣蔡京视之为眼中钉。

淳祐四年（1244），皮龙荣登进士第，旋即授诸王宫大小学教授兼资善堂直讲，教导诸王读书。入对时，皮龙荣劝谏宋理宗赵昀："以改

---

1 《宋元笔记小说大观》第 5 册，上海古籍出版社 2001 年版，第 5525 页，周密《齐东野语》卷八。
2 《宋人轶事汇编》第 5 册，第 2561 页，《宋季三朝政要》卷二。
3 《全宋词》第 4 册，上海古籍出版社 1965 年版，第 2527 页，赵葵《南乡子》。
4 《宋人轶事汇编》第 5 册，第 2561 页，刘一清《钱塘遗事》卷三。
5 皮龙荣（？—1272），字起霖，一字季远。湖南醴陵人。官至参知政事。

过之实，易运化之名，一过改而一善著，百过改而百善融"。嗣后，皮龙荣升任著作郎，与宋理宗谈及前朝廉明方正的大臣真德秀、崔与之，他说："今天下岂无廉者，愿陛下崇奖之以风天下，执赏罚之公以示劝惩。"宋理宗点头表示认同。

皮龙荣官至端明殿大学士，签枢密院，封爵为伯和郡公。奸相贾似道执政，皮龙荣被外放为湖南安抚使，判知潭州。宋度宗赵禥继位后，对师傅皮龙荣多有眷顾，问及其近况，贾似道即神经紧张，担心皮龙荣受到重用，直接威胁到他的地位，于是暗地里唆使自己的走狗、湖南提刑李雷应疏劾皮龙荣。当初，李雷应到湖南上任，拜谒皮龙荣，皮龙荣嫌弃他是奸相贾似道的走狗，托故不见，待李雷应悻悻而退，他又斥骂了一番。李雷应有宰相贾似道做靠山，底气十足，不同旁人，一旦怀恨在心，怨毒必然发作。李雷应得到贾似道的暗示后，寻机收拾皮龙荣，他挖空心思，绞尽脑汁，在弹章中弄出"神来之笔"："每对人言，有'吾拥至尊于膝上'之语。"这就等于说，皮龙荣做过宋度宗的师傅，不仅倚老卖老，而且有轻视当今圣上之意。皮龙荣罢官后，定居衡阳，恐为李雷应所暗害，忧愤而殁。[1]

明代湘籍学者周圣楷[2]编纂《楚宝》，褒扬楚地人物，他认为皮龙荣学富五车，尤其精通《春秋》，学术功力深厚。周圣楷评议道："以予观之，龙荣为度宗旧官僚，度宗既承大统，而似道又专国政，此不两立之势也。龙荣惟有引身以退，庶几能免，乃复危行危言，以自取杀身乎。……龙荣之见窘于李雷应也，将谁咎哉？犯小人之怒以发其不平之气，而谓其遭变知权，吾未敢许。"[3]周圣楷慨叹皮龙荣刚而易折，面对奸邪之徒，不能"守经知宜""遭变知权"，欠缺强自隐忍的功夫。殊不知，刚正者与邪曲者处于对立面，冰炭不同炉，薰莸不同器，又岂是隐忍能够消灾脱难的。两宋党祸极为酷烈，从来就没有中间道路可行，湖南人以刚方激烈之性处世，鲜有肯降志屈挠的，宁折不弯是他们的正常

---

1 脱脱等：《宋史》第36册，第12581、12582页，卷四百二十，列传第一百七十九。
2 周圣楷（1594—1643），字伯孔。湖南湘潭人。史学家。
3 周圣楷编纂，邓显鹤增辑：《楚宝》上，第472页，卷第十四·谏净二。

表现，九死无悔是他们的通常宿命。周圣楷本人即遭乱而死节，也可谓"犯小人之怒以发其不平之气"。明末，张献忠屠湘，周圣楷避乱于南岳。"贼必欲得之，移文将族其家，乃以病见。贼将祭江，索祭文甚迫，圣楷两手持空纸宣读，语多丑诋。贼觉，怒而杀之。"[1]有时候，是可忍孰不可忍，血性上头，死则死矣，这才是真湘人！

5　冀元亨宁死不肯诬陷恩师

冀元亨[2]笃信王阳明的心学。正德元年（1506）冬，王阳明弹劾宦官首领刘瑾，被决廷杖四十下，谪贬至贵州龙场驿戍所，冀元亨与蒋信（字卿实，常德人）陪伴他到卢陵。途中师徒论学，置危险困苦于度外。王阳明龙场悟道，是明代学案中的亮点。在贬所，王阳明赋《杂诗》三首，其一云："危栈断我前，猛虎尾我后。倒崖落我左，绝壑临我右。我足复荆榛，雨雪更纷骤。"处境如此之艰危，还能站定脚跟，这才叫悟道有得。由于无屋可居，王阳明结草庵以栖身。"自计得失荣辱皆能超脱，惟生死一念，尚觉未化"，王阳明"日夜端居默坐，澄心静虑，以求诸静一之中"。他为自己备下一副棺材，置于目力所及之处，参透生死之后，对仆人讲：我现在听天由命啦！"龙场悟道"实为王阳明的精神突围。后来王阳明在江西任职，冀元亨又受聘为王家的西席，教导子弟。

宁王朱宸濠心怀不轨，广交名士，唐伯虎一度神情恍惚，上了贼船，惊觉之后靠佯狂侥幸脱身。朱宸濠写信给王阳明，讨教学问，此时他反形未露，王阳明出于礼貌，派冀元亨前往答谢。朱宸濠专谈王霸之略，以此挑逗冀元亨，引诱他留下话柄。冀元亨假装糊涂，只谈学问，讲解北宋理学家张载的《西铭》，反复强调君臣之义本于一体。朱宸濠拍掌对人说："书生不识时务，竟然会痴到这种程度！"于是厚赠礼物，派人送他回家。冀元亨谢绝厚礼，空手而归。宁王谋反失败后，治逆案

1《长沙野史类钞》上部，第 98 页，王先谦《湖南全省掌故备考》。
2 冀元亨（1482—1521），字惟乾。湖南常德人。心学鼻祖王阳明的弟子。

者怀疑王阳明与之暗中勾结，朱宸濠说没有这回事，王阳明只派冀元亨来谈论过学问。治逆案者大喜，立刻逮捕冀元亨，施以炮烙酷刑，试图从他嘴里挖出猛料，整倒王阳明，冀元亨宁死也不肯诬陷恩师。在诏狱中，他受尽折磨，反倒安慰囚友，善待他们如同手足兄弟，专门讲些有趣的事情，帮助大家忘怀眼下的苦楚，众人为之感泣。处艰危之际，最能看出一位学人是否知行合一，冀元亨求仁得仁，求义得义，纵然身世多有不幸，出狱五日而卒，但其精神长存不灭。[1]

6 艾穆不畏大棒，硬抗首辅

艾穆[2]心地仁厚，极重孝道。万历十五年（1587），张居正的父亲在乡病故，按照常礼，他必须回老家奔丧，守墓三年。其时，正处在新法实施的紧要关头，这位顾命大臣、内阁首辅不敢效仿前贤杨廷和回籍终制，生恐人一走，茶就凉，不仅大权旁落，而且新法夭折。张居正庆幸万历皇帝年少，根本离不开他，圣旨中的"父制当守，君父尤重"八字也可作为挡箭牌，何况他奏陈了《乞恩守制疏》，做足了表面文章，但他仍然低估了朝廷中少数文官施加的舆论压力，他们仿佛吃了熊心豹子胆，不惜冒险犯难与万历皇帝和内阁首辅硬抗，非要逼迫张居正先尽孝再尽忠不可。翰林编修吴中行毅然撇开师生之谊，认为张居正的"夺情"之举既不近人伦义理，也不合祖制法度。艾穆与同僚沈思孝的奏章最具代表性，他们这样写道："今弃先王之制，而从近代之例，如之何其可也。居正今以例留，腆颜就列矣。异时国家有大庆贺、大祭祀，为元辅者，欲避则害君臣之义，欲出则伤父子之情。臣不知陛下何以处居正，居正又何以自处也！……臣闻古圣帝明王劝人以孝矣，未闻从而夺之也。为人臣者，移孝以事君矣，未闻为所夺也。以礼义廉耻风天下犹恐不足，顾乃夺之，使天下为人子者，皆忘三年之爱于其父，常纪坠矣。异时即欲以法度整齐之，何可得耶！陛下诚眷居正，当爱之以德，

---

1 周圣楷编纂，邓显鹤增辑：《楚宝》下，第692页，卷第二十二·真儒·增辑·真儒。
2 艾穆（1533—1600），字和父。湖南平江人。官至四川巡抚。

使奔丧终制，以全大节，则纲常植而朝廷正，朝廷正而百官万民莫不一于正，灾变无不可弭矣。"[1]这段文字确实雄辩，首辅不能以身作则，还如何领袖群伦？制度中若出现例外就会产生漏洞，若不采取补救措施，窟窿只会扩大，不会缩小，最终吞噬一切。何况唯一自洽的逻辑推导是，忠臣必出于孝子之门，不孝而忠违反人性，于情不合，于理不通。他们所举的例子——徐庶因母亲落入曹操之手而方寸大乱，决意辞别刘备，也很高明。万历皇帝和首辅张居正深信，大棒比奏章更具权威和说服力，他们严酷镇压夺情风波中的强硬派。吴中行、赵用贤请令张居正奔丧，葬毕还朝，各决廷杖六十下；艾穆、沈思孝请令张居正终制，守孝三年（实际为二十七个月），各决廷杖八十下。八十下廷杖，由太监下狠劲捶打，受刑者的臀部必定被打得皮开肉绽，须卧床数月。艾穆挨完重击之后，在昏迷中被铐进诏狱，三天后，狱卒用门板将他抬出京城，遣戍凉州（今甘肃武威）。他惹恼了首辅张居正，这苦楚吃得着实太大。

艾穆是湖南平江人，张居正是湖北江陵人，在明朝，两湖之地统属湖广，彼此为大老乡。张居正对亲随说："以前严分宜（严嵩）执政，没有同乡的人攻击他，我没有他的福气大啊！"这句话就是针对艾穆而说的。

7　罗喻义不附阉党，批评内阁

罗喻义[2]崇尚气节，性格严冷，"闭户读书，不轻接一客"，其眼中绝对容不得一粒沙尘。天启六年（1626），罗喻义任南京国子监祭酒，即南都太学校长。一部分太学生趋奉"九千岁"魏忠贤，想跟风捞取政治资本，在校园内为他建造生祠。罗喻义内心痛恨阉党乱政，不仅不肯"玉成"，而且为此严惩了几位牵头的马屁精，使其动议胎死腹中。

当年，阉党恣睢暴戾，遭到东林党人的抨击和抵抗。阉党据有锦衣卫，控制东厂、西厂，采取极端黑暗和残忍的特务统治，打压一切

1　张廷玉等：《明史》第 4 册，第 3348 页，卷二百二十九。
2　罗喻义（生卒年不详），字湘中。湖南益阳人。官至南京国子监祭酒。

反对力量。他们罗织罪名，预造名册，意欲将东林党人一网打尽，锁定湖广地区二十人，以罗喻义为首。崇祯皇帝朱由检继位之初，以霹雳手段铲除阉党祸根，朝廷气象为之一新。罗喻义进讲《尚书》，也深受鼓舞，他撰成《布昭圣武讲义》，陈述祖宗大阅之规、京营之制，希望有所兴革，中间涉及时事，批评"左右之者不得其人"，伤及内阁首辅大臣、东阁大学士温体仁。后者对此十分恼火，捺着性子，派秘书省正字去传令罗喻义，修改违碍的文字，彼此两便。罗喻义如何应对？他去内阁造访，不待见面，隔着门扉，就把温体仁狠狠地讥诮了一番。结果温体仁告御状，说是自己好心好意要罗某删改讲义，结果反遭其侮辱。下官侮辱首辅大臣，这可犯了官场大忌，于是罗喻义受到"革职闲住"的处置。

事实胜过雄辩，温体仁的确难堪大任，他做了几年内阁首辅，干得最欢的竟是排斥异己，为阉党翻案。罗喻义不买温体仁的烂账，必定遭到清洗。"喻义雅负时望，为体仁所倾，士论交惜"[1]，可见公道自在人心。

8 王闿运玩世不恭，风流自喜

晚清名士莫友芝赠王闿运一联，上联是"独立千载谁与友"，下联是"自成一家始逼真"。王闿运睥睨不党，卓尔不群，才雄而狂，性介而狷。他曾经表白道："一种风流吾最爱，南朝人物晚唐诗。"南朝人物好尚清谈，晚唐诗歌风流绮丽，正是他一体之两面。王闿运与李慈铭并世齐名，但前者爽歪，后者狭直，凑不成对子。李慈铭自视极高，对王闿运评价较低，他在日记中写道："其人予两晤之，喜妄言，盖一江湖唇吻之士……"[2]难道王闿运徒有虚名，只是会吹牛的大嘴巴？李慈铭这也太不把干枣当水果看待了。还有名士下笔更狠，文廷式直斥王闿运"舞文无行"，比"秉性狷狭"的李慈铭差远了。[3]

---

1 张廷玉等：《明史》第4册，第3171、3172页，卷二百十六。
2 徐一士：《一士类稿》，山西古籍出版社1996年版，第33页，《李慈铭与王闿运》。
3《文廷式集》（增订本）第3册，第1098页，《闻尘偶记》内。

民国初年，袁世凯决定聘请康有为担任国史馆馆长，康有为不仅力辞不就，而且放出狠话来：他主修《清史》，袁世凯必入贰臣传。这就让袁世凯如芒在背，浑身不舒服了。于是袁世凯退而求其次，邀请湘绮老人王闿运出山。早在三十年前，王闿运写信给龙高平，就已断言："五十之年，仆仆行役，此有官癖者为宜，而以老兄之初志，又未屑与悠悠者浮沉矣。"莫非到了八十岁，他的官癖反而有增无减？王闿运收到聘书，以嘲弄的语气质疑道："瓦岗寨、梁山泊亦欲修史乎？民国才不过两年，何史之有？唯有馆耳。"但他并未一口回绝，反倒是乐颠颠地赴京上任。

早年，王闿运于友朋间见许为霸才，则感激欢忭。游说诸公，屡次碰壁之后，他赋诗叙其隐退之志："六月炎州火作山，冬来河朔雪盈鞍。冰天热海闲经过，未觉人间万事难。"[1]王翁年至八旬，启程北上是大动作，众友朋弟子为之饯行，当天大雪纷飞，孙蔚林乘兴进言："今日之雪，何减齐河道中！"此语弦外有音，规讽王闿运引退为宜，出仕既自损老本，又自毁形象。王闿运久而未应，然后给出一个相当奇范的理由："吾本不欲北行，以送六妹子归去，行李多而磅价重，恃有专车可免费耳。"[2]众人闻言，面面相觑。

当时海内名流多半对王闿运出仕不以为然，陈夔龙说："乙丙之际，不恤徇乡人之请，首先列名劝进。晚节不终，识者惜之。然太史亦老态龙钟，不久即归道山。倘早没数载，宁非全福。"[3]他还引用查慎行吊钱谦益的诗句"生不同时嫌我晚，死无遗憾惜公迟"，以示惓怀。章太炎致书王闿运的弟子刘揆一，亦吐微词："八十老翁，名实偕至，尢而有悔，自堕前功，斯亦可悼惜者也！"[4]清朝遗老郑孝胥以诗鸣高，其道德感超强，《答严幾道》第二首起句嘲讽的对象为王闿运，道是"湘水才人老失身"。然而王闿运在清朝未曾踏入过仕途半步，与蓝顶子、红顶

1 王闿运：《湘绮楼诗文集》，第 1711 页，《齐河道中雪行，偶作二首》第一首。

2 《李肖聃集》，第 564 页，《星庐笔记》。

3 陈夔龙：《梦蕉亭杂记》，第 99 页，《王壬秋》。

4 《章太炎全集》第 4 册，第 186 页，《与刘揆一书》。

子完全绝缘，"失身"之说不成立。清朝末年，朝廷授予王闿运翰林院检讨，这个迟到的安慰奖令人啼笑皆非。其时，科举制如残烛待尽，坊间有所谓"牙科进士""染织翰林"，士林耻之，王闿运赋诗自嘲："愧无齿录称前辈，喜与牙科步后尘。"[1]面对郑孝胥射来的毒箭，王闿运以"登西山不用采薇"作盾牌，巧妙地挡住，意思是，我饱食周粟，尽可安心，因为我只是前朝的草民，哪有失节可言？王闿运去世之后，版本学家叶德辉撰写挽联，文字间暗含讥刺，上联是"先生本自有千古"，下联是"后死微嫌迟五年"。意思是，倘若王翁早死五年，即可名节两全。

民国初年，有好事者按捺不住好奇心，揣此疑惑，直接就教于王翁："公以八三高年，为民国官吏，似不值得。"王闿运的回答既可解颐，又可释疑："吾惟自如其老，故以作官为得。少壮时，遨游公卿间，或主书院，不愁无啖饭处。今老惯，百事莫办，惟作官能藏拙，是以愿往。"[2]如此倚老卖老，玩世不恭，闻者或默然以对，或忍俊不禁。

王闿运初抵京城，袁世凯示以高规格的厚遇，不仅陪他游览三海，而且大集百官，设宴为这位文坛耆宿洗尘。吃完饭，袁世凯与王翁聊天，礼性周至，状极谦卑，王翁则以"慰亭老世侄"称之。返回客栈的路上，王翁对随行的弟子说："袁四真是个招人喜欢的角色啊！"马车经过新华门，他抬头喟叹道："为何要题此不祯不祥之名？"同行的人大吃一惊，赶紧问他何出此言。王翁说："我人老了，眼睛也昏花了，那门额上题的不是'新莽门'吗？"王翁真够机智俏皮的，"莽"字与繁体的"華"字的确有点形似。西汉末年，王莽发动宫廷政变，改国号为"新"，猴躁鸟急地过了一把皇帝瘾。可他惨淡经营的短命王朝旋即崩盘，被绿林、赤眉搋翻在地，好个莽爷成了无头之鬼。王翁话中藏谜，弦外有音，暗示袁世凯若蓄意称帝，其下场很难好过王莽那老匹夫。

一位阅尽沧桑的智者，一位被奉为"学界泰斗""鲁殿灵光"的经师，在新时代，肯定要摆一摆谱。这很正常，说明新旧两种思想恰似酒

1 陶菊隐：《政海轶闻》，第76页，《王闿运》。

2 陶菊隐：《政海轶闻》，第76页，《王闿运》。

窖中的粮食和曲药正在发酵。倘若经不起旧思想猛力颠掊和敲打，新体制就缺乏足够的生命力。王闿运属于保守阵营，但他与那些死硬分子有明显区别，他是"名士派"人物，选取不偏不倚的立场，既不劝进，亦不保皇，可谓大德不亏。

　　王闿运的为人行事不无可议之处。比如说他女儿出嫁之后，屡次三番遭夫婿家暴，写信向父亲控诉，王闿运回信放狠话："来书已悉，有婿如此，不如为娼。"杨度之妹杨庄嫁给王闿运次子为妇，杨庄是才女，不耐其夫婿愚钝，更不耐其夫婿粗鲁，写信向兄长求计，杨度回复："夫妇之义，同于君臣，合则留，不合则去。"杨庄于是打包回娘家，王闿运安慰道："豚儿不足偶。汝居吾家，不为吾子妇，为女弟子何如？"[1]杨庄仍留在王家，做了公公的女弟子。王闿运最可议处在其风流好色，"左图书，右姬姜"[2]，毫不含糊。年少时，他英气勃发，丰神秀隽，是有名的情种。他暮年自述情史，对初恋犹念念不忘："昔年十八九时，在长沙与左氏女相爱，欲娶之。左女亦誓非我不嫁，乃格于其母，不得，左女抑郁以死。……此事不足为外人道。恐笑我八十老翁，犹有童心也。"[3]王闿运为左氏女赋诗《忆梅曲》《紫芝歌》，还为她写过悱恻的《吊旧赋》和绮艳的《采芬女子墓志铭》。左采芬是一位美貌女子，"雪肌以杨柳为腰，玉色以芙蓉作骨"[4]；难得的是，她知书达理，能吟诗弹琴。遭受外力阻断而不幸夭折的爱情通常都会刻骨铭心，王闿运八十岁时仍在缅怀自己的初恋，就一点都不奇怪了。

　　王闿运一生喜爱壮游，多行则必有艳遇。在岭南，王闿运与一位才貌双全、积资数万的名伶相见倾心，这位名伶择偶，颇有出奇之处，不愿做达官富商之妻，甘愿为才子名士之妾。王闿运为这位红颜知己取名"绿云"，后改名为"六云"，相携隐居于桂东石门山中，十二载治经生涯有六云陪伴，红袖添香，白天写经注，晚上听昆曲，心情怡悦赛过

1　陶菊隐：《政海轶闻》，第 74 页，《王闿运》。
2　葛虚存：《清代名人轶事》，第 195 页，《王闿运〈思归引〉》。
3　《中国现代学术经典·钱基博卷》，第 71、72 页，《现代中国文学史》。
4　王闿运：《湘绮楼诗文集》，第 267 页，《采芬女子墓志铭》。

活神仙。王闿运的艳福不止羡煞天下文人骚客，七位湘籍巡抚也都纷纷写信给他，表示由衷的歆慕。"纳一妾而名动七巡抚"，这无疑是王闿运压箱底的炫耀资本。六云共生下九个子女，王闿运写信给好友李榕，道是"七省姬今成九子母，未退而衰，妾不如妻，又其验矣"[1]，引为笑谈。

王闿运主掌成都尊经书院期间，羡慕亲家邓辅纶"复有小星之纳"，佩服他"何其勇毅"，也动了再纳一妾的念头，却没有中意的人选。他致书邓辅纶，大吐苦水："闿运客寄于此，欲求一似人者而不可得。蜀女多于鲫鱼，不可为鳊鱼，奈何！奈何！"[2]天府之国的美女竟被他戏贬为"鲫鱼"，不如鳊鱼活色生香，这多少有点出人意表，不可思议。细究原因，很可能是蜀女不似湘女多情，而闿运老矣惫矣怠矣，两厢凑合不拢。想想也是，似卓文君那样绝色多情的蜀女，只会钟爱青年才俊司马相如，就算相思病急，也不会找个老头子糊弄自己的春心。

民国时期，名士孙思昉写信给掌故家徐一士，对王闿运有赞有弹，其中一段文字颇为有趣："王翁本不满宋学，其识议能轶出宋人上，而行亦多可议。蜀人士谓蜀学由王翁开通，然从学者或得其遗风而好色好货。廖季平曾谓，自见其师湘绮老人盗婢，故季平年七十余尚纳婢，而宋芸子亦好色云。"有其师必有其徒，并非反常。人性是天足，道德是弓鞋，削足适履，岂不苦哉。徐一士于信后评议道："王氏不受宋儒钤束，非不高明，特所以自律者不甚讲求，小德出入，浸或逾闲，一代经师，而人师之道，乃不免有阙焉。"[3]王闿运平素极讨厌那些束身害性的陋儒，他好色，并不遮掩，也从不矫装圣贤，这方面确实能将朱熹甩开十条大街。旁人诟病他风流率性，他是不以为忤的。

王闿运暮年丧妻丧妾，本不足道的周妈得以全盘接手，扮演着极重要的角色。周妈帮他料理衣食住行、检寻文章书籍，帮他出恭后揩污，尤其是替他拿主意、作决定。民国三年（1914）春，王闿运北上，暂停

1 王闿运：《湘绮楼诗文集》，第881页，《致李藩台》。
2 王闿运：《湘绮楼诗文集》，第922页，《致邓亲家》第2通。
3《凌霄一士随笔》第5册，第1688页，《孙思昉谈近人轶事·评王闿运》。

武昌，先去拜会以贪鄙著称的湖北督军王占元，并带周妈同行。王翁对王占元说："老妪欲瞻将军威仪，幸假以辞色。他日入京，亦携此妪，谒拜总统，使阔眼界。"王占元对周妈礼遇有加，赠以金帛，那些视周妈为乡婆的招待员因此前倨后恭。湖北将军段芝贵设宴招待王翁，王翁同样带周妈同行，他对周妈说："汝欲看段大少爷，即此人也，有何异处？"段芝贵闻言，面露惭色。王闿运北上就职参政和国史馆馆长后，日记中有数处记载周妈"干政"，其中两处痕迹颇为明显：一是庚戌年（1914）闰五月十九日，王闿运至北京象坊桥参加参政会，"听，未闻其说，随众举手而已，欲条陈，周婆尼之而止"[1]。何谓"尼之"？即阻拦他，这事周妈说了算，条陈没上。二是同年闰五月廿一日，王闿运突然决定辞职南归，国史馆馆员至车站送行，众人再次挽留王翁，王翁心动，左右为难，"赖周婆坚持而定"[2]，又是周妈替他拿了主意，作了决定。

当年，报章上时不时刊出杂文，调侃和打趣周妈。上海《时报·文艺周刊》载有长篇小说《周妈传》，明道湘绮老人无周妈，则冬睡足不暖，日食腹不饱。《益世报》刊文更模仿湘绮老人的口吻说："周妈，吾之棉鞋大被也。无衣无褐，何以卒岁。"《顺天时报》记者更讽示周妈幕后干政，致国史馆官以贿成。于是王翁递上辞呈，自弹自劾："呈为帷薄不修，妇女干政，无益史馆，有玷官箴。应行自请处分，祈罢免本兼各职事。……闿运年迈多病，饮食起居，需人料理，不能须臾离女仆周妈。而周妈遇事招摇，可恶已极，致惹肃政史列章弹奏，实深惭恶，上无以树齐家治国之规，内不能行移风易俗之化。"章太炎对此有两句点评，算是道破机心，揭晓谜底："湘绮此呈，表面则嬉笑怒骂，内意则钩心斗角。不意八十老翁，狡猾若此！如周妈者，真湘绮老人之护身符也。"

1　王闿运：《湘绮楼日记》第 5 卷，第 3317 页。
2　王闿运：《湘绮楼日记》第 5 卷，第 3318 页。

9 熊希龄退出政界，专办慈善事业

1913 年，熊希龄[1]四十四岁，毅然辞去北洋政府总理职务，从此远离政治斗争的风暴眼。当时，他的处境堪忧，多少有点被逼无奈，甚至有点灰头土脸。但值得称道的是，他既没有退隐林间，也没有放浪形骸。至于求田问舍、打猎钓鱼，那是别人的喜爱项目；沉迷酒色、流连欢场，那是别人的享乐方式。他腾出自己的全身心，利用自己的影响力，兴办慈善事业。1917 年，京津冀遭遇特大洪涝灾害，熊希龄领衔赈济饥民。1918 年，熊希龄选址香山静宜园，创办香山慈幼院，倡导平民教育，开启民智，救助弱势群体。

夫人朱其慧谢世后，熊希龄将家资悉数捐作"熊朱义助儿童福利基金会"，如此一来，他一无所有，每月只从基金会领取少许生活费，用沈从文的话说，"吃二等公务员伙食"。这种人溺己溺、人饥己饥的悲悯情怀真不可及。熊希龄生前自撰《墓志铭》，有"今当国难，巢覆椟崩，若不舍己，何以救群"的句子，高情美德跃然纸上。

当年，在西山的林海中，慈幼院的校歌远近可闻："好好读书，好好劳动，好好图自立。大哉本院，香山之下，规模真无比。重职业，自食其力，进取莫荒嬉。好兄弟，好姊妹，少年须爱惜。"另有一首《饭后歌》，更为动人："馒头棒子豆芽汤，蒸蒸扑鼻香。我们幸福等天堂，精神体魄强。堂以外，可心伤，穷孩满四乡。如何救彼出饥荒，时时不可忘。"[2]这些歌的歌词都是熊希龄亲自撰写的，有情有志，韵味十足，的确能够陶冶少年儿童的心灵。

熊希龄常说："孩子是真心爱我，把我当他们父母，我也把他们当我的儿女，成立这个大家庭，这便是我终身的志愿了。"夫人朱其慧去世后，熊希龄续娶毛彦文，既为感情计，亦为事业计——毛彦文在国外学

---

1 熊希龄（1870—1937），字秉三。湖南凤凰人。官至北洋政府总理。

2 周秋光主编：《熊希龄·从国务总理到爱国慈善家》，岳麓书社 1996 年版，第 373 页，《饭后歌》。

过教育学，适合做香山慈幼院的管理者，能力、热情和爱心，样样不缺。

熊希龄把自己的余生全部交给了慈善事业，除了创办慈幼院，创办平民学校，在战时，他还建造收容所和战地医院，从大上海的炮火中救出数以万计的难民。熊希龄以育人救人为天职，他身上的确放射出美丽温暖的人性光辉。

胡适对熊希龄评价很高："他实在是个有办事才干的人，同时又真爱国，真爱人，所以他自己真觉得替国家做事，替多数人做事，都好像是从自己天性里流露出来一样，不觉得费力了。"[1]

叶景葵是熊希龄三十多年的老友，他为熊氏作家传，论其从政有妙语："平生似遇而实未遇，欲有为而终不可为。"堪称知人论世之言。身为政客，熊希龄心劳日拙，早已一息不存，长瞑不视；身为慈善家，熊希龄永远活着，令人景仰。蔡元培为熊希龄撰写的挽联，至今仍挂在湘西凤凰熊希龄故居里，上联是"宦海倦游，还山小试慈幼院"，下联是"鞠躬尽瘁，救世惜无老子军"。熊希龄"戴仁而行，抱义而处"，以慈悲为怀，爱国爱人纯粹出于天性，其改过之勇、立德之坚，都值得后人敬佩。

1《熊希龄·从国务总理到爱国慈善家》，第 34 页，胡适《纪念熊秉三先生》。

三 玉成佳士，善待精英

范文程[1]有一句名言："天下治安，惟在得贤。"曾国藩以自身体会断言道："古人之学，莫大乎求贤以自辅。"[2] 他还说："多事之秋，得一人则重于山岳，少一人则弱于婴儿。"[3] 贤才何由生？人才何由得？王闿运给出答案："吏治果修，人才自出。"

湘贤玉成佳士，往往不遗余力。大帅曾国藩玉成的文臣武将极多，左宗棠、李鸿章、沈葆桢、彭玉麟、杨岳斌、曾国荃、陈士杰、陈宝箴是其中的佼佼者。大帅左宗棠玉成的文臣武将也不少，蒋益澧、刘典、张曜、刘锦棠、魏光焘是其中的佼佼者。文豪王闿运玉成的人才颇为可观，学术方面有廖平，政治方面有杨锐、杨度，文艺方面有"王门三匠"（铜匠曾招吉、铁匠张正旸、木匠齐白石）。

光绪初年，郭嵩焘以钦差大臣衔命出使欧洲，驻节英国、法国，任公使一年多，他推重严复[4]，视之为留学生中第一等人才，逢人说项。曾纪泽继任公使，裁成严复亦尽心尽意。光绪五年（1879）春，他在日记中写道："……核改答肄业学生严宗光一函，甚长。宗光才质甚美，颖悟好学，论事有识，然以郭筠丈褒奖太过，颇长其狂傲矜张之气。近呈其所作文三篇，曰《饶顿传》，曰《论法》，曰《与人书》；于中华文

---

1 范文程（1597—1666），字宪斗，号辉岳。辽东沈阳人。清朝开国重臣，为清朝创立规制。谥文肃。
2 《曾国藩全集》第 14 册，第 235 页，《送谢吉人之官江左序》。
3 《曾国藩全集》第 22 册，第 139 页，《与刘长佑江忠济》。
4 严复（1854—1921），原名宗光，字几道。福建侯官人。近代学者、翻译家。

字，未甚通顺，而自负颇甚。余故抉其疵弊而戒励之，爱其禀赋之美，欲玉之于成也。"[1]其时，曾纪泽可算中国官场中最新潮之人，守旧者对他颇为不满，屡加攻讦；严复从小就留学海外，是官场外最新潮之人，比曾纪泽更新潮。曾纪泽奖誉之余，不免批评严复"狂傲矜张"，并且指出其汉文方面的瑕疵。日后，严复不仅邃密群科，而且精研中土旧籍，用正宗的文言文翻译《天演论》等西洋名著，文采斐然，信达雅赅备，曾纪泽的"戒励"之功昭然可见。

1　罗含善护谢尚

东晋名士罗含[2]轻物质重精神，性情淡泊，茅棚苇席，布衣蔬食，安之若素。江东名士谢尚称赞道："罗君章可谓湘中之琳琅。"有一次，权臣桓温与僚属会餐，罗含后至。桓温故意问大家："这位迟到者是怎样的人？"有人应声回答："可谓荆楚之良材。"桓温的评价则高得多："此自江左之秀，岂惟荆楚而已。"江左就是江东，以东晋的首都建康（今南京）为中心，乃人文荟萃之地；荆楚主要指湖南、湖北，当时仍属文化落后地区。有一件事最能见出罗含的睿智，他任征西将军府参军时，桓温派他去探访江夏太守谢尚，顺便收集后者徇私枉法、图谋不轨的证据，以备参劾之用。谢尚是大臣谢安的堂兄，谢家是江东的望族，财雄势大，桓温颇为忌惮。谢尚细行不检，骂口常开，被桓温选为打击和消灭的对象。罗含早已摸透桓温的心思，如果他对谢尚下手，就会助纣为虐；如果他一味敷衍塞责，则难以交差。罗含到了江夏，什么也不过问，每天与谢尚饮酒，不醉不归。嗣后，桓温问罗含公务办得如何，罗含答非所问，居然还多了个反问："公谓尚何如人？"桓温说："胜我也。"这不就结了，罗含说："岂有胜公而行非耶？"桓温对罗含机智的答复颇感惊讶，却不便责怪。[3]

1《曾纪泽日记》第2册，第904页，光绪五年三月十三日。

2　罗含（292—372），字君章。湖南耒阳人。官至廷尉、长沙相。

3　房玄龄等：《晋书》下册，岳麓书社1997年版，第1607页，卷九十二，列传第六十二。

2 胥偃选欧阳修为婿

少年时期，胥偃[1]力学不辍，文学家柳开读过他的文章后，即预言道："异日必得名天下。"胥偃家原本有良田数十顷，他进士及第做官后，即将全部田产送给族人。胥偃与谢绛接受诏令，参考中书官职，有位大臣将题目封好递给胥偃，他不敢打开细看，而是将它烧掉了。

欧阳修拜见胥偃，胥偃赏识这位年轻才子，将他召置门下，不仅收为弟子，而且选为乘龙快婿。

胥偃知开封县时，与御史高升监考开封府试，原本按规定封好了卷首，胥偃却为了不遗漏贤才，违规拆开卷首，将名士的卷子置于前列。此事被发觉后，他被降职外放。

3 郭都贤荐才贻后悔

明朝天启年间，郭都贤[2]分校顺天乡试，得史可法等六人。及至崇祯年间膺任江西巡抚，张献忠大兵入境，明朝大将左良玉屯兵九江，骄蹇观望，郭都贤憎恶其部下恣意淫掠，驰檄令其离境，另募士兵守城。由于上下掣肘者多，郭都贤平乱难有作为，遂称病请假，辞官挂印，入庐山隐居。翌年，北京沦陷，他悲愤不食，几乎送命。南明小朝廷建立后，兵部尚书史可法开府扬州，荐郭都贤为官，后者辞谢不赴。桂王建号于肇庆，召郭都贤为兵部尚书，此时他已经祝发为僧，僧号顽石，又号些庵，一入空门，不复有用世之意。

明朝覆亡后，郭都贤以诗文书画破闷，他留下一副名联："何以副生平，试清夜自思，在国在家曾行几事？不须谈特起，但设身处地，于今于古像个甚人？"郭都贤居无定所，初依熊开元、尹民兴于嘉鱼，住梅熟庵；后流寓海阳，筑补山堂，前后十九年；归湘结草庐于桃花江；

---

1 胥偃（生卒年不详），字安道。湖南长沙人。官至开封府尹。
2 郭都贤（1599—1672），字天门。湖南益阳人。官至江西巡抚。

客死于江宁承天寺。

崇祯年间，洪承畴坐事落职，郭都贤奏请朝廷起复此人为将帅，镇守辽阳，孰料松山之役明军一败涂地，洪承畴被俘降清。数年后，洪承畴经略西南，以故旧之名顺道拜访郭都贤于山中。"馈以金，不受；奏携其子监军，亦坚辞。都贤见承畴时，故作目眯状，承畴惊问何时得目疾，都贤曰：'始吾识公时，目故有疾。'承畴默然。"[1]其言外之意不难揣摩，当初我瞎了眼，竟推荐你去掌兵。

还有一桩轶事与之相映生辉。明末学者黄道周抗清被俘，"拘禁中，洪承畴往视之，先生闭目不视。洪既出，先生举笔疾书一联：'史笔留芳，虽未成名终可法；洪恩浩荡，不能报国反成仇。'盖'成仇'与'承畴'同音也"[2]，史可法是抗清英雄，洪承畴则是反面典型，黄道周的这副对联嵌入二人姓名，褒扬英雄而鞭笞丑类，可谓恰如其分。

郭都贤与湖湘才子陶汝鼐[3]交深而谊厚。南渡之后，陶汝鼐披剃于宁乡沩山，号忍头陀。陶汝鼐立德有基，诗文颇有奇气。"尝为人雪奇冤，冒险难，活千余人，然不自言也。"陶汝鼐著书甚多，由郭都贤作序而行世，序文中有"生同里、长同学、出处患难同时同志"之语，对于佳士，不吝表彰。

4 陶澍赏识俊才，缔结姻亲

清朝末叶，清流派大腕张佩纶与张之洞并称"二张"，做京官时，两人交往甚密，都喜欢评骘前贤。光绪五年（1879）冬月二十一日，张佩纶将两人的高论载入日记："过孝达，辑《先哲录》。饭后，论道光来人才，当以陶文毅为第一。其源约分三派：讲求吏事，考订掌故，得之者在上则贺耦庚，在下则魏默深诸子，而曾文正集其成；综核名实，坚卓不回，得之者林文忠、蒋砺堂相国，而琦善窃其绪以自矜；以天下为

1　赵尔巽等：《清史稿》第 45 册，第 13860、13861 页，卷五百一，列传二百八十八。

2　刘献廷：《广阳杂记》，中华书局 1957 年版，第 59 页，卷第二。

3　陶汝鼐（1601—1683），字仲调，号密庵。湖南宁乡人。明末名士。

己任，包罗万象，则胡、曾、左直凑单微。而陶实黄河之昆仑、大江之岷也。今左恪靖，虽大功告成，而论才太刻，相度未宏，绝无传衍衣钵者。阎丹初得其精而规模太狭，李少荃学其大而举措未公，不知将来孰作嗣音也。"[1]张佩纶和张之洞均极力推崇陶澍，评定他为道光时期首屈一指的鸿才巨擘，其源流可分成三派，其长处分别是"讲求吏治，考订掌故""综核名实，坚卓不回""以天下为己任，包罗万象"，贺长龄（字耦耕，张佩纶误写为耦庚）、魏源（字默深）、曾国藩（谥文正）、林则徐（谥文忠）、蒋攸铦（号砺堂）、胡林翼（字润芝）、左宗棠（封二等恪靖侯）、阎敬铭（字丹初）、李鸿章（字少荃），诸公之德能均自陶澍的源流而出，琦善仅瞟学皮毛便自鸣得意。至光绪年间，这批槃槃大才，仅有三位还健在：左宗棠大功告成，可是他论定人才太过苛刻，宰相的器量不够宽宏，无法将陶澍的衣钵传承下去；阎敬铭得陶澍之精华而规模狭小，李鸿章得陶澍之大体而举措不公，不知将来谁能够继承陶澍的事业。"二张"称赞陶澍为"黄河之昆仑、大江之岷"[2]，可见他们对陶澍的推崇几乎到了无以复加的程度。不过"二张"的高论亦存在明显的瑕疵，蒋攸铦和琦善都先后做过陶澍的顶头上司，将他们列为"余绪"和"支流"，明显不够稳妥。陶澍壮年时受过蒋攸铦的教益倒是事实，他在书信中写道："……然先生天资之高，学识之精，殆有天授非人所能为者。每鄙意所疑所思未获，一言导窾，出人意外，又恰在人意中。始知'欲从末由'，颜渊卓尔之叹，非偶然也！"[3]

曾国藩曾于落第后赴江宁拜访过两江总督陶澍，由于幕僚挡驾，未能见到本尊，但他一直欣赏陶澍的实学、实行、实干，始终以陶澍为榜样。很显然，现代学者萧一山看到了这一点，在《清代通史》中，他持有一个定见："学术为造就人才之根源，其端向不可不特加注意也。曾国藩所以能超出汉、宋，为往圣继绝学，则亦受其乡先达陶澍、贺长龄

---

1 张佩纶：《涧于日记》第 1 册，朝华出版社 2018 年版，第 128、129 页。
2 当年，国人的地理知识有限，误以为黄河发源于昆仑山、长江发源于岷山。
3 《陶澍全集》（修订版）第 6 册，第 422 页，《覆贺耦耕太守书》。

之影响，盖已由博返约、由约悟通矣。吾国旧教育之真精神在此。"[1]

　　道光年间，陶澍是首屈一指的能臣，堪称头号改革家，他还是研究陶渊明诗文的资深学者[2]，这两个身份貌似混搭，却并不矛盾。陶澍的《靖节先生集注》《靖节先生年谱考异》至今仍被学界视为周密严谨的著作。有趣的是，陶澍对于隐士心情有些复杂，一方面，他欣赏他们的审美情趣；另一方面，他赞赏乐意经营当世的人才，而隐士全无用世之志，"采菊东篱下，悠然见南山"，足以独善其身，却难以济世。陶澍早年赋诗《德山怀古》，认为隐士于艰难岁月潜光匿曜实为藏拙，可谓得其肺肝而见之。不过，他仍然认为，隐士高洁的品行对于贪婪之徒具有警示意义和训导作用。这首诗写得很好："许由淬唐风，务光砺商节。黄屋轻敝屣，先后如一辙。想当艰难时，宏济需俊杰。量力既不能，借此藏其拙。……要当略真伪，存此标往烈。高蹈非庸行，亦足警饕餮。"[3]传说中，尧帝要让位给许由，许由不干，反而掬颍水洗耳；商汤要让位给务光，务光不干，反而负石自沉于庐水。陶澍认为，两位隐士自度执政智慧不足，不可能比尧帝、商汤干得更好，于是避而不应。德可配位而才不配位，许由、务光不以势位违心，不肯勉为其难，也是值得称道的。

　　陶澍赏识用世之良才，作育之，提携之，礼遇之，无不尽心尽力。

　　道光十七年（1837），两江总督陶澍请假回乡扫墓，途经湘东醴陵。此时，左宗棠主讲醴陵渌江书院，地处城西，环境清幽，邻近李靖祠和红拂墓，竟与唐代传奇扯得上因缘。陶澍过境，总督驻节，醴陵县令是东道主，他派人精心布置馆舍，左宗棠受其嘱托，为行馆撰写楹联。陶澍抵达住地，下轿伊始，不免有些疲惫，但这副楹联令他倦意全消，眼前一亮，联语为："春殿语从容，廿载家山，印心石在；大江流日夜，八州子弟，翘首公归。"这副楹联对仗工稳、气势非凡，妙就妙在陶澍幸获道光皇帝特赏，蒙赐御书"印心石屋"，堪称其人生第一快事，此联将它无痕纳入，赞而见实，褒而不谀。陶澍甚感惬意，立刻召见左宗

---

1 陈蒲清：《陶澍传》，第117页，第十章第二节《陶澍对湖南人才群体的先导作用》。
2 陶澍是晋朝名臣陶侃的后裔，陶渊明是陶侃的曾孙，但非嫡系。
3《陶澍全集》（修订版）第7册，第8页，《德山怀古》。

棠，两人相谈甚欢。事后，左宗棠写信告诉周夫人："予此联盖纪实耳，乃蒙激赏，询访姓名，敦迫延见，目为奇才，纵论古今，至于达旦，竟订忘年之交。督部勋望为近日疆臣第一，而虚心下士，至于如此，尤有古大臣之风度。惟吾诚不知何以得此，殊自愧耳。"[1]左宗棠骨子里极傲，面对陶澍时，竟然也有些不自信。

道光十八年（1838），左宗棠第三次进京参加会试，落第后乘船南下，绕道江宁，谒见两江总督陶澍。陶今在《我的先祖陶澍》中讲了一个很有趣的故事。陶澍设宴为左宗棠洗尘，因为公务繁忙，此后让幕友陪左宗棠到处逛逛。金陵是六朝古都，十天半个月逛不完。左宗棠起初逛得高兴，几天后就起了疑心，以为陶澍故意疏远他。心高气傲的人受不了冷落，他心想：你邀我来金陵，却又避而不见，是何道理？不如早作归计。翌日清晨，左宗棠去陶澍官邸辞行。陶澍刚起床，一只脚上穿了袜子，另一只脚上还未穿袜子，听见左宗棠的叫声，赶紧打开房门，诚恳地挽留道："季高留步，何以如此着急返湘？我还有要事相托。"陶澍所说的"要事"就是与左宗棠联姻，希望左宗棠将五岁的长女孝瑜许配给他六岁的爱子陶桄。别的事都好商量，这件事可不简单，布衣与总督结亲，门不当户不对，容易遭世人非议。何况陶澍的辈分高于左宗棠，彼此年龄相差三十三岁，过于悬殊，容易变成话柄，被人取笑。左宗棠连说"不敢"。陶澍诚恳地说："若论年齿，但须渠夫妇相若可矣，不须论亲家年齿也。君若谓门第，此系贤女嫁至吾家，无忧不适。至于名位，君他日必远胜我，何虑为？"[2]陶澍共得八子，七子夭折，将这个唯一存活世间的幼子看得极重，他勇破世俗陋见，与布衣联姻，奇人奇事值得赞成，左宗棠就不再惧怕别人说长论短了。若干年后，康有为赋诗《敬题陶文毅公遗像》，故事中的精彩细节脱颖而出："植鳍作而性公忠，手整盐漕有惠风。最异督辕只袜走，孝廉船上识英雄。""植鳍"指竖起的鱼鳍，形容人身体枯瘦、背脊弓曲，陶澍清瘦，以二字绘其形，可谓逼真。"只袜走"，即仅穿着一只袜子行走，从这个细节，可看出陶

1《左宗棠全集》第 15 册，第 384 页，《与周夫人》。

2《左宗棠逸事汇编》，第 175 页，夏曾祐《庄谐选录》。

澍重贤，如同古人之捉发吐哺。左宗棠是举人，相当于古之孝廉，陶澍乐意与左宗棠结为亲家，是因为他识英雄、重英雄。

这个故事还有另外的补充："文毅一日置酒，邀文襄至。酒半，为述求婚意，文襄逊谢不敢当。文毅曰：'君毋然。君他日功名，必在老夫上。吾老而子幼，不及睹其成立，欲以教诲累君。且将以家事相付托也。'文襄知不可辞，即慨然允诺。"[1]倘若此言不假，陶澍跟左宗棠约结儿女亲家，不仅是前者主动的，而且是在他去世前一年作好的安排。还有一种说法，陶澍与左宗棠结为亲家乃是前者的遗愿，由贺熙龄一手促成。左宗棠与陶澍结为儿女亲家，不仅辈分参差，名望、地位均不对等，故而外界存疑多年，及至看明白，方才完全服气。

胡达源做京官时，特别推重陶澍的真才实学，与之结为好友。嘉庆二十四年（1819），陶澍外放川东兵备道，借南下就任之便请假回益阳探亲，专程拜访了胡达源的父亲胡显韶老秀才，其时胡林翼尚为孩提，不过七八岁光景，目如朗星，聪颖活泼，陶澍一见就欢喜不置，"惊为伟器，曰：'吾已得一快婿。'遂以贺夫人所生女字之"[2]。道光九年（1829），胡林翼致书七叔墨溪公，字里行间压力山大："侄前蒙陶丈赏识于孩提之时，一见即以爱女相许。知己之恩，拳拳曷已！然年将弱冠，一事未成，问学则之无仅识，言名则一衿未青。遽尔成婚，殊深愧恧。"[3]道光十年（1830）夏，胡林翼虚龄十九岁，遵奉父命与陶静娟小姐结缡，正式成为了陶澍的乘龙快婿。婚后，胡林翼写信告诉父亲："新妇性情尚温和，曾读书识字，自奉亦颇知节俭，可纾大人远念。"[4]看样子，新郎对这桩婚姻的满意度较高。胡林翼入赘陶家，做上门女婿，多少有些自卑。道光十二年（1832），胡林翼护送岳母至金陵。青年书生初入花花世界，根本抵挡不住秦淮风月的诱惑，脑子里难免会转悠"人不风流枉少年"的念头。陶澍为人端肃，严禁僚属酒色荒嬉，却独

1 李孟符：《春冰室野乘》，第75页，《陶文毅识左文襄》。
2 梅英杰：《湘军人物年谱（一）》，岳麓书社1987年版，第196页，《胡林翼年谱》。
3《胡林翼集》第2册，第946页，《呈七叔墨溪公》。
4《胡林翼集》第2册，第947页，《呈父达源公》。

独肯对女婿胡林翼网开一面，陶夫人很生气，对陶澍说："你就老实承认挑女婿看走了眼吧！咏芝放着四书五经不读，到处游山玩水，长此以往，能有多大出息？"陶澍捋须笑道："此子功名盖世，劳苦到头，亦应让其尽兴三两年，过此恐终生无憩息矣。"[1]陶澍还叮嘱夫人："咏芝是瑚琏之器，你不可小瞧他，日后他担当大任，保准不会糊涂。年少轻狂，不必过度责怪。"[2]天底下居然有如此思想开明的岳父，处处看好女婿，特集杜甫诗句为联称赞他，上联"是何意态雄且杰"，赞美骏马能行千里，出自杜甫《天育骠图歌》；下联"不露文章世已惊"，赞叹柏树堪作栋梁，出自杜甫《古柏行》。[3]陶澍真不愧为宠婿"狂魔"。

道光十二年（1832），胡林翼写信告诉父亲："岳丈公退之余，则与男长谈。岳丈胸中本极渊博，加以数十年来宦途阅历，上下古今，融会贯通，每及一事，旁证曲引，判断洞中窍要，于男进益，非浅鲜焉。"[4]当年，陶澍如何引导胡林翼走正道？只费了一桌酒席的工夫："公少负不羁之才，陶文毅以女妻之。常恣意声伎，文毅一日大治筵宴，延公上座，纵谈古今豪杰，微讽之，公由是折节读书。入官后，即有康济斯民之愿。"[5]所谓"微讽"，即微言劝谏，古今豪杰叱咤风云，都是好榜样，何必学落拓才子吟风弄月。陶澍做思想工作也是高手。道光十六年（1836），胡林翼中进士，点翰林，此后尽心国事，完全摒弃了声色犬马之乐。《清史稿》对此着墨不多，但不可忽略："……林翼负才不羁，娶总督陶澍女，习闻绪论，有经世志。"[6]岳父陶澍就是胡林翼的好榜样，榜样的力量是无穷的，使他从不羁之才蜕变为有用之才。

俞德渊是陶澍特别赏识的部属，他"精会计，知善任，无私取，力崇节俭"，官至两淮盐运使，深孚众望。俞德渊协助陶澍修贡院、开城河、建书院，"一切有益地方事，无不焕然兴举"。俞德渊接任两淮盐运

1 萧一山：《清代通史》卷下，《中兴时代之人物》。

2 《凌霄一士随笔》第4册，第1600页，《陶澍以女嫁胡林翼》。

3 陈蒲清：《陶澍传》，第120页，第十章第三节《陶澍与胡林翼、左宗棠及曾国藩》。

4 《胡林翼集》第2册，第950页，《呈父达源公》。

5 朱孔彰：《中兴将帅别传》，第21页，《胡文忠公林翼》。

6 赵尔巽等：《清史稿》第39册，第11927页，卷四百六，列传一百九十三。

使时，前面数任积欠五千八百多万两白银，库空如洗，于是他"整顿章程，删浮费，去冗滞，恤商便民"，盐务大有起色。陶澍觐见时向道光皇帝建议复设江南盐政，即意在推荐俞德渊升迁此职，得尽其所长。然而道光皇帝不同意，俞德渊被掮牢在两淮盐运使任上无法升动。道光十七年（1837），陶澍请假回家修墓，已获恩准。行至郑州，他接悉俞德渊病逝的噩耗，不禁老泪纵横，痛哭失声。陶澍历年赏识的精英不少，但像俞德渊这样德能俱优的人才难再得了。嗣后，继任的两淮盐运使刘万程不堪重负而自杀，即可见中才不足以胜任繁剧。"……能不为国家惜，为地方惜，而岂仅以经营转运为两淮惜也哉？"[1]自古以来，上司为下属作祭文，像陶澍祭俞德渊这样动真情、抒深情的极为罕见，他为国家惜才，为地方惜才，公心如此，不单私谊使然。

5 贺长龄、贺熙龄激赏左宗棠

湘贤名宦贺长龄、贺熙龄兄弟阅人无数，得其交口称赞的人少之又少，他们都将左宗棠视为不可多得的国士。

贺长龄任江宁布政使时，因守制开缺，蛰居长沙，他听自家胞弟、城南书院山长贺熙龄夸赞得意门生左宗棠，于学无所不窥，是当世奇才，起初他将信将疑，及至晤谈之后，欣然推为国士。贺长龄将忘年交左宗棠延请到家中，"发所藏书，借与披览。梯楼以取，而数登降，不以为劳。及宗棠之还书也，必问所得，讲论孜孜。每曰：'天下之大，人才之少，幸毋苟且小就，自限其成也'"[2]。这位贤长辈真有爱才、惜才的诚意，不仅借书给左宗棠读，还为他找书，给他讲论旧典，全是经世实学。左宗棠深入宝山，岂会空手而归。人才如璞，欲琢成精美之器，必得有长者加持，用心调教点拨，光靠个人苦心孤诣是远远不够的。贺长龄指导左宗棠通晓实学，贺熙龄教导左宗棠明辨义利。那几年，左宗棠对汉宋儒先之书多有浏览，性虽不近，而知其本源。他更乐意潜心研

1《陶澍全集》(修订版) 第6册，第307页，《俞陶泉都转祭文》。

2《中国现代学术经典·钱基博卷》，第602页，《近百年湖南学风》。

读兵书、农书、医书和有关漕运、河务、盐政、舆地的典籍。

道光十九年（1839），贺熙龄离湘赴京，船至九江，赏月忆旧，赋得七律一首："六朝花月毫端扫，万里江山眼底横。开口能谈天下事，读书深抱古人情。湘楼夜雨吟怀健，水驿秋风别思萦。记得竹窗宵漏永，一灯分照骨峥嵘。"诗前配有短序："季高近弃词章，为有用之学，谈天下形势，了如指掌。"[1]这首诗以抒情之豪放见长，亦以知人之深到取胜。诗人贺熙龄对其得意门生左宗棠极为赏识，若非"平生风义兼师友"，他不可能喜提这副隽联："开口能谈天下事，读书深抱古人情。"此联将左宗棠的才智、胸襟呈现得极为分明。

"天下事"纷纷扰扰，左宗棠既谈得到点子上，又能拿出理性的分析、判断，还有一套可行的应变方略，迥异于赵括之流的纸上谈兵。"古人情"可分为五：其一是推己及人之情，"己欲立而立人，己欲达而达人""己所不欲，勿施于人""老吾老以及人之老，幼吾幼以及人之幼"；其二是仁民爱物之情，"长太息以掩涕兮，哀民生之多艰"；其三是忧乐之情，"先天下之忧而忧，后天下之乐而乐"；其四是忠义之情，"人生自古谁无死，留取丹心照汗青"；其五是豪迈之情，"长风破浪会有时，直挂云帆济沧海""生当作人杰，死亦为鬼雄"。如此读古人书，抱古人情，方可为大丈夫、大豪杰、大英雄。

知子莫若父，识徒莫若师，左宗棠大材槃槃，贺熙龄对他青睐有加，期望甚殷，去世之前，遗命将季女许嫁左宗棠长子左孝威，由罗泽南、丁叙忠等人促成婚事。两位名动天下的长辈（陶澍、贺熙龄）遗愿完全一致：都乐意与左宗棠结为儿女亲家。这充分说明，他们不仅看重左宗棠的奇才，还看重他的美德。

6 曾国藩幕府人才济济

同治六年（1867）秋，赵烈文在日记中录下了曾国藩的原声感慨：

1《贺长龄集 贺熙龄集》，岳麓书社 2010 年版，《贺熙龄集》第 179、180 页，《舟中怀左季高》。

"世人聪明才力，不甚相悬，此暗则彼明，此长则彼短，在用人者审量其宜而已。山不能为大匠别生奇木，天亦不能为贤主更出异人。"[1]

曾国藩从咸丰初年治军以来，就一直吸纳人才、擢拔人才，打败天平天国后，他仍致力于搜寻人才，心情相当迫切。"人才实难，求者或不肯来，来者又非吾所求。"诚然，求宏才伟识者共济时艰，殊非易事。同治四年（1865）六月下旬，曾国藩草拟《剿捻告示四条》，第四条"询访英贤"尤其值得留意："淮、徐一路，自古多英杰之士，山左、中州亦为伟人所萃。方今兵革不息，岂无奇材崛起？无人礼之，则弃于草泽饥寒贱隶之中；有人求之，则足为国家干城腹心之用。本部堂久历行间，求贤若渴。如有救时之策，出众之技，均准来营自行呈明，察酌录用。即不收用者，亦必优给途费。……如有荐举贤才者，除赏银外，酌予保奖。借一方之人材，平一方之寇乱，生民或有苏息之日乎！"[2] 国内战乱期间，得人才者兴，失人才者亡，曾国藩、胡林翼、左宗棠都对此规律洞若观火，但在军政方面的优秀人才匮乏，这种状况绝非短时间内能够轻易有所改观。

《清史稿》这样评价曾国藩："国藩事功本于学问，善以礼运。公诚之心，尤足格众。其治军行政，务求蹈实。凡规画天下事，久无不验，世皆称之，至谓汉之诸葛亮、唐之裴度、明之王守仁，殆无以过，何其盛欤！国藩又尝取古今圣哲三十三人，画像赞记，以为师资，其平生志学大端，具见于此。至功成名立，汲汲以荐举人才为己任，疆臣阃帅，几遍海内。以人事君，皆能不负所知。呜呼！中兴以来，一人而已。"[3] 曾国藩识拔人才以济久远，成功率很高，这一点，就连最不肯低首下心的左宗棠也不得不服气，道是"谋国之忠，知人之明，自愧不如元辅"，确实难得。

为什么曾国藩能够网罗如此之多的人才，在他墨经从戎、艰难开局时期，就如同磁石吸铁一般产生了人才汇聚的效应？王闿运提供了一个

---

1 赵烈文：《能静居日记》第 2 册，第 1099、1100 页，同治六年八月二十八日。

2《曾国藩全集》第 14 册，第 468、469 页，《剿捻告示四条》。

3 赵尔巽等：《清史稿》第 39 册，第 11918 页，卷四百五，列传一百九十二。

不错的解答："曾文正成功大于胡（林翼）、左（宗棠），以其作侍郎有文学廉正之名，人肯从之游也。故欲求贤，虽折节礼请，不若以气类感召。己既能贤，始可致贤士。"[1]同气相求，同声相应，贤者感召贤者，乃是必然之理路；何况曾国藩还辅以折节下士的诚意，效果之显著更能产生马太效应。

咸丰、同治年间，湘籍文武人才进入发皇期，据朱孔彰《中兴将帅别传》统计，正录一百零五人，除开洋将华尔、戈登等四人外，湘籍将帅多达五十五人，其他各省将帅合在一起共四十六人。在附录中，湘籍将领的比率还要更高一些。另据《曾国藩幕府》一书的作者刘建强仔细梳理，曾国藩的幕府人才在仕途上的表现堪称优异："出幕后官至出使大臣五人，军机大臣二人，尚书二人，大学士二人，侍郎三人，北洋大臣一人，总理衙门大臣二人，船政大臣二人，总督十六人，出任总督三十人次，巡抚二十八人，出任巡抚五十人次。其中，同时与曾国藩为总督、巡抚者达十四人之多。还有布政使十一人，按察使七人，提督二十一人，总兵十七人，副将六人，道员十四人（均为实授，不包括计名）。知府、知州、知县、参将不计其数。"[2]直接出自曾国藩幕府的一品、二品大臣多达数十名，其中就有左宗棠、李瀚章、李鸿章、沈葆桢、彭玉麟、杨岳斌、刘蓉、郭嵩焘、曾国荃、陈士杰、李兴锐、陈宝箴这样的佼佼者。曾国藩乐推佳士，礼遇精英，成效可谓压倒古人。李鸿章赋诗为赞，"满堂豪翰济时彦，得上龙门价不贱"，真不是吹嘘，事实就是如此。

曾国藩膺任两江总督时，门下还集结了一批游幕的才子，他们或为猎取功名而来，或为增长阅历而来，或为切磋学问而来，曾门四学士（薛福成、吴汝纶、张裕钊、黎庶昌）自不待言，周腾虎、王闿运、高心夔、莫友芝、赵烈文等人也极为出色。巴蜀才子李鸿裔倜傥风流、不拘小节，曾国藩欣赏他、善待他，简直视同子侄。当年曾国藩幕府中有"三圣七贤"的名目，曾国藩给他们提供读书治学的条件，吃住全部包

1 王闿运：《湘绮楼诗文集》，第 508 页，《王志·论儒吏》。
2 刘建强：《曾国藩幕府》，中国广播电视出版社 2005 年版，第 28、29 页。

干，还派送零花钱，至于繁杂的行政事务，很少让他们沾边。某日，曾国藩与李鸿裔在书房中闲谈，中途出去见客，李鸿裔留在房间，从书桌上翻看到一篇《不动心说》，是池州进士杨长年的手笔——这位老儒颇有名气，在"三圣七贤"之列。李鸿裔的好奇心被激活了，他倒要看看道貌岸然的杨长年怎样自圆其说。文章是这样写的："使置吾于妙曼蛾眉之侧，问吾：'动好色之心否乎？'曰：'不动。'又使置吾于红蓝大顶之旁，问吾：'动高爵厚禄之心否乎？'曰：'不动。'"李鸿裔读完这几句，顿时反胃作呕。宋学派的伪君子个个紧跟在朱熹后面，整天唱响"存天理，灭人欲"的高调，沦为榆木疙瘩，竟忘乎所以。这篇《不动心说》只可欺骗三岁小孩子，用它来欺骗中等智商的成年人不免捉襟见肘。李鸿裔决定狠狠地嘲弄一下杨长年，他拈起笔来，在空白处题写了一首打油诗："妙曼蛾眉侧，红蓝大顶旁。尔心多不动，只想见中堂。"题完诗，李鸿裔便离开书房，自顾寻快活去了。曾国藩会完客，回头看见这首打油诗，全明白了。曾国藩立刻派人持手令去秦淮河边的画舫上召回李鸿裔。后者颇为忐忑，原以为只是戏谑几笔，没想到闯下大祸。曾国藩说："我也知道，这些宋学派陋儒纯属盗取虚名的角色，他们言行相悖，知行脱节。但这些人在外面猎取丰厚的待遇，全靠虚名撑起门面，如今你斗胆戳穿他们的谎言，揭破他们的假面具，阻断他们的财路，他们势必会仇视你、痛恨你，又岂是寻常的睚眦之怨可比？可能会埋下祸根，令你家破人亡。你何不收敛一下直率的性子？"李鸿裔听完曾国藩的教训，仿佛冷水浇背，又如同当头棒喝，顿时清醒过来，从此深自敛抑，不再以恶谑为快事。有人可能认为曾国藩太世故、太圆滑了，但他也是吃过许多暗亏后才明白过来：正直者的生存之道并不是时时处处与伪君子、真小人硬碰硬，明智的做法是尽可能绕开"路障"，在有限的空间里做一番事业。如果你总是站在那些伪君子、真小人的对立面，向他们宣战，他们所施加的阴险打压和野蛮报复就会令你烦恼无穷、痛苦不休——捅了马蜂窝之后的那种境遇，可不是一般人能够承受得了的，除了害惨自己，还可能连累家人和朋友。人心险恶，世道坎坷，曾国藩一语唤醒梦中人，李鸿裔乐意受教，这是他的福气。[1]

对真精英要重用，对假精英也要厚养，曾国藩这么做，耐人寻味。他的做法具有很高的技术含量，泾渭固然分明，毕竟还得合流，真伪善恶莫不相反相成。

7 胡林翼爱惜人才，调护诸将

在胡林翼眼里，左宗棠是天生的大丈夫。说到命世奇才，除开左宗棠，他不作第二人想。

咸丰二年（1852），胡林翼向湖广总督程矞采举荐左宗棠，称赞他"有异才，品学为湘中士类第一"[2]。同年，他还向湖南巡抚张亮基举荐左宗棠，称赞好友"廉介刚方，秉性良实，忠肝义胆，与时俗迥异。其胸罗古今地图兵法、本朝国章，切实讲求，精通时务"[3]。在胡林翼看来，左宗棠高隐，外界不知他具有雄才大略，是类似林则徐的一流人物。[4]

咸丰十年（1860）五月，左宗棠训练楚军，尚未出省征战，胡林翼写信给郭嵩焘，极赞左宗棠："横览七十二州，更无才出其右者，倘事经阅历，必能日进无疆。"[5]此调响遏行云，令人神旺。

韩愈《读墨子》结尾写道："孔子必用墨子，墨子必用孔子。不相用，不足为孔墨。"杰出人才的可贵之处，便在于他们往往能够破除门户之见，识才爱才，而且善用人才。

胡林翼与曾国藩、左宗棠、彭玉麟有所不同，倘若论带兵与敌军正面对冲，他不是四人中最强的那个；若论网罗人才、调和诸将，苦心维持大局，他是首屈一指的高人。

当年，候补知府续立人任湖北保甲总局会办，此公为政以严厉著

---

1 这个故事又见于《清代野记》，篇名为《道学贪诈》，李鸿裔的讽刺诗字句"二八佳人侧，鸿炉大鼎旁。此心皆不动，只要见中堂"，与《所闻录》相对照，文字稍有出入。

2 《胡林翼集》第 2 册，第 65 页，《致程矞采》。

3 《胡林翼集》第 2 册，第 43 页，《致张亮基》。

4 《胡林翼集》第 2 册，第 58 页，《致张亮基》。文忠公：林则徐。

5 《胡林翼集》第 2 册，第 534 页，《致郭嵩焘》。

称，地方缙绅和老百姓对他颇有微词。某日，续立人出门办事，发现肩舆中放着一副对联：上联是"尊姓原来貂不足"，下联是"大名倒转豕而啼"，上联隐藏其姓，骂他是狗；下联隐藏其名，骂他是猪，相当恶毒。身为堂堂湖北保甲总局会办，姓名竟被人恶意开涮，续立人出离愤怒，可是匿名撰联人躲在暗处，这种挑衅令他抓狂。续立人把这件糟心事告诉了湖北巡抚胡林翼，请胡老板看着办吧。大敌当前，局势险恶，胡林翼深知后方不能出岔子，更不能出乱子。续立人是位难得的干员，竟有人发暗箭射他，此风万不可长。于是胡林翼饬令捕快侦缉撰联者。过了两天，案子告破。续立人来见胡林翼，一碰面，胡林翼就拱手道歉："此联乃某某戏撰，彼有此美才，而令沉沦于下，是吾过也。已令其入幕为上宾矣。"剧情反转太过出奇，续立人啼笑皆非，他还抱怨个啥？顾全大局要紧。曾国藩称赞胡林翼"能以善养人，不仅以善服人，故才气之士易于服化"，知者以为有识。

当年，湘军水师的两位大统领杨载福和彭玉麟都是身经百战的虎将，分掌外江水师和内湖水师，因故失和，一度闹到彼此反目的地步，矛盾大有公开化和尖锐化的趋势。胡林翼赶紧出面，设宴调解。他写信邀请杨载福和彭玉麟前来湖北抚署商量军情。杨载福捷足先至，宾主握手言欢；彭玉麟后到，杨载福起身要走，胡林翼强行将他摁在座位上；彭玉麟见此情形，也打算掉臂而去，胡林翼又强行将他摁在座位上，只差没用两口大钉子将他们钉牢在原处。彭、杨二人相对无语，神情尴尬。胡林翼于是令手下设席开宴。方宗诚著《柏堂师友言行记》，对这个宴会的高潮部分有较为细致的描写：胡林翼酌酒三斗，自捧一斗，跪而进曰："现在天下糜烂到如此地步了，国家仰赖二位大将和衷共济，支撑危局；如今你们势同水火，离心离德，又如何佐助中兴大业？"胡林翼说完，泣下沾襟。杨载福和彭玉麟大受感动，立刻敬酒表态，甚至发誓：从今尔后，他们和衷共济，同心同德。

胡林翼格外留意将才，他说："兵之嚣者无不罢，将之贪者无不怯；观将知兵，观兵知将。为统将必明大体，知进退缓急机宜；其次知阵法，临敌决胜；又其次勇敢：此大小之分也。"[1] 他治军武昌，所部以猛将鲍超一军为最强。鲍超这人，赳赳武夫，平日最爱面子。当时，有一位姓俞的学政回任京官，胡林翼设宴为他饯行，鲍超功高望重，又是妇孺皆知的名将，由他来作陪，再好不过。没想到，俞某看不起武夫，席间竟然连头也不偏转一下，故意冷落鲍超，更别说起身敬酒。散了席，鲍超怒火中烧，跨马直奔军营，对左右嚷嚷道："大家散伙算了。武官真他妈的不值钱，俞学使不过是拈酸之辈，竟然瞧不起我，这班家伙作威作福，我们凭什么替他们卖命！"鲍超正狂呼大嚷之际，胡林翼已拍马赶来，不待喘息平匀，立刻安慰鲍超："俞某少不更事，明天我要当着你的面教训他，明天中午特设'负荆宴'，请春霆一定到场，我让俞某向你赔个不是！"鲍超心里无论多么窝火，也不好驳胡老板的面子，他应承下来。翌日，三人再聚，胡林翼使用翰林大前辈面目，直言责备俞某待鲍军门无礼，俞某只好勾着头颈，老老实实认错。吃完饭，胡林翼提议，三人换帖，拜为兄弟。俞某踌躇，胡林翼狠狠地瞪了他一眼，三人便互换了金兰之契。胡林翼对鲍超说："如今，俞学使已是你的小弟，就算有什么过错，不妨当面责备他，昨天的事，春霆千万别再芥蒂于心。"鲍超是个爽快人，酒入豪肠，心情大畅，把满腔的愤懑全抛到九霄云外去了。

咸丰九年（1859），胡林翼推举大将多隆阿辖制鄂皖诸军。多隆阿智勇双全，尤其擅长指挥马队，与湘军名将鲍超齐名，有"多龙鲍虎"之誉。曾国藩对多、鲍二将发出过这样的赞叹："多公精力过人，怒马陷阵，所向辟易，与鲍镇可称双绝。"[2] 鲍镇即鲍超，当时还是总兵衔。多隆阿高傲威重，咸丰八年（1858），他驻扎太湖，与湘军大将李续宾意见不合，即将马队拨至桐城。李续宾负气放言："有你马队也打仗，无你马队也打仗！"后来，李续宾统领的常胜之师在三河镇全军覆没，倘若当时有多隆阿的马队抵近驰援，想必湘军不会遭遇这场建军以来最惨痛的败仗。多隆阿既具将才，又有帅才，鲍超仅具将才，胡林翼用人

---

[1] 赵尔巽等：《清史稿》第 39 册，第 11935 页，卷四百六，列传一百九十三。

[2] 《曾国藩全集》第 23 册，第 417 页，《复胡林翼》。

全凭公心，这一点令人服气。曾国藩回复胡林翼："不忌不足以为骁将，不妒不足以为美人，无足怪也。在下则护翼之，等夷则排挤之，为将常态，亦无足怪也。止难为阁下调拨耳。"[1] 何谓"调拨"？即调和点拨。多隆阿与鲍超彼此不服气居然无碍战场上的正常发挥，因为他们都对胡林翼特别服气。

清人唐文治撰《胡文忠公语录序》，称赞胡林翼，可谓恰如其分："此其量，江海之量；此其心，江海之心也。"唯有江海能吸纳百川，包容万有。《清史稿》对胡林翼识才、爱才、用才的过人之处评价甚高："……驭将以诚，因材而造就之，多以功名显；察吏严而不没一善，手书褒美，受者荣于荐剡，故文武皆乐为之用。士有志节才名不乐仕进者，千里招致，于武昌立宝善堂居之，以示坊表。尝曰：'国之需才，犹鱼之需水，鸟之需林，人之需气，草木之需土。得之则生，不得则死。才者无求于天下，天下当自求之。'荐举不尽相识，无一失人。曾国藩称其荐贤满天下，非虚语。"[2] 胡林翼能效仿祁黄羊"外举不避仇，内举不避亲"，已相当不易，能做到"无一失人"，难度更高。作为"人鉴"，胡林翼不以一眚掩大德，总能看到人才身上的长处和亮点。"人才何常，褒之则若甘雨之兴苗，贬之则若严霜之凋物。"曾国藩的这句话提醒所有居高位者、膺大任者，人才难得，褒贬之际，功罪非轻。

8　左宗棠体恤贫士，识拔英才

左宗棠参加过三次会试，均名落孙山，对于寒士"金尽裘敝，人困马嘶"的苦况有过切身体会。同治四年（1865），左孝威赴京参加会试，左宗棠汇寄养廉银八百两，嘱咐儿子将这笔钱分赠给湘阴县应试的举人，充作"程仪及应酬之费"。同治七年（1868），左宗棠得悉左孝威再次会试不名，又汇寄养廉银一千两到京，嘱咐他将这笔钱分赠给同乡寒士，充作返程的川资。同治十二年（1873），左宗棠告诉部属沈应奎：

1《曾国藩全集》第 23 册，第 435 页，《复胡林翼》。
2 赵尔巽等：《清史稿》第 39 册，第 11935 页，卷四百六，列传一百九十三。

"陇士贫苦可怜，拟以廉项二千两，为会试朝考诸生略助资斧。"[1] 戎马倥偬，羽书旁午，左宗棠对西北地区的贫寒士子依然关怀备至，呵护有加。

清朝重视乡试，但有些地方设置闱场并不合理，比如湘鄂大区，又比如陕甘大区。先说湘鄂，两省面积大，士子分散，每年六七月间洞庭湖风涛险恶，覆船溺人的祸事间常发生，"或致士子畏避险远，裹足不前"。康熙五十六年（1717），湖南巡抚李发甲上疏请求朝廷改建南闱，实行湘鄂分闱。六年后，雍正皇帝谕允在湖南省城长沙设立试院，"每科另简考官，俾士子就近入场，永无阻隔之虞，共遂观光之愿"[2]。再说陕甘（包括宁夏），较之湘鄂，西北的士子颇为分散，交通不便，经济状况相差悬殊。"陇上道远费烦，贫士竟有终身不得入试者"。左宗棠体恤西北寒士的贫苦和艰难，上疏促成陕甘分闱，议案得到了朝廷批准。光绪元年（1875），尽管陕甘财政极度拮据，左宗棠仍然拨出专款，在兰州兴建号舍，使甘肃、宁夏两地的贫寒士子能够就近参加乡试。甘肃秋闱初启之日，"应试士子半类乞儿，尚多由地方官资遣而来，睹之心恻"。为了让甘肃的贫寒举子赴京会试，左宗棠拿出三千两养廉银补贴众人川资。这届甘肃乡试，安维峻一举夺魁，左宗棠"掀髯而笑，乃如四十年前获隽之乐"。安维峻年少时家徒四壁，就读于兰山书院，院考连拿了七次第一名。他刚过弱冠之龄，器宇沉静，气度雍容，有识者皆视之为美材。年轻时，左宗棠是实打实的学霸，得到过湖南巡抚吴荣光的赏识，如今他对安维峻青睐有加，亲书八字座右铭"行无愧事，读有用书"相赠，赞许这位青年俊彦"将来可望成一伟人"。每至岁暮，左宗棠必定记得给安维峻寄去学费和生活费，多年不辍。安维峻两度进京参加会试，两度落榜，左宗棠继续资助，直到光绪六年（1880）安维峻考中进士。左宗棠第二度入京做军机大臣，安维峻去府中拜望，左宗棠向在座的宾客介绍："是闭门读书者，吾最器之。"[3] 日后，安维峻果然不负左宗棠的殷切期望，成为清末首屈一指的铁胆御史，人称"殿上苍

---

1 《左宗棠全集》第 11 册，第 369 页，《与沈吉田》。
2 《历代名人记长沙文选》，第 131 页，爱新觉罗·胤禛《两湖分闱谕》。
3 《左宗棠逸事汇编》，第 3、4 页，《左文襄公诔词·安维峻祭文序》。

鹰"。他正色立朝，不怕丢官，不怕杀头，戆直之至，弹劾言和不战的李鸿章，批评恋帘不撤的西太后，太监李莲英也在他狙击名单之列："窃闻和议之说出于皇太后，而太监李莲英实左右之。皇太后既归政皇上矣，复遇事牵制，何以上对祖宗在天之灵？夫李莲英是何人斯，而敢干预政事乎！"安维峻因言获罪，革职发军台，天下君子无不心存敬佩，"访问者萃于门，饯送者塞于道，或赠以言，或资以赆，车马饮食，众皆为供应"[1]。左宗棠视安维峻为难得的佳士，他看得很准。

9　郭嵩焘向皇帝举荐好友

据《郭嵩焘日记》详细记载，咸丰八年（1858）冬，翰林编修郭嵩焘新任南书房行走，十二月初三日丑刻，他到乾清门外九间房递谢恩折。觐见时，咸丰皇帝询问郭嵩焘读何兵书，读何史书，何者最佳。郭嵩焘回答：兵书是戚继光的《练兵实纪》最切实用，史书则是《资治通鉴》最能借古证今。至此，咸丰皇帝突然话锋一转，问及左宗棠的情况，双方有一段精彩的对话：

上曰："汝可识左宗棠？"

曰："自小相识。"

上曰："自然有书信来往？"

曰："有信来往。"

上曰："汝寄左宗棠书，可以吾意谕知，当出为我办事。左宗棠所以不肯出，系何原故？想系功名心淡。"

曰："左宗棠亦自度赋性刚直，不能与世合。在湖南办事，与抚臣骆秉章性情契合，彼此亦不肯相离。"

上曰："左宗棠才干是怎样？"

曰："左宗棠才极大，料事明白，无不了之事，人品尤极端正。"

上曰："左宗棠年多少岁？"

1　赵尔巽等：《清史稿》第 41 册，第 12467 页，卷四百四十五，列传二百三十二。

曰："四十七岁。"

上曰："再过两年五十岁，精力衰矣。趁此时年力尚强，可以一出任事也，莫自己遭踏。须得一劝劝他。"

曰："臣也曾劝过他。他只因性刚，不能随同，故不敢出。数年来却日日在省办事，现在湖南四路征剿，贵州、广西筹兵筹饷，多系左宗棠之力。"

上曰："闻渠意想会试？"

曰："有此语。"

曰："左宗棠何必以进士为荣。文（国）章报国与建功立业，所得孰多？他有如许才，也须得一出办事方好。"

曰："左宗棠为人是豪杰，每言及天下事，感激奋发。皇上天恩如能用他，他亦万无不出之理。"[1]

嗣后，他们对于军情还有一番问答。从以上对话可以看出，咸丰皇帝备了课，他对左宗棠的情况已有些了解，但他仍询问左宗棠的发小和老乡郭嵩焘，想了解详情。郭嵩焘对左宗棠的称赞相当客观，并没有大肆吹捧，因此他与咸丰皇帝一问一答之间，显得谨慎有余，发挥不足。这也正常，郭嵩焘刚到南书房接触皇上，还得有个适应过程和感情基础，才能畅所欲言。咸丰皇帝日理万机，能这样关心一位远在三千里外的湖南巡抚署的师爷，实属稀罕。值此大清王朝危如累卵的敏感时点，皇帝亲口询问一位在野遗贤的履历，不用猜，左宗棠的前程已露出大片曙光。胡林翼获悉此事后，不禁放声欢呼："梦卜夐求，时至矣！"[2]

10 张百熙是"大臣中最有热肠之人"

张百熙[3]出身于书香门第，年纪轻轻即志向宏远，"方我少小时，读

1《郭嵩焘全集》第 8 册，第 172 页；《湖南省博物馆藏近现代名人手札》第 1 册，岳麓书社 2012 年版，第 357—359 页。

2 梦卜：商高宗武丁梦见良臣傅说，周文王姬昌占卜找到姜子牙。夐求：营求。

3 张百熙（1847—1907），字埜秋，一作冶秋，号潜斋。湖南长沙人。官至邮传部尚书。谥文达。

书气嶙峋。常怀四海志，放眼横八垠"[1]，其气性之刚强、才情之卓越无不令人刮目相看。同治十三年（1874），张百熙中进士，授翰林编修，居清显之地，直南书房，迁侍读学士，与王公大臣相往还，以悃直敢言著称于士林。光绪二十年（1894），日本军队占领朝鲜，大清帝国十之八九的朝臣主战，张百熙也是积极分子，他疏劾李鸿章"阳作战备，阴实主和"，将领左宝贵、聂士成勇敢善战，却因饷械不继，终致败绩，理应归咎于主帅李鸿章指挥失当。张百熙又疏劾礼亲王世铎主掌军机处，招权纳贿，对战事全无主张，单靠李鸿章撑拄台面，以致贻误军机。这两道奏章均留中不报，但知者莫不感奋。翌年，慈禧太后令宫中操办其六十华诞，竞尚华饰，穷奢极侈，张百熙不避犯上大忌，上疏奏罢之。嗣后，他还联合侍读学士陆宝忠等人弹劾枢臣朋比误国十大罪状，迫使军机大臣孙毓汶致仕，引疾还乡。

戊戌政变后，张百熙坐滥举康有为，奉严旨革职留任。兵部尚书刚毅到广东筹饷，恰巧张百熙在广东督学，一见面，刚毅就扯住张百熙的后襟问道："你与荣禄总有什么交情，你这个罪名，要在别人手里，断无如此从宽发落。"[2]仓促之间，张百熙不知如何回答，唯唯而已。刚毅是满族大臣中的白字大王，颠顸而骄横，标榜清廉而四处搜刮，在刘鹗的《老残游记》中，这货比寻常贪官更可恨百倍。张百熙以待罪之身不与猛兽凶禽多费唇舌，自然是明智的。

戊戌、己亥年间，张百熙蒿目时艰，郁郁不自胜，赋《秋感八首》，慷慨悲壮，直逼杜甫之《秋兴》，第六首最见心迹："戎氛近逼姬周日，党祸纷乘赵宋年。忧极真思蹈东海，时危忍见哭伊川。乾坤扰扰事未已，风雨潇潇秋可怜。万里敢忘心报国，诸君应有力回天。"[3]彼时，张百熙处境不佳，心境殊恶，但忧国、伤时、哀民仍是其日常功课。

张百熙一生事业之重点，始于膺任管学大臣，得同籍同年好友、军机大臣瞿鸿禨的鼎力支持，一度办出名堂，可惜好景不长。瞿鸿禨这人

1《张百熙集》，岳麓书社 2008 年版，第 372 页，《归述》。
2 李伯元：《南亭笔记》，第 55 页，《刚毅问张百熙》。
3《张百熙集》，第 409 页，《秋感八首》之六。

值得一说，他笃于乡谊，曾与张百熙约定："湖南人，要是出了岔子，彼此竭力帮忙。"他还引用《左传》中的誓词"所不与舅氏同心者，有如白水"来加重分量。光绪二十九年（1903），经济特科参案发生，杨度涉案，奉旨严拿。有人登门请瞿鸿禨援手，瞿鸿禨却不想蹚这趟浑水，于是对方引其前言相逼，情急之下，瞿鸿禨竟然说："杨度乃假湖南人，非真湖南人也。我辈大可不必插身事内，以贻后患。"[1]梁启超为《湖南少年歌》撰写引文，称赞杨度为"纯粹之湖南人"，两相比较，喜感十足。

戊戌年（1898），京师大学堂选址创立。百日新政夭折后，几乎所有的变法举措均遭废黜，唯独这点血脉得以幸存。庚子拳乱，朝廷中由奸臣掌握权柄，管学大臣许景澄蒙冤被诛，张百熙接任其职。履新之后，张百熙官服顶戴，登门拜谒曾国藩的弟子、学者吴汝纶，聘请他为总教习，出以至诚，长跪于地，敬邀贤者出山："我为全国求人师，当为全国生徒拜请。先生不出，如中国何！"[2]多年后，湘潭人胡元倓在长沙办明德学堂，为了挽留名师陈介，不惜下跪，以诚意感动对方。胡元倓说："我为教育下跪，也不是心血来潮，我是有样学样，向张埜秋学的。"张埜秋就是张百熙，虽说"男儿膝下有黄金"，但为教育下跪很值得。湖南人办教育有这样的精神，可谓薪火传承，后来宁乡人朱剑凡毁家创办周南女子中学，也是受到张百熙的影响。吴汝纶时任河北冀州知州，起先辞不应命，后终于被张百熙的盛礼和诚意感动，他接受聘书后，郑重其事，请求先赴东瀛考察大学教育。不幸的是，由于舟车劳顿，吴汝纶病逝于归国途中。张百熙悲感之余，只好倚重门生沈兆祉办学，因此受尽谗谤攻讦，百口莫辩，临渊履薄，习以为常。朱德裳《五十年间闻见录》举事例为言："京师大学堂欲杀羊作生物学试验，管学大臣专折奏闻，奉旨：核准。张百熙小心谨慎如此。"[3]慈禧太后生肖属羊，讳言"羊"字，何况杀之，张百熙不得不呈文请示。今人闻之忍

---

1 李伯元：《南亭笔记》，第 256 页，《瞿尚书袖手旁观》。
2 《长沙野史类钞》下部，第 274 页，《张百熙与京师大学堂》。
3 《长沙野史类钞》下部，第 276 页，《张百熙与京师大学堂》。

俊不禁，当年这可是顶严肃的事情，丝毫马虎不得。

光绪三十二年（1906），学者陈黻宸为张百熙撰写寿序："公为朝廷柱石，出入枢掌，昕夕急当世之务，其位可谓至贵，其事可谓至繁，其身可谓至劳，而推贤进士，顺于接物。一介之士，或修刺入门，至者无虚日。虽衣褐衣，穿敝履，公习见不厌恶。门者或阻之，公每立命入见，温温与笑语，如故旧家人，相对每竟夕无倦容。甚有抵掌高谭，拍案大言，评骘古今，纵论时事。扬人之善，则骤然立，忽然舞；疾人之恶，则戟而指，怒而呵，睥睨讥切，无所顾忌。彼亦见公推心置腹，直自忘其在大官贵人之侧者。哂之者则曰此狂生也，诋之者则曰此不羁士，怜之者则曰身居卑贱，更事未深，故语言无检束，而公独优容之，礼遇逾众人。当夫虚怀接下，吐纳包涵，百川走渠，大风吹窍，如奔如驰，有容乃大，非古大臣其孰能与于斯！"[1]从陈黻宸传神的描写来看，张百熙接纳衣冠不整的贫士和礼貌不周的狂士，谈吐一无所隐，态度一视同仁，等贤愚，齐贵贱，全不把身份、地位当回事，大有"礼岂为我辈而设"的魏晋之风，这才是贫士、狂士最喜欢的交往方式，彼此谈论古今，月旦人物，意兴遄飞，无拘无束。

京师大学堂学制粗备，实得益于张百熙苦心维持。他善待京师大学堂的学生，完全脱略权势，亲近如同家人父子。有些官员不以为然，私底下或非议或哂笑，张百熙行之如故。孟子畅议君子三乐，其一是"父母俱存，兄弟无故"，其二是"仰不愧于天，俯不怍于人"，其三是"得天下英才而教育之"。张百熙推贤进士，与大学堂的学生走得很近，他有意了解各人的长处、短处，学生也都亲近张百熙，从他那里汲取教益。瞿鸿禨对于张百熙好士颇有存疑，且不无微词："延揽见公之大，泛接亦见公之疏。"[2]但从张百熙身后情形来看，对他感铭五内的大有人在，瞿鸿禨做过军机大臣，身后居然士无余思，这又该如何解释？

张百熙对翰林郭立山坦言道："管学之初，甚欲网罗天下名宿，研明教育诸法，造就非常之才，以应世变，而事会之来，有不尽如初愿

1《凌霄一士随笔》第4册，第1206页，《张百熙士论歉然》。
2《李肖聃集》，第556、557页，《星庐笔记》。

者。至今数年之间，不独人才难得易失，俯仰生感，即手自拔识之诸生，所望以报国者，亦未及卒业而观其成就如何。世之毁誉原不必计，而事体重大，其敢谓非我莫属，而天下不复有人耶！"清朝早有定制，各部大臣均属满、汉相维，于是荣庆为管学满大臣，张百熙为管学汉大臣，实则已退居其次。荣庆与张百熙多有隔阂，时不时掣肘，堪称破坏力量。张百熙管理学务，局度恢张，喜宏奖，广延纳，极为士论所崇，由于荣庆与之意见相左，未能大行其志。自改设学部，荣庆为尚书，张百熙遂解去学权，为国惜才者无不深以为憾。孙宝瑄《忘山庐日记》中有言："长沙（张百熙）年六十，初为国家兴学，乃学部立，则又摈之，人皆不平。"公论推重张百熙，无奈肉食者鄙，宁愿用庸碌的满员荣庆为学部尚书，终使张百熙的心血付诸东流。

张百熙官至邮传部尚书。在用人方面，他与本部侍郎唐绍仪分歧很大。唐绍仪奏调的亲信人员，张百熙一个也不擢用，交恶由此开始。嗣后，两人互揭参折，请病假旷废公务，遭到御史纠劾。当年，由太监传旨申斥朝廷官员，有个潜规则：受申斥者给足四百两白银，即免遭当堂辱骂，体面尚可保全。唐绍仪即时打点了，张百熙却疏忽了。张百熙跪聆宣旨毕，"太监顿足大骂'混账王八旦，滚下去'，张叩首起立，面无人色"[1]，轮到唐绍仪跪聆申斥，则免于诟詈。士可杀，不可辱，张百熙气愤难平，回家后一病不起。

光绪三十三年（1907），张百熙郁郁而终，大才子冒广生（字鹤亭）撰挽联悼之："爱好似王阮亭，微闻遗疏陈情，动天上九重颜色；怜才若龚芝麓，为数揽衣雪涕，有阶前八百孤寒。"[2]清初文学家王士祯（号阮亭）爱好书画，张百熙也爱好书画；满人入主中原之后，龚鼎孳（号芝麓）在礼部尚书任上，常能保护善类、培养人才，张百熙也常能保护善类、培养人才。翰林郭立山称赞张百熙"是大臣中最有热肠之人"，官场极能同化人，势利之徒和冷漠之辈不知凡几，张百熙却始终保持本色。

1 徐珂编撰：《清稗类钞》第1册，第454页，《太监奉旨申斥张唐》。
2 葛虚存：《清代名人轶事》，第213页，《张文达之爱士》。

在遗疏之中，张百熙道出遗憾："所最疚心者，先后充管学大臣、学务大臣，图兴教育，成效未臻……"张百熙负疚，是因为他对教育怀有真情，对学生抱有挚爱，但时势强于人，胳膊拧不过大腿。

当年，张之洞和张百熙并称"二张"，他们主张废科举，办学堂。民国时期，叶德辉在张文达祠与王闿运同席饮酒，写诗讽刺道："……中朝变法何人倡，公与南皮称'二张'。有心兴学转废学，学堂如林士尽盲。九原相见应太息，爱国终比卖国强……"[1]叶德辉选在张祠算旧账，张百熙泉下有知，恐怕无言以对。

1《叶德辉诗文集》第 2 册，第 544 页，《县人邀同湘绮年丈饮张文达祠，赋呈同席诸君子》。

四 仗义行侠，见危授命

战国时期，法家悍将韩非逞其蛮勇，一扫帚就将儒、侠扫入"五蠹"[1]之列，笔下酷评"儒以文乱法，侠以武犯禁"，挟带凌厉的杀气。

世间有侠之小者，以杀人为目的；也有侠之大者，以救人为职志。李白的《侠客行》壮句照眼："十步杀一人，千里不留行。事了拂衣去，深藏身与名。"如此侠客，快意恩仇，出手如电，却莫辨正邪善恶，事成之后无论他们深藏与否，都只算是侠之小者。侠之大者解民于倒悬，救民于水火，使万千生灵幸免于涂炭，不计一己之生死。做豪侠，他们乐意；做烈士，他们甘心。

通常，人们会认为侠道与儒道相悖，因此太史公马迁为诸多出身于底层的刺客作传，颇受后世非议，除开《史记》之外，也再无正史对市井侠士投射巨量关怀。通常，人们会臆测儒者曾国藩一定排斥侠士，实则不然。王闿运与曾国藩交往多年，彼此了解甚深。他在日记中写道："翻曾涤丈文集，见其少时汲汲皇皇，有侠动之志。因思诸葛孔明自比管、乐，殊非淡静者，而两人陈义皆以恬淡为宗，盖补其不足耶？"[2]曾国藩分析侠道，最见其内心真实想法："豪侠之质，可与入圣人之道者，约有数端。侠者薄视财利，弃万金而不眄；而圣贤则富贵不处，贫贱不去，痛恶夫墦间之食、龙断之登。虽精粗不同，而轻财好义之迹

---

1 韩非撰《五蠹》篇，将学者（儒家）、言谈者（纵横家）、带剑者（游侠）、患御者（逃役的人）、商工之民指斥为危害国家的五种蠹民。蠹：蛀虫。

2 王闿运：《湘绮楼日记》第1卷，第635、636页，光绪四年二月十一日。

则略近矣。侠者忘己济物，不惜苦志脱人于厄；而圣贤以博济为怀。邹鲁之汲汲皇皇，与夫禹之犹己溺，稷之犹己饥，伊尹之犹己推之沟中，曾无少异。彼其能力救穷交者，即其可以进援天下者也。侠者轻死重气，圣贤罕言及此。然孔曰成仁，孟曰取义，坚确不移之操，亦未尝不与之相类。昔人讥太史公好称任侠，以余观此数者，乃不悖于圣贤之道。"[1]既然侠道不悖于儒道，湖南人仗义行侠，见危授命，便不仅心安，而且理得。

近代湘籍学者刘蓉也有一个令人悦服的说法："士君子遭时多难，慨然思以身拯天下之危……其死有迟有速，或慷慨以赴敌，或濡忍以俟时，皆将审乎时与义之当然，以即乎吾心之安，则浩然长往而无愧。当其蹈义从容，如得甘寝，岂复知有生之可恋、死之可悲哉？"[2]英勇赴死，常人以为至难，在侠义之士眼中，竟与夜间获得甘寝美梦无异，心安处乃黑甜乡，如是而已。谭嗣同概括王夫之的语意而言，同时他还以西方质量守恒定律谈论生死："圣人之所养，死后可化为百十贤人，贤人可化为百十庸众，故善吾生者，乃所以善吾死也。……第一当知人是永不死之物。所谓死者，躯壳变化耳；性灵无可死也。且躯壳之质料，亦分毫不失。"[3]志士持此质量守恒的坚定信念，从容赴死，简直就像换种活法。

谭嗣同崇尚侠义，无人可出其右，他有个定见，专制社会窒息民气，侠士能在壁垒上凿开透气孔，拨乱反正亦有可为。"……故华人慎毋言华盛顿、拿破仑矣，志士仁人求为陈涉、杨玄感，以供圣人之驱除，死无憾焉。若其机无可乘，则莫若为任侠，亦足以伸民气，倡勇敢之风，是亦拨乱之具也。……儒者轻诋游侠，比之匪人，乌知困于君权之世，非此益无以自振拔，民乃益愚弱而尫败。言治者不可不察也。"[4]邪恶的专制统治者忌恨智民、强民、富民，害怕侠民，侠民具备感召力、领导力、行动力，是黑暗世界里令人瞩目的光明使者，因此邪恶的

1《曾国藩全集》第 14 册，第 486 页，《劝学篇示直隶士子》。

2《刘蓉集》第 2 册，第 38 页，《书故湖北按察使唐公遗诫后》。

3《谭嗣同全集》(增订本)，第 462 页，《上欧阳中鹄》之十。

4《谭嗣同全集》(增订版)，第 344 页，《仁学·三十四》。

专制统治者总是以诛锄侠民为当务之急，否则他们很难高枕安睡。

湖湘文化有两大源头：远追屈子，近接濂溪。对于二位巨擘，万流景仰，历代传承。清朝末期，戴德诚任南学会坐办，他说："三闾以孤愤沉湘，元公以伊尹为志，遂开湘学仁侠之大宗。"[1]元公即周敦颐。湘人于仁不足，于侠有余，倒是客观的事实。

清代雍正年间，湘籍侠士孙剑才不仅武艺超群，而且见识了得。大帅年羹尧权倾一时，建造府邸，用材上乘，豪华气派，人人皆颂为"百年之业"，唯独孙剑才直言"俄顷可墟"。年羹尧闻言大怒，孙剑才愿一言而死，教年羹尧运用奇兵破解雍正之布防，直捣燕京，建万世之基业。年羹尧赏其智谋而不能用，放他走人。从此孙剑才隐姓埋名，遁迹江湖。数年后，雍正皇帝果然卸磨杀驴，罗织罪状九十二条，赐令年羹尧自尽。年家眷属被羁押入京，孙剑才带人埋伏在途中，将年羹尧的幼子劫走，教他读书、击剑，保全了年家的一线血脉。[2]

近代革命党人杨卓霖[3]体格魁梧，富有膂力，少以任侠闻于乡邑，"尝夜借邻烛读兵书及中外战争稗史，时拍案狂呼曰：'大丈夫生不封万户侯，当赴锋镝死耳，安能与乡里小儿讨无谓生活哉！'"及至因革命被捕入狱，更放言"不自由，无宁死"，掀案直吼"天下岂有畏死杨卓霖耶"[4]，不肯为奴，不怕砍头，这样的热血之士，三湘大地颇为盛产。

近代革命党人宁调元[5]是典型的自由斗士和热血诗人，谭人凤称其"天真烂漫，纯是书生本色"。宁调元认为，中国人欲求自由，将奴隶国转变为自由国，则必须"脱除奴籍，净洗奴耻，改造奴风"，唯不甘心为奴的人方才有希望获得自由，以暴力推翻奴化民众的清朝政府，乃是天经地义的大举措。宁调元的诗以豪情胜慨取胜，"复九世仇盟玉帛，提三尺剑奠金瓯""不惜头颅利天下，誓捐顶踵拟微尘""怕随众卉

1《湘报》第40号，第314页。

2 徐珂编撰：《清稗类钞》第7册，第3338、3339页，《孙剑才知年羹尧必败》。

3 杨卓霖（1876—1907），又名恢，字公仆。湖南醴陵人。近代民主革命烈士。

4 冯自由：《革命逸史》第2集，第158、159页，《杨卓霖事略》。

5 宁调元（1883—1913），字仙霞，号太一。湖南醴陵人。近代民主革命烈士。

为降虏，独孕黄花战白霜"，这样的壮句豪情盖天。南社诗友高天梅新婚，宁调元的贺诗非同凡响："不觅封侯觅自由，休疑亡国恋温柔。行看十万横磨剑，并斸中原杀国仇。"[1] 1907 年初，宁调元被捕入狱，身为囚徒，诗兴不减，意气不衰："壮志澄清付水流，漫言后乐与先忧。鬼雄如果能为厉，死到泉台定复仇。"[2] 1913 年，孙中山、黄兴发动"二次革命"，宁调元驰赴汉口联络，于德租界富贵旅馆被捕，随后引渡至武昌，袁世凯下令将他杀害。

侠客轻一死，义士不苟存，湘籍英烈见危授命，态度决绝，义无反顾。

1 胡腾和桓阶激于公义敢收尸

东汉时期，大将军窦武与太傅陈蕃决意诛杀那些盘踞宫中、把持朝政、祸国殃民的阉官（常侍），不幸谋泄遇害。当凶竖猖獗之时，湘籍义士胡腾[3] 不惧杀身之祸，为窦武收尸下葬，因此丢掉官职，遭到禁锢。他获悉窦武的幼孙窦辅幸免于难，又与令史张敞暗助窦辅逃脱追捕者的魔爪，隐匿在湘南零陵地界内，对外诈称窦辅已死。胡腾返回故乡，退隐林泉，将窦辅收为义子，视同己出，鞠养教育，处处竭力尽心。窦辅也很争气，他以耕读为本，学有所长，成年后被桂阳郡守举为孝廉。东汉末叶，党锢警报彻底解除，窦辅被荆州牧刘表辟为从事，这才认祖归宗，改回窦姓。窦武未托孤，胡腾出于纯粹的侠义精神，冒险保全主公的一线血脉，其事迹附见于《后汉书·窦武传》，因无人作剧而鲜为人知。

湘籍名士桓阶[4] 是曹操军营里的重要谋臣，其名头虽不如程昱、郭嘉、许攸那么响亮，但他的卓见奇谋每每受到曹操的采纳和赞赏。桓阶的优点共有三条：一是勇于赴义，二是明于识人，三是精于度势。

1《宁调元集》，湖南人民出版社 2008 年版，第 119 页，《祝天梅结婚》。
2《宁调元集》，第 38 页，《岳州被逮时口占十截》之七。
3 胡腾（生卒年不详），字子升。湖南郴州人。官至尚书。
4 桓阶（？—221），字伯绪。湖南长沙人。官至太常。

这里说的是桓阶勇于赴义。东汉末期，长沙太守孙坚曾向中央政府举荐桓阶为孝廉，后者获授尚书郎，此乃公谊而非私恩，桓阶仍心存感激。桓阶为父亲桓胜守墓期间，孙坚率军攻打刘表，不幸阵亡，别人都不敢前往敌营收尸，唯独桓阶冒险出头，乞请刘表行个方便。刘表以阴险著称，绝非仁厚长者，但他对桓阶的义勇刮目相看，爽快地归还了孙坚的尸首。[1]

2 湘州唯有义士忠鬼

易雄[2]做湘州主簿时，张冒作乱，活捉了太守万嗣，准备开刀问斩。易雄与张冒争论是非曲直，张冒理屈词穷，怒呼手下将易雄推出砍头，易雄步履从容，毫无惧色；张冒见他胆量大、不怕死，就问他是否还固执己见，易雄点头，宁死不屈。两人以口舌斗罢三个回合，张冒视易雄为硬汉，将他和太守万嗣一同释放了。易雄的义勇之名传遍湖南。

东晋永昌元年（322），王敦作乱，谯王、湘州刺史司马承命令春陵令易雄召募义兵勤王，易雄登高一呼，应者云集，"数日之中，有众千人，负粮荷戈而从之"。当时，湘州（今长沙）城池不够坚固，守兵少，粮饷缺乏，仓促间四面受敌，外援断绝，义军死伤殆尽。城池陷落后，易雄被俘，意气慷慨，视死如归。王敦派使者指责易雄，易雄坦然作答：这些事我都做了，可惜我权位低微、力量薄弱，不能纾解大难。若是王室倾覆，我活着还有什么意思！今日被杀，能做忠鬼，我心甘情愿！王敦惮于易雄的义正词严，暂时释放了他。众人祝贺易雄生还，他笑道："昨夜梦乘车，挂肉其傍。夫肉必有筋，筋者斤也，车傍有斤，吾其戮乎！"[3]易雄拆字释疑，"筋"与"斤"谐音，"车"旁有"斤"，是个"斩"字，他自料难逃被杀的命运。没过几天，易雄果然遇害。

当年，王敦派遣其表弟魏乂率军攻打湘州，守军与之相持百余日，

---

1 陈寿：《三国志》第3册，第631、632页，卷二十二，《魏书》二十二。
2 易雄（257—322），字兴长。湖南浏阳人。官至春陵令。
3 房玄龄等：《晋书》，卷八十九，列传第五十九。

孤城方才沦陷。湘州从事周崎[1]接受谯王、湘州刺史司马承的指派，赴外地求援，途中被魏乂的部下抓获，魏乂胁迫周崎以虚假的军情告知守城将士，以此动摇军心，周崎答应与之配合。等到了湘州城下，周崎大声疾呼："王敦的军队吃了败仗，义师已攻克武昌，很快就会派大军南下救援湘州。诸君努力坚守，贼军气数将尽，就要作鸟兽散了！"魏乂眼见自己的如意算盘落空，恼怒不已，便在城下杀害了周崎。

王敦之乱，湘州遭逢大劫，自谯王、湘州刺史司马承以下，将领和官员宁死不降。湘州长史虞悝、湘州司马虞望兄弟，湘州主簿桓雄，湘州西曹书佐韩阶皆为长沙人。虞悝被害时，子弟对之号泣，他制止道："人生有死，阖门为忠义鬼，亦何恨哉！"[2]

3 诗僧齐己豪赋《剑客》篇

古代的剑客即侠客。豪侠行走江湖，通常标配一柄宝剑，所谓"离匣斗牛寒，到手风云助，插腰奸胆破，出袖鬼神伏"[3]，以剑胆琴心而论，宝剑的作用非止击刺攻防，它还维系着豪侠的胆魄。出家人必须六根清净，诸障消除，写诗已堕文字障，然而齐己[4]入世之深比在家的俗人有过之而无不及。其五言古诗《剑客》披沥胸臆，豪迈绝伦，令读者啧啧称奇："拔剑绕残樽，歌终便出门。西风满天雪，何处报人恩。勇死寻常事，轻仇不足论。翻嫌易水上，细碎动离魂。"[5]一位剑客喝完酒，唱罢歌，就冒着狂风暴雪出门而去，只为报人恩情，侠士勇于赴死，权当作一桩寻常小事，他视仇敌轻如鸿毛，根本不在话下。

战国末年，义侠荆轲受燕太子丹派遣，由壮士秦舞阳陪同，远赴秦国，刺杀暴君嬴政。易水诀别，众人大放悲声，高渐离击筑，荆轲以歌

---

1 周崎（生卒年不详），湖南邵阳人。官至湘州从事。

2 房玄龄等：《晋书》，卷八十九，列传第五十九。

3《元明清散曲选》，人民文学出版社1988年版，第77页，施惠《南吕·一枝花·咏剑》。

4 齐己（约860—约937），俗姓胡，自号衡岳沙门。湖南宁乡县人。晚唐诗僧。

5《全唐诗》第24册，第9452页，卷八百三十八。

相和："风萧萧兮易水寒，壮士一去兮不复还！"在齐己诗中的剑客看来，燕国人抱团倾诉悲衷，竟然弄出这么大的动静，未免婆婆妈妈，显得啰嗦可笑。

"坐言"与"起行"是迥然不同的，言者舒缓而行者迅疾。剑客目标明确，宛如霹雳闪电，一击而中，话语越简越好，仪式越省越妙。

这首《剑客》出自长沙诗僧齐己的笔下，既给湖南人挣了脸，也提了劲。同样是唐代诗人，贾岛名气更大，他的那首《剑客》字数更少："十年磨一剑，霜刃未曾试。今日把示君，谁有不平事？"磨剑十年而未曾一试，天下的不平事何日无之？何处无之？末句貌似"卒章显其志"，实际上只是"弱弱地问一声"。这样的剑客，就不仅磨磨蹭蹭，而且有点神经质，令人大失所望！

我们读罢贾岛的《剑客》，再欣赏齐己的《剑客》，后者堪称前者的升级版。就算齐己久居空门，他身上那份湖南人的血性迟迟不肯出家，毫无衰减和损耗，从未休眠，一直处于激活状态，这才是令人击节称奇、拍案叫绝的地方。

4 湘士善护谪臣苏轼、黄庭坚

侠者存有仁心，有时候，一言阻吓、临终关怀也极其可贵。

彭子民[1]是北宋绍圣年间广西察访使董必的下属官员，苏轼谪居海南儋州，董必为了讨好宰相章惇，想派人害死苏轼。彭子民察知董必的恶念后，流泪规劝道："人各有子孙！"意思是苏轼为当朝著名人物，眼下你埋下仇恨的种子，你的子孙将会吞食恶果。董必闻言感悟，只派了个人去将苏轼赶出官员的住宅，做个样子给上司看，敷衍过关。

黄庭坚是苏门四学士之首，与苏轼齐名，世称"苏黄"。崇宁年间，黄庭坚谪居广西宜州，当地士子胆怯畏祸，不敢与之交往，唯独蒋湋[2]经常陪伴于左右。黄庭坚病重不起，身边没有一位亲人子弟，蒋湋主动

---

1 彭子民（生卒年不详），字彦修。湖南湘阴人。义士。
2 蒋湋（生卒年不详），字彦回。湖南永州人。义士。

前往照顾。黄庭坚且喜且慰，握住蒋湋的手说："我的身后事，就托付给你了。"黄庭坚病逝后，蒋湋为之买棺装殓，租船送回洪州分宁县（今江西修水县）双井，安葬于祖茔。

5　南宋殉国之士以潭州为最多

湖南自古多忠义之士，李芾[1]就是其中一员。北宋靖康二年（1127），金兵攻破京都汴梁（今开封），李芾的高祖父李升与金兵格斗而死。李芾的曾祖父李椿徙居衡州（今衡阳）。李芾聪警而有志节，将自己的书斋命名为"无暴弃斋"，意思是绝不自暴自弃。孟子曰："自暴者，不可与有言也；自弃者，不可与有成也。"李芾的无暴弃斋由此而得名，立义甚高，足堪自励。

《宋史》称赞道："芾为人刚介，不畏强御，临事精敏，奸猾不能欺。且强力过人，自旦治事至暮无倦色，夜率至三鼓始休，五鼓复起视事。望之凛然犹神明，而好贤礼士，即之温然，虽一艺小善亦惓惓奖荐之。平生居官廉，及摈斥，家无余赀。"[2]

李芾为官，所至赈荒、捕盗、办学，政绩显著，地方清宁。咸淳元年（1265），李芾任临安府知府。李芾的前任惧怕奸相贾似道，事无巨细都要跑去请示汇报，获准之后才敢施行。李芾却从不到相府关白，敢于任事，严于执法。福王府逼死人命，贾似道出面保护嫌犯，李芾与之多次争辩后，仍然逮捕凶手，严惩不贷。贾似道的家人不遵令置办救火器具，李芾发现后，立刻执行杖刑。奸相贾似道以淫威慑服朝野，就连诸王都畏惧他三分，却摁不下李芾的牛头，自然视之为眼中钉、肉中刺，必欲拔除而后快。御史黄万石出面充当打手，诬陷李芾接受贿赂，尽管缺乏证据，但朝廷的罢免令还是立刻生效。

元人笔记《昭忠录》记述李芾言行，因小见大：李芾曆任临安知府，在京都颇有能名。一天，京城添置防火的水桶，用桐油油好了外

1　李芾（？—1276），字叔章。湖南衡阳人。官至湖南安抚使兼潭州知州。追谥忠节。
2　脱脱等：《宋史》第38册，第13256页，卷四百五十，列传第二百九。

293

面，有人请求将桶内油好。李芾感叹道："今日如何由得内！"奸相贾似道独掌枢机，事情多半由不得皇上在宫内作主，故有此一说，有此一叹。贾似道风闻李芾当众出言相讥，大怒，唆使言官弹劾李芾，将他污名化，列入赃官之籍，剔出公务员队伍。因为一语双关而致罪，李芾坐废十年。[1]

景炎元年（1276），蒙古铁骑大举进犯，鄂州沦陷，贾似道兵败芜湖，彻底垮台。李芾再次受到朝廷重用，膺任湖南安抚使兼潭州知州，兴兵勤王。当时，湖北全境失守，潭州（今长沙）空虚，湖南形势岌岌可危。友人劝李芾不要赴任，李芾流泪道："我岂不知赴任凶多吉少？世受国恩，虽遭废弃，犹思以身报国。如今皇上信任我，我已将生死置之度外。"国难当头，又逢家难，李芾的爱女病故，他就是在这种悲痛的心境下赴任的。蒙古游骑已至湘阴、益阳，李芾募兵两千多，待将士如兄弟子侄，尽得众人死力相助。

蒙古大军围困潭州数月，城中力不能支，守将刘孝忠中炮受重伤。诸将哭求："战事危急，我辈愿为国尽忠，百姓怎么办？"李芾骂道："国家平时厚养尔辈，就是为了今日。尔辈只管死守，谁再多嘴多舌，我就对谁不客气！"除夕夜，蒙军迫近城墙，蚁附而登，衡州守令尹毂[2]是李芾留在潭州的高参，心知援兵不至，守兵力竭，潭州城危在顷刻，他赶紧回家与妻子诀别："我以寒儒之身，受国家之恩，为一州守令，于义不可向敌人屈服，你们必须要随我一同殉国！"他把弟弟尹岳秀叫来，要他好好活着，保存尹氏宗祀，兄为忠，弟为孝，分司所任。其弟含泪应允。于是尹毂召集亲友，为两个儿子举行冠礼（成人礼）。有人表示异议："此何时，乃作此事？"尹毂解释道："正欲儿曹冠带以见先人耳。"如此临难不苟，实属罕见。尹毂在家里堆起柴薪，关闭门窗，身穿官服，朝着宫阙的方向跪拜如仪，先把历任官职的告身（委任状）烧掉，然后入火自焚。邻人皆见烈火之中尹毂衣冠整齐端坐在火场正中，全家老小同时殉难。在潭州，尹毂名望极隆，以厚德实学著称，州

1《宋人轶事汇编》第 5 册，第 2625 页，《昭忠录》。

2 尹毂（？—1276），字耕叟，号务实。湖南长沙人。官至衡州知州。

学生能为尹先生门人，必获美誉。尹穀殉国后，诸生数百人前往吊唁，城破之日，感激赴义者众多。[1]

李芾听说尹穀自焚之后，酹酒感叹："尹务实顶天立地，是男子汉大丈夫，先我一步就义了！"他召集宾佐会饮，通宵喝酒，直喝到天明，各位宾佐都知道酒后即为死别。李芾坐在熊湘阁中，叫来帐下壮士沈忠，先封赠金子给他，然后对他说："我已力竭，按职分而言，应当殉国。我的家人也不可被俘受辱，你要先把他们杀了，然后杀我。"沈忠伏在地上叩头，反复说自己做不到。李芾坚执此令，沈忠哭着答应下来。于是李芾取酒让家人痛饮，全都沉醉，死时减少了若干痛苦，李芾也引颈受刃。沈忠纵火焚毁了李芾的居所，回家后，杀了自己的妻子，回到李芾家的火场外，跪地自刭。潭州城内，听说守帅李芾已殉国，许多人举家自尽，差不多每口井中都有人投水，在树林里自缢身亡的比比皆是。南宋之亡，殉国之士甚多，尤以潭州为最，百姓举室自尽，则是古代罕有之事。守帅李芾举家殉国，感天动地，激发了潭州士人百姓的忠义之心。明朝大臣李东阳感叹道："呜呼，自古有国莫不亡，而颠踣困蹙可悲痛者，宜莫如宋之亡也。仗节死义者数十人，或止一身，或连一家，或及其将佐。而能使人感激之深且众者，宜莫如李忠节。宋亡后数十年，其遗民故老尚隐思之。忠节死，潭人至今道其事，犹慷慨泣下。呜呼，是孰使然哉？论者因以为宋三百年养士之报。然当时弃城卖主、背位而逃者亦多矣，微忠节，潭人未必死，死未必能多。忠节守潭未半年，而感动人若是。及其死，举湖以南皆降。天下之存亡所系，可知已。"[2]榜样的力量是无穷的，烈士的情怀照耀千古。

晚清名将罗泽南赋诗凭吊李芾和尹穀。先看吊李芾："……安抚李公建大纛，力捍孤城势穷蹙。臣力已竭分当死，臣家百口义无辱。慷慨登楼命沈忠，先杀家人后杀公。公既殉国忠殉主，主仆堂堂各千古。节义之声动三湘，尽愿死节无生降。或身自焚或投井，或缢林木遥相望。朝廷养士三百载，到此日月争光采。忠魂耿耿羞仇雠，君臣浮海同千

1　脱脱等：《宋史》第 38 册，第 13257 页，卷四百五十，列传第二百九。

2　周圣楷编纂，邓显鹤增辑：《楚宝》下，第 778 页，卷第二十六·忠义二。

秋。"再看吊尹穀:"潭州破,湘城圮,尹公穀命儿行冠礼。流离之际何从容,正欲尔曹冠带见先公。礼成举家赴烈火,死生关头见真我。"[1]

受李芾、尹穀等人忠义精神所激发,南宋末年,湖南人响应文天祥兴师勤王者众,其中攸县人吴希奭、陈子全、王梦应,长沙人张唐,茶陵人谭端伯最为壮烈。张唐是南宋初期抗金名将、魏国公张浚的裔孙,他起兵响应文天祥,一度收复衡山、湘潭等县。兵败被俘后,元朝行省参政崔斌劝他投降,张唐骂道:"绍兴至今百五十年,乃我祖魏公收拾撑拓者。今日降而死,有何面目见魏公于地下?"谭端伯率族众起兵,得到文天祥的亲笔手札:"湖南九郡,尔实统之。"兵败被俘后,谭端伯于供状上大书二十二个字:"两手拨开南浦云,人谁似我?一口吸尽西江水,我自担当!"[2]竟不屈而死。

6 欧道全活潭州百姓

欧道[3]隐居泉溪,平居安分,谁都看不出他有何过人之处。元军大举南下,攻破潭州,统帅阿里海牙决意屠城。危城之中,百姓插翅难逃,引颈待戮,命悬一线。欧道策杖进入军门,其目的只有一个,劝敌军将帅打消屠城的念头。临行前,有人阻止他,认为这样做无济于事,只会白白断送性命。欧道的回答掷地有声:"我血染刀斧,有什么可惜!万一能够救活全城人命,好处就太大了。"欧道真就凭仗他的血气之勇奔赴敌营,一席话说服了阿里海牙,长沙百姓得以免于刀俎。欧道的事迹遐迩相传,连元世祖忽必烈都听说了,对其大智大勇赞赏有加,辟他为荆湖行枢密院掌书记,嗣后升迁为中书令史。欧道去世之日,忽必烈"深悼惜之"[4]。

1《罗泽南集》,第31页,《衡州吊李忠节公芾》《吊尹公穀》。
2 周圣楷编纂,邓显鹤增辑:《楚宝》下,第794页,卷第二十六·忠义二。
3 欧道(生卒年不详),字性之。湖南宁乡人。官至中书令史。
4 周圣楷编纂,邓显鹤增辑:《楚宝》下,第841页,卷第二十七·独行。

7　明末湘籍众勇士不屈赴死无难色

明朝天启年间，中原大乱，李自成率军攻城略地，成为明王朝的心腹大患。当时，各地守令望风而逃，刘孔晖[1]却力排众议，独履危地，赴河南接任新郑知县，他慨然叹息道："国家养士不薄，平日虚谈节义，急则委去，奈国事何？吾志决矣！"他招抚流亡，赈救饥馁，修浚城濠，编练乡勇，为长期坚守计。

大敌压境，城下呼降，刘孔晖登陴大骂，虽为流矢所伤，毫无惧色。当时，李自成率领精锐主力攻打开封，刘孔晖派兵截杀其援军，招致疯狂的报复，数万大军围困新郑，区区城池危在旦夕。刘孔晖对众人说："此吾致命之日，死葬我于子产庙侧。"他草写遗书一封留给父亲："人谁不死？儿今日得死所矣。老父不得尽孝之子，得尽忠之子，亦可以快然于心也。"[2]援绝城陷，刘孔晖被执之后，骂不绝口，不幸遇害。门人弟子随之殉难者数十人。

崇祯末年，武将刘世玉[3]倜傥有志，相貌奇伟，膂力绝伦，平乱有功。北京沦陷，明思宗朱由检登煤山自缢身亡，桂王朱由榔在肇庆称帝，刘世玉赴援桂林。统帅刘承允挟持永历帝到武冈，却无意坚守；刘世玉主动请战，无人响应，满朝文武只想撒开两腿，逃之夭夭，放弃武冈，逃往靖州。刘世玉眼看军心涣散，大势已去，却不肯弃城降敌。他策马回家，呼酒狂饮，向妻子诀别道："事势至此，心死已极。我惟刎此头以报国耳。夫人可自为计！"王氏曰："君死，妾义不独生，请先死以释君念。"遂悬梁自缢。刘世玉杀了幼子和两个女儿，然后自刎，全家上下共计十四人投缳自杀，可谓惨烈。清军入城之后，敬重刘世玉为明朝忠臣，准许护尸的裨将周缙将刘家夫妇子女葬在城隍庙侧。[4]

1　刘孔晖（1592—1642），字默庵。湖南邵阳人。官至新郑县令。

2　周圣楷编纂，邓显鹤增辑：《楚宝》下，第814页，卷第二十六·忠义二·增辑。

3　刘世玉（1613—1647），字振之。湖南武冈江夹洲（今属洞口县）人。明末将领。

4　周圣楷编纂，邓显鹤增辑：《楚宝》下，第817页，卷第二十六·忠义二·增辑。

明朝末叶，张献忠率军攻入湖南，遭遇湘人的顽强抵抗，破城之日，他下令屠杀，极为血腥，骂贼不屈而死的书生极多。廪生唐遇衡（字国祚，邵阳人）骂贼不屈被杀，一门同死者四十余人。贡生周世美（宁乡人）骂贼不屈被杀，其子周希麟亦厉声骂贼不绝口，随即遇害。宁乡不屈而死的绅士共计一百三十六人，"是日昼霾如夜"，天地失色。张献忠痛恨已故的明朝内阁大臣、督师杨嗣昌，攻陷常德府后，下令有能擒获杨家一人者赏予千金。杨鹗（原任顺天巡抚）之妻郑氏生长将门，率领家人仆从守城，英勇赴死，不逊须眉。祸愈惨而忠愈烈，杨氏一门死者甚多，其中有回乡的鸿胪寺卿杨鹭，杨鹗的三个儿子和家中的仆人亦未能幸免。杨嗣昌的墓地和四代先人的墓地都被掘毁，尸骸被砍斫，一片狼藉。此前，杨鹭之兄杨鸿、弟杨鹗均已殉国，杨氏满门忠烈。[1]

8 江忠源行侠有奇气

江忠源性情豁达，年轻时放浪不检，爱好赌博。因为积欠赌资，家乡的无赖上门欺负江忠源，邻人刘太公认定他是不可多得的奇士，便出钱为他解脱困境。[2]

中国人讲求叶落归根，狐死首丘。江忠源义葬友人和萍水相逢的书生，不可谓不奇。陕西举人邹兴愚故籍新化，病羸咯血，贫无仆从，江忠源为他经理医药。数月后，邹兴愚病亡，江忠源又为他买棺具殓，曾国藩亦协同经理后事，交由邹氏族人邹溥霖送归陕西。曾国藩赋诗《赠岷樵》，在附记中赞叹道："急难之谊，吾见亦罕。"湘乡举人邓鹤龄咯血病危，江忠源护送他南归，邓氏在途中病故，江忠源为他办理后事，将棺木送到邓氏老家湘乡。左宗棠与郭嵩焘合撰《江忠烈公行状》，赞叹道："当是时，公义声震京师，人以得一识公为幸。"江忠源的乡举同年曾如镠（字春田）客死京师，他不惮舟车烦劳，远送其棺木归乡，赋

---

1 周圣楷编纂，邓显鹤增辑：《楚宝》下，第816页，卷第二十六·忠义二·增辑。
2《江忠源集 王鑫集》，第162页，陈澹然《江表忠略江忠烈公传》。

诗《哭曾春田同年》，有句"孤棺战烈日，万里宁无恙"。不妨再看看江忠源的另一首诗："天公似憎我行速，噀雨溅泥止归轴。我留京华逾两载，不惜此间一再宿，男儿进退本宽绰，早归固愿迟不恶，不缘情事有匆遽，逆旅何妨且寻乐。长安故人骨未返，白发倚闾嗟道远，哀哀吾师死他乡，万里一棺何日窆。我欲乘风叩天阍，唤取羲和鞭朝阳，朝阳一出宿雨止，灵乎归来返蒿里。"[1] 当年，无论是送棺到江南，还是送槥到陕西，都是苦差事，送者不畏难，全仗侠义心。

道光二十五年（1845）秋，曾国藩写信告诉叔父："湘乡邓铁松孝廉于八月初五出京，竟于十一日卒于献县道中。幸有江岷樵忠源同行，一切附身附棺，必诚必信。此人义侠之士，与侄极好。今年新化孝廉邹柳溪在京久病而死，一切皆江君料理，送其灵槥回南。今又扶铁松之病而送其死，真侠士也。扶两友之枢行数千里，亦极难矣。"[2] 胡林翼也在书信中对江忠源的义行赞不绝口："江岷樵昔年在京乡试，负其死友之槥而归。二次行邯郸道上，送一不曾谋面浙江举子之槥，此其行谊，即汉代《独行传》中，亦不多得。"[3]

咸丰三年（1853）冬，安徽巡抚江忠源赴庐州之急，事前已奉朝旨，惜有用之身，勿拘"城亡与亡"之例。然而江忠源蹈险地，守危城，庐州倾覆之日，他投水而殉。新化邹汉勋（字叔绩）乃湘中汉学名儒，与江忠源是同学至交，特往军中探望，尚居宾客之席，并无职守，江忠源派人送他出城，他却不忍抛别好友，城破之后，慷慨自沉。曾国藩为邹汉勋制作挽联一副："闻叔绩不生，风云变色；与岷樵同死，日月增光。"[4] 曾国藩撰《江忠烈公神道碑》，表彰江忠源的侠义精神，铭词尤为雄健："儒文侠武，道不并张；命世英哲，乃兼厥长。惟公之兴，颓俗实匡。明明如月，肝胆芬芳。"[5] 江忠源乃近代奇男子，此论公允。

1《江忠源集 王鑫集》，第 103 页，江忠源《东明阻雨》。

2《曾国藩全集》第 20 册，第 107 页，《禀叔父》。

3《胡林翼集》第 2 册，第 57 页，《复张亮基》。

4《清稗类钞》第 6 册，第 2763 页，《湘军将帅患难相从》。

5《曾国藩全集》第 14 册，第 329 页，《江忠烈公神道碑》。

9 "何三湘爱国文人投水之多也"

陈天华[1]是典型的热血志士，少年时期即发誓要光复祖国的每寸失土，"每读中西史志，于兴亡盛衰之感，则涕泗横流"[2]，其天性中有赤忱疯魔的一面。

1900年秋，有位清朝官员造访岳麓书院，陈天华埋头苦读，心无旁骛，吸引了对方的目光。这位官员看过陈天华的政论文章之后，更是拍案叫绝，激赏有加，主动提出将爱女许配给他。但陈天华以"国不安，吾不娶"为由，推掉了这桩在外人眼里看来相当不错的婚事。

1905年冬天，日本政府颁布《取缔清国留日学生规则》。"自《民报》为宣传革命机关后，留学界之革命思潮，亦渐次膨涨。满洲政府、各省督抚，皆相谋防止之策。于是要求日本政府驱逐留日之革命党，并取缔留日之中国学生。日本外务省以六千元与孙文，催其从速离去横滨，而取缔留学生之政令，亦不久实现。日本当局，亦因贪中国之利权，不惜自低声价，代满洲政府施行取缔中国留日学生之规则。斯时中国各省之留学日本者，几及万人，群起反对，而革命党之大文豪陈天华遂投海殉国，以坚留学生之志。于是人心愈愤激，大有与满洲政府势不两立之气，不愿留学日本以蒙数重奴隶之羞。陈天华之死，全体痛悼，凡血性青年，皆起赴义不顾身之热诚。"[3]

当时，中国同盟会群策群力，八千余名中国留日学生奋起抗争，迅速形成抗议怒潮。对此，日本国内首屈一指的大报《朝日新闻》率先跳出来，充当日本政府的喉舌，以充满敌意的措辞"放纵卑劣"肆意诋毁中国留日学生的抗议之举。起初，"霹雳火""革命党之大文豪"陈天华按笔不动，这出乎众人的意料之外。黄兴和宋教仁劝他撰写文章，发表意见，他依然不动手，还认为"以空言驱人发难"是无益的。

---

1 陈天华（1875—1905），字星台，别号思黄。湖南新化人。革命宣传家。
2 《宋教仁集》上册，第24页，《烈士陈星台小传》。
3 曹亚伯：《武昌革命真史》上册，上海书店1982年版，第25、26页，《陈天华投海》。

中国同盟会并非铁板一块，大家就去留问题发生争执，意见有分歧。"一派主张归国，另在上海办学，以洗日人取缔之耻辱，天华与易本羲、秋瑾、田桐等主之；一派主张求学宜忍辱负重，胡汉民、朱执信、汪精卫等主之。两派互相驳论，争之至烈。秋瑾、易本羲等以是归国。天华愤不能平，乃作绝命书累万言，竟于十一月十二日投大森海湾自杀。孙总理时在南洋，闻之哀悼不已。"[1]这回，陈天华采取的行动令挚友们始料未及。

1905年12月7日，陈天华神色萧然，伏案写作，直至深夜，灯光透窗而出，仍未熄灭。翌日清晨，陈天华两眼布满血丝，显然是因为通宵未眠所致。他草草地咽下一个饭团，向室友借了两元钱，说是去邮局寄信，此时，其语气平静如常，神色并无异样。

陈天华寄完信，径直去了海边。大森湾水深浪阔，船只不多。离海岸不远处，有古梅数百株，此时此刻，陈天华无心去欣赏。他脱下布鞋，沿着沙滩往前走，一直往前走。天地寥廓，海鸥飞鸣，这位新化汉子长发垂肩，满眼泪光，念及白发慈母仍在故国老家倚闾而望，而"立功绝域，决胜疆场"将沦为空言，"布衣终老，名山著述"将化作泡影，不禁五内俱焚。别了，可怜的慈母，多难的故国，未竟的大业！陈天华握紧双拳，神色坚毅，海水渐次没过了他的脚面，没过了他的膝盖，没过了他的腰间，没过了他的头顶。

陈天华投海自尽绝非一时冲动，而是死志已决。经过数日苦思深虑，他认定自己投海而死的现值远远大过他继续存活的期值，既可抗议日本政府驱逐中国留学生的行径，又可向意见分歧的同胞及时示警，团结救国乃当务之急，一举两得，何乐而不为。

1905年12月8日晚上，陈天华迟迟未归，东京中国留学生会馆突然接到大使馆打来的电话，说是距离东京六十里处的大森湾有渔民从海上打捞到陈天华的尸体。乍聆噩耗，黄兴和宋教仁如闻惊雷。他们在大森湾警署内见到一具窄狭而短小的倭式棺材，陈天华仰卧在里面，十分

---

1 冯自由：《革命逸史》第2集，第120、121页，《〈猛回头〉作者陈天华》。此处以农历记述，公历为12月8日。

拘促，长发潮湿，面色苍白，眼睛和牙关紧闭，并未显出痛苦的样子，颇为安详。

黄兴和宋教仁办完遗体认领手续后，匆匆返回留学生会馆，果然收到陈天华的绝命书，黄兴展开信笺，当众朗读："……我不自亡，人孰能亡我者！惟留学生而皆放纵卑劣，则中国真亡矣。岂特亡国而已，二十世纪之后有放纵卑劣之人种，能存于世乎？鄙人心痛此言，欲我同胞时时勿忘此语，力除此四字，而做此四字之反面：'坚忍奉公，力学爱国'。恐同胞之不见听而或忘之，故以身投东海，为诸君之纪念。诸君而如念及鄙人也，则毋忘鄙人今日所言。但慎勿误会其意，谓鄙人为取缔规则问题而死，而更有意外之举动。须知鄙人原重自修，不重尤人。鄙人死后，取缔规则问题可了则了，切勿固执。惟须亟讲善后之策，力求振作之方，雪日本报章所言，举行救国之实，则鄙人虽死之日，犹生之年矣。"[1] 会馆中数百名中国留学生，无论跟陈天华熟识与否，受其精诚所感动，个个潸然泪下，痛哭失声。

"生必有胜于死，然后可生；死必有胜于生，然后可死。"如果生的意义和价值胜过死，那么就应该生；如果死的意义和价值胜过生，那么就应该死。对于个体生命而言，生和死的意义、价值孰轻孰重？全凭内心的掂量和大脑的权衡。

当年，诗人楚青赋《秋感》四首，第一首就是为陈天华量身定制的："尘海浮生感逝波，沉沉大陆竟如何。睡狮未醒千年梦，野马行看万丈过。便欲奋身蹈东海，誓将被发向阳阿。荒山枫叶红于染，半是英雄血泪多。"[2]

陈天华蹈海之后数年间，近代湘籍志士投水自沉者还有两位，均为同盟会精英，一位是姚宏业[3]，另一位是杨毓麟[4]。

姚宏业素有改造社会的宏愿。1905 年冬，为了抗议日本政府颁布

1《陈天华集》，湖南人民出版社 1982 年第 2 版，第 235 页，《绝命辞》。

2《梁启超全集》第 18 卷，第 5335 页，《饮冰室诗话》第 80 则。

3 姚宏业（1881—1906），字剑生。湖南益阳人。同盟会志士。

4 杨毓麟（1872—1911），字笃生，后改名守仁，笔名椎印寒灰、三户愤民等。湖南长沙人。近代民主革命家。

的《清国留学生取缔规则》，他毅然归国，决定从事教育。他与秋瑾、于右任等同仁在上海选址创办中国公学，一再遭受官绅阻遏，卑鄙小人散播的流言蜚语对他多有中伤，悲苦绝望之余，姚宏业遂于 1906 年 3 月 27 日投黄浦江自沉，以示对罪恶社会的愤怒抗议。姚宏业的灵柩与陈天华的灵柩同期抵达长沙，由省城学生为之公葬。领导公葬活动的革命家、实业家禹之谟遭官府捕杀之后，反动派丧心病狂，一度掘开陈天华、姚宏业的墓冢，发泄他们对革命志士的刻骨仇恨。

清末时，杨毓麟做过时务学堂教授，以维新志士登场，后追随黄兴实行民族革命，不同于黄兴的是，他转变为坚定的无政府主义者。其天性易于激动，欲有所言，则不吐不快，"每集同乡演说，击案狂呼，涕下数行，听者俱为感激"[1]。1902 年，杨毓麟留学日本，发刊《游学译编》，传输政治革命、种族革命等学说，文章多出其手。其时，欧榘甲著《新广东》，杨毓麟著《新湖南》，鼓吹脱离清政府而独立自治，一纸风行，遭遇禁毁。黄兴在日本横滨组织暗杀团，杨毓麟成为该组织核心成员，拜梁慕光为师学制炸弹，他们声称："非隆隆炸弹，不足以惊其入梦之游魂；非霍霍刀光，不足以刮其沁心之铜臭。"

1905 年 7 月，清政府拟派载泽、端方等五大臣出洋考察宪政，杨毓麟谋得载泽随员职务，吴樾在北京正阳门车站谋炸五大臣时，他是内应，惜乎意外发生，吴樾捐躯，大事未成。1906 年 6 月，杨毓麟正式加入中国同盟会。1907 年，杨毓麟与于右任创办《神州日报》，他撰写的社论和"时事小言"以直击弊政著称，于右任誉之"公之文欲天下哭则哭，欲天下歌则歌"[2]。

1908 年春，杨毓麟受聘于留欧学生监督蒯光典，担任秘书。在欧洲，他进入苏格兰阿伯丁大学就读，仍为《民立报》撰稿，介绍欧洲政情。此后一两年间，他认识到无政府主义者"排斥国家，排斥爱国论""足以涣散国人进取之心"。1911 年 4 月，广州起义失败的消息传至欧洲，杨毓麟讹闻黄兴战死，悲愤之极。嗣后，杨毓麟复闻列强瓜分中

1《李肖聃集》，第 543 页，《星庐笔记》。
2 骚心（于右任）：《吊杨笃生文》，《民立报》1911 年 8 月 8 日。

国已有明确的意图,"长江四川及西藏区域,可与印度同归统治;俄则管辖至长城以北;法则奄有两广;日本则兼并福建与东三省;德则全握山东;皆以借债修路为题,实行解决远东之策"[1],因此他大受刺激,脑病复发,又因服用硫磷类药物过多,遍体炽热,痛苦难忍,一度产生购枪回国"寻一民贼死之"的强烈念头。

杨毓麟平素不主张自杀,其观点相对成熟:"……即如厌世派之拔刀自刎,投江自杀,亦是放弃责任,亏损人道。人道者,吾人当以公道正义,完全享受自由。不然,则当以苦战奋斗,完全恢复自由,舍此二事以外,皆非正当行为。"[2]然而绝望之余,病痛之际,杨毓麟违背了自己的初衷,1911 年 8 月 6 日,他在英国利物浦海口投大西洋自尽,时年三十九岁。投海前一日,杨毓麟致书好友吴敬恒,告以"脑炎剧发,不可复耐,有生无乐,得死为佳"[3]。他还致书好友马君武,其词可谓痛切之至:"哀哀故国,徇以不吊之魂;莽莽横流,淘此无名之骨。"[4]投水自沉前,杨毓麟托石瑛、吴敬恒两位身在英国的友人将其存款一百英镑转汇黄兴,将三十英镑寄给家乡的老母亲。黄兴得悉噩耗,悲痛万分,他致书友人,道是"感情所触,几欲自裁"[5]。

据杨昌济《达化斋日记》所载,杨毓麟葬于利物浦,由吴稚晖动议,杨昌济赞成,并征得杨毓麟兄长杨德麟的同意。杨德麟的回信片语可谓绝痛,值得一录:"如中国有重见天日之时,则烈士英灵自当随怒潮东返。不然,则大陆沉沉,猿鹤虫沙,生者且不知死所,归骨又奚为乎?"[6]杨德麟也是"革命党员之铮铮者",当过湖南财政司司长,兼国民党湘支部长。1913 年,袁世凯的亲信汤芗铭督湘,专以杀人媚袁为事,首捕杨德麟入狱,四日后即将其杀害,罪状中竟又称其有长者之名,可

---

1 曹亚伯:《武昌革命真史》上册,第 367 页,《第十四章 杨笃生蹈海》。

2 《杨毓麟集》,岳麓书社 2001 年版,第 186 页,《记英国工党与社会党之关系》。

3 《杨君笃生绝命书》,《民立报》1911 年 9 月 8 日。

4 《马君武自述》,安徽文艺出版社 2013 年版,第 52 页。马君武推测道:"杨君盖忿广东之革命失败,同人之死至酷,以为元气凋丧发愤以死者。"

5 《黄克强先生书翰墨迹》,正中书局 1956 年版,第 213 页。

6 《杨昌济集》第 1 册,第 642、643 页,《达化斋日记》乙卯(1915)三月三十一日。

谓荒唐。

　　同盟会作家冯自由对陈天华、杨毓麟之死心存疑惑，感慨系之："陈、杨皆湘人，亦忧国伤时之文人，岂同受汨罗江屈大夫之召耶？不然，何三湘爱国文人投水之多也！"[1]革命者放弃上阵杀敌的机会而投水自沉，这岂不会传播悲观情绪，令本阵营的同志沮丧吗？孙中山对此另有看法，他说："……因为敌人的观念，要生才以为是享幸福；我们的观念，要死才以为是享幸福，一死便得其所。生死的观念，在敌我两方面的精神过于悬殊，自然不能对敌，自然是我们有胜无败。这样以死为幸福、要求速死的道理，并不是凭空的理想，完全是事实。象从前日本有一位中国留学生，叫做陈天华，也发扬了革命的精神，还没有革命的时机，求死不得，便在日本投海而死，以死报中国。英国又有一位留学生，叫做杨笃生，也是因为明白了革命的道理，没有到革命的时机，不能做革命的事业，看到中国太腐败，要以速死为享幸福，便在英国投海而死，以死报中国。象陈天华、杨笃生，他们是什么人呢？他们就是革命党，就是热心血性的真革命党。他们都是由于求死所而不得，所以迫到投海，实在是可惜。但是由陈天华、杨笃生两个人投海的道理，便可以证明一般人只要感受了革命的精神，明白了革命的道理，便可以视死如归，以为革命而死是很高尚、很难得和很快乐的事；如果在战场上，遇到了自己主义上的敌人，受敌人枪炮的子弹而死，当然更以为是死得其所了。从前的真革命党，因为都有这种乐死的性质，所以敢用一个人去打一百个人，所以敢于屡次发难来革命，所以革命能够成功。"[2]革命者取义成仁，乐死忘生，孙中山看重这种精神，视之为取得革命成功的首要保障。

10 禹之谟质问酷吏"我要流血，为何绞之"

　　湖南近代民主革命志士甚多，埋骨岳麓山，从陈天华开始。是谁义

1 冯自由：《革命逸史》第2集，第121页，《〈猛回头〉作者陈天华》。
2《孙中山全集》第10册，第299页，《在陆军军官学校开学典礼的演说》。

葬陈天华？首推烈士禹之谟[1]。

1906 年 5 月 25 日，中国同盟会会员、民主革命家禹之谟约集同盟会会员陈家鼎、覃振、宁调元等人主持丧礼仪式，在省城长沙组织群众，发动学生，为魂兮归来的陈天华举行空前盛大的公祭、公葬活动，各校学生采取"自动主义"，为此举罢课一天。他们全然不顾军警的阻挠，身穿素服，手执白色的三角小旗，排成整齐的队列，高唱挽歌，分别从朱张渡、小西门横渡湘江，一路护送陈天华的灵柩向岳麓山进发。禹之谟身着短衣，头戴大冠，手举长刀，以刀斫击路旁的电杆，厉声宣言，为打头阵的惟一学堂学生壮气鼓劲："如清吏有阻吾等送葬者，如此电杆然，吾手有刀，各同学切莫畏惧！"当时，万人流泪送葬，首尾十里相衔，如此奇观，极为罕见，放在偌大的省城，也是百年一遇。沿途有军警维持治安，个个呆若木鸡，"官府也忍气吞声，莫敢谁何。湖南的士气，在这时候，几于中狂发癫，激昂到了极点"。省城各界人士公祭、公葬革命志士陈天华，惊动八方的同时，也激怒和刺痛了清政府豢养的鹰犬。

禹之谟堪称一位传奇人物。甲午年（1894），他投笔从戎，参加了湘军北上辽东的抗日战役，兵败之后突破重围，以劳绩获保知县，眼见国事日非，他弃官还湘，潜心于新学，先在上海考察半年，后去日本大阪等地的工场做工，因父亲病重而归国。戊戌政变后，禹之谟与唐才常筹划自立军起义，事败之日，他刚到武汉，尚不知情，进入唐才常的寓所后，发现警察正在抓人，他急中生智，冒称邮差，侥幸逃脱。以政治、军事救国的路线都被堵死之后，他决定以实业和教育救国，办毛巾厂，创设惟一学堂，无不亲力亲为，湘中教育商会推举他为会长。

禹之谟动员和组织学生为陈天华送葬，万人整队，声势浩大，一时间，省城官绅瞠目惊心，以为民气伸张，政府危矣。长沙学务处总监督俞诰庆是个龌龊的嫖客，平日以学务处灯笼为前导，逛窑子如走亲串戚。某日，学生捉他到濂溪阁，黥其面，裸其体，拍照片于土娼胯下，

---

1 禹之谟（1866—1907），字稽亭。湖南湘乡人。近代民主革命烈士。

禹之谟开大会羞辱此货，斥其下流无耻。俞诰庆怀恨在心，向官府告密，诬指禹之谟是革命党魁，将集结本省军、学两界人员起事。清朝大吏格于清议，迟迟不敢抓人。丙午年（1906）夏，禹之谟反对湘乡食盐加税，谓之贪官盘剥百姓，湘乡知县据以上闻，谓之"哄堂塞署"，湖南巡抚签发逮捕令，先监禁于常德，复迁移于靖州（今靖县），酷吏金蓉镜专治此狱。狱中境况，言之惨伤："靖州牢狱役卒，向来非常凶残，苛求犯人，备历苦楚，必须重贿，方能免祸，真不堪之惨。其无钱者，如欲打草鞋度日，即割断其绳索，且终幽闭笼内，虽至亲不得面晤。"[1]禹之谟惨遭酷刑摧残，金蓉镜命令狱卒用辣椒末熏其口鼻，亲手持大把线香灼其背部，甚至吊断其拇指，逼问禹之谟：你与孙文有何联系？谭心休是不是孙文派来的使者？你是否认识杨怀三？你缘何发卖《民报》？火刑威迫之下，禹之谟并未出卖同志，仅自诬为"上等头目"，要到上海起事。丙午年（1906）十二月廿一日，禹之谟被绞杀于靖州东门。临刑前，禹之谟厉声质问金蓉镜："我要流血，为何绞之？吾热血不流，辜负我满腔心事矣！"[2]禹之谟作遗书多通，《致诸伯母书》尤见其意气之昂扬："侄十年以来，不甘为满州之奴隶，且大声疾呼，唤世人勿为奴隶……宗旨甚正，程度渐高，思想甚大，牺牲其身，无所惜也。"[3]在《致全中国国民书》中，他以极其沉痛的语气正告道："身虽禁于囹圄，而志自若；躯壳死耳，我志长存。同胞，同胞！其善为死所，宁可牛马其身而死，甚勿奴隶其心而生！"[4]这句话如同烧红的银针，或许能稍稍刺痛某些麻木者的心灵。

1　曹亚伯：《武昌革命真史》上册，第 208 页，《致松藤书》。

2　曹亚伯：《武昌革命真史》上册，第 205 页，《禹之谟之死难》。

3　禹之谟：《致诸伯母书》，《湖南历史资料》1960 年第 1 期，第 112 页。

4　禹之谟：《遗书》，《湖南历史资料》1960 年第 1 期，第 119 页。

11 刘道一义薄云天，情深江海

1904 年，刘道一[1]东渡扶桑，在海轮上结识了鉴湖女侠秋瑾，两人同为火热性情，当着寂寥空阔的海天，畅述革命怀抱，志同道合，深契于心。到了日本，道一入横滨清华学校，与秋瑾、刘佛船、王时泽等人秘结十人团，以"排满反清，恢复中华"为职志。其后不久，他又与秋瑾一同参加了冯自由、梁慕光创设的洪门天地会。宣誓仪式很特别，冯、梁二人横牵一幅六七尺长的白布，上书斗大的字样"反清复明"，各人俯身从布下穿过，以示忠于主义；又在室内燃起篝火，各人在火上反复跳越，表示赴汤蹈火在所不辞；最后共饮雄鸡血酒，表示至死不渝。在会中，秋瑾被推选为"白扇"（军师），道一被推选为"草鞋"（将军）。其后，汤增璧撰写文章《刘道一》，论及道一和秋瑾的交谊，见解不凡，有独到之处："盖秋瑾之长，在乎有猛厉之风，而秋瑾之短，则在乎少沉毅之概，孤注一掷，是所优为；从容而勃发，期于必济，殆弗能也。瑾而不死，其惟刺客之将乎？刘子不与士夫处，而与任侠游，率以志于是也。是故志同道合，刘子而为聂政，秋瑾必为其姊……"

1906 年，湖南发大水，灾情惨重，"数百里间，汪洋一片，茫无际涯。死者三四万人，浮尸蔽江，被灾者三四十万人，皆冻馁交侵，四乡乞食"。清朝不思赈恤，致使民怨沸腾。黄兴时任同盟会代总理，他认为在湖南首义的条件业已成熟。刘道一、蔡绍南等人受命潜回内地，"运动军队，重振会党"，联络多股反清力量，共图义举。刘道一从东瀛归国前，于稠人广座间慨然叹息："大丈夫不当流亡终身！"日本只是暂居之所，绝非久留之乡，中国同盟会会员要把民族革命当成事业，仅从远处发声是不够的，还要从近处发难，才可以影响大众，震撼全局。

刘道一在省城长沙为起义作紧锣密鼓的部署，但计划不如变化快，萍乡、浏阳、醴陵等地洪门会众提前行动，遂使局面失控。数日后，突

---

1 刘道一（1884—1906），字炳生，自号锄非。湖南湘潭人。近代民主革命烈士。

围的义军首领龚春台潜入长沙，不慎暴露身份，被巡捕逮入监牢。事已至此，形势急迫万分，刘道一置身虎口，也无暇掩藏自己的行踪。当时官府得到的线报并不准确，原以为这次起义的幕后总策划是刘道一的兄长刘揆一，没料到刘道一就在他们的眼皮底下进行秘密活动。

刘道一被捕入狱后，致书友人，语气淡定："道一必不忍以父母所爱之躯，为毒刑所坏，彼若刑讯，吾则自承为刘揆一，以死代兄，吾志决矣！"[1]然而他不幸撞在湖南按察使庄赓良和巡警道赖承裕手中，这两个家伙是恶名昭著的酷吏，怎肯摆着现成的毒刑不用？他们滥施淫威，拷问刘道一："你不做清朝的良民，非要闹什么革命，剁脑壳未必不痛？快讲，你究竟是何居心？"刘道一奋然作答："革命大义，跟你们这些愚不可及的走狗说了也等于白说，何不取下我的佩章，仔细看个分明！"佩章上刻的是"锄非"二字，单凭这个，他们就给刘道一定了死刑。两位酷吏也是污吏，邀功之余，他们意犹未尽，还打算把案子弄大，广为罗织，将更多的人牵扯进来，借此发笔横财。刘道一被拷掠得体无完肤，但他坚不吐实，厉声呵斥："士可杀，不可辱，死即死耳！"1906 年 12 月 31 日，刘道一被押解到长沙市浏阳门外，"魁刽举刀斫之，四击乃断其头"[2]，死状极为惨烈。

迟至 1907 年 1 月下旬，刘道一遇害的消息才传到日本。刘揆一痛不欲生，吟成八首悼诗，其末章尤为悲怆："夜阑灯暗泪潸然，予季魂兮宛在前。早日深情棠棣赋，清流遗恨豆萁篇。苦心漫说仇三世，掩面还当入九泉。速死倘能重聚首，人间无复弟兄缘。"[3]

"半壁东南三楚雄，刘郎死去霸图空。尚余遗孽艰难甚，谁与斯人慷慨同？塞上秋风嘶战马，神州落日泣哀鸿。几时痛饮黄龙酒，横揽江流一奠公！"[4]这首悲壮的挽诗是孙中山写给刘道一的，从《孙中山全集》中很难找到类似的挽诗，可见这是少有的举动、超高的规格和特殊的礼

1《刘揆一集》，湖南人民出版社 2008 年版，第 215 页，章炳麟《刘道一传》。

2《刘揆一集》，第 216 页，章炳麟《刘道一传》。

3《刘揆一集》，第 6 页，《〈哭炳生弟〉诗八首》。

4《孙中山全集》第 1 卷，第 334 页，《挽刘道一诗》。

遇。原因只有一个：刘道一是中国同盟会中为革命流血牺牲的第一人。
从华兴会到同盟会，黄兴与刘氏兄弟志同道合，生死与共，早已结成刎
颈之交，因此他的挽诗更见深悲："英雄无命哭刘郎，惨淡中原侠骨香。
我未吞胡恢汉业，君先悬首看吴荒。啾啾赤子天何意？猎猎黄旗日有
光。眼底人才思国士，万方多难立苍茫！"[1]

黄兴无比痛心地感慨道："吾每计议革命，惟伊独能周详，且精通
英语，辩才无碍，又为将来外交绝好人才，奈何即死是役耶！"这一层
惜才的意思，梁启超有更多发挥："顾余所为感不绝于厥心者，则以天
之笃生一才，实非易易，而厄之于万恶社会之中，使之殚其聪明才力
以奋斗，得一死而已。死何足恨，而社会之所损，乃不可复也。"[2]诚然，
"死何足恨"，人固有一死，革命志士视死如归，但青年才俊的早逝无疑
是中华民族的损失。孙中山晚年，呕心沥血，殚精竭虑，仍不免左支右
绌，大有独木难撑之感，为何如此受困？因为吴禄贞、林觉民、赵声、
宋教仁、黄兴、蔡锷、陈其美、朱执信等大批栋梁之材已先于他倾折
了。智士烨烨其文，勇士桓桓其武，得一即可扶危定倾。孙中山何其有
幸，得到了这批民族精英倾心舍命的拥戴；又何其不幸，眼睁睁地看着
他们纷纷凋零。

出国之前，刘道一与曹庄结婚。道一二十岁，曹庄十八岁，一个玉
树临风，一个春花吐蕊，可谓天作之合。曹庄出生于诗礼之家，不仅知
书达理，而且深明大义，对道一的革命言行表示赞同。道一常在书信中
称誉秋瑾的襟怀、胆魄和才识可谓女界典范，认为妇女于社会改造亦应
负相当职责，不可袖手一侧，冷眼旁观，以此激励正在长沙周南女校求
学的曹庄，不要只作低眉敛手的小女子，而要向鉴湖女侠秋瑾看齐，琴
心剑胆，不让须眉。道一牺牲后，曹庄痛不欲生，哀毁过当。道一的大
嫂黄自珍与曹庄姒娣情深，哀怜她膝下荒凉，将刚刚出生的次女过继给
她，取名"孝娥"，即孝女曹娥的意思。然而哀莫大于心死，两年后，
刚过阴历十一月十六日道一忌辰没多久，曹庄就在大年初一那天殉情自

[1] 《黄兴集》，第 6、7 页，《挽刘道一烈士》。
[2] 《刘揆一集》，第 221 页，梁启超《炳生之职志不死》。

尽了。黄自珍有咏絮之才，为此吟成一首七言古诗，其中四句尤为凄伤："红粉竟如斯命薄，金丹医不到心枯。家家爆竹颂元日，正是蛾眉死幽室。"[1] 曹庄天性刚烈，一死殉情，痛快斩截。年轻的革命烈士视死如归，倘若他们的爱妻扛不起内心的深悲剧痛，自杀和病逝的情形就往往有之。刘道一的爱妻曹庄是自缢的，林觉民的爱妻陈意映是病逝的，均死于烈士牺牲之后两年。

12 蒋翊武欲支江山保共和

蒋翊武[2] 少年时即胸怀大志。庚子年（1900），八国联军攻入北京，蒋翊武洒泪而言："中国欲图自强，首当倾覆清廷，建设新政府！"[3] 闻者无不惊骇。1904 年，蒋翊武参加黄兴、宋教仁等人策划的长沙起义，因事机不密而失败，因此被常德师范学校开除。两年后，他前往上海，就读于中国公学，加入同盟会。两江总督端方手下鹰犬很多，在险恶的环境中，革命者出生入死，蒋翊武"时仗剑高吟，旁若无人，人亦不测其为何也"。1909 年，蒋翊武与好友刘复基相约投笔从戎，入湖北新军群治学社，随时准备起义。1910 年，群治学社改名为振武学社；翌年，蒋翊武再将振武学社改名为文学社，他被推举为这个革命团体的社长。1911 年 10 月 10 日，湖北新军士兵擦枪走火，起义随即举行，文学社的许多青年军官成了辛亥革命的骨干成员。在乱局之中，蒋翊武一度出任战时总指挥，但因为起义军内部文学会、共进会派系之见甚深，他的命令被视为"乱命"，还被骂作"糊涂竖子"，于是他颇感无奈，主动辞职。1912 年 4 月，北洋政府授予蒋翊武勋二位、陆军中将加上将衔，他辞而不受。后来，北洋政府为了羁縻他，又委以高等顾问，他入京供职也只是走走过场，很快就请假南下了。

1913 年夏，蒋翊武参加"二次革命"。湖南都督谭延闿、长江巡阅

---

1 《刘揆一集》，第 236 页，黄自珍《哭弟妇曹守道》。曹庄：字守道。
2 蒋翊武（1885—1913），字伯夔。湖南澧县人。武昌起义总指挥。
3 冯自由：《革命逸史》第 6 集，第 197 页，《湖北文学社首领蒋翊武》。

使谭人凤宣布湖南独立，委任蒋翊武为鄂豫招讨使。蒋发布公告，声言将取荆襄、捣武汉、直指河南。8 月 13 日，湖南都督谭延闿宣布取消独立，诿罪于蒋翊武。陈复初等均闻风出走，蒋翊武的处境愈加危险。原湖南省议会议员黄佑昌为他联络日本军舰，准备到日本避难。但蒋翊武听从幕僚易俊民的建议，暂避广西，以作他图 [1]。蒋翊武在广西进行反抗袁世凯的秘密活动时，被亲袁派广西军阀陆荣廷逮捕杀害。蒋翊武生前，在写给父母的诀别信中，已为献身革命事业做好了随时牺牲的心理准备："儿誓志杀贼，保障共和，否则不生还也！" [2] 就义前，蒋翊武视死如归，向围观的群众演讲国民大义，慷慨激昂，兴致勃勃，闻者无不动容，有人唏嘘，有人落泪。最不可思议的是，行刑的士兵亦凝神倾听，迟迟不肯拉开枪栓。

蒋翊武就义前留下绝命诗四首，其中一首这样写道："斩断尘根感晚秋，中原无主倍增愁。是谁支得江山住？只有余哀逐水流！" [3] 豪情加哀调，低潮时期，烈士情怀最感人。

1921 年，孙中山赴广西桂林督师，为了表彰蒋翊武为国事尽忠，特立纪念碑一座，亲题碑文"开国元勋蒋翊武先生就义处"，由胡汉民撰写碑铭。

13 桃源渔父宋教仁

二十岁左右，宋教仁 [4] 在对联中崭露过豪情，上联是"莫使真心堕尘雾"，下联是"要将热血洗乾坤"；他在试卷内迸放过狠话，"不惜杀一人以谢四万万同胞，不惜杀一人以安万世之天下"，"一人"是谁？虽未确指，读者心知肚明。

1904 年，黄兴、宋教仁、刘揆一、陈天华等湘籍志士创立了华兴

1《民国人物传》第 12 卷，中华书局 2005 年版，第 290 页，殷文《蒋翊武》。

2 冯自由：《革命逸史》第 6 集，第 199 页，《湖北文学社首领蒋翊武》。

3《中华文史资料文库》第 11 卷，第 2685 页，万武《蒋翊武死难纪实》。

4 宋教仁（1882—1913），字遯初（或钝初），号渔父，笔名犟斋。湖南桃源人。近代民主革命家。

会，"开中国内地革命之先声"。在长沙他们策动反清起义，失败后，宋教仁逃回桃源老家，途中口占七绝一首："满地腥膻岁月过，百年胡运竟如何？我今欲展回天策，只奈汉儿不肖多。"[1] 国人沉酣未醒，志士徒唤奈何。

这次回乡，宋教仁遭到追捕，逃至沅江边，被大水阻隔，幸亏一位渔夫及时搭救，堪堪躲过一劫。为了纪念那位救命恩人，宋教仁自号"渔父"。

1906年春，宋教仁入读东京早稻田大学预科班。许多中国留学生荒废学业，虚度年华，宋教仁则邃密群科，对政治、法律、经济、历史、地理涉猎甚广。他阅读吕坤的《呻吟语》、王阳明的《传习录》、石村贞一辑录的《泰西名言》，勤写日记，摘抄了不少语录，"大其心，容天下之物；虚其心，受天下之善；平其心，受天下之事；潜其心，观天下之理；定其心，应天下之变""人惟患无志，不患无功""君子以正直行义，以诚实发言语""无德行与智识者，崇邦国之祸基""一心必成多事，多心不能成一事"[2]。从1904年10月30日至1907年4月9日，宋教仁日记《我之历史》有"三多"：购书多，译书多，读书多。他翻译了《日本宪法》《英国制度要览》《德国官制》《美国制度概要》等十多部有关国家制度和法律的著作。宋教仁研究欧美各国的宪法和政治制度，年纪轻轻，就在宪政理论方面完成了知识积累。蔡元培为《我之历史》撰写序言，称赞道："其抱有建设之计划者居少数。抱此计划而毅然以之自任者尤居少数，宋渔父先生其最著也。"[3] 同盟会会员讨论问题，宋教仁最能明悉本末，大家服气。章太炎向来目高于顶，俯视群雄，他评点当世人物，亦首推宋教仁为宰辅之才。

日俄战争后，领土争执成为外交问题。间岛位于韩北咸镜道角、图门江口，领土主权原本属于中国，日俄两国却将间岛私相交割。1907年，宋教仁前往东北，实地考察间岛，并且考证其历史沿革，著《间岛

1《宋教仁集》上册，第1页，《出亡道中口占》。

2《宋教仁集》下册，第560、561、576、578、579、584页，《我之历史》。

3 马志亮主编：《喋血共和·忆宋教仁》，第173页，蔡元培《〈我之历史〉序》。

问题》一书，作者署名宋练，确认间岛自古就是中国领土。嗣后，清朝总理各国事务衙门与日俄交涉时，终以此书为金科玉律，折服对方，保住了间岛主权。慈禧太后知悉此事，拍案感叹道："国有人才如此，外务大臣不能引用，可惜可惜！"当年，武则天读骆宾王的《讨武曌檄》，曾感叹宰相失人，异代不同时，二者风味奇似。慈禧太后亲下手谕："宋练着赏给五品京堂，来京听候任用。"[1] 宋教仁固然爱国，但以反清为职志，当然不会把五品京堂的蓝顶子放在眼里。他得了一笔赏金，还被同志误会他变志屈节，"他愤懑之余，大哭了一场，把赏金全部散发给贫困的留日学生，自白曰：'我著此书，为中国一块土，非为个人之赚几文钱'"[2]。由于出现这一插曲，宋教仁在日本处境艰难，进退维谷。

　　1906 年 2 月，宋教仁在东京结识肤白貌美的少女西村千代子，对方谈笑晏晏，他心旌摇摇。3 月 14 日晚间 7 点，千代子姊妹来访，"实出余意外，余大喜慰"，三人同至聚丰园就茶点，相处欢洽。3 月 19 日，这星刚萌芽的情苗被吴绍先掐断了，他致书宋教仁，责备好友"不应爱色"。宋教仁明知"千代子言笑在若有情之间"，内心不免发生一番激战，最终他决定"姑下一决志，切莫负此良友，而听从其言"。毕竟情怀耿耿，"心中仍如火灼，如刀刺，不能一刻受……回寓后坐定，又反复思之，觉余一念之差，遂生出种种风波，非良友再三忠告，几陷于险，今而后，誓当绝迹此念，以不负生平。然因此觉立志为道，真有万难，亦真是容易，一转念间，即为圣人，亦一转念间，即为败类，余今日之意念，起落移转，变化数次，幸一念之转，复归于正，然亦不知能保必有恒否"[3]。

　　当年，平江不肖生著黑幕小说《留东外史》，揭露中国留日学生花天酒地，蝶浪蜂狂，某些革命党人入乡随俗，狎邪失德。宋教仁仅有过短时间的心思恍惚，即战胜情欲，回归正道，实属不易。

　　清朝末叶，革命党人组织的武装起义屡起屡仆，屡仆屡起，革命成

1 刘禺生：《世载堂杂忆》，第 106 页，《西太后赞叹宋遯初》。
2 马志亮主编：《喋血共和·忆宋教仁》，第 155 页，郑逸梅《宋教仁轶事二三》。
3 《宋教仁集》下册，第 590、591 页，《我之历史》（宋教仁日记）。

功的希望忽明忽晦，忽晦忽明，宋教仁一度深感悲观。这种悲观情绪犹如流感病毒，广为传染，黄兴侠骨豪肠，尚且多次想要自杀。章太炎《自定年谱》中说宋教仁在日本东京时处境艰窘，"常郁郁，醉即卧地狂歌，又数向民报社佣婢乞贷"[1]，由于《民报》经费严重短缺，章太炎爱莫能助。宋教仁在日记《我之历史》中承认，"心中一时忧闷交集，兀然独坐，愁苦之极，至有披发入山之思"[2]，可见当时他的精神苦况，纵然醉酒狂歌，也无法纾解，只得蒙被大睡。漂泊者每逢长夜即倍感孤独和悲愁，在宋教仁的日记中屡见不鲜，试举数端，"夜，自学校回，心中不快，觉无限愁感交集，怆然泣下者良久，遂欲就寝"（1906 年 4 月 12 日），"时夜方雨，孤灯对坐，万种凄凉，交集于心"（1906 年 4 月 26 日），"夜，心中烦闷不堪，思及一切世事，皆令人烦恼之具，甚苦也"（1906 年 8 月 4 日），"烦恼更甚，似又愤懑，甚难过"（1906 年 9 月 19 日），"心中轴辘上下，悲感不堪，一时泪下如雨，几至失声，约二时间乃稍已，则衾枕皆有湿痕矣"（1906 年 10 月 5 日）。革命家是活生生的人，性格中有刚强的成分，则必有脆弱的因子。1906 年秋，宋教仁作五言律诗一首："旅夜难成寐，起坐独彷徨。月落千山晓，鸡鸣万瓦霜。思家嫌梦短，苦病觉更长。徒有枕戈志，飘零只自伤。"[3]这首诗流露出异域为客的落寞情怀。但无论如何，宋教仁是一位实实在在的政治家，"政治为吾人之生命，吾人一日未死，一日不忘政治"[4]，日本明治时期，政治家大隈重信留下这句名言，宋教仁始终持信而且持守。

武昌起义是革命的急就章，其刚性的证据就是：湖北新军将士把躲在姨太太床底下的协统黎元洪拖出来，推举他为鄂军都督。殊不知，宋教仁为此次行动制订过预案。早在日本时，他就提出革命三策：效仿法国大革命，直接占领北京，号令全国，实行中央革命，此为上策；在长江流域活动，各树势力，同时并举，创立政府，然后北伐，此为中策；

1 姚奠中，董国炎：《章太炎学术年谱》，山西古籍出版社 1996 年版，第 117 页。

2《宋教仁集》下册，第 579 页，《我之历史》1906 年 2 月 22 日。

3《宋教仁集》上册，第 56 页，《秋晓》。

4《宋教仁集》下册，第 406 页，《复孙武书》。

在边陲各省发动起义，相互响应，此为下策。1911 年 7 月 31 日，中国同盟会中部总会骨干在上海集议，确定"长江革命"中策，率先在武昌发难。

1912 年春，宋教仁任南京临时政府法制局局长，独力草成多项法令、法规，令时人为之钦佩和赞叹。袁世凯十分欣赏宋教仁的政治才华，这位奸雄私底下对心腹亲信说："孙黄诸人，均不足畏，所可畏者，惟湖南人小宋而已。"袁世凯极力笼络宋教仁，邀请他牵头组阁，出任国务总理，但遭到了宋教仁的婉言谢绝。1912 年 10 月，袁世凯馈赠五十万元，宋教仁将支票原封不动地退还。[1]

宋教仁锐意推行民主宪政，为国家的长治久安进行极其复杂精细的顶层设计。二十世纪初，中国尚未经过最基本的思想启蒙，遑论升斗小民，就是知识界也对民主政治、政党政治仅识皮毛，政客们受袁世凯蒙蔽和误导，竟然视政党内阁为争权夺利的"架空之术"，质疑者遍布朝野。

1912 年 8 月 13 日，宋教仁起草《国民党宣言》，开宗明义："一国之政治，恒视其运用政治之中心势力以为推移。其中心势力强健而良善，其国之政治必灿然可观；其中心势力脆薄而恶劣，其国之政治必暗然无色。此消长倚伏之数，固不必论其国体之为君主共和，政体之为专制立宪，而无往不如是也。天相中国，帝制殄灭，既改国体为共和，变政体为立宪，然而共和立宪之国，其政治之中心势力，则不可不汇之于政党。"[2]这篇宣言宗旨明确，宋教仁的政治愿景一目了然：以政党内阁为主体，建立坚厚而良善的中心势力。

1912 年 8 月 25 日，同盟会与统一共和党、国民共进会、共和实进会、国民公党正式合并为国民党。宋教仁年纪轻轻，政治才能摆在那儿，感召力也摆在那儿，有目共睹，他代理国民党理事长，可谓众望所归。年底，国会议员选举，参、众两院共 870 个席位，国民党占据 392

1《宋教仁集》下册，第 426 页，《致袁世凯书》。原文如下："慰公总统钧鉴：绨袍之赠，感铭肺腑。长者之赐，仁何敢辞。但惠赐五十万元，实不敢受。仁退居林下，耕读自娱，有钱亦无用处……"

2《宋教仁集》下册，第 747 页，《国民党宣言》。

席，稳居国内第一大政党的地位。宋教仁主持制定《临时约法》，成为国会主流派领袖，由他组阁乃是大势所趋。章太炎一向目无余子，但他对于宋教仁的才干极为认可："至于建制内阁，仆则首推宋君教仁，堪为宰辅。"当然，也有老同志持批评意见，认为改组之后，国民党抛弃同盟会纲领是大败笔，吸收大批官僚政客入党也是大失策。谭人凤与宋教仁私交甚好，但他对国民党的前途持怀疑态度，因此不肯入党，"始终置身局外，不表赞成，在京在湘，且以狐群狗党目之"[1]。

袁世凯眼看自己手中的大权行将旁落，深感忧闷，不禁口吐怨辞："宋教仁的《临时约法》像是唐僧的紧箍咒，令人头痛不堪，要是宋教仁出来组阁，我必四大皆空，这不但非我所愿为，孙文在南京亦表示不为也。孙文就任临时大总统于南京之日，宋教仁提出采用责任内阁制，然而孙文断然拒绝。可谓人同此心，心同此理。"袁氏反复强调，他不愿"自居于既神圣又赘疣的位置"。

宋教仁并未隐藏自己的政见，他提出的方案毫不含糊："我们要在国会里头，获得过半数以上的议席，进而在朝，就可以组成一党的责任内阁；退而在野，也可以严密的监督政府，使它有所惮而不敢妄为，应该为的，也使它有所惮而不敢不为。"[2]宋教仁极力倡导政党责任内阁，意在限制总统日益膨胀的权力野心，大力推行民主政治，责任内阁对总统念紧箍咒，并非专门针对袁世凯，而是基于以下的政治考量："盖内阁不善而可以更迭之，总统不善则无术变易之，如必欲变易之，必致摇动国本，此吾人所以不取总统制，而取内阁制也。欲取内阁制，则舍建立政党内阁无他途，故吾人第一主张，即在内阁制也。"[3]

当年，外界谣诼纷纷，宋教仁想当总理，故而力主内阁负责制。宋教仁认为，通国之中，谁有欲为总理之志都不可羞，倘能自信，正道而取，不妨当仁不让。有志者欲负此绝大之责任，只应问他能力之有无，非议嘲笑则大可不必。

---

1 谭人凤：《石叟牌词叙录》，《近代史资料》1956 年第 3 期。
2《宋教仁集》下册，第 456 页，《国民党鄂支部欢迎会演说辞》。
3《宋教仁集》下册，第 460 页，《国民党沪交通部欢迎会演说辞》。

宋教仁在南方抨击政府两年来"几无一善状可言"，外交只知偷安，财政只知借款，这无疑令袁世凯及其亲信怀恨在心。赵秉钧时任国务总理，尽管他表面上与宋教仁称兄道弟，骨子里却头一个忌恨他，毕竟宋教仁取代他而为内阁总理，若无大变数，将是板上钉钉的事情。

民国初年，中国政坛上最富于激情、理念和才华的青年翘楚非宋教仁莫属，他是政党政治强有力的宣传者、推行者。起初，马君武没看懂宋教仁的政治意图，指责宋教仁存心出卖民党，讨好袁世凯。于右任传话给宋教仁，宋、马二书生竟在南京临时总统府大干一架，"宋以是质马，而遽批其颊；马还击，伤宋目"[1]，黄兴、胡汉民赶紧出面制止冲突，宋教仁住院治疗眼伤，党内同志皆责怪马君武鲁莽。

袁世凯担心什么？原本操控自如的寡头政治一旦失灵，总统权力大幅缩水，北洋众亲信不复依附于他。袁世凯大脑中跳出青磷鬼火般的念头："我不杀渔父，渔父必图我！"他岂肯坐以待毙，一面假意邀请宋教仁赴京"会商要政"，一面授意心腹干将、国务总理赵秉钧，派杀手在宁沪两地逡巡，伺机谋刺宋教仁。

南北政界暗潮汹涌，险象环生，宋教仁往来其间，或与虎谋皮，或与狼共舞，遇害是迟早的事情。当然，也有人撇开外因找内因，认为宋教仁另有取死之道。"武昌倡义，卒仆清廷，而渔父亦有宰相之望，惜其才高而度量不能尽副，以遇横祸"[2]，这是章太炎的看法，他对宋教仁素抱好感，并无恶意。其所谓"度量不能尽副"令人费解，究竟是说宋教仁心胸不够开阔，眼界不够宽广，还是说他对形势判断失准，对人性认识不足？

1912年10月18日，宋教仁重返桃源县。二十二岁时，他离开故乡，亡命扶桑近十年，昔日的文弱书生如今已是成熟的政治家。宋母白发苍颜，含泪对儿子说："千幸万幸，你活着回来了，就不要再离开了呀。"宋教仁有政治理想要去实现，他不得不走，这一别就是永诀。

1913年2月，两院大选揭晓，宋教仁领衔的国民党独得392席，

---

1 《胡汉民自传》，第110页，《二十九、同盟会之改组与各省都督之更动》。

2 马志亮主编：《喋血共和·忆宋教仁》，第122页，章太炎《宋教仁〈我之历史〉序》。

梁启超领衔的进步党只拿下 223 席。国民党组阁已稳操胜券。3 月 2 日，宋教仁意气风发，在杭州南高峰吟出诗句"海门潮正涌，我欲挽强弓"。

奸人密谋于暗室，赤子裸露于群狼。一年多前，湖南都督焦达峰[1]不设防，被立宪派公然杀害，乃是不可疏忽的前车之鉴。宋教仁却毫不介意，依然在长沙、武汉、上海、杭州、南京等地发表演说，批评北京政府的政治失误。其言论风采，倾动一时。

1912 年底，谭人凤在汉口得到陈犹龙密报，黑道人物应夔丞领有中央巨款，形迹可疑。宋教仁从湖南来到湖北，谭人凤特意提醒他："高明之家，鬼瞰其室。日间陶痴在京，侦得一极可疑虑之事，弟负物望，袁必见忌，宜稍知戒备焉。责任内阁现实难望成功，劝权养晦，无急于觊觎总理。予若任巡阅，备一火轮，相与载酒同游，流览长江风景，不较置身内阁万几丛脞之为愈乎！"宋教仁回答道："总理我无冀望之心，载酒游江，亦诚乐事，惟责任内阁实应时势之必要，未便变其主张也。戒备之说，前在湖南亦有以此言相勖者，实则蛇影杯弓之事也，请毋虑。"[2]暗杀的事，防不胜防，勇者无畏，智者无忧，宋教仁坦然面对无所不在的死神。他甚至认为，在这个时期，他生有生的关系，死也有死的关系。他若真被暗杀，或足以激励同志的奋斗，而缩短袁氏的政治生命，也未可知。宋教仁到了上海，陈其美、徐血儿等人以种种传闻相告，再次劝他多加防范，宋教仁却固执地认为：谣言徒乱我心，不必在意。于是，不逞之徒有了可乘之机。

1913 年 3 月 20 日，夜间十点多钟，在上海北车站，黄兴、廖仲恺、于右任等人为赴京的宋教仁送行，他们谈笑风生，刚走到轧票处附近，突然闪出一个身形矮小的刺客，朝人群连射三枪，其中一弹从宋教仁的右后肋斜入腹部，是致命伤。一颗罪恶的子弹，就这样击碎了东方大国民有、民治、民享的微弱希望。

宋教仁被击中后，对身旁的于右任说："我中枪了。"于是大家赶紧将他送到老靶子路沪宁铁路医院，不巧的是医生当时外出，须等待一

---

1 焦达峰（1887—1911），字鞠荪。湖南浏阳人。首任湖南都督。
2《谭人凤集》，第 391 页，《石叟牌词》之四十四。

响。宋教仁痛极，仍谆嘱于右任："我伤成这样子，估计再好的医生也已无力回天。请你记着，将我在南京、北京和东京寄存的书籍全部捐赠给南京图书馆。我本是一介寒士，老母还健在，如我死后，请克强与您还有各位老朋友代我照料。"随后医生到院，迅速给宋教仁作了检查，调子颇为悲观："要将宋君的生命救回，已只剩下百分之一的希望。"宋教仁对《民立报》记者锡三说："我并不怕死，但伤处的痛苦太折磨人了。我没料到南北调和之事这等艰难，时局如此，奈何！奈何！"宋教仁还有一事久久不能释念，他说："可惜凶手在逃，不知误会我的竟系何人。"宋教仁自知余日无多，他请黄兴代拟一道《致袁总统电文》："北京袁大总统鉴：仁本夜乘沪宁车赴京，敬谒钧座。十时四十五分，在车站突被奸人自背后施枪，弹由腰上部入腹下部，势必至死。窃思仁自受教以来，即束身自爱，虽寡过之未获，从未结怨于私人。清政不良，起任改革，亦重人道，守公理，不敢有一毫权利之见存。今国基未固，民福不增，遽尔撒手，死有余恨。伏冀大总统开诚心，布公道，竭力保障民权，俾国会得确定不拔之宪法，则虽死之日，犹生之年。临死哀言，尚祈鉴纳。"[1]宋教仁宅心仁厚，未对政敌产生丝毫怀疑。不管袁世凯看完这封电文后是否磔磔冷笑，宋教仁的大境界、高品格，实为顶流政治家亦难具备的。

黄兴曾质疑道："凶手是否欲杀我而误中宋，殊难悬断。"[2]兵痞武士英的枪法好到令人绝望，他后来招供，买凶者指定的刺杀对象是宋教仁，而非黄兴。

宋教仁遇刺之后，南北双方顿形决裂，难以弥缝，孙中山、黄兴重拾武装革命的法宝。中华民国的民主政治发育未全，昙花一现。当时，感到震惊和哀愤的，除了国民党内的同志，还有其他阵营的有识之士。梁启超就直抒胸臆："吾与宋君，所持政见时有异同，然固确信宋君为我国现代第一流政治家，歼此良人，实贻国家以不可规复之损失，匪直

1《宋教仁集》下册，第 496 页，《致袁世凯电》。

2 马志亮主编：《喋血共和·忆宋教仁》，第 259 页，黄兴《关于宋案的谈话》。

为宋君哀，实为国家前途哀也。"[1]宋教仁的治国大纲尚未实施万分之一，即抱憾终天。

近代湖湘英杰干得挺好，可惜走得太早。谭嗣同得年三十四，唐才常得年三十四，宋教仁得年三十二，黄兴得年四十三，蔡锷得年三十五。这五位英杰最具代表性，竟然连五十岁的中寿都未达标，奈何奈何！1917年春，黄兴、蔡锷归葬长沙岳麓山，湖南才子傅熊湘赋诗悼念，愀然抒怀："谁与重挥落日戈，江山憔悴泪痕多。一时龙虎都消歇，凄绝临歧薤露歌。"[2]国民党为宋教仁专辟墓园，葬于上海闸北象仪巷（今为闸北公园），未能与黄、蔡二公团聚于一山之中。雄杰们英年早逝，肉体复归尘土，至于精神境界，一旦铸就，便永难消歇，悲观之中自有乐观在。

宋教仁究竟算是怎样的一位渔父？他不太像《白鲸》中偏执的船长埃哈伯，倒是很有点像《老人与海》中执着的渔翁桑提亚哥，后者毕尽八十余天的努力，拖回来一副偌大的金枪鱼骨架，鱼肉全被鲨鱼啃光了。你不可武断地说桑提亚哥竹篮打水一场空，毕竟他已将自己的生命体验化为金句："人生来是不能被打垮的，一个人可以被消灭，但是不能被打垮。"[3]宋教仁的金句有很多，哪句特别值得记取呢？"我们要在国会里头，获得过半数以上的议席，进而在朝，就可以组成一党的责任内阁；退而在野，也可以严密的监督政府，使它有所惮而不敢妄为，应该为的，也使它有所惮而不敢不为。"[4]这句名言能够代表宋教仁的政见。很可惜，他的理想也在半途中被成群结队的"鲨鱼"撕咬成了一副空骨架。

1《梁启超全集》第9卷，第2582页，《暗杀之罪恶》。

2《傅熊湘集》，湖南人民出版社2010年版，第87页，《送黄、蔡殡归麓山》。《薤露歌》：西汉时期的杂言挽歌，全篇共四句："薤上露，何易晞。露晞明朝更复落，人死一去何时归？"

3 厄纳斯特·海明威（Ernest Hemingway）著，李锡胤译：《老人与海》，四川文艺出版社1987年版，第67页。

4《宋教仁集》下册，第456页，《国民党鄂支部欢迎会演说辞》。

第四编　湖南人的天地境界

受自由意志之激发；

与天地精神相往来。

——作者题记

一 任意遨游，潜心探索

从古代到近代，即使在文学艺术鼎盛繁荣的唐宋时期，湘籍名家和大师也屈指可数。所幸他们喜欢逆风翱翔，能够凭靠自由意志和创造精神展示独特的风采。

《旧唐书》称道欧阳询[1]的书法，要点不在其师承，而在其变化："询初学王羲之书，后更渐变其体，笔力险劲，为一时之绝。人得其尺牍文字，咸以为楷范焉。"[2]及至晚年，欧阳询的书法艺术炉火纯青，笔力尤为刚劲，有人比之为"草里蛇惊，云间电发""孤峰崛起，四面削成"，非苦心孤诣不能至。

书法大师怀素[3]以狂草擅胜场，他在《论书帖》中自承："……今所为其颠逸，全胜往年。所颠形诡异，不知从何而来，常自不知耳。"[4]艺术家"用志不分，乃凝于神"，一旦抵达化境，醉时挥就的神妙之作，醒后不可复得。怀素有酒亦醉，无酒亦醉，其颠逸不受世法所限，单纯以自然为师，乃是真洒脱者、真淡泊者、真狂放者、真逍遥者，高资捷足，辅以精勤，他不入众妙之门，谁入众妙之门？

唐代诗人李群玉[5]抱持执念：栖处于长林丰草之间，遨游于江河湖

---

1 欧阳询（557—641），字信本。湖南长沙人。官至太子率更令。
2 刘昫等：《旧唐书》第15册，中华书局1975年版，第4947页，列传第一百三十九上。
3 怀素（737—799），俗姓钱，字藏真。湖南长沙人。唐代书法家。
4 《全唐文补编》中册，中华书局2005年版，第698页，卷五七，《论书帖》。
5 李群玉（808—862），字文山。湖南澧县人。官至宏文馆校书郎。

海之外，与麋鹿为伴、仙鹤为侣。寻常隐士沽名钓誉，觅终南捷径而厚颜行之，二者大异其趣。李群玉宦情淡薄，不乐仕途钻营。段成式以诗为画，李群玉活脱脱是一位大傲哥："酒里诗中三十年，纵横唐突世喧喧。明时不作祢衡死，傲尽公卿归九泉。"[1] 当年，李群玉辞官，非因失意，只为赎身。"白鹤高飞不逐群，嵇康琴酒鲍昭文。此身未有栖归处，天下人间一片云。"[2] 安顿此身不易，安顿此心更难，"迹同飞鸟栖高树，心似闲云在太虚"，想象中的自由乃是不可企及的自由。"张仪会展平生舌，韩信那惭胯下羞"，无耻的事，突破道德底线的事，摧眉折腰的事，含垢忍辱的事，李群玉根本做不来，也不愿意做，这才是他寻求隐逸的关键。

"读万卷书，行万里路"，晚清书法家何绍基大半生行止离不开这八个字。他精力旺盛，游踪遍及国内名山大川。平日里，他脚蹬芒鞋，头顶箬笠，只要遇着好风景，便徜徉自适。"世之奇伟瑰怪非常之观，常在于险远，而人之所罕至焉，故非有志者不能至也。"[3] 何绍基不自安于鄙陋，一有闲暇，就呼朋引伴，探秘壑，搜奇山，愈幽险，愈极兴。何绍基暮年赋诗，仍满怀清风朗月："嵩洛归来狃薜萝，山巢粗构息心窝。无端野性随春发，万叠奇山入梦多。"[4] 与自然和洽则灵性鲜活。

五十岁后，齐白石衰年变法，从自发迄于自觉，探索"自然的精神"，脱却浑身匠气，直抵造化之美神秘的殿堂。一位艺术家决定衰年变法，其勇气之大，并不逊于"虽千万人吾往矣"的侠士。白石老人敢在艺术风格上厉行突变和剧变，而非甘心缓变和渐变，可谓破釜沉舟，置之死地而后生。

1《唐人轶事汇编》第3册，第1373页，范摅《云溪友议》。
2《全唐诗》第17册，第6615页，卷五百七十，李群玉《言怀》。
3 王安石《游褒禅山记》。
4《何绍基诗文集》第2册，第482页，《野性》。

1 欧阳询是初唐书法界执牛耳者

　　湘籍书法家欧阳询好学不倦，痴迷于前贤留下的碑帖。据《新唐书·欧阳询传》所载，有一回在旅途中，欧阳询偶遇西晋书法家索靖书写的碑文，起初，他伫立碑旁，出神地观赏，后来整个人仿佛着了魔，累则坐在地上，困则睡在墓旁，观览之不足，复以手指摩挲之，竟盘桓三日，流连忘返。[1]"询初学王羲之书，后更渐变其体，笔力险劲，为一时之绝。人得其尺牍文字，咸以为楷范焉。"宋朝《宣和书谱》誉其"正书为翰墨之冠"。欧阳询是一位全能高手，"张怀瓘又称其飞白、隶、行草入妙，大小篆、章草入能"[2]。后世称道"初唐四大家"（欧阳询、虞世南、褚遂良、薛稷），执牛耳者非欧阳询莫属。

　　武德年间，欧阳询名噪天下，海隅咸知。高丽派遣使臣来长安递交国书，使臣办完公务后，急切搜罗欧阳询的书法作品。唐高祖大为感叹：没想到欧阳询的书名传播到了遥远的高丽，他们观赏欧阳询端正挺拔的书法，一定认为他相貌英俊、身材魁梧吧！此言甚是谑虐，闻者无不捧腹。《旧唐书·欧阳询传》这样描写传主："虽貌甚寝陋，而聪悟绝伦，读书即数行俱下，博览经史，尤精三史。"[3]欧阳询其貌不扬，徒有潘安的才华，苦无潘安的颜值，唐高祖的话恰似调侃，又胜似调侃，可见"颜值即正义"始于初唐，并非始于今日。唐人笔记更有出奇者，唐太宗宴近臣，让他们互相嘲谑以为乐。国舅长孙无忌开口就嘲欧阳询："耸膊成山字，埋肩不出头。谁家麟阁上，画此一猕猴。"[4]其瘦、其丑活脱如画。唐人胡璩《谭宾录》还载有逸事一桩，长孙皇后出殡，百官披麻戴孝，欧阳询状貌奇丑，众人指戳，中书舍人许敬宗见而大笑不止，被御史纠劾，贬为洪州司马。一个人究竟要丑到什么程度，才会让对方

1 欧阳修、宋祁等：《新唐书》第 4 册，岳麓书社 1997 年版，第 3528 页，卷一百九十八、列传第一百二十三。

2《宣和书谱》，湖南美术出版社 1999 年版，第 166、167 页，卷八·行书二。

3 刘昫等：《旧唐书》第 15 册，第 4947 页，列传第一百三十九上。

4《唐人轶事汇编》第 1 册，第 237 页，刘肃《大唐新语》一三。

忍俊不禁，失礼降职？若不是作者存心夸张，着实令人匪夷所思。

褚遂良比欧阳询小三十九岁，比虞世南小三十八岁，彼此相隔不止一条代沟，他以楷书名噪天下时，欧阳询、虞世南垂垂老矣。有一次，褚遂良存心找虞世南"探河风"："我的书法是否比得上智永？"虞世南实话实说："智永一个字就值五万钱，你哪能跟他一较高下。"褚遂良不甘心，再次发问："我跟欧阳公比何如？"虞世南摇头："我听说欧阳公悬腕写字，不择纸笔，皆能得心应手，你哪能跟他一较短长。"褚遂良仍不依不饶，继续追问："那要怎样，我才能够跟欧阳公齐头并肩？"虞世南无意令晚辈绝望，敷衍道："倘若手感上佳，笔墨又特别惬意，你就能达到他那种炉火纯青的境界。"褚遂良闻言大喜。

欧阳询的性情如何？正史、野史均未述及，他与魏徵同朝为臣，还奉敕为魏徵撰写的《九成宫醴泉铭》书丹，临朝诤谏显然非其所长。欧阳询的文名被书名所掩，他奉诏与令狐德棻、裴矩、陈叔达等人编纂过大型类书《艺文类聚》一百卷。《全唐文》收录其短文《唐温陵侯龙君碑记》，其中有警语"俗何为而醇？以务实而醇。俗何为而浇？以务虚而浇"，耐人寻味。湘人喜欢务实，由此可见端倪。

2　怀素入众妙之门

唐代书法界有两位公认的"草圣"，一位是张旭，另一位是怀素，皆以颠逸驰名于世。"诗圣"杜甫赋《饮中八仙歌》，寥寥三句，张旭之颠状逸态即活灵活现："张旭三杯草圣传，脱帽露顶王公前，挥毫落纸如云烟。"怀素也不寂寞，"诗仙"李白作《草书歌行》，洋洋洒洒："少年上人号怀素，草书天下称独步。墨池飞出北溟鱼，笔锋杀尽中山兔。八月九月天气凉，酒徒词客满高堂。笺麻素绢排数箱，宣州石砚墨色光。吾师醉后倚绳床，须臾扫尽数千张。飘风骤雨惊飒飒，落花飞雪何茫茫。起来向壁不停手，一行数字大如斗。恍恍如闻神鬼惊，时时只见龙蛇走。左盘右蹙如惊电，状同楚汉相攻战。湖南七郡凡几家，家家屏障书题遍。王逸少，张伯英，古来几许浪得名。张颠老死不足数，我师此义不师古。古来万事贵天生，何必要公孙大娘浑脱舞。"李白见到的怀素顶多二十出头，这位"少年上人"即以草书独步天下，可见成名之早，成就之大。天下武功，无坚不破，唯快不破。草书亦然。怀素醉后操翰，"须臾扫尽数千张"，劲道何等爽利！"神鬼惊""龙蛇走"，这样的夸张反倒更像是写实。

细读陆羽的《僧怀素传》[1]，可知颠僧怀素求艺之痴，痴逾常人。早年间，怀素手头拮据，练字过勤，用力太猛，竟将漆盘、漆板都写穿了洞。秃笔成堆，埋于山麓，号称笔冢。怀素"饮酒以养性，草书以畅志"，顺性而为，随意而作，堪称涂鸦派的祖师爷，别人忙于书写墓志铭、神道碑，笑纳丰厚的润笔费，他却对此兴趣索然。没有纸张，下笔的原始冲动丝毫不减，一旦酒酣兴发，他就拿寺院粉壁表演技艺，龙飞凤舞，大叫狂呼。名士朱遥称赞怀素的草书，比喻颇为新奇，"笔下唯看激电流，字成只畏盘龙走"。

怀素旅居零陵（今湖南永州）时，在茅庵附近的东郊种植芭蕉数万株，取叶代纸，挥写不停。他称其所在地为"绿天"，称其所住茅庵为"种纸庵"。后来，道州刺史撰《绿天铭》[2]，为书家存一遗迹。

怀素旅居长安之初，拜金吾兵曹邬彤为师，邬彤与颜真卿都曾师从草圣张旭，因此怀素可算是张旭的再传弟子。当年，书法家传授笔法，亦如高僧参禅，张旭私底下传授给邬彤的笔意是"孤篷自振，惊沙坐尽"。怀素肄业时，邬彤传授给他的笔意是"竖牵似古钗脚"，猜哑谜就如同参禅，别人听不懂，怀素听得懂。颜真卿与怀素有过广泛而深入的交流，他问道："夫草书于师授之外，须自得之。张长史睹孤篷、惊沙之外，见公孙大娘《剑器》舞，始得低昂回翔之状，未知邬兵曹有之乎？"怀素如实相告：邬兵曹告诉过我，竖划下端牵带的墨痕就像古钗脚，纤细而劲力不衰。颜真卿闲步而笑，无直接评价。数月之后，怀素来告辞，颜公自道心得："师竖牵学古钗脚，何如屋漏痕。"屋漏痕仿佛草书笔画，比古钗脚更显天然，怀素闻此譬解，立刻抱住颜公双腿大声

---

[1]《全唐文》第 5 册，第 4421、4422 页，卷四三三。
[2]《唐人轶事汇编》第 2 册，第 714 页，陶谷《清异录》上。

叫绝。颜公等他缓过兴奋劲头，继续问道："师亦有自得之乎？"怀素的回答很干脆："贫道[1]观夏云多奇峰，辄常师之。夏云因风变化，乃无常势，又无壁折之路，一一自然。"颜真卿知道怀素已悟入更高妙的境界，不禁赞叹："噫！草圣之渊妙，代不绝人，可谓闻所未闻之旨也！"

怀素的《自叙帖》中引入了颜真卿的《怀素上人〈草书歌〉序》，足见两位名师惺惺相惜之诚。怀素早年出家，痴爱书法，天赋异禀，勤书善悟。李白认为"万事贵天生"，称赞怀素"不师古"，怀素本人却"恨未远睹古人之奇迹，所见甚浅"，痛感"学无师授，如不由户而出"，于是他前往长安，与当朝名师巨公相往还。眼界、心胸开阔了，艺境随之日新月异，自此以"气概通疏，性灵豁畅"获赏于士林。

书法家评论书法家，以感性为主宰，不打马虎眼，宋代书法家米芾撰《论草书帖》，对张旭的评价不高，道是"张颠俗子，变乱古法，惊诸凡夫，自有识者"；对怀素的评价也有所保留，道是"怀素少加平淡，稍到天成，而时代压之，不能高古"。元代书法家鲜于枢撰《论草书帖》，道是"长史颠逸，时出法度之外。怀素守法，特多古意"，则对张旭有弹，对怀素有赞。延祐五年（1318），元代书法家赵孟𫖯题跋怀素《论书帖》，所论较为通透："怀素书所以妙者，虽率意颠逸，千变万化，终不离魏晋法度故也。后人作草，皆随俗缭绕，不合古法，不识者以为奇，不满识者一笑。此卷是素师肺腑中流出，寻常所见皆不能及之也。"[2]颜真卿与怀素谈及前辈草圣张旭，说他"虽姿性颠逸，超绝古今，而楷法精详，特为真正"，书家不自出机杼不行，不精研古法也不行，草圣张旭精研过楷书的笔法。颜真卿与张旭有过密切的交往，亲获其指教点拨，张旭不吝将笔法和心得倾囊相授。颜真卿深造有得，却自谦"资质劣弱"，平日练习下力不足，至今无成。他特别感叹道：要是怀素早有机缘亲炙张旭的诱导，观摹其草书创作，那么必能得其上乘书艺的秘诀，成为张公的入室弟子。

有人考证，《李太白全集》中的古近体诗《草书歌行》是伪作。对

---

1 从魏晋至唐朝，僧人往往谦称贫道。
2《三希堂法帖》第1部，中国书店，1986年版，第321、322页。

此结论，宋代文豪苏东坡和明代学者胡应麟都盖过私章；还有人斗胆指控，《草书歌行》是怀素自作，驾名李白。诗歌中刻意贬低王羲之、张芝这些魏晋大师犹自可谅，李白竟然拿自己的故友、当朝草圣张旭给新秀垫背，这完全不是他为人行事的风格。怀素未将李白的《草书歌行》收入《草书歌》集，确属一大疑窦。[1] 不管怎么说，有戴叔伦、钱起等诗人的称道，有前辈书法大师颜真卿的加持，有后世书法界名流的点赞，草圣怀素的历史存在感毫无被削弱的迹象。

3 李群玉："天下人间一片云"

元朝作家辛文房对李群玉赞许有加："清才旷逸，不乐仕进，专以吟咏自适，诗笔遒丽，文体丰妍。好吹笙，美翰墨。如王、谢子弟，别有一种风流。"[2] 在魏晋南北朝，王家、谢家均为江左望族之翘楚，两家子弟多属神龙仙凤，王家有王羲之、王献之，谢家有谢玄、谢灵运，不仅以名士风度取胜，而且才艺卓绝，造诣非凡。李群玉被比作王谢子弟，大家风范自在千秋。

李群玉才名早著，偏偏不乐仕进，甚至不肯进京赶考。亲友强逼他赴礼部试，他迫不得已敷衍过一回，死活不肯再吃第二遍苦。唐朝以诗赋取士，进士名额少，行卷成风，过关难度大。诗圣杜甫多次落第，困居京城，久处窘境，"朝叩富儿门，暮随肥马尘。残杯与冷炙，到处潜悲辛"，此中苦楚，不尝也罢。湖南观察使裴休派遣专使，致送厚礼，延请李群玉至长沙，勉励再三："处士被褐怀玉，浮云富贵，名高而身不知，神宝宁久弃荒途？子其行矣。"裴休敦劝李群玉做有名有实的国家栋梁，切莫将上天厚赐的才华荒废于蒿野，该出仕时就应出仕。

大中八年（854），李群玉四十七岁，从家乡澧州出发，负琴徒步，抵达长安，以草泽臣的身份诣阙上表，进诗三百篇。表文中有这样一句

---

1 《李白集校注》第 2 册，上海古籍出版社 1980 年版，第 587—591 页，卷八。

2 辛文房原著，李立朴译注：《唐才子传全译》，贵州人民出版社 1994 年版，第 494、495 页，卷第七。

话耐人寻味，"但虑寒饿江湖之滨，与枯鱼涸鳞为伍，瞑目黄壤，虚谢文明"，莫非迫于生计他方始求官？这当然只是一个委婉的说法。其时，裴休已经回朝膺任宰相，举荐李群玉，不难做到一言九鼎[1]。唐宣宗李忱遍览这位草野逸民的诗歌后，置评"异常高雅"，欣然赐予锦彩器物。大学士令狐绹称赞李群玉"苦心歌篇，屏迹林壑，佳句流传于众口，芳声藉甚于一时，守道安贫，远绝名利"，还说"当文明之圣代，宜备搜罗，俾典校于瀛州，仁光志业"，建议"授宏文馆校书郎"[2]。唐宣宗准其所奏。宏文馆校书郎官阶低，职务小，责任轻，但李群玉安处清雅之地，日与名士交集，颜面上绝对光鲜。多年之后，晚唐诗人周朴犹然满怀羡鱼之情："群玉诗名冠李唐，投诗换得校书郎。吟魂醉魄知何处？空有幽兰隔岸香。"[3]首句容有溢美，置于晚唐而言，并不为过。

　　闲云野鹤终归难耐官场羁绊，李群玉很快就将校书郎的那点快意透支精空。在长安，他的乡愁浓得化不开，"请量东海水，看取浅深愁"。为了重归自由生活，他不惜辞官。《请告出春明门》将心思和盘托出："本不将心挂名利，亦无情意在樊笼。麂裘藜杖且归去，富贵荣华春梦中。"[4]为何李群玉急于出京，逃离官场？《放鱼》透露出若干消息："早觅为龙去，江湖莫漫游。须知香饵下，触口是铦钩！"[5]鱼儿单纯，锋利的钓钩则异常冷酷。鱼变为龙，方可享受自由自在，重要前提是拒绝香饵的诱惑。长安香饵密集，李群玉想做一尾鱼，逍遥快活，就非得逃离官场不可。

　　"平生自有烟霞志，久欲抛身狎隐沦"，欲望的诱惑居然难敌烟霞志的引领，"两卷素书留贳酒，一柯樵斧坐看棋"，说到底，隐逸和逍遥才是李群玉的终极向往。红尘万丈，俗念百缠，达观洒脱，几人能够？其

1 欧阳修、宋祁等：《新唐书》第 1 册，第 983 页，卷六十，志第五十，艺文四。

2 《全唐文》第 8 册，第 7885 页，卷七五九，令狐绹《荐处士李群玉状》。因避孝敬皇帝李弘名讳，自唐中宗始，迄于唐亡，弘文馆皆称宏文馆。

3 《全唐诗》第 20 册，第 7704 页，卷六百七十三，周朴《吊李群玉》。

4 《全唐诗》第 17 册，第 6610 页，卷五百七十，李群玉《请告出春明门》。

5 《全唐诗》第 17 册，第 6605 页，卷五百七十，李群玉《放鱼》。

《自遣》颔联最妙，"浮生暂寄梦中梦，世事如闻风里风"[1]。浮生短暂，仿佛在梦中做梦；世事迷茫，好像在风里听风。做诗人也好，做隐士也罢，想活成自己乐意活成的样子，从来就不容易，陶渊明如此，李群玉亦如此。

4 刘蜕破天荒，筑文冢

唐宣宗大中四年（850），荆南（今湖南）解元刘蜕[2]在京城长安春闱告捷，进士及第。喜讯传来，潭州官员盛赞刘蜕"破天荒"。魏国公崔弦时任荆南节度使，与有荣焉，他致书祝贺，厚赠刘蜕七十万钱，美其名为"破天荒钱"。孰料刘蜕婉言谢绝，在回信中，他辩驳道："五十年来，自是人废；一千里外，岂曰'天荒'。"意思是：五十年来，只是湖南人才沉寂，与京城相隔千里，岂能说荆南就是边远荒僻的地区？实际上，在刘蜕之前，荆南已经出品进士十余人，只不过因为数十年来总是剃光头，已经剃出了自卑感和窘迫感。"破天荒"是一个顶新鲜的炒作题材，名利双收原本妥妥当当，刘蜕却主动将这个热得烫手的题材作了一番冷处理，拒做"超级网红"。

刘蜕颇具文学才华，《全唐文》收录其散文数十篇。唐代文网宽松，言论的自由度高于前朝和后世，但官场毕竟是名利场，若想在其间寻觅知己，难上加难。"才高于蜕，忌蜕侵己；才下于蜕，畏蜕擅名"，这是刘蜕所遭遇到的冰冷现实。倘若有人"誉之得尽其才，接之得尽其礼"，就算彼此还称不上知己，也已接近知己。刘蜕感慨系之："斯人也，读书业文，得有知己；居穷守道，死且不朽，复何事哉！"[3]千秋之下，文人"三哭"，其一便是"文章不遇知己"，刘蜕的心思如画，读者晓然。

刘蜕是典型的文痴，究竟痴到了什么程度？《梓州兜率寺文冢铭》这样写道："……故饮食不忘于文，晦暝不忘于文，悲戚怨愤疾病嬉游

1《全唐诗》第17册，第6596页，卷五百六十九，李群玉《自遣》。
2 刘蜕（生卒年不详），字复愚，号文泉子。湖南长沙人。官至中书舍人。
3《全唐文》第8册，第8253页，卷七八九，刘蜕《投知己书》。

群居行役未尝不以文为怀也。……然而意常获助于天，而不获助于人，故其穷，虽穷无憾也。当勤意之时，不敢嚏，不敢咳，不敢唾，不敢跛倚，嗜欲躁竞忘之于心。"有道是"书痴者文必工，艺痴者技必良"，刘蜕自评其文粲如星光，如贝气，如蛟宫之水，自诩虽过，比喻甚佳。刘蜕的文章好，他的行为艺术更绝，在四川梓州兜率寺旁，筑文冢一座，将十五年间积攒的二千七百八十页草稿埋藏其中。作文冢前，刘蜕郑重其事，特意打卦占卜，卦词为："鸣于地中，殷殷隆隆，七日其复，复来而天下昭融乎。"占卜的结果是：火焚，不吉；水没，不吉；土埋，大吉。文冢的铭文是："文乎文乎，有鬼神乎？风水惟贞，将利其子孙乎？"[1] 欲使子孙发利市而刻意修筑文冢，这显然不是刘蜕的初衷，爱文、惜文而欲其流传不朽，这才是他的宏愿。

当初，刘蜕进京赶考时，其父出言告诫，迥异常情："任由你在举业上谋求进取，无论得失穷达，我对你都毫无责望。你只须记住一点，我死后，千万不要祭祀！"这就难得了，一千多年前，刘蜕的父亲就不相信人死后会变成鬼，鬼在阴间也有衣食住行的俗累，必须花钱，还得靠阳间的子孙源源不断地供给，否则就会挨饿受冻，与古之若敖氏不得血食一般可怜。刘蜕的父亲活得相当潇洒，浮宅泛家，随地皆可系籍，"乃乘扁舟，以渔钓自娱，竟不知其所适"。也就是说，这位快活神仙最终变成了失踪人口。刘蜕出任商州刺史时，自知来日无多，同样告诫儿子，他死后，家中不要祭祀。[2] 家教如此，可见刘蜕父子不以鬼神为可信，也不用所谓的孝道绑架后人，生前为父子，死后无羁绊。如此高明洒脱的人生观，在古代肯定是少见多怪的。

1《全唐文》第 8 册，第 8266 页，卷七八九，刘蜕《梓州兜率寺文冢铭》。
2《唐人轶事汇编》第 3 册，第 1376 页，孙光宪《北梦琐言》卷三。

5 何绍基:"九秋风露鹤精神"

二十四岁那年,何绍基[1]与父亲何凌汉一同入京,路途乘舟,多有闲暇时光。何凌汉兴致勃勃,专挑四书五经里的难题考试儿子。没想到何绍基平日学业荒歉,此时疲于招架,破绽百出。何凌汉怒不可遏,额上青筋突暴,捋袖挥掌,接连抽了何绍基二十个耳光,将他驱逐上岸,对着他的背影怒吼道:"不可使京中人知我有此子,以为吾羞!"[2]何绍基狼狈不堪,羞愧不已,回到老家后,痛改前非,洗心革面,数年闭关苦读,终成一代奇士。这个故事与苏洵二十七岁才用功读书如出一辙,但额外的二十个耳光和一顿棒喝堪称精彩好料,鞭策极狠,回味更足。

黄庭坚有句名言:"临大节而不可夺,谓之不俗。"真名士,真诗人,其性情必然光风霁月。对于"俗"与"不俗",何绍基还有更明确的概定:"所谓俗者,非必庸恶陋劣之甚也。同流合污,胸无是非,或逐时好,或傍古人,是之谓俗。直起直落,独来独往,有感则通,见义则赴,是谓不俗。"[3]世间俗人多,不俗人少,要交几个能够彼此推心置腹的朋友难上加难。

何绍基天怀洒脱,"凉宵命酒,伏案围棋,明窗小楷,击节高歌",是其所好。闲暇时节,他与友人烹茶聊天,谈锋极健,长夜联榻,倦意全无。何绍基轻视名利场中的俗士,包世臣汲汲皇皇,以大言为学问,何绍基便嗤之以鼻。对于才调不俗、襟韵高雅之士,他总是一见如故,青睐有加,饮酒酬唱,乐不可支。

何绍基喜爱宋诗,欣赏苏东坡、黄庭坚,更胜过欣赏李白、杜甫,因为苏、黄"胸有积轴气味",作品洋洋如海波奔注,能够"摆脱窠臼,直透心光",蕴含奇趣和闲情。何绍基终生恪遵黄庭坚"反讪谤"的诗

---

1 何绍基(1799—1873),字子贞,号东洲,晚号蝯叟。湖南道县人。官至四川学政。清代学者、书法家。

2 刘禺生:《世载堂杂忆》,第42页,《何子贞轶事》。

3 《何绍基诗文集》第2册,岳麓书社2008年版,第695、696页,《使黔草自序》。

教，"一切豪诞语、牢骚语、绮艳语、疵贬语，皆所不喜，亦不敢也"，如此敦厚温柔，其诗歌自然就没有了"高音部"，没有了"酒精"，没有了"毒药"，一味清新素雅，以表现自然精神和艺术情怀为鹄的，喜欢白居易诗歌的读者大抵不会喜欢他。每当诗集新鲜出炉，何绍基分赠友人，总不忘一再嘱咐："只许骂，不许赞！"真是憨态可掬。

五十七岁时，何绍基因直谏丢官，却并未杜门谢客，躲在黑屋子里长吁短叹，静等生霉，这与其心性不合。他有更好的验方——去游览峨嵋山附近人迹罕至的瓦屋峰。磐石古木，高可蔽日，穿行其中，听怪鸟磔磔惨叫，闻老猿凄凄哀鸣，惊心动魄，同伴面色如土，他却谈笑自若，诗兴酣浓。过了春节，他又远赴三秦故地，赶在元宵节前登览华山，从山巅眺望茫茫神州，念及芬芬国事，情不自禁，怆然泪下。

何绍基身后存诗一千六百余首，其中有将近四成与游历有关，耿耿胸臆，垒落跌宕。晚清名士邓显鹤对何绍基诗笔下的山水精神评价极高："二百年推此笔少，七千里破古天荒。"道光二十二年（1842）冬，曾国藩致书诸弟，对何绍基赞不绝口，预言他将成为不朽的人物："盖子贞之学长于五事：一曰《仪礼》精，二曰《汉书》熟，三曰《说文》精，四曰各体诗好，五曰字好。此五事者，渠意皆欲有所传于后。以余观之，此三者余不甚精，不知浅深究竟何如。若字，则必传千古无疑矣。诗亦远出时手之上，而能卓然成家。"[1]何绍基治学有恒，《史记》《汉书》精熟，著有《史汉地理合证》。曾国藩素以知人著称，他的预言果然应验如神。曾国藩与何绍基谈得来，主要是他们对文学艺术有大致契合的观点："予论古文，总须有倔强不驯之气，愈拗愈深之意。故于太史公外，独取昌黎、半山两家。论诗亦取傲兀不群者，论字亦然。每蓄此意，而不轻谈。近得何子贞意见极相合，偶谈一二句，两人相视而笑。"[2]

弱冠之年，何绍基就穷本溯源，刻苦钻研《说文解字》，涵泳沉潜，用志不分，深刻体察篆书的奥妙所在。他学习颜鲁公，悬腕作藏锋书，

1《曾国藩全集》第 20 册，第 38 页，《致澄弟温弟沅弟季弟》。
2《曾国藩全集》第 20 册，第 47 页，《致澄弟温弟沅弟季弟》。

临摹擘窠大字五百个，形体大如碗盏。一旦扎牢根基，他就留意北碑方整厚实、沉雄峭拔的特色，吸取汉魏笔法，入蔡伯喈之篱垣，窥"张黑女"之堂奥，自是气格不凡、腕力不弱。"往往一行之中，忽而似壮士斗力，筋骨涌现；忽又如衔杯勒马，意态超然。非精究四体，熟谙八法，无以领其妙也。"

有人问何绍基：你何不取法乎上，以书圣王右军为师，却对颜鲁公推崇备至？他的回答是：晋代距今一千五百多年，王右军之神品真迹不易见到，摹本赝品流传至今，欲从中探寻王右军之笔法，无异于南辕北辙。颜鲁公之禀赋、资质固然逊色于王右军，但他的大字真力弥满、浑然天成，何况唐朝距今时间更近，其碑帖完好无损，适合临摹。颜鲁公为人刚正不阿，欣赏其书法就如同亲见其真容，书如其人，人如其书，人品高尚，书品高华，二者无间融合。神龙见首不见尾，一般人只能够学到王右军的皮毛，肤表固然好看，骨子里全无神髓，赵孟頫等人画虎成猫，即患此痹症。

何绍基被誉为嘉庆、道光以后海内第一书家。书法家赵之谦感叹道："何道州书有天仙化人之妙，余书不过着衣吃饭凡夫而已。"[1] 若非真心推崇，赵之谦大可不必如此自贬。何绍基长年研究法帖，揣摩古碑，临池不倦，学艺精勤。难能可贵的是，晚年他变更法度，自出机杼，独立门户。六十岁时，何绍基苦练隶书，化隶入楷，扫除积习，不落晋唐窠臼，从此卓然成峰。何道州的书法龙飞凤翥，气苍骨劲，超迈入神。书法家曾农髯称赞暮年何绍基："下笔时时有犯险之心，所以不稳；愈不稳，则愈妙。"灵蛇入草，神龙飞天，唯意随笔到，其境霍然自成。

当年，何绍基的书法作品被有识者视为通国之宝和连城之璧。他落脚在哪里，哪里就门庭若市，绢素山积。高兴时，何绍基从不摆谱，有求必应，即使乡下老农求写对联，纸张不好，笔墨不精，他也乐意挥毫。何绍基与湘军人物多有交集，大将郭松林五十寿辰，请何绍基撰联一副，上联是"古今三子美"[2]，下联是"前后两汾阳"，文则将郭松林与

---

1 赵之谦《隶书四言联》释文，上海博物馆藏本。
2 郭松林与杜甫、苏舜钦均字子美。

唐代诗圣杜甫、宋代诗杰苏舜钦并称，武则将郭松林与平定安史之乱的唐代大元帅、汾阳王郭子仪并举。此联推毂极高，郭松林心花怒放，致送润笔费一千两白银。

道州盛产芰荷，何绍基常将种子赠人，某太守用二百两白银和一大瓮惠泉水还礼，他将白银退给太守，只留下一大瓮惠泉水沏茶。[1]

何绍基不愿受繁文缛礼拘束，夏日拜访本省巡抚，竟然不修边幅，葛衫蕉扇，赤足芒鞋，与之偕行。某提督奉上百两纹银作润笔费，求何绍基书写扇面，孰料何绍基题写四字"暴殄天物"。该提督大惊失色，面子仿佛烂酒旗，当众挂不住。[2]晚清大书家翁同龢给某京卿的扇面题写四字"山穷水尽"，意在调侃，又可使索字者望而生畏，裹足不前，他们的应对之策可谓异曲同工。

曾国藩笔下有一桩何绍基的趣事：何绍基、张穆（字石舟）、苗夔（字先簏）三人是同年优贡生，一同参加过会试，张穆是学者、诗人和书法家，苗夔是训诂学家，何绍基叫画师把他们画成穿蓑衣戴斗笠下水田的老农，说是他们适合与扛农具干农活的农夫为伍。[3]此举真的很有童心。补充一句，苗夔临终遗言："必葬我众书丛中。"其子遵命，陪葬物皆为父亲生前最爱的典籍。这样天真烂漫的学者，终身布衣又何妨，何绍基推重他，不减分毫。

咸丰四年（1854），何绍基五十六岁，自号"蝯叟"，赋诗《猿臂翁》，叹息道："笑余惯持五寸管，无力能弯三石弓。时方用兵何处使？聊复自呼猿臂翁。"[4]真要是再年轻几岁，说不定这位"猿臂翁"会成为湘军中的重要一员。

何绍基是诗人、书法家，也是教育家。他五十四岁出任四川学政，任职三年，致力于提携蜀地人才，重开学术风气，颇有绩效。"湘人常为蜀人师"，后来王闿运入蜀讲学，培养出一批血性人才，其中有学术

---

1 徐珂编撰：《清稗类钞》第 7 册，第 3187 页，《何子贞受水返银》。

2 李伯元：《南亭笔记》，第 122 页，《何子贞狷洁自好》。

3《曾国藩全集》第 14 册，第 353 页，《苗先簏墓志铭》。原文："子贞尝命工图己及石舟及君三人貌，蓑笠而处田间。盖三人者，皆同年优贡，又皆有逸士之风，谓宜与负耒者伍也。"

4《何绍基诗文集》第 1 册，第 290 页，《猿臂翁》。

界的革新者廖平，还有"戊戌六君子"中的刘光第、杨锐。何绍基晚年主讲山东济南泺源书院（三年多）和湖南长沙的城南书院（八年），得天下英才而教育之，获得莫大的快慰。同治九年（1870），何绍基已年逾古稀，两江总督曾国藩和浙江巡抚丁日昌仍特邀他到扬州书局主持校勘大字本《十三经注疏》。何绍基殚精竭智，保证了这部鸿编巨著应有的权威性。

做人方方正正，不亏心术；做官清清白白，不亏良知；做艺术家潇潇洒洒，不亏境界。"万顷烟波鸥世界；九秋风露鹤精神"，这是何绍基晚年撰写的联语，饶有自况的意味。"鸥世界"是自由的世界，"鹤精神"是洒脱的精神，这副对联整合了何绍基毕生向往、长期追求的最高艺境和心境。其芳洁的人格投射在诗歌和书法创作上，形成的光辉不可磨灭。艺术，唯有艺术，才是精神的不死灵药。一个多世纪的滔滔岁月淘尽无数英雄豪杰，何绍基的诗歌和书法作品反而越淘越亮，至今仍鲜灵灵、活生生。

6 八指头陀："洞庭波送一僧来"

释敬安[1]成为近代著名诗僧，究竟是必然，还是偶然？很难断定。他在岐山仁瑞寺禅修，眼见精一禅师吟诗自娱，微讽道："出家人修习佛门诸法才是本分，哪有闲工夫瞟学世谛文字？"在他看来，僧人吟诗纯粹是舍本逐末，自残慧根，岂不闻"解吟僧亦俗，爱舞鹤终卑"？精一禅师反唇相讥："汝灰头土面，只合参枯木禅，焉知慧业文人别有怀抱也？"[2]

三年后，释敬安去巴陵探望亲舅，登览岳阳楼，湖面波光粼粼，一碧万顷。美景当前，岂可无佳句写照？他不费思索，如有神助，涛头浪际涌现诗句"洞庭波送一僧来"[3]。"一僧"是谁？脱却旧我成新我，乃断

---

1 释敬安（1851—1912），俗姓黄，名读山，世称八指头陀。湖南湘潭人。近代诗僧。
2《八指头陀诗文集》，岳麓书社1984年版，第501页，《冷香塔自序铭》。
3 易宗夔：《新世说》，第108页，《寄禅和尚中年学诗》。

无疑义。

释敬安回到湘潭，拜访名士郭菊荪。郭菊荪是"中兴名臣"郭嵩焘的侄子，饱读诗书，慧眼识人。释敬安在俗时姓黄，名读山，牧笛横吹时，郭菊荪就预言："此儿宿根非凡，异日慧业，不可限量。"如今，释敬安仪表堂堂，托钵还乡，谈论诗歌，竟能发前人所未发，丰沛的灵思大有石门铁闸拦不住的势头。释敬安把诗句"洞庭波送一僧来"念给郭菊荪听，后者激赏久之。"你有夙慧，惟当明格律，识章法。"郭菊荪热心热肠，将诗学和《唐诗三百篇》传授给释敬安。后者悟性高，一旦得名师点拨，便策马飞奔，日进千里。

佛门有"千疮求半偈"的说法，具体的苦修项目为燃顶灼臂，弄出许多香疤，方才算数。敬安本性耐苦，燃顶时，头上共灼出四十八个香疤，还从脖子到腹部灼出一百零八个香疤，两臂无完肤。稍后，释敬安告别上师志公和尚，前往宁波阿育王寺。这回，他发愿更奇，竟忍痛割肉四五枚，铜钱大小，置于佛前长明灯的灯油中；意犹未尽，他又咬紧牙关，在阿育王塔前长明灯上烧断左手两根手指，从此自号为"八指头陀"。

光绪二十五年（1899），八指头陀赋诗，回忆早年烧指一事，颇有自嘲意味。诗曰："割肉燃灯供佛劳，了知身是水中泡。只今十指惟余八，似学天龙吃两刀。"[1]如此看来，参禅超乎精神探险，有时非放血不得了悟，这在佛家终究是偏门，非正路。但其刚猛之办法，决绝之态度，实耸人听闻。王先谦赋诗赞八指头陀，有句"即论烧指亦奇男"，单就精诚而言，不算夸诞。

以自残的方式礼佛，与儒家鼻祖孔丘所主张的"身体发肤受之父母，不可损伤，孝之始也"大相背离，空门中苦修门类繁多，也少有僧人像他这样割肉断指，以一时惨痛表白一世虔诚。这种手法太酷太刚太烈太绝，芸芸众生只要想一想，就会胆战心惊，冷汗浃背。

1《八指头陀诗文集》，第 241 页，《自笑》第二首。诗中有注："余曾于阿育王寺烧二指，并剜脊肉燃灯供佛。昔俱胝得天龙一指禅后，尝竖指示人。其供童效之，为俱胝所知，召而问曰：'吾闻汝会佛法，是否？'童云：'是。'遂问：'如何是佛法大意？'童竖一指，俱胝亟以刀削之。再问，仍竖。见指断血流，遂大悟。"

八指头陀的雅号为"三影和尚"。三影何所指？"夕阳在寒山，马蹄踏人影""寒江水不流，鱼嚼梅花影""林声阒无人，清溪鉴孤影"，非同凡思，不落尘抱。八指头陀的诗云霞之色多，烟火之气少，但他悲天悯人，民瘼国难，总在心头。他向方外之友坦然自承："盖贫道虽学佛者，然实伤心人也。"[1] 为何伤心？身世不幸是其一，国运不昌是其二，民气不振是其三，佛法不兴是其四。出家人依旧牵挂世事，葆有情怀："秋风不动鲈鱼兴，只有忧民一点心"[2]"谁谓孤云意无着，国仇未报老僧羞"[3]。甲申年（1884）间，法国海军侵犯台湾，以开花炮弹轰击中国守军，其时八指头陀卧病宁波延庆寺，闻讯之后，五内俱焚，三昼夜未合眼。

八指头陀自学成才，"诗格骀宕，不主故常"[4]，取譬乎近，得旨乎远，毫无宋人的诗禅恶趣。八指头陀作诗反复推敲，风格近似苦吟派。他告诉弟子释太虚："传杜之神，取陶之意，得贾、孟之气体，此吾为诗之宗法焉。"[5] 八指头陀发明出一种前无古人、后无来者的咏歌方式，将《楞严经》《圆觉经》的经文混合着《庄子》《离骚》中的名言金句随意宣唱，如此打通释道儒诸家门径，不执一端，不守一藩，难免被拘泥者视为走火入魔的狂僧。八指头陀的诗打动过许多时代精英，谭嗣同称赞他为"当代之秀"，将八指头陀与欧阳中鹄、王闿运、邓辅纶视为晚清时期并驾齐驱的湖南诗人，"姜斋微意瓣姜探，王邓翩翩靳共骖。更有长沙病齐己，一时诗思落湖南"[6]，诗中的病齐己即指诗僧八指头陀。

中国古代诗僧，为世人所称道的，晋朝有法显、道林，唐朝有寒山、拾得、皎然、齐己、贯休，宋朝有参寥、石门。近代方外吟客，曼殊上人、弘一法师和八指头陀均堪称巨擘。可惜他们生不逢辰，生在黄钟毁弃、瓦釜雷鸣的晚清时期，倘若他们身处唐宋，则卓然可称大方之家。

1《八指头陀诗文集》，第494页，《致李梅痴太史书》。

2《八指头陀诗文集》，第82页，《赠宗湘文太守》。

3《八指头陀诗文集》，第414、415页，《感事二十一截句附题冷香塔并序》之十七。

4《八指头陀诗文集》，第535页，叶德辉《〈八指头陀诗集〉序》。

5《八指头陀诗文集》，第520页，太虚《中兴佛教寄禅安和尚传》。杜：杜甫；陶：陶渊明；贾：贾岛；孟：孟郊。王闿运调侃八指头陀"能为岛瘦，不能为郊寒"，后者并不服气。

6《谭嗣同全集》（增订本），第77页，《论艺绝句六篇》之三。

　　除开"三影和尚"，八指头陀还有另一个雅号——"白梅和尚"。他刊行《嚼梅吟》和《白梅诗》二集，好评如潮。刻画梅花，原是孤山林处士的拿手功夫，梅妻鹤子的传说为他增辉不少，可他在西湖边一觉醒来，读罢八指头陀的白梅诗，也会自愧不如，甘拜下风。程颂万称赞白梅诗独擅千古，道是："'意中微有雪，花外欲无春'为梅之神，'澹然于冷处，卓尔见高枝'为梅之骨，'偶从林际过，忽见竹边明'为梅之格，'孤烟淡将夕，微月照还明'为梅之韵，'净姿宁逊雪，冷抱尚嫌花'为梅之理，'三冬无暖气，一悟见春心'为梅之解脱。"[1]八指头陀闻言大喜，好诗遇解人，原是不可强求的幸事。

　　当年，樊增祥（号樊山）有红梅诗二十四首，被称为"红梅布政"；夏寿田（号午诒）有绿梅诗三十首，被称为"绿梅公子"。八指头陀赋《答夏公子二绝句》，有序言："伏雏复以七古一章见寄，盖欲以公子之艳情，争和尚之冷趣也。戏作二绝句答之。"其一："公子前身绿萼华，樊山应是赤城霞。老僧自抱冰霜质，碧雾朱尘没一些。"其二："红梅太艳绿梅娇，斗韵争妍寄兴遥。应笑白梅甘冷淡，独吟微月向溪桥。"[2]白梅和尚自矜高洁，不与人争，反倒映衬出红梅布政、绿梅公子的俗艳来。在出世与入世之间，八指头陀两头受力，可见其戒惧之心："十六辞家事世尊，孤怀寂寞共谁论？悬岩鸟道无人迹，坏色袈裟有泪痕。万劫死生堪痛哭，百年迅速等朝昏。不堪满眼红尘态，悔逐桃花出洞门。"[3]一个"悔"字透露出若干消息，出世则寂寞难耐，入世则纷扰无已，究竟该于何处立足？

　　人有人的命运，诗也有诗的命运。八指头陀生前诗名远播海外，与其酬唱的诗人多为人中豪杰。版本学家叶德辉眼界极高，目光极辣，凡庸之辈不得其门而入，休想请动他夸赞一句。他慷慨解囊，不惜斥资精刻八指头陀的五卷诗集，这个权威版本广受读者欢迎，玩味或收藏，两得其宜。不过，叶麻子时常打趣八指头陀："和尚应酬杂沓，何不出

1《八指头陀诗文集》，第 537、538 页，程颂万《〈白梅诗〉跋》。

2《八指头陀诗文集》，第 407 页，《答夏公子二绝句并序》。

3《八指头陀诗文集》，第 109 页，《述怀》。

家？”摆明了，这话是调侃八指头陀名心未净，尘缘未了，在出世入世之间辗转往复，不能够作出斩钉截铁的决断。郑孝胥道是“手持诗卷使我读，汲汲似欲传身后”，则对八指头陀看重自己的诗歌成就啧有烦言，明显不以为然。

“佛寿本无量，吾生讵有涯。传心一明月，埋骨万梅花。”[1]八指头陀真可以飞身佛界，携带沉沉的诗囊，什么“文字障”，统统一笔勾销。他的诗作受佛光照耀，除了盲者，谁能无动于衷？

八指头陀不止一次讲述以下三个故事：其一，他冒着大雪登上天台山巅顶，云海荡胸，他振衣长啸，惊醒了睡意蒙眬的山大王，老虎凶巴巴，咆哮跳踉，要用人肉当午餐；八指头陀是得道高僧，他不慌不恐，用目光传出慈悲的心劲，老虎顿时收起威风，垂头蹑足而去。其二，他在深山中与一条“头大如斗，舌曳尺余”的巨蟒狭路相逢，念佛之后，安然无害。其三，他在皋亭山中养病，夜间数次有鬼物登门相扰，早晨启关见黑团，遂率群犬穷追不舍，到了山腰，他厉声警告：“我是个穷和尚，不打扰你，你为何要惹恼我？我岂会怕你！”这样一顿操作，病就好了。[2]

有一回，众僧结伴渡曹娥江，谒孝女庙，八指头陀以额头磕地，又重又实，流血濡面。同行者看不过眼了，责备道：“你是大和尚，何必屈身礼拜女鬼？”他的解释相当雄辩：“难道你们没听说过波罗提木叉孝顺父母？诸佛圣人，莫不以孝为先。在我的心目中，汉朝孝女曹娥与佛身等同，礼拜她有何过分之处？”[3]听罢此言，对方谴责的嘴炮顿时哑火。

7 齐白石勇于“衰年变法”

白石老人一生勤奋多产，令人赞叹，五十七岁年纪，仍有衰年变法的勇气，尤其令人敬佩。过了知命之年，别的画家急于守成，直守得门

---

[1]《八指头陀诗文集》，第412页，《自题冷香塔二首并序》之一。
[2]《八指头陀诗文集》，第454页，《〈诗集〉自序》。
[3]《八指头陀诗文集》，第527页，《清四明天童寺沙门释敬安传》。

户严严紧紧，连只蚂蚁都休想钻进去，他却背道而驰，一改娴熟的画风，去追求陌生的艺境。白石老人"衰年变法"，起因于他对自己的工笔画越来越不满意。他说："余作画数十年，未称己意，从此决定大变，不欲人知，即饿死京华，公等勿怜……""余昨在黄镜人处获观黄瘿瓢画册，始知余画过于形似，无超凡之趣，决定从今大变。人欲骂之，余勿听也；人欲誉之，余勿喜也。""余平生工致画未足畅机，不愿再为，做诗以告知好：从今不作簪花笑，夸誉秋来过耳风。一点不教心痛快，九泉羞煞老萍翁。""余五十岁后之画，冷逸如雪个，避乡乱窜于京师，识者寡，友人师曾劝其改造，信之，即一弃。"

清代以来，书画大师绝尘出岫，均须有大贤或大力者推举才行。张之万重金搜购戴熙的画作，使之身价百倍。翁同龢到处揄扬钱沣的书法，使之声名鹊起，高于刘墉、王文治之上。近人胡思敬说："大约文艺之士或传或不传，亦各有命，非可以力争。死后得一知己，胜于生前十倍。"[1] 其实，生前能获知己同样是艺术家之大幸。

齐白石勇于变法，外界强有力的赞成者和推动者是大画家陈师曾[2]。陈师曾在欧洲学习的是西洋油画，但中国画的造诣也十分了得。他凭仗慧眼和法眼看出，齐白石有天纵之才，若打破定式，往大写意方向发展，成就未可限量。

几经思索和琢磨，白石老人霍然悟出"大笔墨之画难得形似，纤细笔墨之画难得传神""作画妙在似与不似之间，太似为媚俗，不似为欺世"。他曾告诉弟子娄师白："书画之事不要满足一时成就，要一变百变，才能独具一格。"

还有一个人赞成齐白石衰年变法，此人即以画马闻名遐迩的大画家徐悲鸿。白石老人在诗中写道："我法何辞万口骂，江南独倾瞻徐君。谓吾心手出怪异，鬼神使之非人能。"可见徐悲鸿对齐白石的评价不是一般的高，而是非常之高。在京城，两人多次合作，而且是大幅泼墨渲染，画完即相视一笑，仿佛宇宙之大，唯使君与我耳。有当世无几的国

---

1 胡思敬：《国闻备乘》，第 62、63 页，《近人书画》。
2 陈衡恪（1876—1923），字师曾。江西义宁（今修水）人。近代画家。

手陈师曾和徐悲鸿从旁大力鼓动，白石老人衰年变法，就底气十足，信心十足了。

五十多岁，齐白石初入京城，深感居大不易，一时间，这位山民老艺术家还进不了某些封闭的艺术小圈子。有一次，他到一个大官家去应酬，由于穿着普通，又无贵友周旋，被人冷落，很是受窘，暗悔不该贸然赴会，自讨没趣。齐白石正在留与走两难之际，大明星梅兰芳姗姗而来，对他十分恭敬，寒暄了好一会儿，总算将白石老人丢到门外的面子又圆了回来。归家后，齐白石出于感激，精心绘制一幅《雪中送炭图》，赠送给梅兰芳，题诗见意："而今沦落长安市，幸有梅郎识姓名。"齐白石当时的画名受限，画价每幅才两块银元，比那些浪得虚名的画家润格低了一半还多。后来，识货的荣宝斋老板都不好意思了，主动将其画价提高了两倍。陈师曾古道热肠，把齐白石的国画带到日本，为他张罗了一个画展，经妙语鼓吹，加之日本人对中国画素具眼力，展出的画作悉数卖出善价，这不仅使齐白石名动海外，墙外开花墙内香，在京城也产生了轰动效应。对于陈师曾的知遇之恩，齐白石充满感激，终生难忘。陈师曾才高命薄，英年早逝，齐白石赋诗悼念，饱含深情："君我两个人，结交重相畏。胸中俱能事，不以皮毛贵。牛鬼与蛇神，常从腕底会。君无我不进，我无君则退。我言君自知，九原毋相昧。"

人生得一知己足矣，何况这位知己是无双国士。不用说，陈师曾是齐白石的益友和畏友。1917年8月，陈师曾为齐白石《借山图》题诗，劝导这位山民老艺术家"画吾自画自合古，何必低首求同群"。陈师曾对齐白石的绘画也不是一味猛夸，有不够满意之处，他也会讲出自己的看法。六年间，两位艺术家如切如磋，如琢如磨，彼此的心灵有过一次又一次高峰对话，可惜春花委地无人收，珠玉般的咳唾已随风飘逝。

齐白石衰年变法大功告成，真正达到了外师造化、中得心源的自由之境。这种蟒蛇蜕老皮的苦乐也只有他自己最清楚："扫除凡格总难能，十载关门始变更。老把精神苦抛掷，功夫深浅自心明。"

齐白石继承传统，转学多师，他欣赏和喜欢的画家有徐渭（青藤）、石涛（原济）、八大山人（雪个）、黄慎（瘿瓢）、吴昌硕（缶庐），这些丹青巨擘艺术个性鲜明，反对墨守成规，别开生面。齐白石骨子里很高傲，却也写过对前辈大师低首下心以至于五体投地的诗："青藤雪个远凡胎，老缶衰年别有才。我欲九泉为走狗，三家门下转轮来！"

愿作徐青藤门下走狗的，齐白石不是第一人，第一人是清初的大画家郑板桥，郑板桥刻印一方，印文为"徐青藤门下走狗郑燮"。齐白石则不啻要作徐渭门下的"走狗"，还要作八大山人与吴昌硕门下的"走狗"，轮值于三家，真够辛苦的，可他心甘情愿。

成名之前，齐白石身份卑微，难免遭到外界冷遇，热讽抑或有之。清末文豪王闿运号称"冰鉴"，于齐白石有知遇之恩，他看人没看走眼，看诗却看走眼了，他哂笑齐白石的旧体诗为"薛蟠体"。谭延闿是民国时期高官中有名有数的书家，颜体字写得出神入化，但他看印看走了眼，居然听信丁拔贡的胡说八道（"齐氏刀法太懒"），干出焚琴煮鹤的蠢事，将齐白石镌刻的十余方藏书印磨平。齐白石的心理承受能力令人叹服，面对外界的贬抑，能做到八风吹不动。他说："画好不好，诗通不通，谁比谁高明，百年后世，自有公评，何必争此一日短长，显得气度不广。"他还借物言志，《题棕树》一诗妙句传神："任君无厌千回剥，转觉临风遍体轻。"齐白石心胸豁达，性情洒脱，唯其不争，则天下莫能与之争。

二 竭诚传道，发愤立说

清朝初期，地理学家刘献廷游历湘南、湘中，考察衡阳、湘潭、长沙诸州府，袁尧文建议他定居于衡山脚下，还有热心人愿意出面帮他买田筑屋，但他视湖南为"荒陋之地"，更相信反对者的话，"以湖南无半人堪对语者"。刘献廷很过分，为此口占一联，上联是"只图柴米贱"，下联是"不顾子孙愚"[1]。当年湖南尚属蛮荒之区，好在物价便宜，生活压力小，可是文化气息稀薄，刘献廷给出的总体评价低，并且不肯定居湖南，确实令湘人难为情。

及至近代，湖南人才辈出，封疆大臣遍于国中，但"偏科"现象有目共睹，军政人才富余，学术人才短缺。湘人好学，湘军武将多亲书卷。沈从文年轻时在筸军中做过文书，筸军统领陈渠珍[2]迥异于一般武将，"这统领官既是个以王守仁、曾国藩自许的军人，每个日子治学的时间，似乎便同治事时间相等"[3]，其书房中古董、字画、书籍罗列有序，一套《四部丛刊》赫然醒目，沈从文能够靠自学打下厚实的文化底子，实拜陈渠珍所赐。

郭嵩焘强调"读书自经始，读经书自训诂始，学问本原，必由于此"，经学被视为高深的学问。湖南的经学家，无论是数量，还是质量，

---

1 刘献廷：《广阳杂记》，第 67 页，卷第二。

2 陈渠珍（1882—1952），原名开琼，号玉鍪。湖南镇筸（今凤凰县）人。筸军统领，人称"湘西王"。

3 沈从文：《从文自传》，北京十月文艺出版社 2008 年版，第 90 页，《学历史的地方》。

放在全国范围内去考量，着实显得寒碜。近代之前，湖南尚有两尊大神——道学鼻祖周敦颐和学术泰斗王夫之——撑住场面，另有王文清、罗典、唐鉴、陶澍、贺长龄、汤鹏等数人稳住阵脚。在近代中国，湖南的军政人才优势明显，湖南的学术人才却难以与之并驾齐驱。光绪十一年（1885），王先谦由国子监祭酒外放江苏学政，任期内编纂《皇清经解续编》，深感湖湘经学之荒陋，见笑于外人实不可免。他放开胆子，也仅得王船山诸书、魏源《书古微》《诗古微》二种，至于从曾国藩《读书笔记》中析出零散篇什，凑成一家，录入胡元仪、胡元玉的著作，则属于不得已而为之。

清朝的学术首推考证之学，即汉学。钱穆说："清儒考证之学，盛起于吴、皖，而流衍于全国，独湖湘之间被其风最稀。"[1]王先谦和钱穆的判断并未出错，湖南经学"陋"而考证之学"稀"，而在史学、文学、理学、舆地、洋务等方面，近代湘籍学者可数出魏源、何绍基、罗汝怀、罗泽南、邹汉勋、周寿昌、郭嵩焘、王闿运、曾纪泽、王先谦、皮锡瑞、叶德辉、胡氏四子（胡元仪、胡元常、胡元直、胡元玉）、谭嗣同，他们各擅所长，"小分队突进"胜任愉快。可惜罗泽南、邹汉勋、曾纪泽、谭嗣同均逝于盛年，学术长才未能尽展。

明朝嘉靖年间，倭寇骚扰东南沿海，廷臣有言："欲平海上之倭患，先平人心之积患。"[2]"人心之积患"究竟为何物？伪饰之言行、畏难之情绪和性理章句之空谈，比比皆是，唯有注重实学、注重实用方可有济。戚继光平倭寇，其战略武库中没有一样"兵器"是宋儒、明儒提供的。其原创即属实学，湘人颇为心仪，曾国藩、左宗棠、胡林翼都佩服戚继光，尊奉他为不世的兵家。

魏源指斥东汉古文经学是伪汉学，"锢天下聪明智慧，使尽出于无用之途"；称赞西汉今文经学才是真汉学，西汉诸儒学以致用，"以《周易》决疑，以《洪范》占变，以《春秋》断事，以《礼》《乐》服制兴教化，以《周官》致太平，以《禹贡》行河，以《三百五篇》当谏

---

1 钱穆：《中国近三百年学术史》下册，商务印书馆1997年版，第638页。
2《魏源集》上册，第207页，《海国图志叙》。

书，以出使专对，谓之以经术为治术"[1]。实践出真知，魏源对此有明确的阐述："'及之而后知，履之而后艰'，乌有不行而能知者乎？……披五岳之图，以为知山，不如樵夫之一足；谈沧溟之广，以为知海，不如估客之一瞥；疏八珍之谱，以为知味，不如庖丁之一啜。"[2]

湘籍学问家素来就讲求通经致用，以实学指导实行，以义理、经济为精宏，视训诂、考据为雕虫小技，诚如孟子所倡导的"使先知觉后知，使先觉觉后觉"，有救国济世之怀，无舍本逐末之弊，实不必斤斤计较学术地位之高低。这方面，汤鹏是个典型。"其读书求大义，不屑屑章句，尤自雄于文词。而时天下学者多为训诂考订，或为文严矩法，君一皆厌苦之。又言：'为天下者，贵能通万物之情，以定天下之务，若徒治天下事以吏胥之才，而待天下士以妾妇之道，恶在其为治者也。'"[3]这就超越了学术界限，甚至不屑于绵里藏针，上来直接抡刀就砍，霸气侧露。

近代国学大师章太炎品评晚清时期的学者，认为江浙学者（俞樾、黄以周、孙诒让）居上，湖湘学者（皮锡瑞、王先谦、王闿运）居中，四川学者（廖平）居末。他评皮锡瑞："守一家之学，为之疏通证明，文句隐没，钩深而致之显，上比伯渊，下规凤喈。"他评王先谦："己无心得，亦无以发前人隐义，而通知法式，能辨真妄，比辑章句，秩如有条，不滥以俗儒狂夫之说。"他评王闿运："高论西汉而谬于实证，侈谈大义而杂以夸言，务为华妙，以悦文人，相其文质，不出辞人说经之域。"章太炎对湖湘学者二王有赞有弹，甚至赞少弹多。令人意外的是，他对魏源评价较低："魏源、龚自珍，乃所谓伪体者也。源故不学，惟善说满洲故事，晚乃颠倒《诗》、《书》，以钓名声，凌乱无序，小学尤疏谬，讪讪自高，以微言大义在是，其持论或中时弊，然往往近怪迂。"[4]魏源之微言能够"中时弊"，就不算太差，其尖峰观点"师夷长技

1《魏源集》上册，第 24 页，《默觚上·学篇九》。

2《魏源集》上册，第 7 页，《默觚上·学篇二》。

3《龚自珍诗集编年校注》下册，第 586 页，王拯《户部江南司郎中汤君行状》。

4《章太炎全集》第 4 册，第 119、121 页，《说林下》。伯渊：清代学者孙星衍（号伯渊）。凤喈：清代学者王鸣盛（字凤喈）。

以制夷"也不算怪迂之论。

近代湘籍学者喜欢剑走偏锋，高端大气上档次有系统的纯学问，很少人刻苦钻研，心气不缺，能力不欠，唯乱世纷扰袭人，谁耐烦久坐冷板凳？

1 周敦颐再度开辟浑沦

《宋史》首立"道学传"名目，湘籍鸿儒周敦颐[1]排名第一。倘若道学系统从上古算起，就离不开传说中的尧、舜、禹；从周朝算起，就首推文王、周公。《宋史》走保守路线，如此标明脉络："文王、周公既没，孔子有德无位，既不能使是道之用渐被斯世，退而与其徒定礼乐，明宪章，删诗，修春秋，赞易象，讨论坟典，期使五三圣人之道昭明于无穷。故曰：'夫子贤于尧、舜远矣。'孔子没，曾子独得其传，传之子思，以及孟子，孟子没而无传。两汉而下，儒者之论大道，察焉而弗精，语焉而弗详，异端邪说起而乘之，几至大坏。千有余载，至宋中叶，周敦颐出于舂陵，乃得圣贤不传之学，作《太极图说》《通书》，推明阴阳五行之理，命于天而性于人者，了若指掌。"[2]周敦颐博学力行，所著《太极图说》，可谓"明天理之根源，究万物之终始"。他创立了"无极—太极—阴阳五行—万物化生"的宇宙论哲学系统和以"诚"为核心的道德形而上学理论体系。

以《太极图说》为纲，以《通书》为目，四十篇发明太极精蕴，纲举而目张。序者称道《通书》："其言约而道大，文质而义精，得孔、孟之本源，大有功于学者也。"至南宋，学人尊崇周敦颐，敬称他为"周先生"。

周敦颐膺任南安（今江西大余县）掾时，程珦通判军事。程珦凭阅历一眼就看出周敦颐气性迥异于常人，与之交谈，更了解到他学问精

1　周敦颐（1017—1073），字茂叔。湖南道州（今道县）人。谥元公。北宋鸿儒，濂洛学派开山鼻祖。

2　脱脱等：《宋史》第36册，第12709、12710页，卷四百二十七，列传第一百八十六。

深，明晓大道，因此结交为友，让两个儿子程颢、程颐拜周敦颐为师。这一层师徒关系的缔结于北宋理学的开枝散叶特别要紧。南宋学者张栻点评道："濂溪之学，举世不知。为南安狱掾，惟程太中始知之。"[1] 周敦颐为人低调，不事张扬，毫无矜夸，堪称朴实下工夫的学人。他在南安创办道源书院，起始就未敲锣打鼓。周敦颐的教学方法很独特，他总是要求程氏兄弟自觉寻找孔子和颜回的乐处，即具体哪些事令人感到舒畅。程氏兄弟的理学，源出于此。程颢说："自从再次见到周茂叔，吟风弄月而归，有'吾与点也'的意趣。"在《论语》中，孔子与子路、冉有、公西华、曾皙四位弟子有过一番"各言尔志"的谈话，其中孔子最欣赏的是曾点（字皙）的志趣：暮春三月，已经穿上了春天的衣服，与五六位大人、六七个少年结伴，去沂河里洗洗澡，在舞雩台上吹吹风，一路唱着歌回家。这就是周敦颐要程氏兄弟自觉寻找的"孔颜乐处"之一。

侯师圣拜程颐为师，迟迟未能开悟，他就自作主张，去拜访太老师周敦颐。周敦颐说："我老了，跟你论道不可不详明。"于是他留侯师圣住下来，夜间对床长谈细论。过了三天，侯师圣返回。程颐惊异地发觉这位弟子有了飞速的进步，他问弟子："莫非你去拜访过周茂叔，向他求教了？"周敦颐诲人不倦，由此可见一斑。然而一代宗师也有过与天才少年失之交臂的经历，据宋代笔记《鹤林玉露》所载："荆公少年，不可一世士，独怀刺候濂溪，三及门而三辞焉。荆公恚曰：'吾独不可自求之《六经》乎！'乃不复见。"[2] 王安石年少时心高气傲，他带着名片去拜访周敦颐，三次到了门口，周敦颐三次都没肯见他。刘备三顾茅庐成佳话，诸葛亮毕竟只拒绝了两次；王安石年纪轻轻，心气高傲远超刘备，周敦颐知道他自信太笃、自处太高，所以想稍微裁抑其锐气，然后收为门徒，将平生所学倾囊相授，孰料王安石负气使性，掉头不回。《鹤林玉露》的作者罗大经认为：假若王安石年轻时能够师从周敦颐，沐浴大师的清辉，稀释掉心中的刚愎、偏激，异日得君行道，必定会减少烦

---

1 黄宗羲等人修纂：《宋元学集》卷十一，《濂溪学案上》。

2 《宋元笔记小说大观》第 5 册，第 5211 页，罗大经《鹤林玉露》甲编卷五。

苛的政令，更不会专与朝野众君子为难，斥众君子为流俗，致使奸邪有机可乘，国势江河日下，苍生转死沟壑。罗大经于文末感叹道："呜呼，岂非天哉！"莫非真有天意难违这一说？周敦颐欲稍挫王安石之锐气和锋芒，堪称好策略，但不成想在火候的把握上他出了差池，烧煳了大锅。其实，王安石天性执拗，无人可以收服他、裁抑他。嘉祐五年（1060），周敦颐东归，王安石时任江东提刑，两人邂逅，"语连日夜。荆公退而精思，至忘寝食"[1]。王安石固然钦佩周敦颐的学术，但其坚确的大自信注定了要自行一套。

崇宁元年（1102），黄庭坚应周敦颐之子周寿、周焘的请求，赋《濂溪诗》，诗序对周敦颐推崇备至："舂陵周茂叔，人品甚高，胸中洒落，如光风霁月。好读书，雅意林壑，初不为人窘束世故。权舆仕籍，不卑小官，职思其忧。论法常欲与民，决讼得情而不喜。其为小吏，在江湖郡县盖十五年，所至辄可传。"[2]周敦颐心地纯净，学识渊博，不拘俗套，爱护草民，以人格和道性赢得了黄庭坚的敬意。

周敦颐在官场中未能大显，但他不因位卑职低而自轻自贱，让他讨好上司，教他草菅人命，简直比驱赶大象穿越针孔还难。周敦颐任江西洪州分宁县主簿时，有桩疑案搁置了许久，未能判决；周敦颐履职后，仅审讯了一次，就把案情弄了个水落石出。县衙里的人惊讶不已，赞叹道："老狱吏也比不上啊！"周敦颐得到刑部使者的举荐，被调到南安军担任司理参军。有个囚犯罪行不轻，但依律不应当判处死刑，转运使王逵想施毒手，从重判决。王逵是酷吏，以凶悍著称，没人敢跟他争执，更别说顶撞，唯独周敦颐找上门去，与之争辩不休，争辩无效，他就索性"委手版"，弃官职，终使王逵幡然醒悟，放下屠刀。上司赵抃一时失察，误信谗言，当众对周敦颐大发雷霆，周敦颐处之泰然，无恐慌神色，他坚信清者自清，日久分明。赵抃守虔州，冷眼细觑虔州通判周敦颐的所作所为，终于认识到这位下属是雅士贤才，不可多得，顿悟往昔之错怪，他紧握周敦颐的手，诚恳地说："我差点看走眼了，从今

1《宋人轶事汇编》第3册，第1396页，朱熹 李幼武《宋名臣言行录》外集卷一。
2《黄庭坚全集》第1册，中华书局2021年版，第271页，《濂溪诗并序》。

以后我算是真正了解周茂叔了！"赵抃还当众翘起大拇指赞叹道："周茂叔，天下士也！"

赵抃是何许人？在《宋史》中，他与包公（包拯）同传，史家誉之为"千古官守第一，千古治行第一"。赵抃日有所事，夜必焚香告天，堪称北宋时期清官中首屈一指的人物。宰相韩琦称赞赵抃为"世人标表"，文豪苏东坡以"玉比其洁，冰拟其莹"形容其高尚品行，赞誉赵抃为"邦之司直，民之父师"，且道："其在官守，不专于宽，时出猛政，严而不残。其在言责，不专于直，为国爱人，掩其疵疾。盖东郭顺子之清，孟献子之贤，郑子产之政，晋叔向之言，公兼而有之，不几于全乎！"[1]评价之高，已达无以复加的程度。正是这位大神，以其法眼阅人鉴人，称道周敦颐为无双国士，在士大夫中为之延誉，乐此不疲。赵抃一而再地向朝廷举荐周敦颐，暮年镇蜀，还打算请周敦颐出山辅佐他，因周敦颐病重不宜远行，未能如愿，但其眷眷之意暖透人心。

唯至清者能赏识至清者，赵公之赏识周公，堪称宋史上的佳话，也符合世间定则。谁说"水至清则无鱼，人至清则无友"？清者之友、廉者之友势必将浊者之友、贪者之友甩开几百条大街。他们乐意达成的是彼此心灵的相慕相悦和彼此人格的相钦相敬，倘若谁单以势利的价值标准去衡量，就该贻笑大方了。

清朝道光二十七年（1847），曾国藩为好友、书法家何绍基的母亲八十高寿赋礼赞诗，开头四句是"九疑南奥，有濂一溪。在宋嘉祐，大贤所栖"[2]。"大贤"即为周敦颐，濂溪原为周敦颐家乡道州（今湖南道县）的溪名。嘉祐六年（1061），周敦颐通判虔州（今江西赣州），赴任途中，游匡庐，赏美景，山水宛如画轴，目不暇接。日后，他在山麓构筑书堂，堂前一脉清溪发源于莲花峰，"洁清绀寒，下合于溢江"，于是周敦颐移用故乡的溪名来称呼它，尤其亲切。晚年，周敦颐定居于濂溪之畔，自谓"庐山我久爱，买田山之阴"，世称濂溪先生。

从周敦颐留存的诗作不难看出，晚年致仕，回归大自然怀抱之中，

1《苏轼全集》中册，第998页，《赵清献公神道碑》。
2《曾国藩全集》第14册，第185页，《何母廖夫人八十生日诗序》。

开启颐养性灵的隐居生活，既遂其愿，复惬其意，好不欢喜。"钓鱼船好睡，宠辱不相随"，生活逍遥自在；"闲方为达士，忙只是劳生"，道理轻松明白；"争名逐利千绳缚，度水登山万事休""昼作百年梦，终归一窖尘"[1]，认识深刻洒脱。

黄庭坚在《濂溪诗》序言中记录了游人的议论："溪名未足以对茂叔之美。"意思是濂溪之名过于平凡，无法与周敦颐的美质美德相匹配。黄庭坚别具洞见："虽然，茂叔短于取名而专于求志，薄于徼福而厚于得民，菲于奉身而燕及茕嫠，陋于希世而尚友千古。闻茂叔之余风，犹足以律贪，则此溪之水，配茂叔以永久，所得多矣。"[2]一个人身在万丈红尘中，放纵欲望则近于贪，约束欲望则趋于廉，唯有臻于清净境界，才能做到"苟非吾之所有，虽一毫而莫取"。"官清赢得梦魂安"，这是周敦颐的心得，因此他心甘情愿做个清峻的廉者，不觉这有多难多苦。"濂"字形声，亦可会意。水之廉者与人之廉者相配，岂非天作之合？濂溪清，廉人洁，以清洁为贵，贵不可及。

周敦颐做官只做到中不溜，做学问则做到高大上，所著《太极图说》《通书》，皆被视为儒家经典，受到后世推崇。当年，周敦颐在隐居地建濂溪学堂，老上司赵抃题诗，道是"琴樽自左右，一堂不为泰。经史日枕藉，一室不为隘。有莼足以羹，有鱼足以脍。饮啜其乐真，静正于俗迈。主人心渊然，澄澈一内外"[3]。雅士之大乐在丘壑、学问、诗文、音乐、饮啜间，"茂叔虽仕宦三十年，而平生之志，终在丘壑"，黄庭坚的这个认定精准之极。周敦颐智周而德备，苏东坡赞之"先生本全德，廉退乃一隅"[4]，非虚誉也。宋人林焕赋诗《题濂溪》，道是"我来濂溪拜夫子，马蹄深入一尺雪。长嗟岂惟溪泉濂，化得草木皆清洁。夫子德行万古师，坡云廉退乃一隅。……安得此泉变作天下雨，饮者犹如梦之

1《周敦颐集》，岳麓书社 2002 年版，第 69、74、81 页。
2《黄庭坚全集》第 1 册，第 272 页，《濂溪诗并序》。
3《周敦颐集》，第 107 页，赵抃《题周茂叔濂溪书堂》。
4《苏轼全集》上册，第 381 页，《故周茂叔先生濂溪》。

觉"[1]，亦引东坡赞语入诗，以"清洁"二字与之相映照，实为精神写真。淳熙八年（1181）闰三月二十七日，朱熹罢南康郡守；四月初六日，携子朱澄赴濂溪书堂拜周先生遗像，为众人演说周先生《太极图》奥义。嗣后，他赋诗极赞之："幸矣有斯人，浑沦再开辟。"[2]朱熹推崇周敦颐，相比韩愈推尊孟轲"功不在禹下"[3]，可谓有过之而无不及。

"文章本天成，妙手偶得之"，陆放翁之言诚可信也。然而凡事总有例外。周敦颐撰《爱莲说》，就不像是偶得的，乃是其人格和情感的自然投射。

人性与物性有相通处，就必有相碍处；有相合处，就必有相忤处。隐者爱菊，雅者爱兰，清者爱莲，富贵者爱牡丹，如此则人性与物性相通相合，倘若让他们置换所爱，势必相碍相忤，各自不欢。周敦颐爱莲，他爱其花中君子的高尚品德："出淤泥而不染，濯清涟而不妖，中通外直，不蔓不枝，香远益清，亭亭净植，可远观而不可亵玩焉。"这样的花中君子不可能在繁华地段引起围观，也不可能在鲜花市场获得善价，就连某些自命不凡的画家也是两眼如探照灯一般盯住牡丹，跃跃然欲成国手。尽管如此，君子仍将一如既往地拿出自己的本事——"出淤泥而不染"，显示自己的本色——"濯清涟而不妖"，保全自己的本质——"中通外直，不蔓不枝"，坚守自己的本性——"香远益清，亭亭净植，可远观而不可亵玩焉"。君子以本事、本色、本质、本性去应对四方风雨，八面尘霾，自有其快意处，也自有其成就感。

人中君子独爱花中君子，这说明，除开"物以类聚，人以群分"，还有一个人与物不隔的理——气味相投。

喜欢《爱莲说》的大师、名家甚多。南宋儒学大师朱熹赋《爱莲诗》："闻道移根玉井旁，开花十丈是寻常。月明露冷无人见，独为先生引兴长。"[4]诗中的"先生"即周敦颐，莲花为知己而盛放，先生已逝，

1《周敦颐集》，第 110、111 页，林焕《题濂溪》。

2《周敦颐集》，第 113 页，朱熹《山北纪行二首》之一。

3《韩昌黎文集校注》上册，第 240 页，《与孟尚书书》。

4《周敦颐集》，第 114 页，朱熹《爱莲诗》。

而其兴之悠长若游丝不断，真是好念想！南宋文学名家柴中行为濂溪书堂题诗，道是"一诵爱莲说，尘埃百不干"[1]，如此清气满满，但愿它可以洗却贪夫之念，有片刻的干净也是好的。

周敦颐如握杠杆，四两拨千斤，以区区一百余字篇幅的短文《爱莲说》就将"清正"的要义导入文中，启谛心智，这个贡献着实了不起。

道光二十三年（1843），曾国藩致书好友刘蓉，颇具见识："后之见道不及孔氏者，其深有差焉，其博有差焉。能深且博而属文复不失古圣之谊者，孟氏而下，惟周子之《通书》、张子之《正蒙》，醇厚正大，邈焉寡俦。"[2]在曾国藩心目中，能将孔子学说发扬光大的后世学者分别为孟轲、周敦颐和张载。咸丰九年（1859）八月初二日，曾国藩与彭玉麟、李鸿章、李榕去九江府城十五里外寻谒周敦颐墓，在日记中，他仔细描写了墓地周遭的风水，称之为"回龙顾祖"之地。这座墓庐由湘军名将、理学家罗泽南于咸丰五年（1855）正月捐资重修，他敬重先贤，赋诗一首，开头四句是"关闽延道脉，伊洛接心传。不有濂溪子，谁开宋代贤"[3]。北宋、南宋时期，文脉、学脉俱旺，周敦颐既是引领风气者，又是开辟道路者，可谓居功至伟。

清朝同治年间，王闿运游历江东，受到了当地学者的冷遇和轻视，他要镇服他们，雄辩滔滔无益，必须打出湖湘学派的王牌，既要打得精彩，又要打得巧妙。王闿运二话不说，让江东学者咂摸他的对联，上联是"吾道南来，原是濂溪一脉"，下联是"大江东去，无非湘水余波"。此联气魄宏大，学理坚实，对方目瞪口呆，面露羞惭之色。濂溪先生的履历和学问均无可挑剔，就算是江东学者中最不肯服气的硬汉，对此亦无异词。

1《周敦颐集》，第114页，柴中行《题濂溪先生书堂二首》之二。
2《曾国藩全集》第22册，第8页，《致刘蓉》。
3《罗泽南集》，第35页，《重修周濂溪先生墓》。

2 王夫之为六经开生面，使百世有良师

湘籍大儒王夫之[1]"少负隽才，读书十行俱下"，天资出众，勤学逾恒。崇祯十五年（1642），王夫之二十四岁，与兄王介之同举乡试。嗣后兵荒马乱，道途不靖，他们放弃了赴京会试的机会。崇祯十六年（1643），张献忠统率大西军，攻陷衡州，在籍举人、进士遭到胁迫，不肯接受伪职的，即被五花大绑扔进湘江。王家兄弟藏匿于南岳双髻峰续梦庵里，张献忠手下扣押其父王朝聘，当作人质。王介之投山潭自杀，王夫之将他救起。危急关头，欲忠孝两全难乎其难，王夫之想出一条苦肉计，"自引刀遍刺肢体"，叫人抬着他去交换父亲，张献忠见他浑身创伤，形同废人，遂改变主意，放王家父子归乡。王氏一门因此得以保全名节，挣脱罗网。

崇祯十七年（1644），李自成率大军攻占北京，明思宗朱由检自缢于煤山。先有福王朱由崧在南京称帝，改元弘光；后有唐王朱聿键在福州称帝，改元隆武；桂王朱由榔在肇庆称帝，改元永历。南明小朝廷四分五裂，危在旦夕，文臣武将仍旧醉生梦死，争权夺利，吴党与楚党势同水火，纪纲大坏。王夫之满腔热血，志在抗清，得大学士瞿式耜举荐，获授行人之职，奔波于梧州、桂林等残存之地。他目击心伤，痛感大事不可为，大势不可挽，依然作最后的补救，"三劾王化澄，化澄欲杀之"。王夫之接获母亲病重的消息后，赶紧抽身，间道返回衡阳，隐居于石船山，筑土室，额为"观生居"，杜门谢客，撰联题壁："六经责我开生面，七尺从天乞活埋。"此后，王夫之"逃名用晦，遁迹知稀，从游盖寡"，于旷古洪荒般的大寂寞中，著书四十载，以终天年。

鼎革之际，清政府欲征服汉人，剃发令极严厉，"留发不留头，留头不留发"，刀口之下堪称血腥。王夫之隐居于衡阳石船山，安坐小楼，著书立说，与外界基本隔绝。然而剃发令在全国范围内推行，无盲区，

---

1 王夫之(1619—1692)，字而农，号姜斋。湖南衡阳人。学界尊之为船山先生，与顾炎武、黄宗羲并称为"明清之际三大思想家"。

无死角。衡阳府县官员听说王夫之仍以明朝遗民自居，留长发，穿深衣，便带兵将湘西草堂团团围住。知府亲自登楼，见王夫之徐徐离座，端然拱立，德容可敬，当即双膝一软，五体投地。王夫之不肯剃发，莫非真要将这位大儒斩首示众？这个骂名谁担得起？衡阳知府就设法打个马虎眼，不了了之。王夫之倔强，信念使然，衡阳府县官员不是草包，没将坏事做绝，可称明智，留一丝缝隙，就给大师留一线生机。

王夫之于故国之戚，生死不忘，对乱臣贼子，鄙弃不置。康熙十八年（1679），朝廷削藩，吴三桂谋反，在衡阳称帝。此前，吴三桂派部下入山，恭请王夫之撰写劝进表。王夫之推辞道："亡国遗臣，所缺一死耳。今焉用此不祥之人！"此后，他逃入深山，作《祓禊赋》以示意。[1]三藩之乱被官军平定后，湖南巡抚郑端听说王夫之不污伪命，奇节可称，嘉赞久之，嘱咐衡州郡守馈赠粟帛，并请求晤谈，王夫之托病不出，收下粮食，退还了丝织品。

王夫之撰写过家训《示子侄》，文中透露若干信息："立志之始，在脱习气。习气薰人，不醪而醉。其始无端，其终无谓。袖中挥拳，针尖竞利。狂在须臾，九牛莫制。岂有丈夫，忍以身试！彼可怜悯，我实惭愧。前有千古，后有百世。广延九州，旁及四裔。何所羁络，何所拘执？焉有骐驹，随行逐队？无尽之财，岂吾之积。目前之人，皆吾之治。特不屑耳，岂为吾累。潇洒安康，天君无系。亭亭鼎鼎，风光月霁。以之读书，得古人意；以之立身，踞豪杰地；以之事亲，所养惟志；以之交友，所合惟义。惟其超越，是以和易。光芒烛天，芳菲匝地。深潭映碧，春山凝翠。寿考维祺，念之不昧。"[2]王夫之教导子侄立志，勿染市井习气，勿骄狂，勿好利，要寻求自由、独立，要明古意，要有豪气，超越世俗观念，内心温和平易。其志不图爵禄，不谋功名，而在修身养性。王夫之告诫子侄：勿去名利场中打拼沉浮，而要把书读通，把人做好。

康熙二十八年（1689）九月，画家刘思肯到湘西草堂拜访王夫之，

1 易宗夔：《新世说》，第 2、3 页，《王夫之拒撰劝进表》。
2 王夫之：《船山全书》第 15 册，第 145、146 页，《示子侄》。

专为老人绘制画像。"虽不尽肖，聊以题之"，王夫之题写小令《鹧鸪天》："把镜相看认不来，问人云此是姜斋。龟于朽后随人卜，梦未圆时莫浪猜。 谁笔仗，此形骸，闲愁输汝两眉开。铅华未落君还在，我自从天乞活埋！"[1] 王夫之的梦是复国之梦，往昔筑续梦庵于衡山双髻峰，已露胸臆，至此明亡四十余年，人皆绝念，唯此老尚未绝望。他怀抱学术理想，也是借此保全以华驱夷的志士情怀。倔强如斯，几人能够做到？

王夫之暮年，自道"无日不在病中，血气俱尽，但灵明在耳"。康熙三十一年（1692），先生大归，葬于大罗山高节里。生前，他自题碑阳："明遗臣王夫之之墓。"他还自撰碑铭："抱刘越石之孤忠而命无从致，希张横渠之正学而力不能企。幸全归于兹丘，固衔恤以永世。"[2] 碑铭的大意如下：怀抱刘琨的孤忠而命运无法达成，倾慕张载的正学而智力不能企及。幸得毫发无损归于此丘，定含哀而永久。王夫之至死仍保持明朝的服式和发型，这既体现了外在的"全"，也体现了内在的"全"，确实无愧于前朝和先人。近代学者王闿运宗仰先贤，撰联两副，刻于墓室后方。[3]

王夫之生前遗世独立，甘于寂寞，外界评价少之又少。《广阳杂记》的作者刘献廷拜访过王夫之，笔下称赞道："而农先生于壬申岁已八十矣。隐居山中，未尝入城市。其学无所不窥，于六经皆有发明。洞庭之南，天地元气，圣贤学脉，仅此一线耳。"[4] 王夫之去世十余年后，其子王敔抱持遗书上之湖广督学潘宗洛，因缘得入四库全书，立传儒林，但那些充分体现其政治思想的重要著作遭到封禁，唯《周易》《尚书》《诗经》《春秋》四种稗疏和《周易》《诗经》两种考异得以入选，名为著录，

---

1 王夫之：《船山全书》第 15 册，第 716 页，《鹧鸪天》。
2 王夫之：《船山全书》第 15 册，第 229 页，《遗命墓铭》。与手迹本、补刻本的文字小有出入。
3 夏剑钦：《王夫之研究文集》，河北教育出版社 1995 年版，第 105 页，《九、逝世和影响》。两副挽联：其一为"前朝干净土；高节大罗山"，其二为"世臣乔木千年屋；南国儒林第一人"。
4 刘献廷：《广阳杂记》，第 59 页，卷第二。

实为阉割。其后数年，其子王敔筹集资金出版王夫之著作十余种，谨避禁忌，慎敛锋芒，难免挥刀自宫，故而流传不广。尤其可惜的是，由于"贫无书籍纸笔"，王夫之生前多借门生故旧的老账簿写书，书稿完成后就送给对方收藏，《大行录》《吕览释》《近思录释》《尚书考异》《四书详解》《淮南子注》等著作均散落民间而失传。王夫之生前说过"吾书二百年后始显"，这一预言居然神准。迄至道光十九年（1839），王夫之裔孙王世全刻印先祖遗书一百五十卷，新化名士邓显鹤筹措资金，湘潭名士欧阳兆熊组织工匠，新化名士邹汉勋负责校雠，学术界方始一新耳目。此版印数不多，影响受限，版片也在咸丰四年（1854）毁于兵燹。同治二年（1863）六月，赵烈文向曾国荃提议重刻王夫之的全部遗稿，后者慷慨允诺玉成先贤的名山事业，由他个人捐助全部经费，务求精刻佳印。赵烈文在《能静居日记》中称赞曾国荃"其好学乐善如此"，此事遗泽后世，确实值得充分肯定。据王闿运所记："曾文正夙喜顾学，以姜斋多新说，甚为称扬。其弟国荃亦喜诵之，犹以未尽刻为憾。会兵兴，湘潭刻板散失，而国荃克江南，文正总督两江。国荃出二万金，开局江陵，尽搜船山遗书，除有避忌者，悉刻之，于是王学大行。"[1] 曾氏兄弟肯为夯实中国传统文化地基自掏腰包，多达二万金之巨，着实难能可贵。同治三年（1864），金陵书局重刻《王船山遗书》，仍然由湘潭名士欧阳兆熊董理局务，整套遗书于翌年十月刻竣，共三百二十二卷，海内外学者始得见船山先生全书。曾国藩亲自校阅的遗书计有《礼记章句》四十九卷、《张子正蒙注》九卷、《读通鉴论》三十卷、《宋论》十五卷、《四书》《易》《诗》《春秋》诸经稗疏考异十四卷，订正讹脱一百七十余处。[2]"金陵刻本"对王学的广泛传播和深远影响立下了不可磨灭的大功，但删削、窜改、留空等外伤和内伤明显，其版本价值不是很高，令人惋惜。

王夫之在《读通鉴论》中主张"公天下"，即天下为公，君主不能"擅天下之土"，不可为聚积私财横征暴敛，理应"严以治吏，宽以养

---

1 王闿运：《湘绮楼诗文集》，第 394、395 页，《邗江王氏族谱序》。
2《曾国藩全集》第 14 册，第 209 页，《王船山遗书序》。

民"，以免陷入官逼民反、治短乱长的死循环。他在《宋论》中指出宋朝灭亡的根本原因是"四陋三屈"。四陋是：一陋于"术"，推行法家申（不害）、韩（非）之术，与仁民爱物背道而驰；二陋于"人"，缺乏治世之人才，"君不似乎人之君，相不似乎人之相"，皇帝德不配位，宰相才不称职，其他可想而知；三陋于"言"，假、大、空、浮，夸夸其谈，谓之"纲宗之言"，以之误国，以之自欺，祸害不浅；四陋于"时""势"，宋朝初期，军事力量强大，宋太祖实行"先南后北"的战略，遂使外敌契丹坐大；宋太宗两次伐辽不得其法，燕云十六州始终未能恢复，女真之威胁如头顶悬剑。三屈是："澶渊一屈矣，东京再屈矣，秦桧请和三屈矣。至于此，而屈至于无可屈。"宋真宗不支持宰相寇准抗辽，与女真人订下屈辱的"澶渊之盟"；金兵包围汴京，宋钦宗不支持元帅李纲抗金，向金人割地求和，称臣纳币；第三次屈辱，更是离奇，宋高宗与奸相秦桧以"莫须有"的罪名杀害民族英雄岳飞，继续向金人称臣，岁币以巨万计。王夫之总结道："宋之亡，亡于屈而已。"王夫之痛恨奉行投降主义的奸臣昏君，谴责宋高宗赵构，喻之为一具死尸，毫不留情："高宗之畏女真也，窜身而不耻，屈膝而无惭，直不可谓有生人之气矣。"北宋哲学家张载（世称横渠先生）的理想是"为天地立心，为生民立命，为往圣继绝学，为万世开太平"，这也是王夫之的理想。王夫之注解张载的代表作《正蒙》而为《张子正蒙注》，排摈佛教、道教学说，最为得力，"尽废古今虚妙之说，而返之实"。谭嗣同受其恩师欧阳中鹄、刘人熙的深刻影响，较早接触王夫之的学说，撰《王志》，自承"私淑船山也"，断定"五百年来，真通天人之故者，船山一人而已"，认为"道不离器之说，精确不磨"，强调不可空言误国，应当因时因地而制宜，唯政治变革势不可当。谭嗣同三十二岁著《仁学》，反复与梁启超商榷，其中阐扬民本思想和"循天下之公"的政治主张，深受王夫之学说影响所致，他引用王夫之"气一元论"中"一圣人死，其气分为众贤人"之说，谈论"灵魂"和"永生"，确定"身为不死之物"。

道光年间，长沙立船山祠，陶澍题联，上联是"天下士非一乡之士"，下联是"人伦师亦百世之师"。曾国藩撰《〈王船山遗书〉序》，推阐评价道："圣清大定，访求隐逸。鸿博之士，次第登进。虽顾亭林、李二曲辈之艰贞，征聘尚不绝于庐。独先生深闳固藏，邈焉无与。平生痛诋党人标谤之习，不欲身隐而文著，来反唇之讪笑。用是，其身长遁，其名寂寂，其学亦竟不显于世。荒山敝榻，终岁孳孳，以求所谓育物之仁，经邦之礼。穷探极论，千变而不离其宗；旷百世不见知，而无所于悔。先生没后，巨儒迭兴，或攻良知捷获之说，或辨《易》图之凿，或详考名物、训诂、音韵，正《诗集传》之疏，或修补三礼时享之仪，号为卓绝。先生皆已发之于前，与后贤若合符契。虽其著述大繁，醇驳互见，然固可谓博文约礼，命世独立之君子已。"[1]太史公司马迁《报任少卿书》有言，"仆诚以著此书，藏诸名山，传之其人"，《史记》实于其生前即被官方采纳，久藏而后传的奇迹只有王夫之做到了，令天下学人叹为观止。

　　《清史稿》赞曰："当是时，海内硕儒，推容城、盩厔、余姚、昆山。夫之刻苦似二曲，贞晦过夏峰，多闻博学，志节皎然，不愧黄、顾两君子。然诸人肥遁自甘，声望益炳，虽荐辟皆以死拒，而公卿交口，天子动容，其著述易行于世。惟夫之窜身瑶峒，声影不出林莽，遂得完发以殁身。"[2]盩厔李颙（字中孚）与昆山顾炎武是挚友，两人志同道合，趣味相投。李颙固辞清朝礼聘，自号"二曲土室病夫"，长期把自己反锁在家中，卧床装病，但只要顾炎武前来通名，他的"病"就霍然而愈。顾炎武感叹道："坚苦力学，无师而成，吾不如李中孚！"清代著名学者全祖望将容城孙奇逢、盩厔李颙和余姚黄宗羲并称"清初三大鸿儒"，孙奇逢的"北学"与黄宗羲的"南学"一直被人相提并论。尤其难得的是，明朝天启年间，由孙奇逢牵头，倡议醵金（众筹）营救杨涟、左光斗等反抗阉党的正义人士，不惧与魏忠贤站在对立面，义声震士林。清兵入关后，孙奇逢隐居于河南夏峰村二十五年，人称夏峰先生，率领子弟以耕读为本，守节不肯出仕，以著述终其生。黄宗羲不仅

1《曾国藩全集》第14册，第210页，《〈王船山遗书〉序》。
2 赵尔巽等：《清史稿》第43册，第13107页，卷四百八十，列传二百六十七。

是一位大学者，而且是一位大思想家，他提出"天下为主，君为客"的民主思想，认为"天下之治乱，不在一姓之兴亡，而在万民之忧乐"，主张以"天下之法"取代皇帝的"一家之法"，从而限制君权，保障百姓的基本权利。顾炎武行万里路，读万卷书，治实学，重考据，为清朝朴学开风气，尤为难得的是，"凡文之不关乎六经之旨、当世之务者，一切不为"，即使好友李颙再三求他为母亲作传，因为"无关经术政理之大，则不作也"[1]。这四人都不肯与清朝统治者合作，以学问精博、节操坚挺著称。王夫之集四贤之所长，尤其难能可贵；至死仍未剃发，更是奇迹。

光绪三十三年（1907）二月，湘籍御史赵启霖奏请以清初三位鸿儒王夫之、顾炎武、黄宗羲从祀孔庙，翌年九月才获得朝廷批准，至此，距清朝覆亡已只差三年。王夫之九泉之下有灵，必定啼笑皆非，对摆在面前的冷猪肉摇头叹息。

湘籍学者刘人熙对王夫之的道德学问推崇备至，"楚人士称之曰：'周子以后一人而已。'天下学士宗之曰：'孟子以后一人而已'"[2]，意为周敦颐之后，唯有船山。民国元年（1912），刘人熙发起创立船山学社，出任首届会长。三年后，刘人熙筹资创办《船山学报》，宗旨尤为明确：《船山学报》何为而作也？忧中华民国而作也。……船山之学，通天人，一事理，而独来独往之精神，足以廉顽而立懦，是圣门之狂狷、洙泗之津梁也。独立之国，不可无独立之教育；独立之教育，不可无独立之学术；独立之学术，不可无独立之精神。不佞湘产也，在湘言湘，愿与湘人士昌明正学，以新吾湘；又民国之一分子也，愿广船山于天下，以新天下。"[3]这就是说，王夫之的学说尚未过时，仍能指导新时代的爱国者。谭嗣同钻研王夫之学说，受其影响至深，起初引导他入门的就是恩师刘人熙。

在乱世和浊世，湘籍精英往往会趋向两个极端：激进者奋然建立功

---

1 萧一山：《清史大纲》，第53页，第三章第三节《钤制政策下之学术》。

2《刘人熙集》，湖南人民出版社2009年版，第312、313页，《重刻〈四书训义〉序》。

3《刘人熙集》，第347页，《〈船山学报〉叙意》。

业，隐逸者毅然退处山林。前者固然是积极的，后者又何尝是消极的，精神抗争见诸行动，未必就比流血牺牲更容易。王夫之是一位隐逸者，他从乱世抽身，退出政治舞台，以有涯之人生奋楫于无涯之学海，智者洞见其神勇。"王夫之作为一个遁迹荒山的乡里老儒，在艰难困苦的环境中能卓然自立，发愤著书如此之多，治学范围如此之广，这在中外历史上都是罕见的。这就不能不引起人们对他的景仰！"[1]诚哉斯言，旨哉斯言。

3 魏源乃忠智之士，忧国著书

年轻时，魏源"默而好深湛之思"，醉心于典籍，一入书斋，就足不出户，偶尔出门，竟会引致家狗和邻犬群吠。"府君生平寡言笑，鲜嗜欲。虽严寒酷暑，手不释卷，至友晤谈，不过数刻，即伏案吟哦。舟中铅黄不去手。"[2]魏源极为关注古今成败利病，他在自家厅堂柱子上题写楹联一副，上联是"读古人书，求修身道"，下联是"友天下士，谋救时方"。魏源于学无所不窥，他所师从的胡承珙、姚学塽、刘逢禄、董桂敷、包世臣都是当时的名儒。难能可贵的是，他博涉旁通，对盐政、漕运、水利、赋税等当世实务具有深刻精到的见解。左宗棠仔细研究过魏源、龚自珍的著作，评判道："道光朝讲经世之学者，推默深与定庵，实则龚博而不精，不如魏之切实而有条理。近料理新疆诸务，益叹魏子所见之伟为不可及，《海国图志》一书尤足称也……"[3]

魏源刊印《圣武记》十四卷、《海国图志》初版五十卷，寄赠给好友邓显鹤，请其诲正。邓显鹤对魏源的大部头褒奖有加，感慨系之：魏源史德、史才、史识出众，却未入史馆，真是太可惜了，太遗憾了！入史馆并非魏源之志，他回复道："今日史官日以蝇头小楷、俳体八韵为报国、华国之极事，源厕其间，何以为情？不若民社一隅之差为近实

---

1 夏剑钦：《王夫之研究文集》，第108页，《九、逝世和影响》。
2 《魏源集》下册，中华书局2009年第3版，第959页，魏耆《邵阳魏府君事略》。
3 《左宗棠全集》第12册，第548页，《答陶少云》。

耳！"[1]学者求实，就不会乐意入虚境、干虚活、图虚名，虚头巴脑以终其身，魏源所干的文字事业，那些御用的史官捆在一起也干不好、干不成，粉饰太平的美事，自有他人挤破头去做，魏源不羡慕。他的性格、爱好、本领皆与众不同，"源兀傲有大略，熟于朝章国故。论古今成败利病，学术流别，驰骋往复，四座皆屈"[2]。魏源建议将黄河河道改回北行故道，主事者不加理睬。咸丰五年（1855），铜瓦厢决口，黄河果然自行北流。

湘籍学者、江宁布政使贺长龄聘请魏源编纂《皇朝经世文编》，一百二十卷。魏源从清朝开国之初至道光五年海量文献中遴选出两千两百多篇"存乎实用"的文章，分为学术、治体、吏政、户政、礼政、兵政、刑政、工政八大门类，各门类下的子目尤为详细，最多者共有六十五个子目，足见其用心之细，关注之广。这套大部头充分体现了魏源"与时俱变"的主张，"书各有旨归，道存乎实用"，所选奏章切中时弊，充满忧患意识和自强精神。"湘军虽起自曾、左，而砥砺贤才，则始自贺耦耕（长龄）、陶文毅、林文忠等相与提倡。耦耕刊《经世文编》一书，魏默深所辑，三湘学人诵习成风，士皆有用世之志，左季高、罗罗山等所由兴起。"[3]《皇朝经世文编》的印行，在晚清政界、学界和思想界都是一大福音，罹患空疏之病者渐得以务实之良法医之，屈处草野之人才亦有了登上前台的机会，一展济世之身手。

魏源编著《圣武记》十四卷，采用纪事本末体，前十卷历述清初开国、统一东北和内外蒙古、削平三藩、勘定回疆、前后藏与大小金川等史实，后四卷详载清代典章制度、练兵整军、攻守防御、购械筹饷等战略战术。清朝欲图中兴大业，固然应该学习先辈勇武雄强的开拓精神，但也要正视现实，对症下药才行。魏源开出的药方是"兵在精不在多""用兵宜有变化""御外侮在知己知彼"。他认为，翻译夷书、夷史乃当务之急。道光二十一年(1841)八月，龚自珍赴扬州洁园探访魏源，题

1《魏源集》下册，第922页，《致邓显鹤信》第二通。

2 赵尔巽等：《清史稿》第44册，第13429页，卷四百八十六，列传二百七十三。

3 黄濬：《花随人圣庵摭忆》上册，第290页，《人才培植关乎国运》。

联相赠，上联是"读万卷书，行万里路"，下联是"综一代典，成一家言"。道光二十五年（1845），左宗棠致书恩师贺熙龄，对《圣武记》不乏优评，"默翁《圣武记》，序次有法，于地道、兵形，较若列眉，诚著作才也"，同时他也指出了此书的不足之处，"后四卷附《武事余记》，其谈掌故，令人听之忘倦，其著议论处则多偏而不举、驳而不醇之病，故不如前十卷单行之足为全书也"[1]。《圣武记》流播东瀛，日本学者佐久间象治拍案叫绝，称魏源为"海外同志"。

编著《海国图志》是魏源一生中最值得称道的事功。这部巨著共有三个版本：五十卷本成书于道光二十二年（1842），六十卷本成书于道光二十七年（1847），百卷本成书于咸丰二年（1852），修订的时间长达十载。《海国图志》涉及域外各国的政治、经济、科学、历史、文化、历法、风俗、宗教等众多门类，堪称集大成的百科全书。魏源编纂此书，意图相当明确："为以夷攻夷而作，为以夷款夷而作，为师夷长技以制夷而作。"[2]目的是"悉其情节，知其控驭"。洋人的长技既包括造舰制械、整军练兵，也包括治国安民。

从尊王攘夷到尊王师夷，这一步跨跃极大。《海国图志》博采众书，取精而用宏，"图以经之，表以纬之，博参群议以发挥之"，近代全球意识、国防意识、外交意识、商业意识皆呼之欲出，令数千年拘束于此土此域夜郎自大故步自封的国人大开眼界，直输式的启蒙类似于醍醐灌顶，国人久患自闭症，一旦打开牢笼，世界大不同。英、法、美、德、俄、意、西、葡、荷、比、日的国情究竟如何？这本书帮助中国读书人增长了知己知彼的理性认识。左宗棠最重实学，对中国历史地理了如指掌，但他年过而立，仍对世界历史地理所知甚少，连常识都不完备。道光二十四年（1844），他写信给恩师贺熙龄，以轻蔑的语气谈及米里坚（美国），闹了个大笑话："时事日不佳，殊深忧虑。米里坚即明之洋里干，西海中一小岛耳，乃亦俨然以敌国自居，思踵英人故辙，实为

1《左宗棠全集》第 10 册，第 46 页，《上贺蔗农先生》。
2《魏源集》上册，第 207 页，《海国图志叙》。

可笑。"[1] 美国建国不足一百年，面积也没有今天这么大，但显然不是什么蕞尔"小岛"，作为敌国，其实力不容小觑。光绪元年（1875），左宗棠为百卷版《海国图志》撰写序言，对西方文明的认识仍然流于表面："泰西弃虚崇实，艺重于道，官、师均由艺进，性慧敏，好深思，制作精妙，日新而月有异，象纬舆地之学尤征专诣，盖得儒之数而萃其聪明才智以致之者，其艺事独擅，乃显于其教矣。"[2] 肯定西方的科学技术和天文地理方面的成就，但认为西方得"数"而不得"道"，殊不知，人家"道非道，非常道"，西方的道是民主自由，中国的道是三纲五常，彼此风马牛不相及。

左宗棠闹出笑话不足为奇。意大利传教士利玛窦于明朝万历年间来到中国，著《职方外纪》，宣称地球上有五大洲。清朝乾隆年间，纪晓岚撰《四库提要》，认为利玛窦出言夸诞，不足取信。纪晓岚号称大智者，生长于闭关锁国的年代，见不及海外，识不出阃内，情有可原。奇怪的是，国门已被洋炮轰开数十年后，顽固派长老、大学士徐桐仍自诩高明，对人说："世界安有许多大国？大约俄罗斯、英吉利、法兰西、日本，则真有之，余皆汉奸所诡造，以恫吓朝廷者也。"这话令人笑掉大牙。徐桐饱读诗书，在他看来，美利坚、德意志都是汉奸捏造出来的国名，其常识匮乏，简直到了令人瞠目结舌的地步。这种人居然高居朝堂，参赞军机，国运自然是越来越差。

晚清七十年，"师夷"之说始终受到保守派的质疑和排拒。魏源死后不久，同治皇帝的师傅倭仁就曾向赞成"师夷"的恭亲王奕䜣发难，他站在儒家的立场上，振振有词："窃闻立国之道，尚礼义不尚权谋；根本之图在人心，不在技艺。今求之一艺之末，而又奉夷人为师。无论夷人诡谲，未必传其精巧，即使教者诚教，所成就者不过术数之士。古今来未闻有恃术数而能起衰振弱者也。天下之大，不患无才。如以天文算学必须讲习，博采旁求必有精其术者，何必夷人？何必师事夷人？"[3]

1《左宗棠全集》第 10 册，第 42 页，《上贺蔗农先生》。
2《左宗棠全集》第 13 册，第 227 页，《海国图志序》。
3 蒋廷黻：《中国近代史》，长江文艺出版社 2020 年版，第 64、65 页，《前进遇着阻碍》。

倭仁认定医国金丹唯有仁义道德，科学是不入流的术数，在国内找找，就能找到一大堆打卦抽签摸骨算命看风水的师傅。何况洋人十分狡诈，未必肯将核心技术传授给中国人。当时，像倭仁这样子专治急惊风的慢郎中不在少数，由于他们能够在朝野间制造种种阻力，"师夷"就往往只是走走过场，学生一知半解，想空手制服洋师傅，无异于痴心妄想。

当年，《海国图志》罗列远国，指掌形势，被视为奇书，一纸风行，"辇下诸要人，争买不计钱"。梁启超对魏源《海国图志》百卷和徐继畬《瀛寰志略》十卷作过简要而公允的评价："魏书不纯属地理……篇中多自述其对外政策，所谓'以夷攻夷''以夷款夷''师夷长技以制夷'之三大主义。由今观之，诚幼稚可笑，然其论实支配百年来之人心，直至今日犹未脱离净尽，则其在历史上关系，不得谓细也。……此两书在今日诚为刍狗，然中国士大夫之稍有世界地理知识，实自此始。"[1]先驱难当，幼稚实非其病。

日本著名学者盐谷世弘撰《翻刊〈海国图志〉序》，倒像是站在中国人立场上发言，既为魏源抱屈，又为清朝道光皇帝、咸丰皇帝感到悲哀："呜呼！忠智之士，忧国著书，其君不用，反而资之他邦，吾固不独为默深悲，抑且为清主悲也夫！"《海国图志》的作用究竟如何？后人居然要从日本明治维新的成功才能够看明白，东瀛的政治改革家佐久间象山、吉田松荫、桥本左内、横井小楠都欣然承认，他们受过这部著作的深刻启发。与东邻相反，清朝的洋务派人物竭尽所能，答卷上密密麻麻写满了失败的教训，甲申年（1884）南洋水师被法国舰队团灭，甲午年（1894）北洋水师被日本舰队团灭，如此打脸才是最痛的。"师夷长技"，未下足工夫；"制夷"，没攒足力气和运气。魏源九泉之下有知，定会踢烂棺材板。

同治五年（1866），左宗棠致书左枢，告诉后者"欲练事，须先明理"，信中称赞魏源："吾乡近时多忠义磊落之士。至读书有识，断推默深先生，惜未究厥施，赍志以殁，抑才不副志，气不充识，令人不能无

1《梁启超全集》第 15 卷，第 4593 页，《中国近三百年学术史》。

少望也。"[1] 左宗棠对魏源未能将实学付诸实行感到遗憾，这是没有办法的事情，学者未得大位，便只能著书立说以终天年。

4 罗泽南"上马杀贼，下马著书"

湖南人穷不废学，达不忘本。罗泽南年少时，家境酷贫，时以米粮不继为忧。有人劝导罗泽南学门手艺以便谋生，其祖父谢绝道："我不能以田地遗赠子孙，难道不能以书籍遗赠他们？命该饿死，不读书就能够幸免吗？"罗泽南笃志正学，夜间无灯，月下把卷，倦即露宿达旦。于读书精博之间究竟如何区处？罗泽南有很好的解答："吾辈读书不可不博，又不可不精。不博则识见太隘，无以窥大道之全体；不精则泛滥无归，无以探大道之底蕴。"

罗泽南的苦学精神令人钦佩，穷且益坚，不坠青云之志，感动过身边的戚友。家风往往会影响学风，曾国藩笔下这样描述道："公少就学，王父屡典衣市米，节缩于家，专饷于塾。年十九，即借课徒取资自给。……尝以试罢，徒步夜归，家人以岁饥不能具食，妻以连哭三子丧明。公益自刻厉，不忧门庭多故，而忧所学不能拔俗而入圣；不耻生事之艰，而耻无术以济天下。……逾四十，乃以廪生举孝廉方正。假馆四方，穷年汲汲与其徒讲论濂洛关闽之绪，无日不熟于口，悦诸心。……未几，兵事起，湘中书生多拯大难、立勋名，大率公弟子也。"[2]

刘蓉看好罗泽南的学术造诣和道德境界，评价非常高："仲岳生僻壤，处约食贫，未尝有先达者为之倡，而独能寻濂洛关闽之旨，笃信谨守，卓然有以自立而不疑，盖古所谓豪杰之士者。今年始四十，而所著述，已章章可表见如此。使充其年力，益加涵养体验之功，以进于尽人合天之诣，则由是以几圣贤之阃域，岂有量哉！"[3]

《颜氏家训》有言："古之学者为己，以补不足也；今之学者为人，

---

[1]《左宗棠全集》第 10 册，第 664 页，《答左枢》。
[2]《曾国藩全集》第 14 册，第 343、344 页，《罗忠节公神道碑铭》。
[3]《刘蓉集》第 2 册，第 22 页，《罗仲岳〈人极衍义〉序》。几：接近的意思。

但能说之也。古之学者为人，行道以利世也；今之学者为己，修身以求进也。夫学者犹种树也，春玩其华，秋登其实；讲论文章，春华也，修身利行，秋实也。"[1]罗泽南向古之学者看齐，常补自身不足，行道以利世，既究心儒家经典，又究心水利、边防、河患等书籍，凡经世之要务，淑世之实学，尽皆研求。清代理学家陈溥嘲笑过那些死守心性理气之辨、太极《西铭》之说的书呆子："只做得个闭门独坐泥塑木雕的好人，一涉仕途，便成凿枘，身所值者皆无可奈何之事，日所应者皆未之前闻之务，宜乎智略之士睨视窃笑，以道学为废物也。"[2]罗泽南既能坐而论道，又能起而办事，其实学功夫足敷平日所用。危难时须看湖南人，因为湖南人少空谈，多实行，像罗泽南这样的学者有能耐带兵，绝非个别现象，若有经世的机运，他们就有致用的本领。罗泽南为弟子李续宜作《耻不逮斋记》，自道治学心得："学问之功，不患力之不足，惟患守之不固。读书以清其源，力行以践其实，毋惑私欲，毋逞意气，日就月将，自可缉熙于光明。"[3]湖湘学者摒弃王阳明的心学，好讲"力行"，堪称一大特色。罗泽南认为处己接物、依理行事都是学问功夫，世间根本就没有"事外之道"。因此之故，凡人欲求学问，非读书不可；欲长学问，非力行不可。刘蓉说："士之能任重致远者，非独学力之优也，亦必有过人之质焉。质既殊绝，学又足以副之，则事半其功倍，不懈而以几于成。"[4]罗泽南质殊而学优，其质何殊？弘则可居，毅则能立，弘毅者任重致远，宜乎大器晚成。

罗泽南率军转战江西、湖北，休整期间，讲学不辍，这位资深塾师居然直接将课堂搬进军营，实属一大奇观。这方面，有样学样，仿行的罗门弟子首推王鑫，闲暇时，他督促将士日课四书，亲自讲解经史义理，闻者动容，甚或潸然泪下。

湘军以书生带兵，初始数年，利心名心皆不甚重，罗泽南为众弟子

1 颜之推：《颜氏家训》，中华书局 2007 年版，第 109 页，卷三，《勉学第八》。

2《刘蓉集》第 2 册，第 79 页，《复罗仲岳书》。

3《罗泽南集》，第 74 页，《耻不逮斋记》。

4《刘蓉集》第 2 册，第 91 页，《复曾涤生侍讲书》。

作表率是重要原因。"人生造诣亦有何穷，要使此心莹然，不为利欲所汩，时时刻励，时时提撕，当热闹场中冷得下，纷华场中淡得下，艰苦场中耐得下，便有几分人品、几分学力。不然，纵饶撑肠万卷，摇笔千言，究竟了无毫毛之补。此虽老生常谈，然每观古今来端人庄士、名臣大儒，未有不先于此处站定脚跟而学术事功有可观者。先儒有言：'透得名利关，便是小歇处。'吾人今日为学，但于此等处识得透、守得定，一切穷通得丧、显晦荣辱之遇，举不复有所欣戚于其中，便自然壁立万仞，扫除一切羁绊，救全一生名节，将来措之事业，亦自光明俊伟，不为利害所屈挠，不为时势所驱迫。或出或处，处之裕如，斯真能自立者也。"[1]自立者必有所本，实心、实学、实行皆在其列。

罗泽南学养既厚，诗才亦雄，尝片脔而识鼎味，且看其铿锵有力的诗句："……男儿当为天下奇，祥麟威凤世所稀。勿以一得遂自足，名山大业何穷期……"[2]多年后，湖南志士黄兴多次称引罗泽南的名句"男儿当为天下奇"，以此感召热血青年。罗泽南宗仰张载而著《西铭讲义》一卷，宗仰周敦颐而著《人极衍义》一卷，宗仰朱熹而著《小学韵语》一卷、《姚江学辨》二卷。"严取与出处之义，参阴阳消息之几，旁及州域之形势，百家之述作，靡不研讨。"于是乎他著《读孟子札记》二卷、《周易本义衍言》若干卷、《皇舆要览》若干卷、诗文集八卷。"其为说虽多，而其本躬修以安四海，未尝不同归也。"[3]罗泽南平生志事令人激赏和钦佩，皆因学有本源，言而能信，行而能至。

罗泽南临终前紧握胡林翼的手，郑重叮嘱道："危急时站得定才算有用之学。"在他眼中，人生处处皆有学问，时时都见学养。胡林翼悼挽罗泽南，上联格外精彩，"上马杀贼，下马著书，仗大力撑持，真秀才，真将军，真理学"[4]，字字落到实处，未打诳语。罗泽南谢世后，刘蓉喟然感叹道："公之勋绩在三省，而威名震于东南。其卒也，士无识

1《刘蓉集》第2册，第83页，《与郭翼臣孝廉书》。

2《罗泽南集》，第25页，《九日登芭蕉山赠左孟香》。

3《曾国藩全集》第14册，第343页，《罗忠节公神道碑铭》。

4《胡林翼集》第2册，第1054页，《挽罗泽南》。

不识皆失声相吊，可谓显于时矣。然志愿所存与学术所蕴蓄，什未展其一二。使获竟其施而究其量，其为福于斯世，岂有穷哉！"[1]

由于学未完卷，曾国藩暮年感慨良多。罗泽南谢世时正值盛年，学术雄心未获大展，必抱憾于九泉之下，断无可疑。

5 王闿运犯众人怒，成一家言

王闿运"唐突古人，自成一家"，自诩"魏晋以后，都不识圣。圣人大道，自我而明，如日再中"，自叹"本朝二百年无著作之手，有一识大思精如闿运者，又不得与承明"，他著作等身，经学方面的研究专著甚多，诗文也不少，但最被时人和后人艳称的杰构偏偏是一部史书——《湘军志》。

近代湘军是对湖南子弟兵的总称，曾国藩靠湘军平定江南，事功卓著，人尽皆知。咸丰十一年（1861），郭嵩焘在长沙设立褒忠局，与罗汝怀合作，编纂《湖南褒忠录》。同治元年（1862），郭嵩焘致书曾国藩，商订体例。这年三月十一日，曾国藩回复，未表赞同："来示商订《湖南褒忠录》体例，称引书目，鄙人所未见者十而七八焉，乌足与讨论前载，折衷一是？惟念世变方滋，乱靡有定，楚军之起，时盛时衰，金陵未破，遽尔编纂巨册，如方略馆臣之例，倘其卷土重来，全局翻覆，一言振矜，叛者九国，功或竟亏于一篑，书亦诒笑于方家。见卵而求时夜，殆太早计矣。前欲贡斯谬议，因闻业已开局，碍难停止。鄙意姑取死事诸人各作一传，存其崖略，以殉难之先后为次第，稍备遗忘。待大功果成，然后发凡起例，整齐画一，固非难事。至鄙人虽有经始之名，而五、六、七、八等年，实胡、左、李、杨诸君子经纬其间，不敢攘为己功。敝处奏牍亦无关于全局之得失，如必搜采敝处文牍以备参核，则惟塔、罗、李、萧、胡数君子死时，曾各有一疏表其茂绩，当抄寄贵局。此外无可采录，伏希垂察。"[2] 当时，湘军攻克安庆不久，太平

1《刘蓉集》第2册，第208页，《权厝志》。
2《曾国藩全集》第25册，第123页，《加郭嵩焘片》。

军仍牢牢地控制着金陵、苏州、杭州三大城，湖南人开局编书，自吹自擂，未免猴急。春秋时期，齐桓公得到管仲、鲍叔辅佐，开创霸业，尚且"一言振矜，叛者九国"，骄傲自满，有弊无利。湘军的前途和命运仍在未定之天，岂可高调鼓吹？曾国藩建议给死事诸公（江忠源、罗泽南、塔齐布、李续宾等人）立传，记录他们的事迹，以防遗忘。将来真要是大功告成了，再编纂《湖南褒忠录》这样的书，才叫实至名归，水到渠成。翌日，曾国藩回复湖南巡抚毛鸿宾，重提此事，有"微嫌标揭之过高，亦觉作计之太早"的说法。郭嵩焘听从了曾国藩的建议，《湖南褒忠录》成稿后，并未付梓。直到同治十一年（1872），此稿经修订后方才刊印。全书分殉阵、殉城、殉防、殉劳、殉团、殉职、殉纪、殉贞八门，撮录与湖南有关的将吏、绅勇、妇女的壮烈事迹，具有一定的史料价值。应该说，《湖南褒忠录》是《湘军志》的嚆矢和先声。

同治三年（1864），湘军攻陷江宁，太平天国土崩瓦解，使命达成之日，就是湘军将士升官发财之时。好日子过起来快如白驹过隙，曾国藩去世后，他们拍拍后脑勺，这才猛然察觉，当年战绩近乎湮没，功烈未彰，传闻失实，若想取信后世，扬名久远，就必须勒成一部史书。于是大伙儿合计，找一位高手来修撰湘军史。王闿运最有资格接下此单，他是公认的硕学名儒，又与湘军中水陆将领多有交集，颇具交情，最重要的是，曾国藩生前有过"著述当属之王君"的叮嘱。于是经吴敏树动议，郭嵩焘倡行，曾国藩的长公子曾纪泽主持，赍送了丰厚的润笔费[1]给王闿运。

王闿运傲睨古今，在他看来，明代文章不堪入目，唐宋八大家也算不上典范，"八家之文，数月可似"，常将牛皮直接吹成虎皮。他发足飞奔，为的是"依经立干""力追班马""为有德之言"。同治八年（1869）二月初一日，王闿运点读《三国志》两卷，"观陈氏叙次，诚非佳史"，自诩道："史才不易，亦何容滥予人名，若以鄙人秉笔为之，当不在范、班之下，因慨叹久之。"[2] 王闿运对自己的史才极度自信，不仅能轻

---

1 六千两白银。
2 王闿运：《湘绮楼日记》第 1 卷，第 13 页，同治八年二月初一日。

372

松盖过陈寿，还可发力直追《汉书》作者班固和《后汉书》作者范晔。日后，郭嵩焘对王闿运的评价可谓针对性极强："阅壬秋《湘军志》一卷……盖以文字玩弄一世，所谓才高识寡者也。昔人言作史须才、学、识三长，壬秋才学有余而识不足，此亦天分使然，不可强也。"[1] 王闿运的短板为史识，或认为其短板在于才、学、识之外最重要的史德。

当年，王闿运写信给刘坤一，告之《湘军志》旨趣："其意不在表战功，而在叙治乱得失之所由。"[2] 这就与湘军集团元老们的初衷背道而驰了。王闿运拿定主意，"私论官书均当兼采"。光绪四年（1878），王闿运自鸣得意之余，有所疑虑："作《湘军篇》，因看前所作者甚为得意，居然似史公矣。不自料能至此，亦未知有赏音否？"[3] 太史公司马迁是中国史界两千多年来的头号标杆，王闿运虽富有文才，若论体大思精，何能望其项背？

《湘军志》共计十六篇，九万多字，杀青后，王闿运感慨系之："……故修史难，不同时失实，同时徇情，才学识皆穷，仅记其迹耳。"[4] 史官无故操持大权，制人命，越是称职就越遭忌恨。史官之笔就像阎罗殿上的判官之笔，轻重缓急之际，既可以使人一举超生，也可以使人万劫不复。何况王闿运并非史官，却放胆酷评诸多宿将，还活着的人难免深受伤害。倘若他是势利之徒，念头一闪，笔头一转，以歌功颂德为能事，必能结欢于衮衮诸公，何愁没有好处源源而至？可是王闿运义不容情，在其笔下，清廷官吏昏庸无能，湘军将领贪残成性。大将曾国荃和刘坤一，前者无异于市中之屠夫，后者仿佛是乡间之笨伯。大佬们恼羞成怒，纷纷跺脚黑脸，指斥《湘军志》诬枉不实。即使湖南巡抚陈宝箴盛赞《湘军志》，他也怀疑王闿运纯粹以个人爱憎驱遣笔墨。殊不知，王闿运认定"怀私文必不能工"，他秉持公心，才敢开罪大佬强梁。

一代文豪王闿运读书破万卷，不可能不知道宋朝文人张君房的遭

---

1 《郭嵩焘全集》第 11 册，第 454 页。

2 王闿运：《湘绮楼诗文集》，第 1016、1017 页，《致刘制台》。

3 王闿运：《湘绮楼日记》第 1 卷，第 643 页，光绪四年二月二十七日。

4 王闿运：《湘绮楼日记》第 1 卷，第 650 页，光绪四年三月二十五日。

遇。张君房撰《乘异记》，故意贬低英年早逝的白積，说白積死后，被罚为鼋，托梦向友人求救。翌日，友人乘船，从渔网中救下一只沙鳖，放生到江中。《乘异记》刊行后，白積之子怒不可遏，守在汴梁东华门外，把张君房拽落于马下，痛殴暴打，逼迫张君房当众承诺，将《乘异记》毁版，才放过了他。《乘异记》只是一部虚构的笔记小说，作者编排熟人，尚且挨打；王闿运著成史书，臧否的对象是国家功臣，依然健在，后果只会更为严重。

光绪八年（1882）正月初六日晚间，王闿运与张自牧、余佐卿去拜访曾国荃，"语及《湘军志》一书，沅老盛气责之，壬秋不能对"。翌日，王闿运致书曾国荃，诚恳道歉。郭嵩焘的看法见诸当天的日记，"沅老得此书，亦足稍平其心，然遽求化去其嫌怨，固不可得也"[1]，这个判断很准确。曾国荃最为烦心恼火的是，金陵决战明明是他戎马生涯中最大的亮点，王闿运却轻描淡写，视太平军为乌合之众，令其军功大为减色。其实，王闿运的史笔已为曾国荃开脱不少，并未赶尽杀绝。王闿运还得罪了好友李榕，他致书亲家黄子寿，撂下这样一段话："申夫之恨《湘军志》，较沅伯尤甚。闿运复书云：'他日阎王殿下，亦惟有俯伏认罪，自投油锅，不知可平旦之气否？'"[2]郭嵩焘的分析见心见性，不无道理："自《湘军志》一书出，乡人皆为不平，其势不能定议。须知天下事及之后知，履之后艰，各人成就一番功业，视之无甚奇也，而皆由艰难磨炼，出生入死，几经阅历，而后成此功名。轻易谈论，尚不能尽出曲折，岂宜更诬蔑之！道德文章，推极于圣贤境界，亦尽无穷。若恃其才气之优，偃然自足，遂以文字玩弄一切，是其倒乱是非，足使元黄异色，天下何赖有此。"[3]王闿运捅翻的可不是一般的马蜂窝，倘若他与湘军集团中的核心成员硬抗一气，就等于以卵击石。

王闿运名满天下，谤满天下，老朋友郭嵩焘也抹下面子，不复同情他的遭遇："王壬秋《湘军志》，均取当时官场谣谤诋讪之辞，著为实录

1《郭嵩焘全集》第11册，第452、453页。

2 王闿运：《湘绮楼诗文集》，第985页，《致黄亲家》。

3《郭嵩焘全集》第11册，第456、457页。

以相印证，尽取湘人有功绩者诬蔑之，取快悠悠之口，而伤忠臣烈士之心，竟莫测其命意之所在。其颠倒功过是非，任意低昂，则犹文人气习。"[1] 王闿运不胜其烦，不堪其扰，终于妥协，光绪八年（1882）正月二十日，将《湘军志》板片和十八本成书交给郭嵩焘，后者是湘绅宿望，又是对《湘军志》深表反感的代表人物，任其毁弃。可是王闿运的蜀中弟子不畏强权，硬是将这部书刻印出来，使它广为流播，岿存于世间。

王闿运傲兀高朗，固然是文坛猛将，但他自信过头，喜好讥贬的积习难改，演义的痕迹较重。文廷式以"舞文无行"四字批评他，有些过于苛刻，但并非全无依据。王闿运托名彭玉麟，修纂《衡阳县志》，峻节高士王夫之尚且被他刺了个满面花[2]，何况他人。个性使然，王闿运修《东安志》，该书遭人毁板；修《桂阳志》，该书被人纠谬。王闿运笔下无完人，传主稍有过失，即加以责备揶揄，令人不适，甚至痛恨。王闿运尤其喜欢以霸才自许，以兵略自负，曾国藩始终不为所动，因此王闿运颇感郁闷。一旦他有机会修纂《湘军志》，便放胆推倒一世豪杰，成就自家绝活。至于事实之出入，笔墨之详略，立论之偏正，难免失公允，存可议，到底算不算"挟区区乡曲之怨颠倒是非"？唯有他本人心知肚明。湖南名士张自牧（字笠臣）指斥《湘军志》为"诬善之书"，道是"楚人读之惨伤"。

令人意外的是，曾国藩的弟子黎庶昌选辑《续古文辞类纂》，收入《湘军志》中的《曾军篇》《曾军后篇》《湖北篇》《水师篇》《营制篇》，对于此书推崇备至："文质事核，不虚美，不曲讳，其是非颇存咸、同朝之真，深合子长叙事意理，近世良史也。"司马迁字子长，这下总算是挠中了王闿运心头的痒痒肉。

光绪年间，曾国荃亲自出面，请王定安作《湘军记》，"漏者补之，

---

1 《郭嵩焘全集》第 11 册，第 455 页。

2 王闿运对王夫之颇有微词。《湘绮楼日记》同治八年正月十七日："船山论史，徒欲好人所恶，恶人所好，自诡特识，而蔽于宋、元、明来鄙陋之学，以为中庸圣道，适足为时文中巨手，而非著述之才矣。"《湘绮楼日记》光绪四年三月初二日："阅王夫之《中庸衍》，竖儒浅陋可闵。"类似言论，尚有多则。

疑者阙之，不为苟同，亦不立异"[1]，笔下颇为慎重。两相比较，《湘军记》翔实缜密，内容更为全面。论史德，王定安优于王闿运；论史识，两人各有千秋；论史才，王定安与王闿运的差距很大。因此，《湘军记》根本取代不了《湘军志》，反倒衬托出它"精气光怪，不可掩遏"的长处，就连那些认定《湘军志》是谤书的人，也承认王闿运是不折不扣的文字魔术师，能使读者生出无穷之兴味，这恰恰是曾国荃等人既抓瞎又无奈的地方。梁启超的评论相对比较客观："壬秋文人，缺乏史德，往往以爱憎颠倒事实。……要之，壬秋此书文采可观，其内容则反不如王定安《湘军记》之翔实也。"[2]

王闿运褒贬人物，多失真际，欠缺公允，使人不快。左宗棠在家书中写道："阅王壬秋所为《篁村传》，叙次尚不失实。惟但据丁氏见闻著论，未睹大局，将胡文忠说得极庸，李忠武说得太愎，颇于理欠安。即起篁村问之，亦必有蹵然于中者。又云'三河以后，冲锋陷阵之事颇少'，尤觉失实。后此金陵、浙江、闽粤诸大捷及北剿捻、西剿回，如李忠武所部之整齐精锐、视死如归者岂少也哉！徇一家一时私言，乱天下古今视听，文士笔端，往往有此。"[3]王闿运自认为将史德、史才、史识集于一身，却又常犯偏听偏信武断妄断的错误，左宗棠的批评固然严厉，但拿捏得足够准确。

6 杨昌济"学贵日新，与年俱进"

湘籍教育家杨昌济[4]求学只求真知，不存门户之见。戊戌年（1898），南学会初开，他兴冲冲地前往会场听讲，提问环节，询及时务，谭嗣同的回答很是诚恳："于圣贤微言大义晦盲否塞之秋，独能发如此奇伟精深之问，此岂秦汉以下之学者胸中所能有哉？兹事体大，余亦何敢论

1《湘军史料四种》，岳麓书社 2008 年版，第 332 页，曾国荃《湘军记序》。

2《梁启超全集》第 15 卷，第 4569、4570 页，《中国近三百年学术史》。

3《左宗棠全集》第 13 册，第 155 页，《与威勋同》。胡文忠：胡林翼。李忠武：李续宾。

4 杨昌济（1871—1920），字华生，别字怀中。湖南长沙县人。近代学者、教育家。

断。总之以民为主，如何可以救民，即以如何为是，则头头是道，众说皆通矣。"[1]

1902 年，杨昌济年逾而立，公费留学日本，先入东京高等师范学校，后入日本帝国大学。当时，同乡好友黄兴主张民族革命，杨昌济也有意参加抗俄义勇军，学习军事，但仅仅参练过一次兵操之后，他就心中有底了："吾自度非破坏才，且志在学问，不能从军也。"[2] 某日，友人置酒相邀，请杨昌济赴蒲田看梅。席间，杨昌济搁下酒杯，感叹道："吾辈皆三十许人，而学业尚如此，再不自立，何以为人！"[3] 此言"志气真切，意味深厚，纯然学者之用心"，朋友闻之无不动容。

杨昌济告诉李肖聃："为学之要，在乎躬行，左文襄所谓'无实行不为识字'也。"[4] 他要躬行的是用伦理教育改造出一代新人，这与革命其实是互补的，毕竟破坏只是革命的手段，建设才是革命的目的。

众所周知，杨昌济是杨开慧的父亲，是毛泽东的岳丈和业师。1936 年，毛泽东在延安告诉美国记者埃德加·斯诺："给我印象最深的教员是杨昌济，他是从英国回来的留学生，后来我同他的生活有密切的关系。他教授伦理学，是一个唯心主义者，一个道德高尚的人。他对自己的伦理学有强烈信仰，努力鼓励学生立志做有益于社会的正大光明的人。"[5] 毛泽东还说，他写过一篇唯心主义的文章《心之力》，杨昌济给他打了一百分。

1918 年，杨昌济初到北京，杨度、章士钊等怂恿他活动出任教育总长，他对杨、章二人说："我决不做官，我要教教书，著书立说。在北大教课，可常与蔡元培、李大钊、周树人等学者交谈，岂不更好！"[6] 杨度、章士钊吃政治饭，不仅吃相难看，而且惹了一身蚁、沾了一身腥，杨昌济注重为己之学，看轻逢时之术，坚持己见，把学问做好，不

1《杨昌济集》第 2 册，第 1280 页，曹典球《杨昌济先生传》。
2《杨昌济集》第 2 册，第 1269 页，李肖聃《杨怀中先生遗事》。
3《杨昌济集》第 2 册，第 1270 页，李肖聃《杨怀中先生遗事》。
4《李肖聃集》，第 542 页，《星庐笔记》。
5 埃德加·斯诺：《西行漫记》，生活·读书·新知三联书店 1979 年版，第 121、122 页。
6《杨昌济集》第 2 册，第 1289 页，杨开智《回忆父亲杨昌济先生》。

肯听从朋友的摆布。

1918年秋，杨昌济写信给章士钊，劝他弃政归隐，信中有这样一段话："政治漩涡中诚非吾辈所应托足，无补国事，徒有堕落人格之忧。谓宜飘然远引，别求自立之道。今日之事当从底下做起，当与大多数国民为友，凡军人官僚政客，皆不当与之为缘。不当迎合恶社会，当创造新社会。当筑室于磐石之上，不当筑室于沙土之上也。吾辈救世惟赖此一枝笔。改革思想，提倡真理，要耐清苦、耐寂寞。望翻然改图，天下幸甚！"[1] 章士钊一身兼饰政客、教授、媒体人、律师、清客等众多角色，其经历多姿多彩；杨昌济长年专心于学术，两人的走向和目标完全不同，杨昌济的劝告是否如秋风射马耳，也只有章士钊能够给出答案。

杨昌济是一位严于律己的人，常自责为"朽木"，自省过错。未寡言，即戒之；稍自满，遂克治；偶然托大，讥议人短，则自我批评，以期做到与人无忤，与世无争；一年四季洗冷水浴；避免被无益的小事戕残性灵；廉于所取，非劳力所得，不妄取一文。他读书勤，涉猎广，思考深，笔记细，穷究学理，犹如福尔摩斯探案。

1919年冬，杨昌济读到《时事新报》上一篇题为《少年，驰骋》的文章，将老人视为应践踏的污泥、尘垢，不免心惊。他在日记中写道："我虽未老，然已届中年，但吾气浩然，仍怀迈往无前之志，以百年为期，尚可作五十年之研究也。要之学贵日新，与年俱进，一息尚存，此志不容稍懈。吾亦曰：'我这少年的精神不能死。'"[2] 杨昌济时年四十八岁，以百岁自期，"尚可作五十年之研究"，相当乐观，其个人精神与时代精神完全合拍，确实难能可贵。

为改变中国社会中行之已久的奴化教育，杨昌济殚精竭虑，事无大小，全力以赴，其专著《伦理学原理》《西洋伦理学史》《伦理学之根本问题》广获好评，学问日进无疆，正待结出更多硕果，却因积劳成疾，不幸殁于知命之年。临终之际，杨昌济仍然用低弱的声音给方叔章说宋

---

1 《杨昌济集》第1册，第676页，《达化斋日记》庚申（1919）十月二十六日。
2 《杨昌济集》第1册，第671页，《达化斋日记》庚申（1919）十月十九日。

儒故事，"说毕语叔章：'吾意正畅。'旋一笑而瞑。"[1] 这真是学者最典型的死法，也是最美好的死法。

1《杨昌济集》第 2 册，第 1286 页，章士钊《杨怀中别传》。

三 爱物仁民，敬天知过

《论语》讲君子三畏："畏天命，畏大人，畏圣人之言。"小人则反其道而行，"不知天命而不畏也，狎大人，侮圣人之言"。三畏之中，"天命"既难以预知，也无法抗拒，因此孔子将它排在三畏之首。敬则谨，畏则慎，故君子谨严慎独，不欺暗室。

湖南人以勇毅刚强著称，当功业将成未成之际或已成守成之时，必畏慎天命（包括天理），不敢少懈。他们搏命逾恒，并非逆天而作，因此始终坚信一点：敬畏天命，就必须爱物仁民，知过改过。

嘉庆十八年（1813）秋，陶澍决定每夜记录日间行事，狠下自省工夫，持之以恒，其意图在《省身日记序》中表述得很充分："每夜灯下，于日间所见所闻，所言所行，皆走笔记之。其事有不可对人者，必不可以对天。陟笔之际，宁免怩泥，即可缘以自考，庶几寡尤寡悔，不致为下流之归。其无事之日，则空一其处，俾将来翻阅，知此日即为虚度。放旷之身，聊以此为检摄之具云。"[1] 记日记不是目的，复检自己的言行、反省和改正自己的过错才是目的。

曾国藩规模远大，综理密微，长年奉行《日课四条》："一曰慎独则心安"，"二曰主敬则身强"，"三曰求仁则人悦"，"四曰习劳则神钦"[2]。其中，"主敬"最为吃重。具体敬什么？敬天地，敬尊长，敬圣贤，三项中又以敬天为第一义。早年，刘蓉对金兰之交曾国藩寄予厚

1《陶澍全集》（修订版）第6册，第122页，《省身日记序》。
2《曾国藩全集》第20册，第546、547页，《谕纪泽纪鸿》。

望，看好他的日常修为："其居敬也已密，而益期其密；其穷理也已精，而益求其精；其笃行也已力，而益致其力。"[1]曾国藩可谓不负知己，在居敬、穷理、笃行三方面越做越好。

蔡锷将军注意军纪，关心民瘼，可谓有口皆碑。他膺任云南都督时，云贵两省的商贾感戴其恩德，大家合计着要为他铸造一座高大威武的铜像，蔡锷却将这笔款子全部用于赈恤两省饥民。事后，他向大家解释："君等铸我像，享受荣名，在百年千年之后。若辈哀鸿，食此涓滴之赐，当可活命无算。彰人之功，不若拯人之命也。"[2]斯人乃有斯言！此外，由于中央财政无力继续支援云南财政，他就带头降薪，将自己的月俸由六百元骤降至六十元，如此纾解民困，旁人有样学样，官场中埋三怨四的现象大为减少。凡事上行下效，上头爱民节用，下头岂敢残民以逞？

1 夏原吉"真有上古仁爱之心"

明代史学家陈建著《皇明通纪》，从其中记载的两件"小事"可见湘籍大臣夏原吉为人敬慎："尝夜阅文书，抚案叹息，笔欲下而止者再，其夫人问之，原吉曰：'吾适所批者，岁终大辟奏也。吾笔一下，死生决矣。是以惨沮而笔不忍下也。'原吉与同列饮于他所，夜归，值雪过禁门，有欲不下马者，曰：'雪大，寒甚。'原吉曰：'君子不以冥冥惰行。'"[3]夏原吉复核死囚判决书，笔不忍下，他担心其中有冤屈者，有罪不至死者，下笔稍微不慎就会铸成大错，无可更改。风雪夜，他过禁门而照例下马，是严格遵守规则。他所说的"君子不以冥冥惰行"，翻译成现代汉语，意思就是：君子不因为无人监督就懈怠胡来。

夏原吉以办事勤勉无倦容、待人宽宏有度量著称，这位三朝（明成祖朱棣、明仁宗朱高炽、明宣宗朱瞻基）元老乃治世之能臣，具备仁心

---

1 《刘蓉集》第2册，第91页，《复曾涤生侍讲书》。
2 易宗夔：《新世说》，第25页，《蔡锷言彰功不若救人》。
3 周圣楷编纂，邓显鹤增辑：《楚宝》上，第67、68页，卷第三·大臣三。

仁术，受百姓爱戴。永乐初年，他办理浙西水灾，赈救浙西饥荒，皆井井有条，事事妥帖，不仅百姓交口称颂，"黑衣宰相"姚广孝从浙西考察回朝，也向明成祖朱棣称赞道："原吉真有上古仁爱之心！"

2 李东阳随时捞人，到处救火

有人批评首辅李东阳与阉党切割不够决绝，也有人惋惜大学士李东阳在朝政动荡时期无法拨乱反正，甚至有人嘲笑他是聋子的耳朵、瞎子的眼珠，纯属摆设，一首绝句就是这样讽刺他的，"才名真与斗山齐，伴食中书日又西。回首湘江春草绿，鹧鸪啼罢子规啼"。李东阳真有那么懦弱吗？他与阉党首领刘瑾斗智斗勇，比别人周旋的回合更多，所采用的技巧也更讲究，他随时捞人，到处救火，掩护了许多正直之士，保存了国家的元气。

"刘健、谢迁、刘大夏、杨一清及平江伯陈熊辈几得危祸，皆赖东阳而解。其潜移默夺，保全善类，天下阴受其庇，而气节之士多非之。侍郎罗玘上书劝其早退，至请削门生籍。东阳得书，俯首长叹而已。"[1]

李东阳不去位，并非恋栈，而是他认识到，朝堂之中若只有小人，没有君子，刘瑾凶暴，阙政无人弥缝补救，局面将不可收拾。他不骛虚名而坚忍务实，这正是其难能可贵之处。"伴食中书"原指南宋大臣孙近，他在参知政事任上，一味附和宰相秦桧，毫无主张，诗人将这个典故硬套在李东阳头上，明显有误。

阉党首领刘瑾多行不义，被诛后，李东阳上疏自劾："臣虽委曲匡持，期于少济，而因循隐忍，所损亦多，理宜黜罢。"明武宗朱厚照慰留之。其实留下只会多受罪。朱厚照嬉游无度，荒淫无耻，在宫中建豹房、寺观，罢讲筵，不理朝政，李东阳多次上章切谏，奏疏如石沉大海。

尽管朝野清议对李东阳多有苛求，《明史》中对他的评价还是很好

---

1 张廷玉等：《明史》第 4 册，第 2625 页，卷一百八十一。

的。他在荒唐皇帝和暴戾宦竖之间做文官领袖，这绝对不是一件轻松容易的差事。李东阳处于夹缝之中，虽难免有所依违，但他殚精竭虑推动善政，补救失政，而且从始至终未与宦竖同流合污，也未公开赞许过明武宗朱厚照的种种邪行、恶行，更别说助纣为虐了，实属难得。

在烂糟糟的世道，李东阳做人做官能做成这个样子，谁还好意思要求更多？据《宪章录》记载："（东阳）病剧，杨一清、梁储、靳贵就问之。一清等知其不起，慰曰：'国朝以来，文臣未有谥文正者，公知不讳，请以谥公。'东阳倚榻顿首，遂卒。"[1] 野史《皇明通纪》亦言之凿凿，"东阳颇以谥为忧"。一位大臣对盖棺论定极其看重，恰恰说明一个事实：他身处浊世，担心清白名声受到当世的玷污和后世的质疑。

3 艾穆"终不以人命博官"

明朝万历年间，刑部主事艾穆赴陕西录囚。录囚又称虑囚，旨在平反冤狱，纠正错案，督办悬案。其时，张居正膺任内阁首辅大臣，行法甚严，决囚有名额规定，不达标者降职处分，超额者升官晋级。艾穆与御史商议，只打算处决两名囚犯。御史担心处决的人数太少，不足额难以向上司交差，艾穆说："我终不以人命博官也。"别人轻易勾销囚犯的性命，换取升官晋级的好运，多杀几个囚徒不成问题，艾穆则心怀恻隐，不忍多杀，不忍枉杀。艾穆回朝复命，首辅大臣张居正果然声色俱厉，责备他玩忽职守。艾穆据理力争，他说："皇上正当少年，微臣体会上天有好生之德，助公施行平允之治，有罪甘心受罚。"说完这话，他长揖而退。

张居正死后，艾穆重获起用，任四川巡抚。吃过大苦、受过大罪的人，很有可能性情大变，仁厚的人也可能变成残忍的人，但艾穆一如既往，奉为圭臬的仍是孟子的名言——"行一不义，杀一不辜，而得天下，皆不为也"。然而他的仁厚一旦用错地方，弄错对象，后果就会背离初

---

1 夏燮：《明通鉴》中册，第1250页，卷四十六。

衷。当时，有人举报播州宣抚使杨应龙叛乱，贵州巡抚叶梦熊主张征讨，四川巡抚艾穆则不愿加兵，因为用武力解决很可能造成生灵涂炭的局面。两省巡抚会勘的结果出来，杨应龙被逮至重庆，艾穆刀下留人，让杨应龙赎罪，从此洗心革面、脱胎换骨，将他释放了。艾穆死后，杨应龙聚众叛乱，蹂践诸郡，竟造成血流成河的惨剧。

4 陶澍视民生无小事，所至有功德

嘉庆年间，陶澍做京官时，常于城中见到衣衫褴褛、面黄肌瘦的乞丐，他们没有亲人，也没有栖身之所，病了随处躺，死了就地埋。朝廷不管的事情，民间就该有人管，如何才能真正帮助他们活得像样点？陶澍在消寒诗社里提起这件事，夏修恕主张兴建收养所，只是银钱无着，于是陶澍动员年轻的京官量力捐款，果然一呼百应，在北京朝阳门外择地建成悦生堂，专门收养无亲无故无依无靠者。"同时诸君子翕然一心，解囊捐助，五年于兹。每岁冬春，收养老病残疾百余人，衣之食之，宇以庇之，俾旦夕就殍者，得以出沟壑而跻于有生之域，是诚可悦也已。"[1]这桩善事，陶澍共经办了五年，直到他外放川东兵备道，才交由他人接手。由于他办理有方，以十年为期妥当分配善款，"用其半，息其半"，加上远近捐助者渐多，存款将及三千金，悦生堂的收容量随之扩大。"尽得一分心，即收得一分益"，陶澍仁民爱物，不仅尽心了，而且使穷苦人受益匪浅。

嘉庆二十年（1815）秋，御史陶澍奉命巡视江南漕务，行前陛见请训。他刚入大殿侧门，就听见嘉庆皇帝发布口谕："放尔南漕矣！尔尚有良心，肯说几句正经话也。"[2]在嘉庆皇帝看来，官员有良心，平日肯说正经话，不靠谎言奉承话糊弄上司，出远差办实事方能出佳绩。这使人想起乾隆皇帝在热河行营当众夸赞罗典的那句话："罗典是正经老实

---

1 《陶澍全集》（修订版）第 6 册，第 183 页，《京师悦生堂总簿序》。
2 徐珂编撰：《清稗类钞》第 4 册，第 1506 页，《陶文毅说正经话》。

人！"[1] 须知，陶澍是岳麓书院山长罗典的得意门生，果然学有传承。陶澍上任伊始即厉行改革，裁除积年陋规，严禁自上而下的各种需索、勒派。他推诚布信，以软硬两手灵活处理各种关系："于帮弁则威之，以戢其贪心；于舵丁则齐之，以恤其甘苦；于州县则奖其劳，而惩其玩；于大吏则开以诚，而示以公。"[2] 半年之内，陶澍催运漕粮五百多万石，较之往年，运速更快，运量更足，朝野都很满意。两江总督百龄称赞他"通达政体，晓畅机宜"，江苏巡抚张师诚夸他"宅心磊落，办事和平"。

　　嘉庆二十四年（1819）闰四月，陶澍被授川东兵备道。川东三府二州（重庆府、夔州府、绥定府、忠州、酉阳州）皆为瘠区，经济不发达，穷苦人多，陶澍便经常督促辖区内的官员做善事。巴县姓仇的县令闻风而动，率先建成养济院和育婴堂，陶澍见到捐款册后，欣然为之作序："鳏、寡、孤、独，谓之无告。无告者，非不能告者也，告之而不见恻于人，故谓之无告。若夫呱呱而泣，欲言不能，则路弃之婴儿是已。于婴儿而弃之，是不能告之无告；视告而不见恻之，无告为尤惨也。"[3] 陶澍刚到渝城履新，就在城内街道旁看见遗弃的死婴，他"不胜骇怛"，深感为官一任，造福一方，救济穷民中的无告者，实应急切讲求。此后，他为养济院和育婴堂发起募捐，挹注善款，做了许多力所能及的事情。四川总督蒋攸铦对陶澍的"清廉公正"留下了极好的印象，"且语人云：'他人到一处，数月方悉情形，惟陶某一到，便透澈无遗'"[4]。爱民者必得民爱，陶澍从川东兵备道离任时，绅民父老走送十余里，依依不舍，相顾流泪，举人熊耳山即兴口占诗句相赠："来何暮，去何速，何日君来蜀民福！"[5]

　　许多地方都建有育婴堂，可是真正办出了实效的并不多。陶澍任安徽布政使时就发现安庆的育婴堂经费奇绌，数百名婴儿嗷嗷待哺，三百

1《书屋》2021年1期，第51页，袁刚毅《罗典与岳麓书院》。
2 陈蒲清：《陶澍传》，第27页，第二章第五节《巡视南漕，锋芒初试》。
3《陶澍全集》（修订版）第6册，第186页，《渝城育婴堂序》。
4《陶澍全集》（修订版）第6册，第422页，《覆贺耦耕太守书》。
5《陶澍全集》（修订版）第7册，第294页，《庚辰十二月十一日发重庆，绅民走送十余里不绝，怆然有作》之五。

多个弃儿卧床呻吟，在死亡线上挣扎，根本无人照顾他们。据管堂人陈述，由于弃儿超额，租息不够，早已入不敷出，照看者领不到工钱，吃不饱肚子，全跑了。陶澍当即捐银，令管堂人雇帮手，熬稀饭，救人要紧。他谕令府、县官员关心民瘼，往往言者谆谆，听者藐藐，唯有爱心士绅闻风而动。陶澍再次在劝捐簿上作序，引用《诗经》中的诗句"无父何怙，无母何恃"，道是"诸君子胞与为怀，其勿以煦煦之仁目之，则幸甚"[1]，这当然不是小恩小惠，此为义举。陶澍为洪水后新建的安徽育婴堂题过一副楹联，上联是"父兮生，母兮鞠，俾无父母有父母，此谓民父母"，下联是"子言似，孙言续，视犹子孙即子孙，以保我子孙"[2]。做父母官就该具备父母心，陶澍强调这一点，无疑是对贪官、恶官、庸官的文字敲打。

封疆大臣欲造福百姓，就须力挽颓波，纾解民困。陶澍从大处着眼，在两江地区兴修水利、疏浚江河、办理海运、整顿盐务、建设仓储，无不是排除万难，实力实行。比如，他将淮北纲盐改革为票盐，使积重难返的盐业重新找到活路，为此不惜得罪固有的利益集团。扬州人爱玩纸牌"叶子戏"，票盐兴起后，那些怨恨陶澍的人将纸牌添加两张，一张牌上面画的是一棵桃树，桃树旁一人抢斧作砍伐状，这张晦气牌，谁拿到它，赢也算输，免不了恶语咒骂。另一张牌上面画的是一位美女，叫陶小姐，这张喜运牌，谁拿到它，输也算赢，因此亵言戏笑。扬州城里多盐商，他们借此发泄对陶澍的不满。道光十二年（1832），陶澍申请恢复盐政，覆奏时将此事写进奏折："……兼闻扬人相斗纸牌，绘一桃树，另绘一人为伐树状，以寓咀咒。其切齿于臣若此。实恐因臣为怨府，致误全局。"[3]两江总督陶澍不兼理盐务还不行，道光皇帝只信得过陶澍一人。

陶澍的票盐改革于艰难中取得成效，"利国利民，利商利灶，为数

1《陶澍全集》(修订版) 第6册，第187页，《皖城育婴堂劝捐〔簿〕序》。
2《陶澍全集》(修订版) 第7册，第376页，《题安徽育婴堂》。
3《陶澍全集》(修订版) 第3册，第95页，《请复盐政，蒙恩训饬，覆奏折片》。

百年所未有"[1]，"未改票之前，灶户困苦流亡，不可胜数。……所全活数万人，现今三年以来，商灶无不丰衣足食"[2]。老百姓受益，奸商受损，国家税利大增。陶澍治理两江渐入佳境，胡达源以"民食有余，国用加裕"[3]八字总结，毫不夸张。

陶澍爱民，不仅自己倾尽心力，而且动员一切可以动员的人力物力救助那些灾荒年转死沟壑的贫苦百姓。他亲撰《三省水灾劝捐告示》，引用前人的算法，"饥民一日得米三合，便可不死。计一岁中，每一石米可救一人不死"，劝导富人减少享乐，多救人命。"由此推之，省一筵宴之费，可活几人；省一交际之费，可活几人；省一土木之费，可活几人；省一簪珥衣被之费，可活几人；省一摩挲古玩、奇花异木之费，可活几人；省一布施庸俗僧道之费，可活几人。兴言及此，是随时随地皆可以活人；即随意随缘，皆可以造福。人亦何惮而不为！至若刻薄成家，理无久享；为富不仁，难逃鬼瞰。一生衣食有限，死又将之不去，何苦以生人、活人之物，积为子孙造孽之具乎？"[4]陶澍喜欢写诗，更喜欢作序，江苏按察使李兰卿著农书《催耕课稻编》，陶澍欣然为之作序，在他心目中，民生无小事，皆为大功德。

陶澍的业绩肉眼可见，仁心路人皆知，胡达源是陶澍的至交好友，又是亲家，他称赞陶澍到点到位："尝观天下非常之事，必待治于非常之人。古大人以身任天下之重，临危险而不惊，遭疑谤而不惧，能使功施社稷，泽被生民，显当时而垂后世者，岂遭时得位以侥幸，其或成者哉？"[5]诚然，"功施社稷，泽被生民"，唯有这样的人才堪称非常之人。

---

1 《魏源集》下册，第 892 页，《淮北票盐记》。

2 魏源：《淮北票盐志略》卷十三。

3 《胡达源集》，岳麓书社 2009 年版，第 211 页，《致陶云汀制军澍书》。

4 《陶澍全集》(修订版) 第 6 册，第 318、319 页，《三省水灾劝捐告示》。

5 《胡达源集》，第 206 页，《宫保陶云汀先生六十寿序》。

5 曾国藩能立能达，无怨无尤

同治元年（1862）腊月初十日，曾国藩回复李续宜，特别提醒道："吾辈位高望重，他人不敢指摘，惟当奉方寸如严师，畏天理如刑罚，庶几刻刻敬惮。"[1] 不怕居高位者无良能，只怕居高位者无良知，良知在方寸之间，以它为师，则天理自明，敬畏感油然而生。

同治二年（1863）秋，曾国藩致书曾国荃，担心这位生性偏激的胞弟收到朝廷饬令[2]后难免怫郁，遂耐心开解道："余自经咸丰八年一番磨炼，始知畏天命、畏人言、畏君父之训诫，始知自己本领平常之至。昔年之倔强，不免客气用事。近岁思于'畏慎'二字之中养出一种刚气来，惜或作或辍，均做不到。然自信此六年工夫，较之咸丰七年以前已大进矣。不知弟意中见得何如？弟经此番裁抑磨炼，亦宜从'畏慎'二字痛下功夫。畏天命，则于金陵之克复付诸可必不可必之数，不敢丝毫代天主张。且常觉我兄弟菲材薄德，不配成此大功。畏人言，则不敢稍拂舆论。畏训诫，则转以小惩为进德之基。"[3] 湖南人喜欢霸蛮，霸蛮强调的是动态主观能动力，难免"代天主张"，曾国藩用"畏慎"对冲之，以求达成平衡。曾国荃一味霸蛮，顿兵于坚城之下，久攻不破，还被朝廷责怪，难免愤郁。曾国藩拿"读书养气，小心大度"八字劝导之，也是希望老弟能够于人力之外感悟天命，内心不必过于焦虑和愁苦。两年前，曾国荃攻克安庆之日，曾国藩庆贺道："是时恰值日月合璧、五星联珠。钦天监于五月具奏，以为非常祥瑞。"[4] 上应天命，下顺人心，福泽自厚。在当年，这样的认知已算睿智。

孔子对于弟子有两个总体要求：一是"立"，二是"达"。关乎二者，《论语》中名言甚多。比如"君子务本，本立而道生""不患无位，

1《曾国藩全集》第 26 册，第 281 页，《复李续宜》。

2 "无庸单衔奏事，不必咨别处。"

3《曾国藩全集》第 21 册，第 208、209 页，《致沅弟》。

4《曾国藩全集》第 20 册，第 687、688 页，《致沅弟》。

患所以立""不学礼,无以立""不知礼,无以立也""民无信不立""三十而立""下学而上达""君子上达,小人下达""无欲速,无见小利。欲速则不达,见小利则大事不成"。何为"立"?孔子未具体讲,观其语意,则有确立、树立、成立之意。何为"达"?孔子给出了标准答案:"夫达也者,质直而好义,察言而观色,虑以下人。在邦必达,在家必达。"孔子以仁为本,仁用两条腿走路方可行,这两条腿就是"立"和"达"。他说:"夫仁者,己欲立而立人,己欲达而达人。"这样的仁者,注定不是自了汉,而要兼济众生。因此"立"与"达"已超越道德境界而为天地境界。

湘军集团的道德优势和制胜之本,正是"己欲立而立人,己欲达而达人"。洪、杨、韦、石争权夺位而互相残杀,曾、左、胡、彭抱团取暖而彼此成全,二者的区别判若云泥。"夫满清之所以中兴,太平天国之所以失败者,盖非人才消长之故,而实德业隆替之征也。彼洪、杨、石、李、陈、韦之才略,岂不能比拟于曾、胡、左、李之清臣,然而曾氏标榜道德,力体躬行,以为一世倡,其结果竟能变易风俗,挽回颓靡,吾姑不问其当时应变之手段,思想之新旧,成败之过程如何,而其苦心毅力,自立立人、自达达人之道,盖已足为吾人之师资矣。"[1] 蒋介石大半辈子学习曾国藩,但他始终未能从学渣转换为学霸,就因为他只学到了皮毛,没有学到精髓。

曾国藩讲如何立(站得住)、如何达(行得通),颇具说服力:"带兵之道,用恩莫如用仁,用威莫如用礼。仁者,所谓欲立立人,欲达达人是也。待弁兵如待子弟之心,常望其发达,望其成立,则人知恩矣。礼者,所谓无众寡,无小大,无敢慢,泰而不骄也。正其衣冠,尊其瞻视,俨然人望而畏之,威而不猛也。持之以敬,临之以庄,无形无声之际,常有凛然难犯之象,则人知威矣。守斯二者,虽蛮貊之邦行矣,何兵之不可治哉!"[2]

同治六年(1867)开年第二天,曾国藩告诉曾国荃,世间真有后悔

1 刘强译注导读:《曾胡治兵语录导读》,第37页,《增补曾胡治兵语录序》。
2 刘强译注导读:《曾胡治兵语录导读》,第125页,《第八章 仁爱》。

药可吃，而且吃了后悔药真能断除病根："弟求兄随时训示申儆，兄自问近年得力惟有一悔字诀。兄昔年自负本领甚大，可屈可伸，可行可藏，又每见得人家不是。自从丁巳、戊午大悔大悟之后，乃知自己全无本领，凡事都见得人家有几分是处。故自戊午至今九载，与四十岁以前迥不相同。大约以能立能达为体，以不怨不尤为用。立者，发奋自强，站得住也；达者，办事圆融，行得通也。吾九年以来，痛戒无恒之弊。看书写字，从未间断，选将练兵，亦常留心。此皆自强能立工夫。奏疏公牍，再三斟酌，无一过当之语自夸之词。此皆圆融能达工夫。至于怨天本有所不敢，尤人则常不能免，亦皆随时强制而克去之。弟若欲自儆惕，似可学阿兄丁、戊二年之悔，然后痛下箴砭，必有大进。立达二字，吾于己未年曾写于弟之手卷中，弟亦刻刻思自立自强，但于能达处尚欠体验，于不怨尤处尚难强制。吾信中言皆随时指点，劝弟强制也。赵广汉本汉之贤臣，因星变而劾魏相，后乃身当其灾，可为殷鉴。默存一悔字，无事不可挽回也。"[1]同治五年（1866），曾国荃参劾官文、胡家玉，未能取得完胜，心有不甘，事后他打算再起一局，参劾左宗棠。曾国藩在家书中反复譬解和劝说，终于使曾国荃放弃此举。曾九帅偶尔也能抵达道德境界，更多的时候则待在功利境界中顾盼自雄，老大（曾国藩）能够立人、达人，比老九（曾国荃）的境界高出了一大截。

6 江忠源以美意良法保全民命

道光二十九年（1849），江忠源平乱有功，获赏蓝翎顶戴，拣发浙江任职。翌年春，他署理秀水知县，捕海盗，安平民，赈洪灾，救百姓，招流亡，治荒政，禁游惰，纾民困，惩治奸猾，收养遗孤，事事做得稳妥周全。江忠源提倡节俭，竟将自己的开销明账写进告示，"知县每日六十四文"，秀水百姓诵之烂熟。浙西蚕事最盛，旱灾后桑树枯槁，江忠源考求《农桑集要》诸书，撰写《补救六条》，晓谕百姓，受裨益

---

[1]《曾国藩全集》第 21 册，第 476、477 页，《致沅弟》。

者甚多。

　　大灾之年，秀水县米价昂贵，饥民为了活命，四处抢夺，无所顾忌。江忠源上任之初，就有二十余起抢案要办，巡捕已经抓获嫌犯一百余名。他明查暗访，发现只有某甲一人恶名远扬，于是他当机立断，将某甲关入站笼，置于烈日下，暴晒而毙之。其他犯人怎么处置？暂且关在大牢里，既不提审，也不问罪。嗣后，江忠源前往赈局，邀请几位掌管赈事的乡绅前往城隍庙拜谒土地公公，他从袖口取出早已准备妥当的《誓神文》，问道："诸君肯署名否？"众乡绅点头表示同意。于是烧香燃烛，击钟擂鼓，齐齐在神龛前跪下，先由江忠源朗诵一遍誓文，然后众乡绅再朗诵一遍，"词意森严，闻者无不懔栗"。拜完神，发完誓，江忠源当众书写两副匾文，凡是捐有成数的富人就获赠大红花，享受鼓吹的待遇，而且以"乐善好施"匾额褒奖，反之则就将"为富不仁某某"的匾额悬挂在吝啬鬼的门檐上，责令地保每日巡视，不准受惩戒的富家摘匾藏匿，直到捐款为止。这个举措落实，饥民闻讯，欢声雷动，人心很快就安定下来。江忠源还有一个创举，凡是捐钱捐粮多者，县府就给予"禁抢告示"明文一纸，触犯此禁者一律按某甲立站笼暴晒而死的刑罚处决。这块免死牌很管用，富商富绅谁都想获得。于是富户踊跃捐银，唯恐落后，数日之间，全县即募银十余万两。江忠源乘船下乡，清查秀水饥民的户口人数，分段造册，交给捐钱捐粮的富户，由他们办理赈务，分发粮食，每隔五天向县衙报告一次，仔细核查，以求万无一失。偌大的秀水县，官方并未设立赈局，民间事务完全由民间办理，不仅免去了多余环节，而且防止了浪费，杜绝了贪污，美意良法，双获保全。[1]

　　秀水百姓爱戴江忠源，称呼他为"江青天"，这个美名传遍浙江全省。嘉兴县令办赈乏术，效率低下，愤怒的饥民将他团团围住，厉声质问："江青天做得到的事情，为何你做不到？"他们砸毁嘉兴县署，闹出很大的动静。

1　徐珂编撰：《清稗类钞》第 3 册，第 1256、1257 页，《江忠烈赈饥》。

江忠源把赈务办妥办完，秀水全县无一人饿死，然后他着手审理狱中的那些抢夺犯。饥民犯法，情有可原，倘若科以重罪，用刑岂非失于苛猛？江忠源决定以枷刑、杖刑从轻发落一百余名闹事的饥民，当堂释放他们。造总册的结案方式很独特，实属破例，闻所未闻。所幸浙江巡抚吴文镕明白通达，不仅没有申斥江忠源，还把他的办法当成范例，在全省范围内推广。

江忠源在秀水履职九月，县政大治。"士为歌诗颂公德，谓二百年来无此官。"嗣后，江忠源补授丽水县令。当年，朝廷令中外官员各举所知，浙江巡抚吴文镕准备举荐江忠源，礼部侍郎曾国藩已抢先举荐。江忠源本当赴部引见，杭州海塘坏，吴文镕奏留办工。过了四个月，海塘修竣，江忠源接到父亲的讣闻，一恸几绝，呕血数升。

当年，新宁土匪李沅发作乱，有传言说，江家已被贼寇灭门，江忠源闻讯，忧愤成疾。秀水绅民立刻发动众筹，请当地名医为江忠源诊治，名医笑道："哪有医江公病还收钱的道理？"名医到了杭州，日夜候脉处方，所幸江忠源等来了新宁家书，太夫人安然无恙，他的病情顿时减轻了一半。

7 湘军都唱《爱民歌》

曾国藩自许为血诚儒者，强调仁民爱物，他曾说："爱民为治兵第一要义。须日日三令五申，视为性命根本之事，毋视为要结粉饰之文。"[1]他创作《爱民歌》，找人谱曲，以之为湘军军歌，唱遍江南江北，歌词深入人心：

"三军个个仔细听，行军先要爱百姓。贼匪害了百姓们，全靠官兵来救人。百姓被贼吃了苦，全靠官兵来作主。第一扎营不要懒，莫走人家取门板。莫拆民房搬砖石，莫踹禾苗坏田产。莫打民间鸭和鸡，莫借民间锅和碗。莫派民夫来挖壕，莫到民家去打馆。筑墙莫拦街前路，砍

---

1 刘强译注导读：《曾胡治兵语录导读》，第125页，《第八章 仁爱》。

柴莫砍坟上树。挑水莫挑有鱼塘，凡事都要让一步。第二行路要端详，夜夜总要支帐房。莫进城市占铺店，莫向乡间借村庄。人有小事莫喧哗，人不躲路莫挤他。无钱莫扯道边菜，无钱莫喝便宜茶。更有一句紧要书，切莫掳人当长夫。一人被掳挑担去，一家号哭不安居。娘哭子来眼也肿，妻哭夫来泪也枯。从中地保又讹钱，分派各团并各都。有夫派夫无派钱，牵了骡马又牵猪。鸡飞狗走都吓倒，塘里吓死几条鱼。第三号令要严明，兵勇不许乱出营。走出营来就学坏，总是百姓来受害。或走大家讹钱文，或走小家调妇人。邀些地痞作伙计，买些烧酒同喝醉。逢着百姓就要打，遇着店家就发气。可怜百姓打出血，吃了大亏不敢说。生怕老将不自在，还要出钱去赔罪。要得百姓稍安静，先要兵勇听号令。陆军不许乱出营，水军不许岸上行。在家皆是做良民，出来当兵也是人。官兵贼匪本不同，官兵是人贼是禽。官兵不抢贼匪抢，官兵不淫贼匪淫。若是官兵也淫抢，便同贼匪一条心。官兵与贼不分明，到处传出丑声名。百姓听得就心酸，上司听得皱眉尖。上司不肯发粮饷，百姓不肯卖米盐。爱民之军处处喜，扰民之军处处嫌。我的军士跟我早，多年在外名声好。如今百姓更穷困，愿我军士听教训。军士与民如一家，千记不可欺负他。日日熟唱爱民歌，天和地和又人和。"[1]

"兵如烈火，不戢则焚。"曾国藩深知军纪败坏的队伍危害极大，因此他总是反复叮嘱将领，爱民就是爱兵，爱兵就是爱民，民与兵分则为二，合则为一，勿使相害。咸丰十年（1860）四月下旬，曾国藩致书告诫胞弟曾国荃，爱民乃是头等大事，不可暂忘于怀："当此大乱之世，吾辈立身行间，最易造孽，亦最易积德。吾自三年初招勇时，即以爱民为第一义。历年以来，纵未必行得到，而寸心总不敢忘'爱民'两个字。"[2] 世间万事如毛，口到、笔到可能有假，心到则必见真诚。湘军中，罗泽南的部队军容最为严整，有主之牛走失，获而归民；非分之财送至，封而不取。在民间有口皆碑。

曾国藩创作《爱民歌》，是岳飞、戚继光给他的灵感。南宋岳家军

1《曾国藩全集》第 14 册，第 398、399 页，《爱民歌》。
2《曾国藩全集》第 20 册，第 483 页，《致沅弟》。

师行千里，秋毫无犯，两句口号响彻云天："冻杀不拆屋，饿杀不打掳！"冻死不拆房，饿死不抢粮，爱民的军队人民爱。明朝戚家军威震东南，以"安国保民"为职志，戚继光的训令很通俗，泥腿子的庄稼汉也能听懂："兵是杀贼的东西，贼是杀百姓的东西，百姓们岂不是要你们杀贼？设使你们果肯杀贼，守军法，不扰害，他如何不奉承你们？"

《爱民歌》不讲深奥的道理，只讲官兵是老百姓的救星、官兵不扰民不害民的规矩有哪些、扰民害民的后果是什么、官兵与贼匪的区别何在。一支仁义之师打着爱民的旗帜，自然更受老百姓待见，更得地方绅士支持，湘军的底气在此，软实力也在此。

湘军大将李续宾在三河阵亡后，给胡林翼留下绵绵不绝的去后之思，胡林翼由衷地夸赞道："李忠武公续宾，统兵巨万，号令严肃，秋毫无犯。湖南、湖北、安徽、江西、浙江等省官民，无不争思倚重。……其驻营处所，百姓欢忻，耕种不辍，万幕无哗，一尘不惊。非其法令之足以禁制诸军，实其明足以察情伪。"[1]一位大将能够明察秋毫，平日不轻用军法，用则公正服人心，驭下便能令行禁止，爱民便能落到实处。

名将蔡锷极力主张军队爱民，给出的理由很雄辩："古今名将用兵，莫不以安民、爱民为本。盖用兵原为安民，若扰之害之，是悖用兵之本旨也。兵者民之所出，饷亦出之自民。索本探源，何忍加以扰害？行师地方，仰给于民者岂止一端；休养军队，采办粮秣，征发夫役，探访敌情，带引道路，何一非借重民力！若修怨于民，而招其反抗，是自困也。至于兴师外国，亦不可以无端之祸乱，加之无辜之民，致上干天和，下招怨怼，仁师义旅，决不出此。"[2]

仁德的将帅固然爱民，睿智的将帅同样爱民，爱民的好处实在太多了，害民无异于自断后路，自掘坟墓，还会留下恶名，沦为公敌。湘军多半由书生带兵，唱《爱民歌》不是做样子，更不是打幌子，亲民爱民能够提升湘军的战斗力和正面形象，有利无弊，何乐而不为。

1 刘强译注导读：《曾胡治兵语录导读》，第45页，《第一章 将材》。

2 刘强译注导读：《曾胡治兵语录导读》，第130页，《第八章 仁爱》。

湘西箪军原本具有土匪习性，"湘西王"陈渠珍治军有方，将它改造成为守纪爱民的铁军。他著《军人良心论》，采用一问一答的方式教导军人明白事理、掌握常识，关乎爱民，言简意赅。

第五十四问：军人的良心，要如何才能发现出来？

答：首先要晓得军人同人民的地位。

第五十五问：人民是甚么地位？

答：人民是我们军人的主人。

第五十六问：人民何以是我们军人的主人？

答：人民拿钱来养我们，我们吃的饭、穿的衣、用的器、住的屋，无一件不是人民的。所以，（人民）是我们的主人。

第五十八问：军人拿甚么来保护人民？

答：就是良心。

第五十九问：军人的武器是枪，何以说是良心？

答：有良心的人拿枪，才是军人。没有良心的人拿枪，便是土匪。因为，军人存心是处处求人民利益，不顾自己牺牲的。土匪存心，是处处求自己利益，不顾别人痛苦的。[1]

陈渠珍的《军人良心论》共计一百八十一条问答，全书条理清晰、通俗易懂，哪怕是不识字的士兵，听人朗读一遍，也能理解个六七成。一旦爱民的情感和观念在士兵的心中根深蒂固，军纪良好便自然而然，比严刑重罚收效更快更巨。

1《陈渠珍遗著》，第175、176页，《军人良心论》。

四 俯视沧海，冲决网罗

梁启超下过一个结论："谭浏阳志节、学行、思想，为我中国二十世纪开幕第一人，不待言矣。"[1] 谭浏阳即谭嗣同，于光绪二十四年（1898）为变法壮烈牺牲。"戊戌六君子"皆为人中之龙，为何是谭嗣同而不是别人最有资格成为"中国二十世纪开幕第一人"？

谭嗣同视天地万物为牢笼，智者恒觉察受困于其中，这种意识在他的书信里多有透露："人生世间，天地必有以困之：以天下事困圣贤困英雄，以道德文章困士人，以功名困仕宦，以货利困商贾，以衣食困庸夫。天必欲困之，我必不为所困，是在局中人自悟耳。夫不为所困，岂必舍天下事与夫道德文章功名货利衣食而不顾哉？亦惟尽所当为，其得失利害，未足撄我之心，强为其善，成功则天，此孟子所以告滕文也。可见事至于极，虽圣贤亦惟任之而已！"[2] 重重围困之中，谭嗣同不顾一切，要冲决网罗，愿担负责任，他就具备了做"第一人"的资格。

唐才常确认，"欲肝胆之无亡"，须做好两件事："一在破生死以生其热血，一在公权力以生其热电。"他断言："无热力者，不变无伤，变亦无益；有热力者，不变速亡，变则速强。热力速而涨者，其民必智，其国必新；热力大而神者，其民必仁，其国必群。"[3] 智民、仁民同为新民，新国、群国皆为强国。由热血、热忱而生热电、热力，这正是湖南

---

1 《梁启超全集》第 18 卷，第 5295 页，《饮冰室诗话》第 2 则。

2 《谭嗣同全集》（增订本），第 90、91 页，《报邹岳生书》。

3 《唐才常集》，中华书局 1980 年版，第 144、146 页，《论热力》下篇。

志士冲决网罗的"全时驱动"。唐才常还以世界眼光、全球胸怀奉献独家见解："夫求新者既洞悉十九周以后之地球，必文明大启，又灼知孔教杀身成仁，佛氏大雄大无畏之旨，与夫意大里、奥斯玛加、日本之变法，俱一二奇人侠士为之，遂决然毅然，舍身度世，以捍天下之危难，无所于茶。"[1] 谭嗣同和唐才常均自视为奇人侠士，他们赞成维新变法，不惜生死以之，乃是热血定见所致。

戊戌年（1898）六月，唐才常送别时务学堂的三位粤籍名师欧榘甲、韩文举、叶觉迈，赋诗《侠客篇》，字字挟带劲道，拂面都是罡风："丈夫重意气，孤剑何雄哉！良宵一灯青，啼匣风雨哀。不斩仇人头，不饮降王杯，仰视天沉阴，揽衣起徘徊，民贼与乡愿，颈血污人来……"[2] 侠客看淡生死，冲决网罗难免毛羽凋落，这原是他们意料之中的事情，自始就没打算规避祸患。

湖南人从来就不缺少俯视沧海、冲决网罗的霸气和勇气。且看黄兴青年时期的诗作："独立雄无敌，长空万里风。可怜此豪杰，岂肯困樊笼？一去渡沧海，高扬摩碧穹。秋深霜气肃，木落万山空。"[3] 黄兴以雄鹰为喻，极珍视独立和自由，藐视眼前的所有阻碍，直有咄咄逼人之势。

1 谭嗣同"自卓荦法度外"

谭嗣同出生于官宦家庭，父亲谭继洵官至湖北巡抚。十岁时，谭嗣同与仲兄谭嗣襄拜同乡学者欧阳中鹄[4]为师。欧阳中鹄不是寻常的塾师，他尊奉大学问家王夫之为泰山北斗，自号瓣姜（取瓣香姜斋之意）。欧阳中鹄热爱文学，精研历史、哲学，在数学方面亦深有造诣，对自然科学保持浓厚的兴趣和广泛的好奇心，能跳出旧道德的樊篱，追求个性发

1《唐才常集》，第 165 页，《辨惑》上篇。意大里：即意大利。奥斯玛加：即奥匈帝国。
2《唐才常集》，第 262 页，《侠客篇》。
3《黄兴集》，第 1 页，《咏鹰》。
4 欧阳中鹄（1849—1911），字节吾，号瓣姜。湖南浏阳人。学者。

展。欧阳中鹄门下有三大得意弟子[1]，谭嗣同尤其出色，不仅诗才斐然，而且服膺王夫之的学说，熟悉历史、哲学、数学和自然科学的门径，至于追求个性解放，他更有冲决一切网罗的宏愿和壮举。他们师徒间保持了二十多年的道义之交。

谭嗣同"自卓荦法度外"，誓要冲决一切网罗，纲伦之网罗首当其冲。他说："吾自少至壮，遍遭纲伦之厄，涵泳其苦，殆非生人所能任受，濒死累矣，而卒不死。由是益轻其生命，以为块然躯壳，除利人之外，复何足惜。深念高望，私怀墨子摩顶放踵之志矣。"[2] 诚然，童年、少年的遭遇会打下深刻烙印，影响一生。光绪二年（1876），北京流行喉风，谭嗣同十二岁，感染此病，死而复活，遂取字复生；生母徐五缘、大兄嗣贻、二姊嗣淑于五日之间相继染疫而亡，这是谭嗣同人生中第一个至暗时期。谭嗣同的庶母生性苛薄，再加上父亲谭继洵宠妾过度，对家中嫡子态度冷漠，谭嗣同少年时期受尽了精神上冷暴力的虐待，其生母徐夫人在世时，对身边人笑言道："此子倔强能自立，吾死无虑矣！"[3] 这样的"无虑"其实并不轻松。

十八岁时，谭嗣同自题小照，填词《望海潮》，自道"微有气骨"，直抒胸臆："……拔剑欲高歌。有几根侠骨，禁得揉搓？忽说此人是我，睁眼细瞧科。"[4] 从十九岁开始，谭嗣同壮游天下，游览名山大川，寻访岩穴幽隐之士，"足迹遍西域，抵掌好谈兵"。他看到了各地民生之疾苦，因而发出"风景不殊，山河顿异，城郭犹是，人民复非"的感叹。少年时期，谭嗣同住在京城，跟大刀王五[5]学习刀法，跟通臂猿胡七[6]学习拳术。二十五岁时，他精于武事，熟于兵法，撰《剑经衍葛》一卷和《兵制论》一篇。

---

1 杨廷福：《谭嗣同年谱》，第34页。欧阳中鹄的另外两位得意门生是唐才常、王孟南，都被清政府杀害了。

2 《谭嗣同全集》（增订本），第289、290页，《仁学·自叙》。

3 《谭嗣同全集》（增订本），第54页，《先姚徐夫人逸事状》。

4 《谭嗣同全集》（增订本），第150页，《石菊影庐笔识》之五十。

5 大刀王五（1844—1900），名正谊，字子斌，或子彬。河北沧州人。武术家，有"义侠"之称。

6 通臂猿胡七（生卒年不详）：名致廷。河北人。武术家。

　　戏剧家欧阳予倩是谭嗣同恩师欧阳中鹄的孙子，小时候常见谭嗣同前来家中拜访祖父，其回忆字字真切："他于文事之暇，喜欢技击，会骑马，会舞剑。我曾见他蹲在地上，叫两个人紧握他的辫根，一翻身站起来，那两个人都跌一跤。他写起字来，喜欢用食指压住笔头。人家觉得他无论什么都有点与众不同；我虽是小孩子，也觉得每见他时，就不由得引起一种好奇心。"[1]

　　官宦子弟易染不良习气，但谭嗣同自律极严，身上没有官宦子弟常备的那些臭毛病，他不嫖妓，不纳妾，不赌钱，不吸鸦片，不玩物丧志，生命俊朗而刚强。他致书好友，笔下这样写道："嗣同弱娴技击，身手尚便，长弄弧矢，尤乐驰骋。往客河西，尝于隆冬朔雪，挟一骑兵，间道疾驰，凡七昼夜，行千六百里。岩谷阻深，都无人迹，载饥载渴，斧冰作糜。比达，髀肉狼藉，濡染裤裆。此同辈所目骇神战，而嗣同殊不觉。"[2]唯侠气鼓荡于胸，勇士才能具备这样强悍的意志力，人以为苦，他以为乐。《谭嗣同年谱》作者杨廷福根据谭嗣同的《刘云田传》《致刘淞芙书》之一和《与沈小沂书》之一，白话描述如下："西北边塞，无边无际的沙漠原野，更开拓了先生壮阔的胸怀和豪爽明朗的性格。……他们斗酒纵横，上下议论，互相戏谑，时常于长城内外，奔逐驰骋，有时并辔到山谷中，有时私自出塞。他们也曾遇到西北风骤发沙石飞舞，'如中强弩'，也曾在马嘶、驼嘎、雁鸣、狼嗥声里，独立苍茫，四顾悠然；有时控弓引弦，带领百来个健儿与那些凸鼻凹目黄须雕题的少数民族人民在旷野里大声疾驰，追逐猛兽。到了晚上就在沙漠上支着帐篷，横七竖八的倒地休憩，口渴了就舀一勺黄羊血或在地上抓一把雪咽下喉去；或者取出带来的乐器在篷帐里拨琵琶，弹琴筝，引吭高歌，欢呼达旦。隆冬朔雪，先生一骑在大风雪中驰骋于峰峦重叠、岩谷深阻、都无人迹之处，凡七天七夜，行一千六百里路程。待回到兰州时，先生的髀肉都已狼藉不堪，裤裆都被血染红了，大家看得目骇神

1《谭嗣同全集》(增订本)，第536页，欧阳予倩《上欧阳瓣姜师书序》。
2《谭嗣同全集》(增订本)，第4页，《与沈小沂书》。

战，而先生却是意气自如，若无其事。"[1]其时，湘军大将刘锦棠膺任新疆巡抚，谭嗣同游其幕府，"刘大奇其才，将荐之于朝；会刘以养亲去官，不果"[2]。刘锦棠是左宗棠的爱将，为收复新疆立下旷世奇功，英雄必有慧眼，慧眼必识英雄。

一位青年志士，书剑合璧，文武兼资，不干大事就等于浪费生命。谭嗣同从二十一岁到三十岁，将近十年时间，六次赴南北省试，"几获者三，卒坐斥"[3]，损耗心血，太不值当。明朝末期，侯方域"少喜骈文，壮而悔之"，自署堂名为"壮悔"；清朝末期，"处中外虎争文无所用之日，丁盛衰互纽膂力方刚之年，行并其所悔者悔矣"，谭嗣同自号"壮飞"[4]。一字之差，二者精神境界判若云泥。壮飞，壮飞，其直上青云的鹏翼誓要冲决网罗。

思想不是短期内形成的，二十岁左右，谭嗣同喜好谈论"霸王经世之略"，无非是安内攘外的旧调陈腔，后来他忏悔道："即嗣同少时，何尝不随波逐流，弹抵西学，与友人争辩，常至失欢。久之渐知怨艾，亟欲再晤其人，以状吾过。而或不更相遇，或遂墓上草宿，哀我无知，负此良友……"[5]而立之后，谭嗣同著《仁学》，非止如梁启超所言"冥探孔佛之精奥，会通群哲之心法，衍绎南海之宗旨"，他打通了儒学、墨学、佛学、耶学等中西学说坚厚的隔墙，"别开一种冲决网罗之学"。当年，谭嗣同认定康有为从事的是文化伟业，"传孔门不传之正学，阐五洲大同之公理，三代以还一人，孔子之外无偶"[6]；他还赞赏康有为屡次上书，冒着坐牢砍头的风险向光绪皇帝直陈他人所未曾道、他人所不敢道的痛语，例如"求为长安布衣而不可得""不忍见煤山前事"，谓为

---

1 杨廷福《谭嗣同年谱》，第42、43页。

2 梁启超：《名人传记》，百花文艺出版社2002年版，第417页，《殉难六烈士》之《谭嗣同传》。

3 《谭嗣同全集》（增订本），第17页，《〈仲叔四书义〉自叙》。

4 《谭嗣同全集》（增订本），第55页，《三十自纪》。

5 《谭嗣同全集》（增订本），第228页，《报贝元徵》。

6 《谭嗣同全集》（增订本），第475页，《上欧阳中鹄》之二十二。

"二百六十年所无，亦非过誉"[1]。

乙未年（1894），梁启超致书康有为，称道谭嗣同"才识明达，魄力绝伦，所见未有其比"，但感叹他"惜佞西学太深"[2]。此言容有可议，谭嗣同精研西学，但并不盲从西学，这才是事实。他指出西方列强的军事侵略和经济侵略互为表里，"以商为战，足以灭人之国于无形，其计至巧而至毒"[3]，谭嗣同主张中国应当"奋兴商务"，唯有等价交换的自由贸易才是"彼此惠仁"，尽快跳出重农的窠臼，转向重商，中国才有活路。

光绪二十二年（1896）四月廿三日，帝师翁同龢于日记中提及谭嗣同，寥寥一语就抓住了他的特质："通洋务，高视阔步，世家子弟中桀傲者也。"[4]谭嗣同既不肯迷信权威，也不肯崇拜偶像，他说："且合乎公理者，虽闻野人之言，不殊见圣；不合乎公理，虽圣人亲诲我，我其吐之，目笑之哉。"[5]他醉心佛学，是因为他认识到佛学博大而精微，方整而圆通，是超乎众学之上集大成的智慧，完全贴合他的心性。佛家强调大无畏，他写信给恩师欧阳中鹄，认为源于慈悲的大无畏即为至仁："佛说以无畏为主，已成德者名大无畏，教人也名施无畏，而无畏之源出于慈悲，故为度一切众生故，无不活畏，无恶名畏，无死畏，无地狱恶道畏，乃至无大众威德畏，盖仁之至矣。"[6]大无畏的精神源于大乘佛法，将悲观出世的孱弱色彩一扫而尽，修习者勇决智断，只为了普度众生。百日维新夭折后，谭嗣同并未追步康有为、梁启超的后尘，亡命海外，而是以杀身成仁、舍生取义为归结，心甘情愿为近代中国的变法事业流第一滴血。

"虽千万人吾往矣"，大无畏的气概正是侠士的气概。谭嗣同三十一

1《谭嗣同全集》（增订本），第 477 页，《上欧阳中鹄》之二十六。

2 杨廷福：《谭嗣同年谱》，第 72 页。

3《谭嗣同全集》（增订本），第 224 页，《报贝元徵》。

4《翁同龢日记》第 6 卷，上海辞书出版社 2019 年版，第 2951 页。据第 9 卷第 3880 页附录之《删改真相》考证所得："桀傲"原为"杰出"。"戊戌六君子"喋血菜市口后，翁同龢多次删改日记，此为一例。

5《谭嗣同全集》（增订本），第 264 页，《与唐绂丞书》。

6《谭嗣同全集》（增订本），第 469 页，《上欧阳中鹄》之十一。

岁时，由京返湘，饯别席上有朋友出言吓唬他："湖南人以守旧闻名天下，你到了地方，最好闭口勿谈时务，要不然，以你锋芒毕露的个性，当即就会被他们整治得毛羽凋枯，连立足都难，更休想雄飞。"[1] 果不其然，守旧派大力金刚曾廉、叶德辉等人的狙击异常凶猛，但谭嗣同毫不畏缩，他协同维新志士，迅速创办时务学堂、南学会、保卫局、《湘学新报》、电报局等实体。南学会尤称盛业，此会将南方志士联通一气，宣讲爱国道理，探寻救亡之路，实则集合地方议会和学会于一身。"地方有事，公议而行，此议会之意也；每七日大集众而讲学，演说万国大势及政学原理，此学会之意也。"谭嗣同任南学会学长，任演说之事。"每会集者千数百人，君慷慨论天下事，闻者无不感动。故湖南全省风气大开，君之功居多。"[2]

光绪二十四年（1898）四月，谭嗣同在长沙养病，忽接奉上谕，被召入京，参与新政。世间既有不虞之福，也有无妄之祸，他料定此行凶多吉少，易去难回。五月初二日，谭嗣同致书夫人李闰，温语叮咛，颇为蹊跷，竟似不祥之辞："夫人益当自勉，视荣华如梦幻，视死辱为常事，无喜无悲，听其自然。"[3] 这说明，谭嗣同并没有盲目乐观，恰恰相反，他作好了赴汤蹈火的打算。

有人观望时局，以"龙不离渊，虎不离山"为词，规劝谭嗣同不要北上就职。"执者失之，为者败之"，清王朝由一位精神日益变态的女主当道，阴气郁沉，谭嗣同的个性太过刚烈，须知柔能克刚啊！这套说辞散发出阴阳家气味，他听罢一笑置之。

光绪二十四年（1898）七月二十三日，谭嗣同抵达北京，此时"百日维新"的剧情已经推演到帝党与后党巅峰对决的高潮阶段。谭嗣同的角色已不再是维新志士，而是维权侠士。他首次觐见光绪皇帝，看到的是一位面色灰白、身材纤瘦的君主，真像外界传闻的那样，这个二当家

1《唐才常集》，第160页，《浏阳兴算记》。原文："余初出都时，或怵之曰：'湘人以守旧闻天下，子苾湘毋言时务，不然且立蹶。'"

2 梁启超：《名人传记》，第418页，《殉难六烈士》之《谭嗣同传》。

3《谭嗣同全集》（增订本），第530页，《致李闰》。

无实力，无实权，只不过是暮气沉沉的古宫殿中一片薄纸剪影。谭嗣同的内心顿时生出莫大的悲凉，满怀不平之意。开懋勤殿的建议被慈禧否决后，光绪皇帝的地位朝不保夕，岌岌可危，关键时刻，"圣之时者"康有为病急乱投医，居然想借助袁世凯的小站新兵驱除后党势力。袁世凯善于投机，当初他加入康圣人主持的"强学会"，并不意味着他就真的相信康有为的那套变法主张，只不过是首鼠两端，见风使舵。七月二十八日，光绪皇帝将染满泪渍的衣带诏交给杨锐，急切谋求外援，在生死成败之间，维新派别无选择，只得孤注一掷。皇帝贵为天子，富有天下，他的"账号"上竟然没有几把刀枪和几位忠心不贰的将领。当年，维新派内部主要有两种意见：林旭主张找董福祥，董是甘军大将，并非荣禄心腹，平日有较强的忠君思想，但维新派人士与他交情不深，其实力也较为薄弱；康有为更看好袁世凯，这人练成了新建陆军，到过朝鲜，对世界大势有所认识，而且同情变法，加入了强学会，新近又由光绪皇帝破格提拔为兵部侍郎，理应知恩图报，最佳人选非他莫属。林旭不以为然，写了一首诗给谭嗣同："菰蒲泣血知何用？慷慨何曾报主恩。愿为公歌千里草，本初健者莫轻言。"[1]诗中的"千里草"用的是拆字法，暗指董福祥；东汉末期河北军阀袁绍字本初，此处暗指袁世凯。林旭断定袁世凯首鼠两端，劝谭嗣同放弃对此人的幻想。

　　热血志士毕永年[2]听闻康有为决定孤注一掷，效仿唐朝大臣张柬之废黜武后之举，已感觉莫名惊诧；又听闻康有为打算向袁世凯借新军一用，更认为大谬不然。毕永年分析道，袁世凯"非可谋此事之人，闻其在高丽时，自请撤回，极无胆"。可是康有为主意已定，欲派毕永年去袁世凯幕府担任参谋，带百人监视袁世凯的行止。毕永年审思而慎度，并未立刻答应，他教劝康有为召唐才常进京，集思广益，可是康有为不肯等待。谭嗣同倒是相对镇定，愿等待唐才常进京议事，在他心目中，"毕君沉毅，唐君深鸷，可称两雄也"。康有为未能言明具体办法，毕永年岂肯糊涂而死？"领此彼我不识之兵，不过十数日中，我何能收为腹

1　杨廷福：《谭嗣同年谱》，第114、115页。
2　毕永年（1868—1902），字松甫。湖南长沙人。近代会党活动家。

心，得其死力乎？即起孙、吴于九原，而将此百人，亦无十数日即可用之理"，当时毕永年正守母丧，热孝期间，带兵容易引起外界怀疑。康有为欲弑杀慈禧太后，以毕永年为成济[1]，起始就打错了如意算盘。袁世凯是典型的功利主义者，原非忠正之士，何况后党势焰遮天，他怎会为帝党效犬马之力，甚至肝脑涂地？但是双方话已挑明，事难中止，祸患将及。毕永年向谭嗣同告警："事今败矣，事今败矣！……今见公等灭族耳。仆不愿同罹斯难，请即辞出南海馆而寓他处。然兄亦宜自谋，不可与之同尽，无益也。"八月初五日夜间，毕永年致书谭嗣同，"劝其速自定计，无徒死也"[2]。鼎鱼幕燕，其势甚危，谭嗣同知晓后果，但他无意逃脱。

百日维新时，王照任礼部主事，上书言事，深得光绪皇帝信任。多年之后，他对王树枏说："戊戌之变，外人或误会为慈禧反对变法，其实慈禧但知权利，绝无政见，纯为家务之争。故以余个人之见，若奉之以主张变法之名，使得公然出头，则皇上之志可由屈而为伸，久而顽固大臣皆无能为也。"王照的这个说法很有见地，出让虚名而换取实效，光绪皇帝接受提示，同时劝导康有为登此安途而循序渐进，可是康有为受张荫桓的意见影响，认为慈禧太后万般不可造就，坚执扶皇上抑太后的既定策略，变法遂成死局。袁世凯奉诏进京前，康有为托徐致靖、谭嗣同、徐仁镜分两次劝王照前往名将聂士成处，争取他加入帝党的武装行动，事成之后，以直隶总督为奖赏。王照不肯充当说客，徐致靖训斥道："尔如此怕事，乃是为身家计也。受皇上大恩，不趁此图报，尚为身家计，于心安乎？"事后，王照作出解释："世人或议世凯负心，殊不知即召聂（士成）、召董（祥福），亦无不败。倘余往聂处，则泄漏愈速，余知之稔，故决不为也。"[3]王照依循理性指引，拒访聂士成，宁愿挨骂；谭嗣同受血性鼓动，探询袁世凯，不惧冒险。王照的判断准确，谭嗣同的举动悲壮，二者的命运大不相同。

---

1 成济：三国时期魏国人，在司马氏的亲信贾充手下任太子舍人，奉命弑杀魏帝曹髦。
2 《樊锥集 毕永年集 秦力山集》，第 95、96、97 页，毕永年《诡谋直记》。
3 王照口述，王树枏笔录：《德宗遗事》，第 166 页。

《十叶野闻》中还有两处文字指点迷津，不可忽略。一处是："时荣禄握新军之全权，踞天津要区，袁世凯不过受其卵翼之一人，安能与之相抗？光绪帝自不明形势，轻听新进之狂言，而欲令人操同室之戈，岂非颠耶！"另一处是："荣禄直至临终，常自呼为康党以为戏谑，太后亦戏之曰：'尔曾得尔友之若何新闻？彼实奸臣，负尔好意，竟至反噬。'荣禄亦失笑。是太后之党，直视康（有为）等与帝之举动为儿戏，成败之数，宁待事后论定哉！"[1]

历史上的忠奸人物不像戏台上的忠臣、奸臣那样红脸、白脸分明。《十叶野闻》的作者许指严引用洋人报纸上对荣禄的评判，来证明这位军机大臣也是值得肯定的忠臣："彼实以全力阻止举国若狂之拳匪，用尽方法，以劝阻皇族，免铸大错，不可为无功。综慈禧听政五十余年以观，有治世之能，而又赤心报国者，仅曾国藩一人，自此以往，则不得不推荣禄。当满洲皇族盲于大计，倒行逆施，既暴且弱之时，荣禄之先见及勇毅，实大有补救于国家也。"[2]这话讲得有点绝对化，但洋人对荣禄评价较高，则是显而易见的事实。庚子年（1900），清军协助义和团攻打东交民巷外国使馆区，军机大臣刚毅奉慈禧太后懿旨，每天中午必前往督战，清军敷衍他，胡乱放几排枪，这都是荣禄暗中授意的，刚毅被蒙在鼓里。要是清军真刀真枪开打，使馆区早已被夷为平地，遭到八国联军的报复则会变本加厉。荣禄这样做，究竟是忠还是奸，是爱国还是害国？很难一句话讲得清楚。

当双头政治呈现一强一弱时，忠于太后，还是忠于皇帝，连傻子都能够看清利害得失。实际上，谭嗣同选择的是忠于理想，忠于内心，忠于事而非忠于君[3]，这样一来，悲剧的意蕴遍布的是壮剧的色彩。

戊戌政变时，慈禧太后垂帘训政，将光绪皇帝幽禁在瀛台，下令逮

---

1 许指严：《十叶野闻》，中华书局 2007 年版，第 114、116 页，《荣禄与袁世凯》。

2 许指严：《十叶野闻》，第 117 页，《荣禄与袁世凯》。

3 谭嗣同无忠君死节的思想。《仁学·三十一》："故夫死节之说，未有如是之大悖者矣。君亦一民也，且较之寻常之民而更为末也。民之于民，无相为死之理；本之与末，更无相为死之理。然则古之死节者，乃皆不然乎？请为一大言断之曰：'止有死事的道理，决无死君的道理。'死君者，宦官宫妾之为爱，匹夫匹妇之为谅也。"

捕军机四章京等要犯，代帝降谕："著军机会同刑部都察院严行审讯。"御史黄桂鋆入奏，道是"若稽时日，恐有中变"，慈禧太后遂借以为词，召集诸大臣商议处置办法。御前大臣某王爷请仍俟审讯后定罪，以示郑重其事。慈禧太后咬牙切齿，厉声说："若辈之事，我有真凭实据，不必审矣！"军机大臣、刑部尚书廖寿恒是翁同龢汲引进军机处的，同情维新变法，可惜他患有耳疾，虽在帘前听训，却没有听清慈禧太后的懿旨。廖寿恒退到殿外，才知道实情，于是他愤然发声："此何等事，而可不审即杀耶？余为刑部尚书，职责所在，尤不可不争！"裕禄在身旁，赶紧劝阻道："算了罢！太后既说有真凭实据，岂能挽回？又何必去碰一鼻子灰呢！"廖寿恒忖度，案已成铁，木已成舟，他再力争，也是徒劳，唯有顿足长叹。慈禧太后所谓的"真凭实据"，即军机四章京联衔呈给光绪皇帝的密折，劝皇上为自立计注意练兵及抚循袁世凯，此折落入慈禧太后之手，被当作帝党策划政变的铁证。其实密折中根本没有危害太后的一词半语。

戊戌政变初起，光绪皇帝被幽禁。谭嗣同赴林旭的寓所会面，意态甚激昂，他说："我辈之头可断，中国之法不可不变也。"接着又说："吾素善日使馆中人，君如欲行，当为绍介至日使馆，蕲其保护出险。"林旭问道："君如何？"谭嗣同泫然相告："天下岂有无父之国乎？吾决死此矣。"林旭也不肯逃亡，因此一同被捕。此前，谭嗣同尚未确定行止，谋之于好友曾某，曾某问道："君逃固善，惟今上能偕逃乎？"谭嗣同回答："不能也。"曾某又问道："老伯能偕逃乎？"谭嗣同回答："亦不能也。吾知所以自处矣。"谭嗣同留京之意遂决。六君子遇害之日，曾某听说菜市口杀人，他担心谭嗣同不免，赶紧前往观看。谭嗣同在囚车中瞥见了故人，以目光示意诀别。曾某回家后大为悲恸，自责不该向谭嗣同发出灵魂二问，他说："复生之死，实我杀之也！"由于良心极度不安，他当天就服毒自杀了。[1]

戊戌年（1898）八月初十日，谭嗣同在狱中致书梁启超："八月六

1《凌霄一士随笔》第 2 册，第 628、629 页，《"六君子"之死》。

日之祸，天地反覆，呜呼痛哉！我圣上之命，悬于太后、贼臣之手，嗣同死矣！嗣同之死毕矣！天下之大，臣民之众，宁无一二忠臣义士，伤心君父，痛念神州，出为平、勃、敬业之义举者乎？果尔，则中国人心真已死尽，强邻分割即在目前，嗣同不恨先众人而死，而恨后嗣同而死者之虚生也。啮血书此，告我中国臣民，同兴义愤，剪除国贼，保全我圣上。嗣同生不能报国，死亦为厉鬼，为海内义师之助。卓如未死，以此书付之，卓如其必不负嗣同、皇上也。"[1]谭嗣同牺牲后，大刀王五决心继承其遗志，救出光绪皇帝，"庚子八月，有所布划，忽为义和团所戕，赍志以殁。呜呼！王五真男儿，不负浏阳矣"[2]。

谭嗣同可以逃亡海外，他不逃；可以避走南方，他不避。为什么？文天祥赋七律《金陵驿》，卒章言其志："千年成败俱尘土，消得人间说丈夫！"伟男子决意留下英名，就不可计较成败和生死。谭嗣同的壮语已自明心迹："各国变法，无不从流血而成，今日中国未闻有因变法而流血者，此国之所以不昌也。有之，请自嗣同始！"从参与变法的那一刻开始，他就选择了责任和担当。"不有行者，无以图将来；不有死者，无以召后起！"谭嗣同义薄云天，把"行"而"图将来"的机会赠予康有为和梁启超，把"死"而"召后起"的任务留给自己。行者与死者各司其责，原本不存在孰勇孰怯、谁高谁低的比较和区分，但他主动选择就义，更令人敬佩。

丙申年（1896），谭嗣同在湖北目击政治之腐败、民生之疾苦、狱讼之冤沉，致书汪康年，激愤之情溢于言表："嗣同求去湖北，如鸟兽之求出槛絷；求去中国，如败舟之求出风涛；但有一隙可乘，无所不至。"[3]戊戌年（1898），谭嗣同可以跑路而不跑路，可以逃生而不逃生，仅以"道义使然"四字轻巧带过是远远不够的。生死关头，湖南人的血性直接爆表！

湘人勇于进取而耻于退避，直行是其所长，回旋是其所短。按理

1《谭嗣同全集》（增订本），第519页，《致梁启超》。
2《梁启超全集》第18卷，第5304页，《饮冰室诗话》第18则。
3《谭嗣同全集》（增订本），第493页，《致汪康年》之二。

说，康有为是近代中国维新派的领袖，谭嗣同的那些壮语，从康有为的嘴里说出、笔下写出将会更加令人心折，然而康有为逃往日本，周游列国之后，其戏码只不过是为保皇起起哄，为复辟站站台，声名大减。有人[1]认为谭嗣同应该走，不应该留，但在湖南人看来，与其做最末流的圣人，倒不如做第一流的烈士，何况谭嗣同信念已决，百牛莫回。

侠者轻生死，易去就，有担当，无畏惧。有时，侠者并不一定非死不可，如信陵君救赵，侯嬴估计他抵达了边境，在晋鄙营中夺取了虎符，便向北自刭，他忠守的乃是一言九鼎的信誓。谭嗣同即具备这种侠义精神，言出必行，意定不夺。

当年，谭嗣同还另有一步活棋可走，据梁启超回忆，幽燕侠客大刀王五曾经劝导谭嗣同："出了居庸关，乃东北千里之地，大山连绵，森林茂密；还有一片辽阔的土地，水草丰盛，人烟稀少。我打算买下一批骆驼牛马，在那里放牧，再招集游民，发展农牧经营，建立一个'塞外王国'。我奉你为主，也可以利用这些经营资助你的朋友，继续干你的事业！"[2]去清太祖努尔哈赤的龙兴之地发展革命事业，大刀王五的想象力超出云表之外，想必行动力也非同凡响。如果谭嗣同与大刀王五通力合作，说不定能够超过日后东北王张作霖的成就。可惜这个优选方案只是停留在口头上。

历史创造英雄，英雄也创造历史，谭嗣同具备英雄的全面素质，但他获得的舞台更像是梅花桩，他抓到的机会更像是细河沙，就任军机章京十余日，便喋血于菜市口，其遭际之惨千古罕闻。谭嗣同曾致书刎颈之交唐才常，感叹道："生时贱时，虽有经天纬地之文，澄清天下之志，天民大人之学，孔、墨、曾、史之行，横绝一世之才，辟易万夫之气，炙輠雕龙之辩，翘关扛鼎之勇，将焉用之！将焉用之！"[3]志士生不逢辰，做烈士才是唯一靠谱的选项，你说悲哀不悲哀！

---

1 台湾作家李敖持此见解最坚。他曾撰文，假如他是谭嗣同，戊戌变法失败之后，他会学习梁启超，逃往海外，"因为梁启超走了以后，他用《新民丛报》发挥那么大的力量，最后把坏政府推翻。他不要做烈士，他要做个成功的人，做成功的人应该比做烈士正确"。

2 《谭嗣同全集》（增订本），第258页，《吴铁樵传》。此处仅为大意。

3 《谭嗣同全集》（增订本），第261页，《与唐绂丞书》。

谭嗣同一向高估了"放血疗法"的作用，曾致书其师欧阳中鹄，大谈特谈流血牺牲的必要性："耶稣以一匹夫而撄当世之文网，其弟子十二人皆横被诛戮，至今传教者犹以遭杀为荣，此其魄力所以横绝于五大洲，而其学且历二千年而弥盛也。呜呼！人之度量相越岂不远哉！今日中国能闹到新旧两党流血遍地，方有复兴之望。不然，则真亡种矣。"[1] 然而我们观察谭嗣同死后的历史动态，会惊奇地发现，中国的民主进程一波三折，并非流血太少，而是失血太多，德才兼备的志士和天赋异禀的革命家普遍缺乏"留以俟之""将以有为"的战术意识，有时，"头颅堕地作雷鸣"不仅失之轻率，而且极度浪费天才。鲁迅一贯主张韧性的战斗，对于志士的"放血疗法"就颇有异词。[2]

台湾作家柏杨介绍过伏魔使者的《唐圣人显圣记》，不知伏魔使者究竟是何方神圣，他对戊戌六君子殉难的悲剧毫无同情心，更遑论痛惜感，其描写和评论相当直白："只听一排枪炮声，六名犯官的头，早已个个落下。可怜富贵功名，一旦化为乌有。"[3] 柏杨不禁感慨道："血泪流尽反惹笑，常使英雄涕满襟。"诚然，尊权慕势的人只看重富贵功名，至于朝廷变法的意义和烈士捐躯的价值，他们要么漠视，要么无视，这个冷冰冰的事实无疑令正常人难以消化。无独有偶，戊戌六君子喋血菜市口后，竟有不良文人撰联谴责维新志士徐仁铸、谭嗣同，上联是"不孝男徐仁铸罪孽深重，不自殒灭，祸延显考"，下联是"昧死臣谭嗣同末学新进，罔知忌讳，干冒宸严"[4]。上联用的是讣告前数语，下联用的是案卷后数语，集合而成，对仗工稳。中国读书人昧于是非，将才智运用在这种地方，居然自鸣得意，何其荒唐可鄙！

1《谭嗣同全集》(增订本)，第 474 页，《上欧阳中鹄》之二十一。

2 鲁迅杂文《空谈》中有一段雄辩的话："改革自然常不免于流血，但流血非即等于改革。血的应用，正如金钱一般，吝啬固然是不行的，浪费也大大地失算。……这并非吝惜生命，乃是不肯虚掷生命，因为战士的生命是宝贵的。在战士不多的地方，这生命就愈宝贵。……以血的洪流淹死一个敌人，以同胞的尸体填满一个缺陷，已经是陈腐的话了。从最新的战术的眼光看起来，这是多么大的损失。"

3 柏杨：《丑陋的中国人》，人民文学出版社 2008 年版，第 123 页，《不讲是非，只讲"正路"》。

4 刘声木：《苌楚斋随笔 续笔 三笔 四笔 五笔》下册，第 539 页，《谭嗣同徐仁铸联》。

"有心杀贼，无力回天。死得其所，快哉快哉！"谭嗣同的绝命诗有难点，诗中的"贼"是确指，还是泛指？这个问题不易解答。据《仁学》所示，此"贼"直指铁血专制，这个温床能够孳生人间的一切邪恶。谭嗣同有心杀死此"贼"，但他势单力薄，终于回天乏术。

谭嗣同的伟大之处，为变法勇于流血尚在其次，为觉世醒世而著《仁学》，才真叫前无古人。《仁学》中的许多观点都是惊世骇俗的，放在今天再看，也会认为它们非常激进。比如说，汉人女子缠足，满人女子不缠足，即此一端，满人入主中国，其理由便绰绰有余。其言绝痛，并非无理。又比如说，中国人重男轻女，许多地方都有溺杀女婴的恶习，则中国虽亡而罪有余辜。由此可见，谭嗣同对于不仁之流毒可谓深恶痛绝。

《仁学》中的许多观点都具有强烈的刺激性，仿佛麝香可以醒脑。尽管内忧外患，千疮百孔，但是统治者依然抱残守缺，不肯变法，这是什么缘故？谭嗣同二话不说，直接掀看底牌："唯变法可以救之，而卒坚持不变。岂不以方将愚民，变法则民智；方将贫民，变法则民富；方将弱民，变法则民强；方将死民，变法则民生；方将私其智其富其强其生于一己，而以愚贫弱死归诸民，变法则与己争智争富争强争生，故坚持不变也。"[1]

谭嗣同挺然而立，傲然而睨，个性狂放不羁，思想离经叛道，如果说其诗句"汪魏龚王始是才"[2]尚属含蓄，其《仁学》就等于投射了一颗威力巨大的深水炸弹。此书初印本无作者署名，题为"台湾人所著书"，凡是讥切朝廷的抒愤之语，仿佛都出于台湾人笔端。书成，谭嗣同自藏底稿，另外誊抄副本给梁启超，得以在日本印行，流传于世。梁启超称赞谭嗣同为"晚清思想界之彗星"，他指出，谭嗣同"将当时所能有之科学知识，尽量应用。又治佛教之'唯识宗'、'华严宗'，用以为思想之基础，而通之以科学。又用今文学家'太平'、'大同'之义，以为

---

1 《谭嗣同全集》（增订本），第343页，《仁学·三十四》。

2 "汪魏龚王始是才"，这句诗包含清朝的四位大才子，分别为汪中、魏源、龚自珍、王闿运，皆以张扬个性著称于时。

'世法'之极轨，而通之于佛教"，然后确立己见，组织成书，"其驳杂幼稚之论甚多，固无庸讳，其尽脱旧思想之束缚，戛戛独造，则前清一代，未有其比也。……嗣同遇害，年仅三十三，使假以年，则其学将不能测其所至。仅留此区区一卷，吐万丈光芒，一瞥而逝，而扫荡廓清之力莫与京焉，吾故比诸彗星"[1]。当年，《仁学》是一部极其烧脑的书，甚至是一部革命的书，清廷视之为反动透顶，荒谬绝伦。学术大师章太炎与学者宋恕（字平子）言谈甚为相得，"平子以浏阳谭嗣同所著《仁学》见示，余怪其杂糅，不甚许也"[2]。诚然，《仁学》的来源可谓中学、西学多端，将儒家、道家、佛家、基督教和近代科学的理论熔于一炉，烩于一鼎，矛盾之处、抵牾之处和冲突之处十分明显，极五花八门之至，就像一个医学系统，要治疗各种疑难杂症，必然超载，不堪负荷。章太炎从纯学术的角度去看，不甚赞许，这是可以理解的。

难能可贵的是，谭嗣同对"仁"的释义突破了儒家长期设立的樊篱和划定的疆域。他从字形入手，"仁""元""无"三字，都是从"二"从"人"，乃是三教之关键词[3]。佛门至为广大，可以统领孔子、耶稣，将彼此之间的隔墙打通，不拘囿于一隅一户一域。佛界之性海，包罗万千，但凡山河大地、人欲天理，无所不容，释迦牟尼之为"能仁"，普度众生，实堪称大仁大德。谭嗣同的《仁学》以儒学、墨学、耶学为砖瓦门窗，佛学才是栋梁基础，至仁为佛，是其立论的本源。

值彼黑暗年代，休说别的，要冲决"君主之网罗"和"伦常之网罗"，绝非常人的勇气和力量可以做到。谭嗣同这样定性君王："故君也者，为天下人办事者，非竭天下之身命膏血，供其骄奢淫纵者也。供一身之不足，又欲为子孙万世之计，而一切酷烈钳制之法乃繁然兴矣。而圣教不明，韩愈'臣罪当诛，天王圣明'之邪说，得以乘间而起，以深

1《梁启超全集》第 5 卷，第 3103 页，《清代学术概论》。

2 杨廷福：《谭嗣同年谱》，第 108 页。

3《仁学·自叙》："'仁'从二从人，相偶之义也。元从二从儿，'儿'古人字，是亦'仁'也。'无'，许说通'元'为'无'，是'无'亦从二从人，亦'仁'也。故言仁者不可不知元，而其功用可极于无。能为仁之元而神于无者有三：曰佛，曰孔，曰耶。佛能统孔、耶，而孔与耶仁同，所以仁不同。能调爕联融于孔与耶之间，则曰墨。"

中于人心。一传而为胡安国之《春秋》，遂开有宋诸大儒之学派，而诸大儒亦卒不能出此牢笼，亦良可哀矣。"[1]传说中的远古君主尧、舜、禹确实只是称职的办事者，后世君主却集威权于一身，他们榨取天下人的脂膏而将它当成享用之资，奴役天下人的身心而将它当成安乐之本，这恰恰是谭嗣同憎恶愤恨的事情，非要辨其名义、正人视听不可。

中国古代典籍累累如丘山，谭嗣同最欣赏的是一部《墨子》，历代儒生对它掊击不休，却抹杀不了其顽强的生命力。谭嗣同在《仁学·自叙》中确认："……能调燮联融于孔与耶之间，则曰墨。……墨有两派，一曰'任侠'，吾所谓仁也……一曰'格致'，吾所谓学也……"王闿运撰《读墨要指》，总结墨学之三要：曰仁，曰俭，曰勤。仁则兼爱，俭则节用，勤则强行。儒墨的不同处在于：儒者患道之不明，故学问思辨之功多而长于文，其利于人也久；墨者患道之不行，故力行之功多而长于行，其利于人也大。儒文而墨质，儒弱而墨强。谭嗣同勇于实践，并且长于实践，具有墨子摩顶放踵的任侠精神，能为信念而生，亦能为信念而死。他致书好友唐才常，道是"自惟年来挟一摩顶放踵之志，抱持公理平等诸说，长号索偶，百计以求伸，至为墨翟、禽滑釐、宋牼之徒之强聒不舍"[2]，知行合一，就应该如此努力强行。

谭嗣同的《仁学》堪称中国十九世纪末的"人权宣言"，其激进的民主思想，置诸百年后，仍堪称先进。"民贵君轻""君末民本"的思想失传了两千多个春秋，在漫长的黑铁时代，通读圣贤书的儒家弟子助纣为虐而不自知，冷血的统治者以钳制思想、桎梏人性、荼毒生灵为得计，将偌大的国家变成病态、邪恶、压抑生机的人间地狱。

明清之际，思想家、史学家黄宗羲提出"非君说"，其结论十分大胆："为天下之大害者，君而已矣。"明末清初思想家唐甄更是愤然斥骂："自秦以来，凡为帝王者，皆贼也！"谭嗣同的观点亦十分犀利："故常以为二千年来之政，秦政也，皆大盗也；二千年来之学，荀学也，

1《谭嗣同全集》(增订本)，第463页，《上欧阳中鹄》之十。
2《谭嗣同全集》(增订本)，第266页，《与唐绂丞书》。

皆乡愿也。惟大盗利用乡愿；惟乡愿工媚大盗。"[1]秦政以"尊君""卑官""愚民"为常规手段，君王挟天下为私产，视国民为奴婢，逞其淫杀之威而无懈怠。谭嗣同认为荀况的学说是工媚大盗的乡愿之学，他的好友唐才常也认为，"荀子开历代网罗钳束之术""要以力破拘挛，冲决荀、李网罗为第一义"[2]。谭嗣同侠义为怀，持"民本君末"之定见，早已忍无可忍。于是他借用法国大革命时代志士丹东的壮语大声疾呼："誓杀尽天下君主，使流血满地球，以泄万民之恨！"[3]谁说谭嗣同只是温和的改良派？他才是狂飙猛进的革命者，《易经》中的那句系辞"汤武革命，顺乎天而应乎人"被他多次引用。章士钊曾说，"谭氏北上的用意，绝非效忠清廷"，而是"先为北京之行，意覆其首都以号召天下"。此言果真有理有据，还是纯属揣测之词？

戊戌年（1998）春，毕永年在南学会听讲，向谭嗣同提问："顷闻复生先生讲义，声情激越，洵足兴顽起懦。但今日之局，根本一日不动，吾华不过受野番之虚名；銮舆一旦西巡，则中原有涂炭之实祸。所谓保种保教，非保之于今日，盖保之于将来也。此时若不将此层揭破，大声疾呼，终属隔膜，愈欲求雪耻，愈将畏首畏尾。或以西学为沽名之具，时务为特科之阶，非互相剿袭，即仅窃皮毛矣。质之高明，当有良法。"谭嗣同的回答颇为沉痛："王船山云：'抱孤心，临万端。'纵二千年，横十八省，可与深谈，惟见君耳。然因君又引出我无穷之悲矣。欲歌无声，欲哭无泪，此层教我如何揭破？会须与君以热血相见耳。"[4]由此可见毕永年对清政府暗怀不满，革命思想已经萌芽，谭嗣同不便当众明言，彼此心照不宣。

戊戌年（1898）夏，在临江酒楼，唐才常设宴为谭嗣同饯行。席间，谭嗣同口占诗句，"三户亡秦缘敌忾，勋成犁扫两昆仑"[5]，意气洋

1《谭嗣同全集》（增订本），第337页，《仁学》二十九。
2《唐才常集》，第31页，《治新学先读古子书说》。荀、李：荀况、李斯。
3《谭嗣同全集》（增订本），第342、343页，《仁学》三十四。
4《樊锥集　毕永年集　秦力山集》，第89页，《南学会问答》之二。
5《谭嗣同全集》（增订版），第542页，《戊戌北上才常饯行，酒酣口占》。

洋，溢于言表。这哪像准备去变法维新，分明以推翻清朝为职志。难怪唐才常后来对弟弟唐才质说："复生七丈虽役其身于清廷，从事维新，而其心实未尝须臾忘革命。"[1] 临别之际，谭嗣同郑重嘱咐唐才常在南方广泛联络会党，待机举事。从多种迹象可以看出，谭嗣同以变法维新为权宜手段，谋求根本上的解决才是他的真正目的。只可惜当时民族革命、民主革命的时机尚未成熟，他只能蓄势待发。

谭嗣同是一位不折不扣的豪侠，在乱世、浊世中奋力蹒行，堪称醒目的异数。那些留着长辫、饱读圣贤书、埋头苦作八股文的士子，脑袋久已低垂到尘埃里，而他昂藏于天地之间，高揭"民主""自由"旗帜，满怀"大同"理想。他极其憎恶那些高唱俗调"祖宗之法不可变"的守旧派顽固分子，讽刺他们，要是古代真有那么美好，你们还睁眼活着干什么？趁早一头撞死，去地下拜见老祖宗啊！他很会借用敌方的武器，从文字学的角度发论：任何偏旁与"古"字沾上了边，意思就会大坏[2]。从而给了那些冥顽不化的老古董一记势大力沉的刺拳。

饶有意味的是，从庄子"闻在宥天下，不闻治天下"一语中，谭嗣同居然悟出"在宥"是"自由"的转音。这种不拘一格的灵活性，显然是那些做定了奴才而窃窃自喜的腐儒、陋儒害怕具有的。

谭延闿为谭嗣同遗札题跋，信息量很大："汪精卫系狱时，闻老卒言，戊戌下狱诸人，惟复生神采扬扬，绕室无停趾，以香烬书壁殆遍，不知何辞也。……复生慷慨，喜谈论，意气发舒，见人一长，称之不去口。自谓学佛有得。余于戊戌七月初四过天津，与林暾谷饮酒楼，闻隔座叹息声，曰：'有君无臣，奈何！'窥之复生也，亟呼入，与暾谷不相识，余为之介，高睨大谈，一座尽倾。明日别去，遂及于难。临刑神采扬扬，刃颈不殊，就地上劙之三数，头始落，其不恐怖真也。"[3] 谭嗣

---

1 唐才质《戊戌闻见录》。

2 《仁学·十八》："于文为古，皆非佳义。从艹则苦，从木则楛，从艹木则楛，从网则罟，从辛则辜，从支则故，从口则固，……从牛则牯，从疒则痼，从水口则涸。且从人则估，估客非上流也。从水为沽，孔子所不食也。从女为姑，姑息之谓细人。吾不知好古者何去何从也。"

3 《谭延闿集》第2册，第902、903页，《〈近代湘贤手札〉题跋》之十。劙：割。

同与谭延闿有通家之谊，与林旭（字暾谷）则是初次相见。烈士断头不怕痛，但刽子手将谭嗣同的脖子摁在地上连割数刀，身首才分离，其性质则可定为虐杀，观者若不色变，闻者若不心痛，非人类也。谭嗣同在菜市口被杀害后，久未闭眼，刑部京卿李徵庸（号铁船）负责收殓，他温语安慰道："复生，头上有天耳。"[1] 谭嗣同似有感应，方始瞑目。"头上有天"意指"举头三尺有神明"？或是"人在做，天在看"？抑或是"天尽大，灵魂自有归处"？言者有心，闻者动心，英魂不灭，诚非虚言。

2 唐才常杀身以酬死友

光绪十六年（1890），唐才常[2] 肄业于岳麓书院。"自此时起，益鄙视八股词章空疏谫陋，以其锢蔽思想，消磨志气，不屑措意。日与同学中有志之士，精研经史，以经世致用之学相切磋。"[3]

光绪十七年（1891），唐才常凭借浏阳乡贤欧阳中鹄的推荐书，受聘于四川学政瞿鸿禨，入居学署，负责阅卷兼教读一女一男两学童，既可免于奔波之苦，又可在课读之暇扎实用功，他对新生活感到满意。瞿鸿禨持躬清刻，爱惜声名，由于他峻拒贿赂，"以金为寿者，多遭申斥"，川人称之为"活阎罗"。壬辰（1892）冬，瞿学政携幕僚到保宁府考武，武举人欧隆晋煽众闹事伤人，捣毁衙署，"犹幸尔时知府拼死抵住，众凶徒始有退心，否则玉石俱焚，不堪设想"[4]，唐才常亲历风险，心有余悸。事后，煽动者和闹事者均被捕获判刑。

唐才常在四川辗转多地，饱览巴蜀的奇峰大壑，了解山民瘴雨蛮风的生活，虽然辛苦万状，但足以开阔眼界，拓宽心胸。两年间，瞿鸿禨倚重唐才常，诚意满满，"临别时犹拳拳致词：'吾于子非徒感其赞襄之力，实愿引为道义之交'"。唐才常致书恩师欧阳中鹄，自道惶恐和惭

---

1 徐珂编撰：《清稗类钞》第 3 册，第 1175 页，《戊戌六君子冤狱》。

2 唐才常（1867—1900），字绂丞，后改佛尘，笔名洴澼子。湖南浏阳人。自立会领导人。

3 陈善伟：《唐才常年谱长编》上册，中文大学出版社 1990 年版，第 10 页。

4 陈善伟：《唐才常年谱长编》上册，第 43 页。

愧:"昔虞仲翔谓得一知己可以无憾,而以块然不学之躬,当知己之目,又复积感生愧,不知所云。第于立身行己,粗见一二,惟当战兢从事,以无辜老叔及学士之雅望耳。"[1]虞仲翔是三国时期吴国名士虞翻,由于直谏吴主孙权,被贬谪到南粤交州,他愀然感叹道:"自恨疏节,骨体不媚,犯上获罪,当长没海隅。生无可与语,死以青蝇为吊客,使天下一人知者,足以不恨。"[2]这就是著名典故"人生得一知己足矣"的原始来历。

光绪十九年(1893),唐才常从蜀地返回浏阳老家,欧阳中鹄聘他为西席,给其孙子欧阳立表(后改名予倩)启蒙。

光绪二十年(1894),唐才常前往武汉求职,谭嗣同竭力帮忙。唐才常致书欧阳中鹄,写出一段生动的文字,处处可以见出谭嗣同的古道热肠:"方今七丈为侄八面张罗,虽有一二处可图,尚无成说。窃惟七丈平日如空山之云,天半之鹤,清高绝俗,不可稍干以私。今以侄之故,至于各处经营,现身说法,清夜自维,深抱不安。昨已屡恳其从容相机,毋多与俗吏相接,蹈荐人陋习,致生意外之觊觎;即万一无事可就,尚可橐笔而归,恃老叔见怜之深,于南省谋一安砚之所。而七丈反慰劳勤勤,恐侄或不能安心坐守,静俟有成,侄以此愈增愧奋于无既也。"[3]七丈(谭嗣同)孤高脱俗,乐意四处托人,这事确实出奇,恰恰说明,只要能帮到至交好友在湖北省城站稳脚跟,他愿意用尽人脉资源。稍后,谭嗣同还七扯八挪凑成一笔款子帮助唐才常一家度过年关。

光绪二十一年(1895),唐才常入武汉两湖书院,"所获膏火,粗可敷日用",学院膏火(助学金)能够解决个人开销,甚好,他的成绩足够优异,高居第一名达五次之多,于古代群经及商政、币制、兵制、法制、赋税制等皆有所论述。[4]适值谭继洵膺任湖北巡抚,谭嗣同伴父居住抚署中,刘善涵亦在武汉教书,三人意气相投,过从甚密,常讨论政

1《唐才常集》,第 224 页,《上欧阳中鹄书》之一。

2 陈寿:《三国志》第 5 册,第 1323 页,卷五十七,《吴书》十二。

3《唐才常集》,第 226 页,《上欧阳中鹄书》之二。

4 日后,唐才常主持《湘学报》,担任总撰述,这些论文即得以扩充和深化。

治，研究学术，不亦乐乎。这年五月，陈宝箴之子陈三立写信邀请谭嗣同和唐才常相见，唐才常坚守无故不见之义，未往投刺。他在家书中告诉父亲："盖士生今日，不能有所表见，惟矜持名节，或可自永于天地间。至于穷通得失，唯天所命，天亦断无饿死士人之理。如必效当世奔走承令者，澉涩依阿，以求一啖饭所，则得错杂于宦场中久矣。然则男亦甘为清苦迂阔而已。"[1]那时候，唐才常尚不清楚陈氏父子的政治主张究竟如何，持此节概，实为可贵。乙未年（1895），最大的国事莫过于李鸿章全权代表清政府与日本政府议和，签订了丧权辱国的《马关条约》。张之洞五次致电朝廷，反对和议，第四次直指李鸿章，请明正典刑，以谢天下，其孤忠愤发，直言敢谏，以身家性命争之，可谓一时无两。唐才常因此改变了对张之洞的看法，为他撕去"淮党"标签，以"疾风知劲草，板荡识忠臣"赞之。

因为时局大坏，唐才常一度心灰意冷，他在家书中告诉父亲："男至此富贵利达，均已灰心，只求在外间混去一两岁，每年能敷衍了事，即是大幸。俟诸弟成立，架几间茅屋，大家撑柱，以承大人欢心，则如天之福，胜于彼庸琐卑污以求富贵功名者万万矣。"[2]这年五月，唐才常赋七律《感怀》五首，第一首表明了他对时局不振的失望之情，以及对同治年间湘军武功的怀念："独上高楼瞰九州，苍茫云树不胜愁。八方地拥神京壮，万里风生海国秋。苦费金钱回纥马，断无消息吉光裘。年来莫问前朝事，曾否当筵借箸筹。"[3]

谭嗣同与唐才常"少同乡，长同学，生同志，死同烈"，梁启超与唐才常相识则较晚。乙未年（1895），梁启超询问谭嗣同的至交好友是谁，后者的答复是"二十年刎颈交，绂丞一人而已"[4]，绂丞即唐才常。丁酉年（1897）十月，梁启超应时务学堂总教习聘约来到长沙，谭嗣同介绍他与唐才常订交，唐才常赠送浏阳出产的菊花砚一方给梁启超，

1《唐才常集》，第223页，《上父书》之十六。

2《唐才常集》，第222页，《上父书》之十五。

3《唐才常集》，第260页，《感怀》之一。

4《梁启超全集》第18卷，第5304页，《饮冰室诗话》第19则。

此砚遭际不凡,由谭嗣同作铭,由江标刻字。铭文为:"空华了无真实相,用造蒴偈起众信。任公之砚佛尘赠,两君石交我作证。"[1] 此后,谭嗣同致书履新未久的湖南学政徐仁铸,介绍《湘学报》的同时,还特意介绍了唐才常:"诸新政中,又推《湘学报》之权力为最大。盖方今急务在兴民权,欲兴民权在开民智。《湘学报》实巨声宏,既足以智其民矣,而立论处处注射民权,尤觉难能而可贵。主笔者为同县唐绂丞拔贡才常,嗣同同学,刎颈交也。其品学才气,一时无两。"[2] 由此可见,谭嗣同对唐才常评价甚高,气义相得极深。"刎颈交"能有几人?非轻许、妄许也。

谭嗣同与唐才常视家乡浏阳为中国之瑞士,此地人口众、物产丰、矿质好,"不得已欲就一邑,为新中国之萌芽",做政治和经济试验该从何入手?"于是日与才常谋所以变通之,激厉之。恒两人对坐,彻夜不寐,热血盈腔,苦无借手,泣数行下"[3]。志士心苦,五六年终无成议,不免怅叹岁月蹉跎。唐才常对算学一直念兹在兹,致书二弟唐才中(字次丞),批评他好时文、嗜词章,沾恋不舍,直似夏虫不可语冰。唐才常认为,深观时变,八股时文一道,将来必沦为废物,二弟应当首先留意舆地、格致之学和当今切要之书。"惟算学一道,小可为日用寻常之便益,大可为机器制造之根源;即至水陆各战,尤恃以为测绘驾驶放炮准头诸法。中国之所以事事见侮外洋者,正坐全不讲求之故。"[4] 唐才常还指示唐才中,欲在本省有所作为,"总以合人心为第一义",与其博览兵书,还不如熟悉地图,多于风尘中物色豪杰之士,"虽乞丐亦当引为知心",日后可得指臂之助。唐才中为人实亦轻财好侠,所至宾客盈门。唐才常致书谭嗣棨,于算学之重要性,讲得尤为透彻:"大抵今日情形,匪惟将兵者无勤王敌忾之实心,而武备之废弛,器械船炮之徒仰给外

1《谭嗣同全集》(增订版),第96页,《菊花石砚铭》。可惜此砚"飞沉尘海,消息杳然",遗失不见了。

2《谭嗣同全集》(增订版),第270页,《与徐仁铸书》。《湘学新报》于二十一期后改名为《湘学报》。谭嗣同称它为《湘学报》,就是这个原因。

3《唐才常集》,第158页,《浏阳兴算记》。

4《唐才常集》,第243页,《致唐次丞书》之三。

夷，而又无用之之人，其势亦不能不溃。皆由中国将兵者之株守古法，于测量、制造等事，毫不究心，故有器而不知用，与无器同。以腐肉齿利硎，驱犬羊于狼虎，识者早忧其如此。……抑更有志宜讲求者：算学一道，为制造、测量、用兵、戡乱之源，中国太不考究，致为西人独擅之巧。今宜力筹经费，开一算学堂，多购西人测算、枪炮、舆图等书及洋枪等物，朝夕演习其中。使读书人皆知武备诸事，又可恃以御贼。则人才之奋兴，亦即在此；较之岁费千百金，课一毫无用处之八股、经解、词章，奚啻倍蓰？"[1]这年闰五月，唐才常致书湖北巡抚谭继洵，获得后者的赞助，在浏阳设立格致书院，派人去上海购齐译著、仪器，以供士人观摩，"先导之以算学，徐进以舆地、兵法、制器诸学"。唐才常还与谭嗣同商定，请其恩师欧阳中鹄专任其事，改浏阳南台书院为算学馆，移用前者固有之经费。瓣姜先生平日主张变法，为生民立命，此其时也，便欣然首肯。唐才常还在浏阳办矿务，散利于民，只可惜与好友刘善涵合作得并不愉快。

　　丙申年（1896）三月下旬，唐才常为销售煤炭，前往武昌，其时张之洞兴办实业，整顿铁政、织布、缫丝、纺纱各局，颇有起色，制器储才，皆为一时盛举。唐才常誉之为"有古大臣风"。然而"惜乎规模太阔，经费太繁，又无真实可靠之人以主持其事，故利权中饱，弊窦丛生"，铁政局已然不支，张之洞请盛宣怀出一百二十万两银子来接办局务，盛宣怀到湖北考察之后，知难而退。唐才常对洋务派领袖张之洞"好大喜功，袭其皮毛而忘其根本"又不免感到失望。比较之下，他认为湖南巡抚陈宝箴"识力兼优，名实克副，清剔庶务，振兴新学"，更令人折服。

　　光绪二十三年（1897），唐才常应拔贡试获隽。湖南学政江标"每教士以求有用之学"，凡周知四国、持有新见、通晓洋务的生员皆蒙特赏，同科录取的还有毕永年、樊锥、杨毓麟、胡元倓等人，皆一时俊彦。于是湖南学风"不知不觉，轩然簇然，变为一新"。当时，唐才常

_____

1《唐才常集》，第 254 页，《致谭嗣棨书》。

主张开民智、伸民权、一民心、废时文、广游学，他的认识水平一步到此程度，已难能可贵。甲午战败后，国人受到莫大刺激，深感政治败坏，国将不国，非变法图强，别无自存之道。湖南学政江标倡导实学，务使读书人明白世界大势。江标性情温厚而不失坚毅，堪任大事，其精神专注于"变易民气与开通一省喉舌于不觉者"，由他鼎力支持的新生事物校经学会、旬刊《湘学新报》乃是湖南开化进步的两块基石。江标激励湖南士子，用心良厚："君乃跃然谓诸生曰：'湖南真人才渊薮哉！他日天纲溃弛，出而任天下事者，其在兹土乎！'"[1] 其预言可谓神准。及至陈宝箴膺任湖南巡抚，黄遵宪膺任湖南按察使，徐仁铸接替江标膺任湖南学政，维新派人物吹响集结号，一时间，湖南成为了新学、新政的模范省。

这年春季，《湘学新报》创刊于长沙，实为校经书院学刊，稿件出自各学会会员，每月三期，共分为六门：历史、掌故、舆地、算学、商务、交涉。唐才常担任总撰述，笔名为洴澼子，《质点配成万物说》《各国政教公理总论》《公法通议》《各国种类考》《使学要言》《各国猜忌实情论证》《论中日通商条约》《各教考原》诸文，宏大而精碎，尤能一新读者之耳目。唐才常盛赞康有为，"传孔门不传之正学，阐五洲大同之公理，三代以还一人，孔子之外无偶"，受到保守派人士群起而攻之，亦令维新派人士陈三立不甚快惬，但唐才常并未附草依木，假借康氏门墙逐名逐利，倒是以《湘学新报》彰显湖南维新派人士的实力。谭嗣同欢呼道："湘人风气果开，自《湘学》出报，读者咸仰湘才若在天上矣。"[2]

戊戌年（1898）春，熊希龄创办《湘报》，每日一大张，聘唐才常为总撰述。《湘报》上发表的文章观点激进，如易鼐的《中国宜以弱为强说》，秉持老子"柔弱胜刚强"之高论，提出四项主张：其一，西法与中法相参；其二，耶教与孔教并行；其三，民权与君权两重；其四，黄人与白人互婚。此论不仅招致保守派头领叶德辉抨击，还引起封疆大臣的不满。湖广总督张之洞致电湖南巡抚陈宝箴、湖南按察使黄遵宪：

---

1 《唐才常集》，第195页，《前四品京堂湖南学政江君传》。
2 《谭嗣同全集》（增订版），第472页，《上欧阳中鹄》之十五。

"湘中人才极盛，进学极猛，年来风气大开，实为他省所不及。惟人才好奇，似亦间有流弊。《湘学报》中可议处已时有之，至近日新出《湘报》，其偏尤甚。近见刊有易鼐议论一篇，直是十分悖谬，见者人人骇怒。……此等文字，远近煽播，必致匪人邪士倡为乱阶；且海内哗然，有识之士，必将起而指摘弹击，亟宜谕导阻止，设法更正。"[1]陈宝箴接电后，不得不"切实劝诫"，令《湘报》"删去报首议论"。唐才常、樊锥、易鼐堪称"《湘报》三剑客"，他们视君王为弁髦[2]，言论矫激，踩越红线。岳麓书院山长王先谦虽有开明的地方，仍然是守旧派阵营内的托塔天王，他上书湖南巡抚陈宝箴，猛攻粤籍维新志士梁启超、韩文举、叶觉迈[3]，"自命西学通人，实皆康门谬种，而谭嗣同、唐才常、樊锥、易鼐辈，为之乘风扬波，肆其簧鼓，学子胸无主宰，不知其阴行邪说，反以为时务实然，丧其本真，争相趋附，语言悖乱，有如中狂。……他日年长学成，不复知忠孝节义为何事，此湘人之不幸，抑非特湘省之不幸矣！"[4]王先谦此书为湖南巡抚陈宝箴所斥，但陈氏父子心里不淡定了，赶紧调阅时务学堂札记，发现批语多有违碍之处，实欠妥当和审慎，容易授人以柄，于是决定辞退粤籍教习欧榘甲、韩文举、叶觉迈。湖南守旧派人士得寸进尺，地方绅士的做法更为过激，邵阳人开大成殿驱逐樊锥，"鄂督张之洞驰电主杀锥、鼐，以谢天下"[5]，在封疆大臣中，张之洞算是半新半旧之人，尚且不能容忍樊锥、易鼐，那些铁杆守旧派岂不是欲食其肉而寝其皮？

外界重压迫人来，唐才常倒是泰然自若，他向欧阳中鹄表态："若夫地球全局，则非发明重民、恶战、平等、平权之大义，断断不能挽此浩劫！受业宁能杀身以成仁，不能曲学以阿世！"[6]外界传闻时务学堂总理熊希龄花费一个通宵的时间整理各教习的札记，"匿其极乖谬者，就

---

1 陈善伟：《唐才常年谱长编》下册，第528、529页。
2 意为无用之物。
3 三人均为时务学堂教习。
4 陈善伟：《唐才常年谱长编》下册，第540页。
5 《樊锥集 毕永年集 秦力山集》，第76页，石广权《樊锥传略》。
6 《唐才常集》，第238页，《上欧阳中鹄书》之九。

正平之作临时加批"，谭嗣同不相信同志如此胆小，致书欧阳中鹄："宗旨所在，亦无不可揭以示人者，何至皇遽至此？平日互相劝勉者，全在'杀身灭族'四字，岂临小小利害而变其初心乎？……佛语波旬曰：'今日但观谁勇猛耳。'秉三及分教虽不勇猛，当不至此，此嗣同可代为抗辩者也。"[1]

戊戌年闰三月初，梁启超因事离湘赴沪，告别时务学堂，诚恳付托唐才常继任教习。唐才常对梁启超评价很高："卓如汪洋千顷，今之叔度，外似温柔，内实刚劲，尤非人所易知。夫子曾与绍航言云：'天挺异材，五洲仅见。'受业等极叹为知人。"[2]当年，合作的基础只可能是志同道合。受师友影响，唐才常服膺王船山的学说，"及主讲时务学堂，日以王船山、黄梨洲、顾亭林之言论，启迪后进。又勉励诸生，熟读《黄书》《噩梦》《明夷待访录》《日知录》等书，时共研习，发挥民主民权之说而引申其绪，以启发思想，为革命之先导"[3]。守旧派王先谦、叶德辉"专以蜚语中人"，他们派人刺探维新派志士的举动，散布谣诼。当时，由黄遵宪推荐、欧阳中鹄入幕辅佐湖南巡抚陈宝箴，维新派志士视此为明智之举。孰料外界忽有传言，唐才常批评欧阳中鹄"办事本无决见，好听小话"[4]，守旧党遂执为话柄，维新派颇感难堪。其时，学者皮锡瑞处新旧两大阵营之间，如果他只是将此言记入《师伏堂日记》，并无妨碍，但他掉弄口舌，遂落下离间欧阳中鹄与唐才常师徒的嫌疑。这年五月初九日，谭嗣同与唐才常结伴拜谒欧阳中鹄，目的有二：一则三人面谈学术宗旨，二则谭嗣同向其师辞行，而后奉旨北上。这次谈话愉快与否？成效何如？可惜无明确的资料遗存下来。

谭嗣同以"纵横"二字将自己与唐才常的特质区别开来："才常横人也，志在铺其蛮力于四海，不胜则以命继之。嗣同纵人也，志在超出此地球，视地球如掌上，果视此躯曾蚊虻千万分之一不若。一死生，齐

1《谭嗣同全集》（增订版），第474页，《上欧阳中鹄》之二十一。

2《唐才常集》，第239页，《上欧阳中鹄书》之十。叔度：东汉著名贤士黄宪。

3《唐才常集》，第273页，唐才质《唐才常烈士年谱》。

4 陈善伟：《唐才常年谱长编》下册，第529页，皮锡瑞《师伏堂日记》。

修短，嗤伦常，笑圣哲，方欲弃此躯而游于鸿蒙之外，复何不敢勇不敢说之有！一纵一横，交触其机括。"[1] 谭、唐二人，"挟高世之才，负万夫之勇，学奥博而文雄奇，思深远而仁质厚，以天下为任，以救中国为事，气猛志锐。二子生同闬，学相若，志相得也"[2]，他们天生具备豪侠之气，敢于冲决世间之网罗。唐才常是横人，"人须具横强之气，而后可以有为"[3]，愿献身于正义事业，生死以之。谭嗣同是纵人，仿佛孙悟空那样，跳出三界外，不在五行中，因此他可以为所欲为，毫无挂碍。人间是他的修炼场，不是他的修罗场，一切罗网都休想阻断其自由的去路。

戊戌政变前夕，唐才常应谭嗣同电召，奔赴北京襄赞维新事业。他刚抵汉口，就惊悉六君子被执菜市口开刀。至交好友已成古人，唐才常撰挽联寄托哀思："与我公别几许时，忽警电飞来，忍不携二十年刎颈交，同赴泉台，漫赢将去楚孤臣，箫声呜咽。近至尊刚十余日，被群阴构死，甘永抛四百兆为奴种，长埋地狱，只留得扶桑三杰，剑气摩空。"[4] 较之康有为的挽联"复生不复生矣，有为安有为哉"，悲愤之意、沉痛之情何止超过千百倍。他还赋诗《戊戌八月感事》四首，对维新志士尽陷网罗，颇致悲愤，感叹"挂壁龙泉光睒睒，不知谁是好头颅""大物觊觎非一日，祸心知是久包藏""匹马短衣江海畔，自惭无策救神京"[5]。唐才常原本打算北上迎回死友的遗骸，"谭公成仁，公欲如京师收葬。既知谭公骸骨已南下，因不果往，折回湖南，摒挡家务就绪，即直往上海，与同志筹谋应变。"[6] 谭嗣同流血牺牲后，平日失志的那些小人，因利乘便，借机报复，无所不用其极，将谭嗣同、唐才常在浏阳合伙开办的一口煤井、一家钱庄放火烧毁，将其资本金四千多两白银席卷一空。当年，唐才常赋得《感事》诗二首，第一首堪称杰作："沧海横流万顷波，中原无地泣铜驼。秦庭虚下孤臣泪，燕市难闻壮士歌。

1《谭嗣同全集》(增订版)，第478页，《上欧阳中鹄》之二十六。
2《唐才常集》，第266页，康有为《唐烈士才常墓志铭》。
3《谭嗣同全集》(增订版)，第513页，《致汪康年》之二十二。
4《唐才常集》，第265页，《挽谭嗣同联》。
5《唐才常集》，第263页，《戊戌八月感事》。
6《唐才常集》，第273页，唐才质《唐才常烈士年谱》。

剩好头颅惭死友，无真面目见群魔。纥干冻雀生飞苦，况是瀛台秋水
多！"[1] 瀛台位于皇家园林中，四面环水，慈禧太后幽禁光绪皇帝于岛上，
维新派志士设法解救他，却力不从心。吴樵、谭嗣同、江标相继殒谢之
后，唐才常喟然感叹："海内贤达人仅仅有此数，其涕泗几何，能堪几
哭而堪几死耶？"[2] 一事总有两面，唐才常痛切地认识到，伤心人须做明
眼人，打消幻想，看清现实，才能有所作为。"各国党人有新有旧，其
旧者以持盈保泰为心，其新者以进步改良为事……今中国弊政窳制，弥
望皆是，百孔千疮，扁（鹊）、华（陀）束手，官无可守之旧；拘牵经
义，疲精八股，考据词章，斫丧性灵，墨墨群儒，一丘之貉，士无可守
之旧。市廛狙诈，工力钝拙，胼胝勤苦，地利不尽，日销月蚀，改成
痿痹，农工商无可守之旧。"[3] 既然守旧无济于事，无益于时，再不维新，
再不变革，再不摧枯拉朽，活路将变成死路。"惟国事家事，两念交萦，
时局艰危，不堪设想。……大风振谷，岂有静柯？洪浪披天，必无潜鳞。
尚安得保妻子、顾身家，从容于枪林炮雨中乎？"[4] 唐才常欲唤醒国人，
无奈他的呼声被喧天价的鼾声强行掩盖。

　　己亥年（1899）八月，唐才常离开上海，先到香港、南洋，后至日
本，先后与康有为、孙中山见面。当时，康有为、梁启超奔走于海外，
倡议保皇，向华侨募捐筹款，以图起兵勤王，他们眼中的徐敬业，非唐
才常莫属。孙中山决意在国内发动暴力革命，联络会党乃是当务之急，
经毕永年引见，唐才常前往横滨，主动提出与兴中会合作，孙中山自是
慨然允诺。此外，唐才常与日本友人宫崎滔天、平山周交往后，对日本
志士实心保华确信无疑。

　　庚子年（1900）春，唐才常痛感"四郊多垒，卿士之羞；天下兴
亡，匹夫有责"[5]，组织正气会（后改名自立会），联络各路英豪，开富

---

1 《唐才常集》，第 262、263 页，《感事》之一。
2 《唐才常集》，第 197 页，《前四品京堂湖南学政江君传》。
3 《唐才常集》，第 183 页，《论戊戌政变大有益于支那》。
4 《唐才常集》，第 253 页，《致谭嗣棨书》。
5 《唐才常集》，第 197 页，《正气会序》。

有山堂，创建自立军，发行富有票。[1] 这年七月初一日，由容闳、严复、唐才常、章太炎等六十多人组成中国议会，在上海愚园宣读联会之意："一、不认通匪矫诏之伪政府；二、联络外交；三、平内乱；四、保全中国自主；五、推广中国未来之文明进化，定名曰中国议会。"[2] 会议选举容闳、严复为正副会长，唐才常为总干事。中国议会主打保皇牌，明确主张民族革命的议员是少数派。[3]

　　庚子年（1900）夏天，八国联军攻陷北京，两宫仓皇西逃，短期内中央政权处于绝对的真空状态。自立军于此时高张义帜，可谓天赐良机。然而由于军费、军械全无着落，自立会总部再三展延起义日期，长江沿岸突然戒严，安徽自立军（五路七军中的前军）未能及时获取军报，加之密谋已泄，形势危急，秦力山[4]遂于七月十五日率先起事，以"讨贼勤王"的名义攻占大通县城。孤军奋起，苦无后援，这支义军很快就陷入绝境，被安徽巡抚王之春派兵镇压。康有为募捐于海外，拥资自肥，贻误大事，事后他居然抹下老脸，詈骂秦力山"好勇而妄行，不量力，不受令，举兵于大通，兵败事泄"[5]。秦力山慷慨轩昂，有豪侠之风，虽吃败仗而不颓丧，有诗为证："人事虽歧心未灰，他年应再动春雷。排空击得弹丸碎，直抵黄龙饮一回。"[6]秦力山为革命事业东奔西走，未到而立之年，即在缅甸染疾去世。"三字微名五尺身，亦儒亦墨亦新

---

1 《唐才常集》，第276页，唐才质《唐才常烈士年谱》。"凡入自立会者，给票为证。其入会或担任某项职务者，则另以凭单授之。凭单文曰：'中国国会驻汉事务所为发给凭单事，照得自立即所以立人，保民即所以保国。兹有会员某某，痛念时艰，力图报效，亟应给予凭单以昭信守。右仰会员某某收执'等语。并授会友以内外口号。内口号曰'日新其德'；外口号曰'业精于勤'。又会员口号曰：'万象阴霾打不开，红羊劫日日相催。顶天立地奇男子，要把乾坤扭转来。'"奇怪的是，康有为和唐才常仅为富有山堂副龙头，正龙头是杨子严、张耀卿等帮会人物。

2 陈善伟：《唐才常年谱长编》下册，第600页，孙宝瑄《日益斋日记》。

3 陈善伟：《唐才常年谱长编》下册，第605页。章太炎怒不可遏，致函《中国旬报》，对与会诸君颇有微词："贤者则以保皇为念，不肖者则以保爵位为念，莫不尊奉满洲，如戴师保，九世之仇，相忘江湖，嘻亦甚矣！"另据《井上雅二日记》所记，中国议会尚有多数会员不知晓的真正宗旨，其要点是："根据十二条，废弃旧政府，建立新政府，保全中外利益，使人民进步。"如此说来，保皇也只是幌子。

4 秦力山（1877—1906），名鼎彝。湖南长沙人。革命志士。

5 《唐才常集》，第267页，康有为《唐烈士才常墓志铭》。

6 《樊锥集 毕永年集 秦力山集》，第123页，秦力山《重留别邱林徐三君子》第四首。

民。年年蛮烟触天地，野马尘埃了一生。"[1]吟诵其诗，可知其人。

这年七月二十八日（阳历 8 月 21 日）清晨，唐才常、林圭[2]等自立军领导者、起义组织者三十人在汉口租界宝顺里被清军围捕，唐才常受讯时，对起义之事直认不讳。当天，湖广总督张之洞即签署处决令，夜间二鼓时分，清军将林圭等十一人斩首于武昌水陆街。据《石遗先生年谱》所记，"才常最后出。则两人挟而拖，殆已服毒就毙矣，体貌甚伟，而头尖甚"[3]，学者黄濬称年谱所述"十一人健步就死，见闻最确"。受"富有票案"牵连被捕被杀者上千人，其中林圭、田邦璇、李炳寰等人是谭嗣同、唐才常在时务学堂教诲过的弟子，他们留学日本，毅然归国，为正义事业献出了年轻的生命。

当时，日本志士对张之洞捕杀唐才常、林圭等人颇感困惑不解，因为这位总督大人素有爱士之名，又素具维新思想，唐才常不仅是国内著名的维新志士，而且是出身于两湖书院的高材生，与张之洞颇有渊源，后者却毫不留情地杀害他，并且罗掘其同党，以期斩草除根，这样做到底要达到什么目的？"夫以学问之深淳如张之洞，思想之高尚如张之洞，办事之练达如张之洞，识解之老成如张之洞，夫固中外系之为安危，朝野依之为轻重，忧国之士欲倚之以施其方针，怀才之人欲因之以达其目的者也。且其势力足以遏抑守旧之潮流，足以登用维新之人士，而犹出此，此我所以重为支那悲也。"[4]田野橘次是唐才常的异国挚友，痛惜之情和不解之惑交织在一起，如同一团乱麻。事后，张之洞致电钱念劬，否认唐才常为志士，因为其章程中有"戕官据城，焚戮劫掠"等语，勾串的是哥老会匪；还否认唐才常意在保国保皇，"规条云：指定东南各行省为新造自立之国，不认满洲为国家。……将置我皇上于何地"[5]，张之洞也振振有词。

1 冯自由：《革命逸史》初集，第 89 页，《秦力山事略》。

2 林圭（1875—1900），又名锡圭，字述唐，号悟庵。湖南长沙人。近代民主革命烈士。

3 黄濬：《花随人圣庵摭忆》下册，第 952 页，《唐才常失败之关键》。

4 陈善伟：《唐才常年谱长编》下册，第 630 页，田野橘次《哥老会巨魁唐才常》。

5 陈善伟：《唐才常年谱长编》下册，第 631 页。

学者黄濬认为，唐才常未能与张之洞合作只是自立军起义失败的次要因素，最大的失误是他选择的起义时机不当。"今者南部大吏，方与外联和同之议，镇卫长江一带，而士民又无蠢动者，新党竟先为祸首，乱太平之局，故英领事有公文致鄂督云：'南方有所谓大刀会、哥老会、维新党诸种，皆与北方团匪相仿佛。有为乱者，即速擒捕，敝国决不保护。'"[1] 适值东南互保的敏感时期，唐才常内外无靠，孤立无援，一旦暴露意图，便无活路。

唐才常的次弟唐才中出任左路民军之参谋（沈荩为本路统领），兼掌军需事。庚子之秋，唐才中潜回浏阳避风，被本乡无赖何某举报，浏阳知县陈宝树遣吏勇抓捕。"越三日解省，械十指见骨，继以榜笞，血肉溅阶石，石为殷，始终未及党中一人。"[2] 唐才中在狱中致书胞弟唐才质："兄学薄才疏，自问无所短长，惟一片热忱充塞于胸，不可遏抑，必求无负于国而后已。区区七尺，久已置之度外。不然，忝生人世，非国民也。然身亡而心不亡，魄死而魂不死。弟等勉旃，毋怠初志。倘再不成，继之以血，未必国家竟无挽回之日，黄种无独立之期？来日方长，为国自爱。"[3] 赴刑场前，唐才中对湘籍同志、好友姚生范说："君无惧，宁忍片刻痛苦，勿作儿女态。大丈夫在争千秋，不争一日！"[4] 其绝命诗慷慨壮烈，泣鬼惊神："丈夫重意气，生死安足奇？同志遭杀戮，骨肉长别离。保民心未遂，救国志岂移！身死魂不死，天地其我知。"唐家有其兄，复有其弟，忠烈之门，足堪千古。

戊戌之秋，谭嗣同可以逃出北京，他不逃；庚子之秋，唐才常可以逃出汉口，他也不逃，坚坐旅舍待捕，乡人李荣盛涕泣劝他避难，他说："予早已誓为国死，汝可行也。"[5] 唐才常从容就义时，昂首朗吟绝命辞"七尺微躯酬故友，一腔热血溅荒丘"[6]。生死相许，方为刎颈之交；

---

1 黄濬：《花随人圣庵摭忆》下册，第948页，《唐佛尘就义记》。

2 陈善伟：《唐才常年谱长编》上册，第5页，萧汝霖《唐才中传》。

3 陈善伟：《唐才常年谱长编》上册，第6页，张篁溪《唐才中先生别传》。

4 徐珂编撰：《清稗类钞》第8册，第3696页，《自立会》。

5《唐才常集》，第279页，唐才质《唐才常烈士年谱》。

6《唐才常集》，第265页，《临难诗》。

道义相勖，自当前仆后继。在异度空间，唐才常还能找到谭嗣同吗？

己亥年（1899），毕永年联络南方会党，力劝唐才常毅然斩断与保皇党魁康有为的关系，一步到位，径行民族革命，以推翻腐败的清王朝为职志，唐才常虑及自立军须争取保皇会接济军费，不得不虚与委蛇。"永年受种种刺激，且以会党诸友见利忘义，不足共事，遂愤然削发，自投普陀山为僧，易名悟玄。"[1]毕永年决意削发出家后，贻书日本浪人平山周，与之道别，字字明见心迹："平山仁兄足下：弟自得友仁兄，深佩仁兄义气宏重，常思运雄力为敝国拯生灵，可谓天下之至公者矣。第惜吾中国久成奴才世界，至愚且贱。盖举国之人，无不欲肥身赡身以自利者。弟实不愿与斯世斯人共图私利，故决然隐遁，归命牟尼。今将云游，特来告别……"[2]毕永年削发入山后，所部尽属唐才常、林圭。自立会总部待款不至，经费奇绌，各会党头目焦虑不已，日益憎恶康有为之失信食言，因此各怀心事，各打算盘，杨鸿钧、李云彪率先脱离，辜洪恩发贵为票，李和生发回天票，这两种票皆与自立会之富有票性质相同。冯自由的判断大致不错："固不俟汉口事泄，而会众已先后解体矣。"[3]毕永年愤世远遁，不仅唐才常叹惜不已，孙中山亦痛失强力臂助，他派人四处寻访，一无所获，长江流域的革命活动立刻停顿下来。

1906年，章太炎在《民报》第八号发表论文《革命之道德》，对戊戌维新派烈士和庚子自立军烈士均有令人惊骇的严厉指控："……戊戌变法惟谭嗣同、杨深秀为卓厉敢死；林旭素佻达，先逮捕一夕，知有变，哭于教士李佳白之堂。杨锐者，颇圆滑知利害，既入军机，知其事不可久，时张之洞子为其父祝寿，京师门生故吏皆往拜，锐举酒不能饮，徐语人曰：'今上与太后不协，变法事大，祸且不测，吾属处枢要死无日矣。'吾尝问其人曰：'锐之任此固为富贵而已，既睹危机复不能去，何也？'其人答曰：'康党任事时天下望之如登天，仕宦者争欲馈遗或不可得，锐新与政事，馈献者踵相接，今日一袍料，明日一马

---

[1] 冯自由：《革命逸史》初集，第75页，《毕永年削发记》。

[2]《樊锥集 毕永年集 秦力山集》，第102页，毕永年《致平山周书》。

[3] 冯自由：《革命逸史》初集，第76页，《毕永年削发记》。

裀料，今日一狐桶[1]，明日一草上霜桶，是以恋之不能去也。'呜呼！使林旭、杨锐辈皆赤心变法无他志，颐和之围或亦有人尽力；徒以萦情利禄，贪箸赠馈，使人深知其隐，彼既非为国事，则谁肯为之效死者。戊戌之变，戊戌党人之不道德致之也。庚子保皇之役，康有为以其事属唐才常，才常素不习外交，有为之徒龙泽厚为示道地。其后，才常权日盛，凡事不使泽厚知，又日狎妓饮燕不已。泽厚愤发争之不可得，乃导文廷式至武昌发其事，才常死。其军需在上海，共事者窃之以走。是故庚子之变，庚子党人之不道德致之也。"[2]章太炎的此番指控令人极度不适，况且多为道听途说之词，连证人的姓名也悉数隐去，难以服众。当年，不同阵营之间相攻互掐，党派成见极深，指责对方私德不检、公德有亏，手段方便易行，却往往过甚其辞。

1906 年 12 月 2 日，《民报》创刊一周年，黄兴主持召开庆祝大会，会上刘成禺提及章太炎这篇政论文章，为唐才常辩冤，黄兴插话道："刘君辩唐才常非保皇党，其言良确。夫唐才常非保皇党人，而为康、梁所利用。辩唐才常之冤，则愈以知康、梁之可诛，使天下志士皆知康、梁之精于卖友，则无复敢与近者。刘君斯言，大有关系。而太炎先生之所论，乃在革命家不可无道德，非斤斤于唐才常之是否保皇党也。"[3]

谭、唐二烈士如同陷身网罗的雄鹰，他们渴望冲决束缚，直上云霄，获取自由翱翔的快意，即使毛羽凋枯、颈血横溅，也誓不罢休。对于从半空中泼过来的脏水，他们视若无物。

---

1 狐桶和草上霜桶皆为北方冬天皮制暖手物。
2 《章太炎全集》第 4 册，第 279、280 页，《革命道德说》。
3 《黄兴集》，第 5 页，《在〈民报〉创刊周年庆祝大会上的插话》。

重要人物索引 ※

※ 说明：1. 本书的主体部分可视为多个单篇文章的合集，每篇专论一二人，篇前均标以序号。2. 人物索引只收录单篇专论的重要人物，书中少量或零星涉及的人物不录。3. 索引人名以姓名音序排列，阿拉伯数字指本书页码。4. 同一篇中的同一人只录一个索引页码，即本篇的起始页码；同一个人名后有不只一个页码的，表示不只一篇论及此人。

后记

　　《湖南人的境界》终于脱稿了。从前期准备到后期完成，五年间，进度有过中断，思路有过转换，所幸在曾德明、马美著、刘文三位先生的持续关注和激励下，作者得以满血回归，新骑出发。

　　时间跨度长达两千年，人物事迹散见于正史、野史中，资料庞杂，线索繁多，爬梳剔抉实为慢工，斟酌打磨纯属细活。凡是引证的地方，原文可信则注明出处，原文可疑则弃而不取，这个总原则未打折扣。

　　精神愈明朗，境界愈奇崛。若以精神为旋律，境界即乐章。本书采用哲学家冯友兰先生建构的原始框架来安顿湖南人的境界，可谓天作之合。其呈现方式和路径如下：一是总体而论之，彰显精神内核；二是大体而言之，概举事迹要端；三是具体而观之，摄取诗文亮点。笔者的用心在此，努力亦在此。

　　本书实际上只涉及古代、近代的湖南人物。百年来，湘人的蜕变已达到"举世誉之而不加劝，举世非之而不加沮"的峰值状态，神挡杀神，佛挡杀佛，这样的特异表现绝非语言文字可以轻易描述，倘若有血诚者肯极意书之，读者的幸运势必如期降临。但愿这位眷注湖湘的作者已在路上。

王开林

2021 年 8 月 27 日

图书在版编目(CIP)数据

湖南人的境界/王开林著.—长沙:岳麓书社,2023.2
ISBN 978-7-5538-1650-0

Ⅰ.①湖… Ⅱ.①王… Ⅲ.①文化史—湖南 Ⅳ.①K296.4

中国版本图书馆 CIP 数据核字(2022)第 195944 号

HUNAN REN DE JINGJIE

湖南人的境界

作　　者:王开林
出 版 人:崔　灿
出版统筹:马美著
责任编辑:刘　文
责任校对:舒　舍
封面设计:萧睿子

岳麓书社出版发行
地址:湖南省长沙市爱民路 47 号
直销电话:0731-88804152　0731-88885616
邮编:410006
版次:2023 年 2 月第 1 版
印次:2023 年 2 月第 1 次印刷
开本:640mm×960mm　1/16
印张:27.75
字数:428 千字
ISBN 978-7-5538-1650-0
定价:98.00 元

承印:长沙超峰印刷有限公司

如有印装质量问题,请与本社印务部联系
电话:0731-88884129